普通高等教育"十一五"国家级规划教材
现代人力资源管理系列教材

职业生涯规划

（第5版）

Career Planning

张再生　著

天津大学出版社
TIANJIN UNIVERSITY PRESS

图书在版编目(CIP)数据

职业生涯规划/张再生著.—天津:天津大学出版社,2007.8(2021.10重印)
现代人力资源管理系列教材
ISBN 978-7-5618-2503-7

Ⅰ.职… Ⅱ.张… Ⅲ.职业选择-教材 Ⅳ.G717.38

中国版本图书馆CIP数据核字(2007)第108351号

出版发行 天津大学出版社
地　　址 天津市卫津路92号天津大学内(邮编:300072)
电　　话 发行部:022-27403647
网　　址 publish.tju.edu.cn
印　　刷 天津泰宇印务有限公司
经　　销 全国各地新华书店
开　　本 169mm×239mm
印　　张 21.5
字　　数 459千
版　　次 2007年8月第1版　2014年1月第5版
印　　次 2021年10月第10次
印　　数 28 001-31 000
定　　价 45.00元

作者简介：

张再生，男，1968 年 1 月生。天津大学管理与经济学部教授、博士生导师，人力资源与社会保障研究所所长。1998 年 6 月获南开大学经济学博士学位，曾任日本爱知大学经营研究科研究员，曾在美国东西方中心、布朗大学等地研修。

第二届全国公共管理（MPA）专业学位教育指导委员会委员、中国政法大学等多所高校兼职教授、国际人口科学联盟（IUSSP）会员、中国行政管理学会理事、天津市公开选拔领导干部命题审题专家、天津市政府决策咨询专家。国内著名人力资源管理与职业生涯指导专家、社会保障专家。

主要从事人力资源开发与管理、职业生涯管理、企业文化建设与管理、绩效管理、社会性别与公共政策、劳动就业与社会保障等领域的教学与研究工作。

曾多次参加在美国、日本、澳大利亚、英国、德国、法国、西班牙、意大利、巴西、泰国、新加坡、香港、澳门、台湾等国家和地区举办的国际会议。主持完成国家级、省部级及政府、企业单位委托项目 30 余项，出版著作《职业生涯管理》、《职业生涯开发与管理》等多部，在国家级刊物上发表学术论文 100 余篇。

总序

进入21世纪以来，知识经济迅猛发展，经济全球化步伐不断加快，企业的竞争由国内竞争转变为国际竞争，由物质资本的竞争转变为人力资本的竞争，由技术与管理的竞争转变为创新能力的竞争，并最终演化为人力资源开发与管理的竞争。正所谓“得人才者得天下，得人才者得发展”。在这一新的竞争环境和机遇之下，企业面临着许多人力资源管理方面的问题和挑战。各种媒体上每天都会出现的企业裁员、高技术员工短缺和跳槽、民工荒、劳资谈判等方面的新闻，愈益示出人力资源管理问题已经引起了企业管理者和社会各界的关注。企业和组织能否选择最合适的人并将其放在最合适的岗位上，最大限度地挖掘和调动人的潜能，已成为能否在激烈的市场竞争中谋得生存与发展空间的首要保证。因此，研究探讨新世纪、新形势下的人力资源管理的理论和方法，对于促进企业的发展和社会的进步都具有十分重要的意义。

进入新世纪以来，人力资源管理呈现出许多新的特点和趋势。主要表现在以下六个方面。

第一，人力资源管理部门由执行层变为决策层，人力资源管理由事务性工作变成战略性任务，人力资源战略成为组织战略的重要组成部分和实现组织战略的重要保障。

第二，人力资源管理的整体性和全面性增强。以往企业和组织对人力资源管理的重视往往集中在招聘、培训、绩效、薪酬等某些具体的工作环节上，而对于人力资源管理各环节之间的内在联系和相互之间的影响关注不够。伴随着企业竞争与人力资源竞争的日益激烈，人力资源管理工作的整体、全局性日益增强。

第三，人力资源管理的国际化和创新化趋势明显。经济的全球化和企业的跨国经营，使不同国家、不同地区的企业间可以相互学习、借鉴其管理经验和方法,不断促进企业人力资源管理的创新,使人力资源管理创新成为企业获取竞争优势的重要来源。

第四,人力资源流动频率加快并呈现出团队化、家庭化和柔性化的趋势。企业竞争的加剧,使人才的流动日益频繁,通过流动获得新的发展机遇和空间已成为现实的选择;人力资源流动不再以个人的方式展开,而更多以团队流动和家庭流动的方式进行;同时,兼职、虚拟团队、人才共享等柔性流动不断增加。

第五,政府、企业、社会团体、国际组织等不同类型组织间的人力资源流动增强,人力资源管理的埋论和方法也在不同组织间得以相互学习和借鉴并不断深化。政府学习、借鉴企业人力资源管理的理论和方法使"企业型政府"、"服务型政府"、"外包"、"提高行政效率"等成为政府变革的趋势。企业学习政府部门人力资源管理的理念也使"重视过程与程序"、"公平"、"法治"、"社会责任"等备受关注。

第六,人力资源管理的人性化和发展化趋势。人力资源管理由重视人力资源部门职能的发挥到既重视人力资源部门的职能,更重视人力资源的发展。尊重人、发展人、满足人的需要、维护人的尊严,成为人力资源管理的前提和根本目的;针对雇员的独特需要提供个性化的人力资源产品和服务,把用人工作转变为工作育人,促进雇员职业生涯发展,成为人力资源管理的重要趋势。

这些变化和趋势对于企业和组织调整人力资源管理策略,具有重要指导意义。正是基于人力资源管理的上述变化和趋势,我们萌发了编辑和出版一套新的人力资源管理丛书的动意。经过一年多的筹备、协调和编写工作,该丛书正式得以面世,并将陆续出版。丛书由张再生教授组稿并任主编。丛书的作者既有国内知名的人力资源专家,也有一批刚刚脱颖而出的人力资源管理领域的新秀。丛书的内容涵盖了人力资源管理的基本内容,如:人力资源管理概论、工作分析与岗位评价、人员测评与甄选、企业员工绩效管理、薪酬与福利管理、人力资源开发与培训、管理沟通、组织文化等内容,也包括战略人力资源管理、组织行为与员工激励、职业生涯规划、国际人力资源管理等人力资源管理的新领域和新发展。

这套丛书是根据现代人力资源管理理论框架而编撰,是目前国内最新的具有一定原创性的人力资源管理教材,是作者们根据近年来人力资源管理的发展和实践以及多年教学和企业咨询经验编写而成的。丛书力求理论与实践相结合,并尽可能地适用于中国国情。本套丛书具有以下特点。

1. 为体现管理学科理论结合实际的特点,丛书各章开篇都以“案例导入”,引人入胜,贴近现实,既能启发读者的形象思考能力,又鼓励学以致用。

2. 这套丛书强调实用性、通俗性和可读性。为适应教学和自学等多种人群的阅读需求,这套丛书在章节安排上力争做到步步递进、逻辑缜密。丛书的作者尽量避免抽象的理论介绍,尽可能将高深的人力资源管理理论用浅显的语言表达出来,以便于读者理解和方便教学的需要。

3. 丛书具有系统性、完整性和创新性的特点。本套丛书是在占有最新资料、综合最新的人力资源管理理论和实践的基础上,以一种浅显且实用性极强的方式,系统地阐述人力资源管理的理论和方法。书中附有“学习要点”、“阅读材料”、“量表与测试题”、“游戏”、“思考题”、“参考资料”等相关内容,可以帮助学生从问题的角度理解当前人力资源管理面临的困惑和技术难点,对当前的人力资源管理实践具有很强的针对性和可操作性,是一套理论与实践紧密结合的教材。这也使该丛书不仅具有很强的可读性,而且具有重要的资料性和保存价值。

本丛书既适合高等学校人力资源管理专业、MBA及相关经济管理专业师生作为教材使用,又可作为企业高层管理者和人力资源主管的参考书,也适合中小企业、民营企业和高科技企业的管理人员和科技人员阅读,还可以作为对人力资源管理有兴趣的政府公务员和其他人士的参考读物。

在本套丛书的编辑出版过程中,天津大学出版社的赵宏志编辑对本套丛书的组织、设计、出版付出了大量心血,对他的辛勤工作表示由衷的感谢。

由于人力资源管理实践发展变化很快,这套丛书难免存在一些不足之处,敬请读者批评指正。

丛书主编:张再生

2010年1月于天津大学

前言

经过近十年的发展,职业生涯规划与管理的理念已在国内逐步得到了普及和接纳。许多公司和组织已将其作为一项新的人力资源管理技术加以实施和运用,并对促进组织发展和雇员个人职业生涯发展产生了十分积极的影响和意义。高校关注职业生涯规划研究的队伍也在不断壮大,许多高校也陆续开设了职业生涯规划、职业生涯管理等相关课程,这些课程也逐步从人力资源管理专业的课程变成了每一个大学生和研究生的基本素质培养的必修课程。笔者从事职业生涯规划与管理的研究与教学历程已有十年,2000 年秋开始为南开大学的本科生和研究生开设职业生涯管理课程,用的是自编的讲义,2001 年底出版了关于职业生涯规划研究的第一本书《职业生涯管理》,2003 年出版了第二本书《职业生涯开发与管理》,2005 年底用《职业生涯开发与管理》一书申报国家"十一五"规划教材并被立项,于是便有了笔者关于职业生涯规划研究成果的第三本书《职业生涯规划》。这三本书正好伴随着国内职业生涯规划研究从产生、发展到逐步深化和完善的过程。《职业生涯规划》作为《职业生涯开发与管理》的修订版,在保留了原书核心内容的基础上,内容和风格都有很大的变化。原书关于规划方法的内容只有一章,分五个步骤加以介绍,现在该内容在这本书变成了六章,每一步都进行了详细的介绍,可以说完成了一个职业生涯规划从理念到操作、从方法到技术的转变;同时新书增加了案例的数量,丰富了测试的内容,增加了阅读材料,进一步增强了该书的学术性、实用性和保存价值。

《职业生涯规划》是人力资源管理、MBA、MPA、劳动人事管理、劳动经济学等专业研究生、本科生培养中的一门十分重要的核心课程,也是广大研究生、本科生基础素质培养的必修课程。在近年的教学实践中,笔者深感该领域的知识和技能对指导学生正确选择职业、合理安排一生事业的发展都具有十分重要的作用,应当成为高校学生、公司职员、国家机关公务员等有关人员提高基本职业素养和技能、取得未来职业生涯成功必备的基础知识。本书以职业生涯规划过程为内在逻辑主线，系统介绍了职业选择、职业生涯规划、职业生涯开发以及个人职业规划与组织生涯管理及目标整合的基本理论、方法和技术。本书通过理论与实践、量表测试与分析、案例分析与讨论、阅读材料、游戏等内容的结合，使读者不仅能够学习和掌握职业生涯规划的理论和知识，更重要的是希望借此培养学生和管理人员所必备的职业生涯规划的意识和技能。

感谢天津大学出版社的赵宏志先生，他为本书的编辑和出版做了大量工作并提出了许多良好的建议，没有他的大力支持和热情帮助，本书的出版是不可能的。感谢天津大学公共管理学院的领导和同事对编写本书的支持。感谢博士生肖雅楠、杨勇和硕士生马英峰等帮助收集、整理了许多有参考意义的资料。在为天津大学的 MBA 学员和本科生开设《职业生涯规划》和《职业生涯管理》课程的教学与讨论中，研究生刘艳丽、陈军、胡继华、范艳红、罗娜、翁全华、邢俊义等同学，本科生李爱、张月等同学，都提出了许多创造性的意见，在此对他们表示感谢。感谢爱妻王乃利女士对本人事业的支持和帮助，是她的宽容和理解使本人维持了工作与家庭两者之间的良好平衡。

在本书的写作过程中，参阅了国内外大量的文献和资料，借鉴了许多前人的研究成果，在此对他们表示深深的感谢。

张再生
2010 年 1 月于天津大学新园村

目　　录

1

职业生涯规划导论

本章学习要点

- 了解自己的生涯发展历程,总结自己的成败得失。
- 了解职业生涯目标的作用与意义,思考自己未来的发展定位。
- 了解职业生涯发展的环境及就业指导工作存在的不足。
- 掌握大学生活的规划方法,弄清不同时期发展与培养的重点。

案例导入

北京大学毕业生陆步轩卖肉①

“北大毕业生卖肉”是2003年7月份最热门的话题。时年38岁的陆步轩是陕西省长安县鸣犊镇高寨村人,自幼丧母,家境贫寒。姐弟4人与务农的父亲相依为命。1985年作为该县文科状元以高出本科线100多分的成绩考入了北京大学中文系。然而,未名湖畔四载寒窗如今已不堪回首。

苦读4年于1989年毕业后,陆步轩被分配到有300名职工、经营状况不佳的长安县柴油机械配件厂。后被借调县计委写材料,但因为没能正式调入机关,各种福利待遇陆步轩都无法享受。县计委集资盖房,3万多元就能分到一套不错的房子,因他不属于正式编制,和房子失之交臂。后来计委办企业,陆步轩自告奋勇去了企业,办过有色纸厂、饲料厂、化工厂,却因为没有资金,厂子难以为继。后来陆步轩开始自己

① 根据新浪网有关内容改编。http://cul.book.sina.com.cn/l/a/2003-08-07/39825.html

组建了一个装修公司，渐渐地翻了身。最辉煌的时期他手下有100多人，然而，一次贸然投资让他一下子栽了进去，此后“再没有翻过身”。

事业上的失意也让他的生活遭遇了打击，结婚刚两年的妻子离开了他。随后他又与一位农村姑娘结了婚，育有两子。2000年，迫于生计，陆步轩和现在的妻子租房子开起了肉店，取名“眼镜肉店”，文弱书生操起切肉刀。“眼镜肉店”开张，诚信不欺，保证质量，为邻里称道。陆步轩以“缚鸡之力”日售五头猪(一般肉铺一天最多卖三头猪)，被戏称为“屠夫状元”。

随着年龄增长，曾经的理想被现实生活负担所代替。几年来，陆步轩也曾试图找到一份适合自己的工作。早在1997年，他曾到西安一家报社应聘，但因月薪300元无法养家糊口，也便作罢。2002年，他通过熟人提供的信息，到长安区一家中学去联系工作，对方对他的学历等很感兴趣，他也为此写了篇上万字的文章送了过去，但之后就没了回音。对如今的生活，陆步轩夫妻并不满意，他说：“要是北大能开出卖肉专业，我就不亏！”只有说起自己的那些书，回忆起当年美好的时光，陆步轩的眼睛里才会闪现出亮光。他说，自己还是喜欢研究语言，尤其是对方言很感兴趣，自己最适合去做编辑词典的工作。

问题讨论：

你如何评价“北大毕业生卖肉”这件事情，你认为政府、社会与个人谁应该对此事负责？

1.1 个人生涯的回顾与展望

“人生的道路虽然漫长，但紧要处往往只有几步，特别是当人年轻的时候。”人生的紧要处如中学升入大学，大学毕业进入职场，转换工作单位，晋升，离职或退休等等，在人生的这些重要转折期，总结与回顾一下过去，展望一下未来，对更好地总结经验教训、走好未来的人生道路具有重要意义。目前国内的职业生涯规划教育大多是从大学开始的，这里也从大学校园的困惑作为切入点，开展职业生涯规划的讨论。

1.1.1 校园的困惑

校园的困惑有两种情况，一是进入大学不久的低年级学生的困惑，二是面临毕业的高年级学生的疑惑。

大学低年级的学生，其困惑一般集中在以下几点：

❖大学与中学的生活完全不同了，现在该学什么？怎么学？

❖现在所学的是我理想的专业吗？

❖学现在的专业将来能干什么？

大学高年级的学生其主要精力集中于三类事情，并心存疑虑：

❖应聘急，到处忙着找工作，但不知道什么工作适合自己？

❖考研热，早起晚睡地备考，但不知道考上研究生以后会是什么样？

❖出国忙，忙着出国读学位，但不知道将来是做海龟(归)还是海带(待)？

1.1.2 生涯的回顾与展望

对于即将毕业的大学生来说,即使其就业、考研或出国本身的目的是明确的,但在做这些事情的时候你考虑过你的生涯规划吗？在漫长的人生旅途上,职业生涯占据其主体,人生的成败也寄予此,因此,要在未来的职业生涯中取得成功,必须制订好职业生涯规划。因此,当你作应聘、考研或出国等这些事情的决策的时候,有必要考虑下面这几个问题。

❖你还记得10年前你是什么样子吗？你当时的理想是什么？想过10年后会是今天这样吗？跟你10年前的同学(同事)比较,你是成功者吗？

❖从职业生涯的角度你考虑过10年以后会是什么样吗？20年以后你会是什么样？你的职业生涯最终目标是什么？你的需求、价值观如何？

❖以3年为一个节点,能画出你未来15年的职业生涯路线图吗？

对于上述问题,很多人还不能给出一个清晰的答案,本书将帮助你一步一步地认清这些问题,并帮助你制订一个切实可行的职业生涯规划方案。

阅读材料

全国首届大学生职业生涯规划调查报告[①]

这次调查是由全球职业规划师(GCDF)中国项目组发起,《职业》杂志、千龙网、中青在线等媒体参与的,于2006年1月1日~2006年2月25日开展的。

一、参与者基本情况

此次调查的样本共计1 488个,参与者的基本情况为:男性占50.4%,女性占49.6%;学历的分布上,大专及以下占31.66%,本科占57.46%,研究生和博士生占10.88%;在学校类型方面,30%来自国家重点大学,24%来自省级重点大学,2%来自专科学院,44%来自综合性全日制大学。

二、调查结果

1.过九成大学生认为自己有择业困惑。

当被问到自己是否有择业困惑时,92%的大学生认为自己有择业困惑,仅8%觉得自己没有困惑。

A.学历越低,择业困惑越重

虽然所有学历层次的人择业困惑的比例都超过了九成,但从择业困惑的百分比看,学历越低,感到有择业困惑的人越多。

不同学历的困惑百分比分别为大专生95.74%,本科生91.57%,研究生91.18%。

① 资料来源:《中国大学生就业》,2007年1月5日。

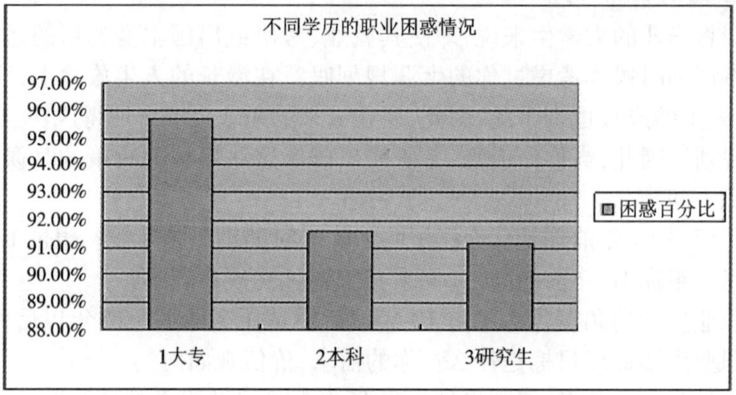

B. 综合性全日制大学困惑最低，重点大学困惑率过九成

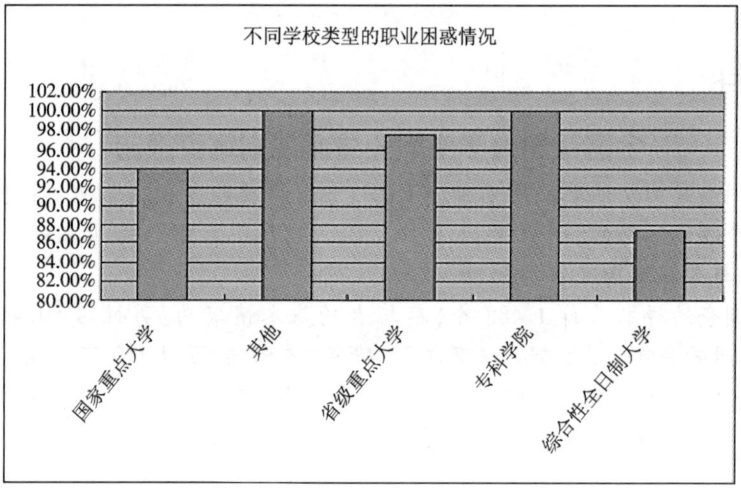

C. 医学择业困惑最少，四大类全部困惑

调查显示，历史学、文学和哲学的困惑率达到了100%，这可能与这几个专业没有很固定的就业出口有关，而法学的困惑率也达到了100%；医学专业的困惑最少，为75%。

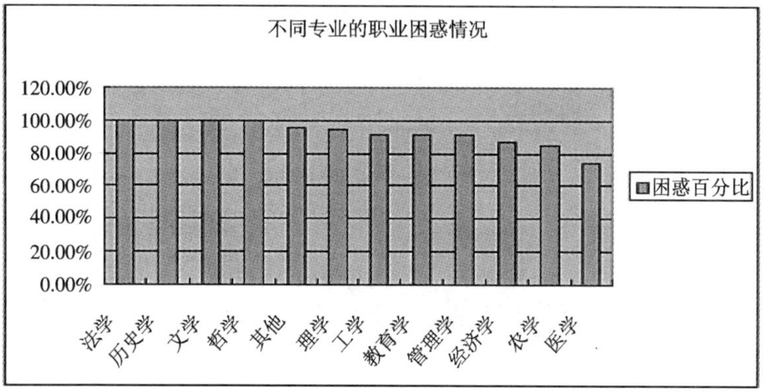

D. 过三成大学生从大一开始困惑

当问到何时开始困惑时,36%的人表示在大一就开始感到困惑,25%的大学生在大二开始困惑,30%的人在大三开始困惑,9%的人在大四开始困惑。

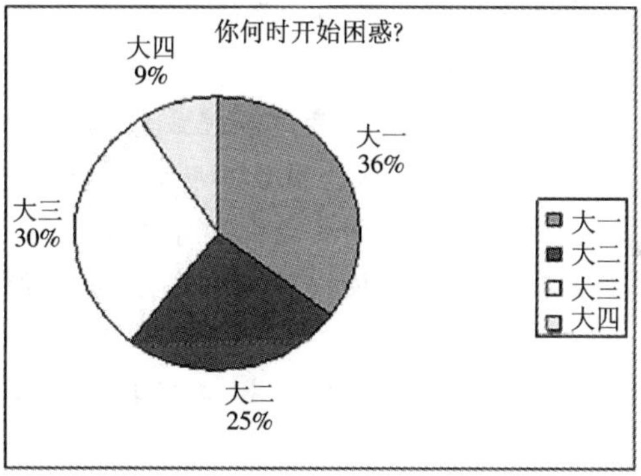

2. 过五成大学生源自不明白自己所适合的职业而觉得困惑。

调查显示,择业困惑最主要的原因是不明白自己所适合的职业,有53%的人选择此项;然后是找不到适合自己兴趣的工作,占23%。之后依次是:有工作机会但待遇太差占13%;找不到工作占8%;工作机会太多无法决定占3%。

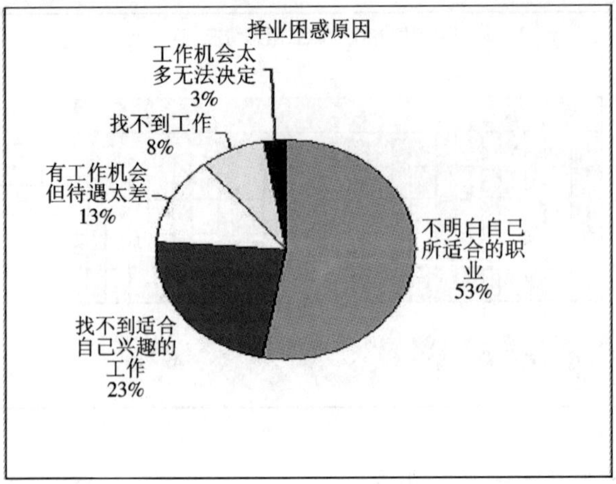

A. 各学历人群困惑原因相似

各种学历中，选择困惑原因的人数比例基本一致。不明白自己所适合职业最多的是大专学历，占60%；而找不到适合自己兴趣的工作，最多的是本科，占20%；研究生中，不明白所适合职业的也占59%。

B. 国家重点大学困惑于适合的职业，专科学院最关注待遇太差

国家重点大学的学生中52%的人认为自己不明白适合什么职业，而专科学院学生的问题集中在待遇太差，这可能是由于重点大学学生可选择的选项多，舍弃一些选项的压力又很大；而专科学院学生则比较快地确定选择范围，但却无奈面对低收入的现状。

3. 择业困惑的处理方法：六成选择调整心态，而选择寻找专业的职业规划师的不到5%。

60%的人采用调整心态的方式，另有31%的人选择请朋友或家人建议的方式。而对于专家认为有效的寻找专业的职业规划师的这一方式，选择的人只有5%，仅好于不作任何处理的（占4%）。

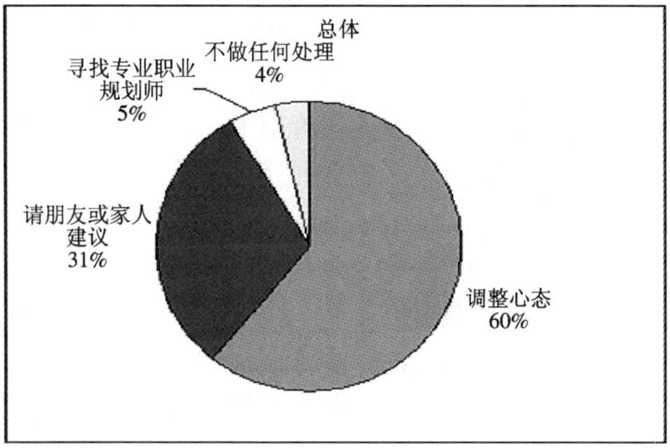

A. 高学历群体更倾向于选择家人和朋友建议

学历越高，选择调整心态的越少，而选择朋友和家人建议的越多。选择调整心态的人中，大专生为66%，本科生为60%，研究生为58%。而学历越高，选择寻找专业职业规划师的也越多，研究生中为6%，而本科生和大专生分别为1%和3%。

4. 处理方法的有效性：寻找职业规划师最有效，调整心态效果一般。

什么处理方法最有效？认为向职业规划师求助有效的人超过一半，为最有效的处理方式；而使用最多的调整心态，只有30%的人觉得有效或比较有效。最无效的是不处理，仅有8%的人觉得有效果。相比同期进行的职场人士调查结果，大学生对各类处理的态度普遍更悲观，这也可能与大学生对效果的评价标准较理想化有关。

1.2 职业生涯目标的作用与意义

面对校园的困惑、生涯的回顾与展望以及北大毕业生卖肉事件，每个人都会有不同的答案和不同的看法，特别是对于北大毕业生卖肉事件，即使抛弃了对卖肉这一职业的价值判断，不同的人的看法仍然会有很大的分歧，但可以肯定的是，陆步轩个人没有明确的职业生涯发展意识，没有明确的职业发展规划和随波逐流，应该是其职业生涯不如意的重要原因。因此，树立明确的职业生涯发展目标并切实为之努力奋斗，是职业生涯获得成功的基本保障。

1.2.1 职业生涯目标的重要性

哈佛大学有一个非常著名的关于目标对人生影响的跟踪调查。调查对象是一群年龄、智力、学历、家庭环境等条件都差不多的年轻人。调查结果显示：3%的人有清晰且长期的目标；10%的人有清晰但比较短期的目标；60%的人目标模糊；27%的人没有目标。参见图1-1。

哈佛大学的这一研究跟踪了25年，25年后被调查对象的情况呈现出了显著差

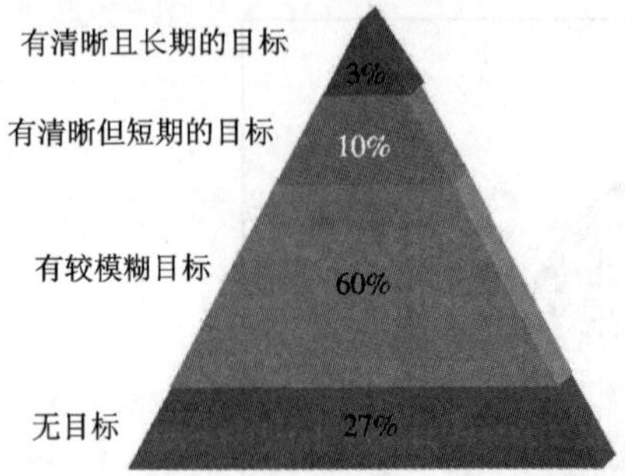

图 1-1　哈佛大学人生目标调查结果图

别。

3%有清晰且长远目标的人:25 年来几乎都不曾更改过自己的人生目标。他们都朝着同一个方向不懈地努力,现在,他们几乎都成了社会各界的顶尖成功人士,他们当中不乏白手创业者、行业领袖、社会精英。

10%有清晰但短期目标的人:大都生活在社会的中上层。他们的共同特点是,那些短期目标不断被达成,生活状态稳步上升,成为各行各业的不可或缺的专业人士。如医生、高级公务员、律师、工程师、高级主管等。

60%有较模糊目标的人:几乎都生活在社会的中下层面,他们能安稳地生活与工作,但都没有什么特别的成绩。

27%没有目标的人:几乎都生活在社会的最底层,他们的生活都过得很不如意,常常失业,靠社会救济生活,并且常常都在抱怨他人,抱怨社会,抱怨世界。

为什么这些条件差不多的年轻人,25 年以后却发生了如此大的变化,存在如此大的差距,可以说有无明确的生涯发展目标,在其中发挥了重要的作用。

1.2.2　职业目标是人生发展的动力

古人云:"凡事预则立,不预则废。"预:就是以未来最优为目的;以需求与变化为依据;使得现实行动具有目的性。有效的职业规划有利于明确人生未来的奋斗目标。一个人的事业究竟应向哪个方向发展,可以通过制订职业生涯规划明确起来。"目标之所以有用,是因为它能帮助我们从现在走向未来。"只有有了明确的目标,才能激励人们去奋斗并积极创造条件以实现目标,避免无目标四处漂浮、随波逐流。正如一个企业如果只忙着制造自己的产品,最终可能会发现自己生产的东西在市场上卖不出去。也许你每天都在忙着学习各种知识与本领,但你是否想过为自己的职业生涯做一份规划呢? 有这样一句话发人深省:你今天站在哪里并不重要,但是你下一步迈向哪里却很重要。任何人都不应该只顾低头拉车,同时不应该忘了抬头看路。因此,每个人都应树立明确的职业生涯目标和职业生涯发展意识。成功的人生需要正确的规划。科学研究发现,个人对职业生涯的认知和期望在很大程度上影响着人们对工作的选择、日常的工作与学习情绪以及工作效率。有不少人由于对自己的职业生涯毫无规划,只顾追风,目标不明,再加之他们的气质、能力、性格等都不适合所从事的工作,结果工作毫无建树,怨天尤人。因此,一个人只有尽早地安排和设计自己的职业生涯,明确自己的职业目标,才有可能在激烈的竞争中脱颖而出,才能把握住机会,从而实现自己的梦想!

1.2.3 职业生涯规划的意义

职业生涯规划是根据个人职业生涯的主客观条件，在综合分析自己的兴趣、爱好、能力、特点的基础上，结合时代特点，根据个人的职业倾向，确定职业奋斗目标，并为实现这一目标作出的行之有效的安排。职业生涯规划的目的不仅是帮助个人按照自己的条件找到一份合适的工作，更重要的是帮助个人真正了解自己，为自己定下终生的事业大计，筹划未来，拟定一生的职业生涯发展方向。职业生涯活动将伴随人生的绝大多数时间，拥有成功的职业生涯才能实现美好的人生。因此，职业生涯规划具有十分重要的意义。

第一，职业生涯规划有助于发掘自我潜能，经营美好未来。

职业生涯是一个动态的不断发展变化过程，职业生涯规划是对人才与职业进行匹配的规划与再规划过程。良好的职业生涯规划不仅有利于引导你正确认识自身的个性特质、现有与潜在的资源优势，而且还能帮助你重新对自己的价值进行定位并使其持续增值；不仅能引导你对自己的综合优势与劣势进行对比分析，而且能使你树立明确的职业生涯发展目标；不仅能引导你前瞻与实际相结合的职业定位，搜索或发现新的或有潜力的职业机会，而且还能使你学会如何运用科学的方法采取可行的步骤与措施，不断增强你的职业竞争力，实现自己的职业目标与理想。

第二，职业生涯规划可以给自己一个高度，使自己跳得更高。

职业生涯规划是根据个人的实际能力和专业知识设计的一个自己将要为之奋斗的目标、自己以后要走的路。在前进的路上，先给自己定下一个合适的高度，然后再通过自己一步一步的努力朝着那个方向前进，渐行渐高，那个前方的高度就是自己的未来。

第三，职业生涯规划可以增强自身发展的目的性与计划性，提升成功的概率。

职业生涯发展要有计划、有目的地进行，不可盲目地“撞大运”，很多时候职业生涯受挫就是由于没有明确的规划和目标。良好的规划能使我们的工作与生活具有目的性和计划性，是成功的开始，可以极大地提高成功的概率。不少应届大学毕业生不是首先坐下来做好自己的职业生涯规划，而是拿着简历与求职书到处乱跑，总想会撞到好运气、找到好工作。盲目乱跑的结果是浪费了大量的时间、精力与资金，到头来感叹招聘单位是有眼无珠，不能“慧眼识英雄”，叹息自己英雄无用武之地。这部分学生大多没有认识到职业生涯规划的意义与重要性，认为找到理想的工作靠的是学识、成绩、耐心、关系、口才等条件，认为职业生涯规划纯属纸上谈兵，简直是耽误时间，有那时间还不如多跑两家招聘单位。正是这种错误的理念，导致了其失败。要知道磨刀不误砍柴工，有了清晰的认识与明确的目标之后再把求职活动付诸实践，这样才能取得更好的效果。

第四，职业生涯规划可以提升职业竞争能力。

伴随着经济全球化和知识经济时代的来临，中国社会变革的步伐也不断加快，职场的竞争日益激烈。物竞天择，适者生存。要想在激烈的职场竞争中脱颖而出并保持不败,必须设计好自己的职业生涯规划。这样才能做到心中有数,不打无准备之仗。因此,未雨绸缪,先作好职业生涯规划,并积极地为未来职业和职位的需求贮备知识和能力,才能使自己的职业活动更经济、更科学、更具竞争力。

1.3 当前职业生涯发展的环境及生涯指导状况

1.3.1 当前职业生涯发展的环境

1.3.1.1 经济全球化对就业的挑战

经济的全球化使生产要素在不同国家和地区间的流动加快,就业的竞争从国内竞争变为国际国内同时竞争。这种竞争一方面表现在劳动力市场上的人与人之间的直接竞争,另一方面则表现在由于劳动者的素质、能力、企业管理、工资等要素的差别所造成的在产品市场上不同产品竞争力的差别。而这一切都会对劳动者的观念和素质提出更高的要求。这对高等学校毕业生的就业既是机遇,也是挑战。

机遇体现在就业机会的增多和就业几率增大。挑战则在于原有的教育体制带来的教育与市场脱节的矛盾依然存在,新的矛盾又日益尖锐,就业困难加大。

当前,受国际金融危机快速蔓延和世界经济增长明显减速的影响,我国经济发展面临着严重困难和严峻挑战,严峻经济形势最直接的表现就是给就业带来了极大冲击。预计"十二五"期间,应届高校毕业生年均规模将达到近 700 万人,总量压力有增无减,加上返乡农民工、城镇下岗失业人员、就业困难群体等,我国就业形势将异常严峻,大学生就业更是面临着新情况和新问题。

1.3.1.2 高校毕业生数量扩张过快,与当前的经济结构不适应

当前我国正处在社会经济发展的重要转折期,经济增长方式的转变、产业结构的调整使许多单位对人才的需求逐步趋向"少而精"。伴随着经济结构的调整,近年我国高等教育经历了一个快速发展期。1998 年全国高等学校招生规模为 108 万人,在校生接受高等教育的人数大约为 643 万人,高等教育毛入学率不足 8%。从 1999 年起全国高校连年扩招,2001 年高校招生规模达到 284 万人,2003 年达到 380 万人,2005 年达到 504 万人,2006 年增幅虽有所减少,仍然达到了 530 万人。经过连续几年的扩招,我国高等教育规模先后超过俄罗斯、印度和美国,成为世界第一。2008 年,全国普通高校招生 607.7 万人,是 1998 年的 6 倍;在校生达到 2 021 万人,是 1998 年的 4.5 倍,是 1949 年的 172 倍多。2011 年全国各类高等教育在学人数达到 3 167 万人,毛入学率达到 26.9%。在人均国内生产总值 1 000 多美元的条件下,我国高等教育发展实现了从精英教育到大众化,用 10 年走过了其他国家 30 年、50 年甚至更长时间的道路。(美国著名学者马丁·特罗提出的高等教育发展三阶段学说,即随着经济社会的进步,高等教育的发展将从精英化经大众化达到普及化。高等教育毛入学率在 15% 以下为精英型高等教育,15% ~50% 之间为大众型高等教育,50% 以上为普及型高等教育。)

2003 年，扩招后的第一届毕业生开始就业，择业人数达到了 212 万人，比 2002 年增长了 67 万人，增幅为 30%；2004 年全国高校毕业生达 413 万人；2007 年全国高校毕业生达到 495 万人；2008 年达到 559 万人，2009 年达到 611 万人，2010 年达到 631 万人，2011 年达到 660 万人，2012 年达到 680 万人，以平均每年 20% 以上的速度递增；2013 年全国普通高校毕业生规模达到 699 万人，是新中国成立以来大学毕业生最多的一年。而大学生就业率近 3 年来一直徘徊在 70% 左右，相当部分的大学生就业难问题是不言而喻的。从目前的走势看，2013 年毕业生离校后到人社部门登记求职的人数，也即离校时未就业人数保守估计不会低于 200 万人，甚至可能更多（这几年的趋势是逐年增多，统计至次年一季度，2010 届 183 万人，2011 届 218.2 万人，2012 届 227.3 万人）。这些数据显示：大学生就业工作难度增加，就业形势不容乐观。

造成大学生就业难的原因是多方面的，短时间内大学毕业生人数的快速增加使社会、家庭和学生自己对此并未做好相应的心理准备，与大学生就业工作相关的各方面还存在组织经验、实践经验不足的问题，相关的社会政策支持不到位，经济结构和经济环境还难以提供充足的适合高校毕业生的就业岗位。因此，教育与就业主管部门、高校和毕业生都要看到当前大学生就业形势的严峻性、艰巨性和长期性，对此要有充分的心理准备。

1.3.1.3 人口总量庞大，劳动力供需矛盾突出

据专家预测，“十二五”时期，我国人口将达到 13.7 亿人，劳动年龄人口在 2014 年达到最高峰 9.97 亿，而实际进入人力资源市场的新成长劳动力高峰则还将延后出现，整个“十二五”时期劳动力供给将持续增加并保持在高位。“十二五”时期，城镇每年需要就业的劳动力在 2 500 万人，比“十一五”时期多出 100 万。同时，农村剩余劳动力转移就业的压力也会越来越大。

就业机会供给方面，综合考虑各种因素，城镇新增就业规模将继续保持在 900 万人以上，再加上补充自然减员，年均也只能提供就业机会 1 200 万个，年度劳动力供求缺口高达 1 300 万人左右，比“十一五”期间压力更大。

国家统计局的测算表明，我国经济增长对就业增长的拉动作用呈现下降态势。20 世纪 80 年代，GDP 每增长 1 个百分点，可增加 240 万个就业岗位，而 90 年代以来，只能增加 70 万个。如果经济增长和就业弹性保持近年水平，按 GDP 保持 10% 的增长率测算，全国可增加就业岗位 800 万个左右，加上自然减员提供的就业岗位，预计每年城镇可新增岗位仅有 1 100 万个，远不能满足就业需求。

1.3.2 严峻的就业形势呼唤职业生涯规划指导

1.3.2.1 职业指导的产生与发展

伴随着生产力水平的提高，人类的劳动方式也日益多元化，出现了劳动强度、复杂程度、劳动种类以及劳动环境不同的工作岗位，由此形成了不同的职业划分。在以手工劳动为基础的农业经济时代，几乎没有就业与职业的概念，仅有的职业形式是基

于简单的社会分工而形成的。当社会生产的基础由手工劳动转变为机器加工以后，以加工业、采矿业和机器制造业为主的新的产业相继出现，且各产业内部分工向纵深方向发展，甚至同一技术工种的不同操作工序也演变成了相对独立的专业化的职业岗位。职业种类的多样化与结构的复杂化，成为工业化国家的显著特点。为解决当时的就业择业问题，因而出现了职业指导的客观要求。1907 年，英国学者费齐来在苏格兰首都爱丁堡建立了本地劳动局，开展职业指导，并开设职业教育和训练的夜校班，到 1909 年，英国商务部建立了雇佣交流所，专门设立了青少年职业服务部，提供职业训练和职业指导服务。一些社会工作者也组织起来给青年人进行职业指导服务。1908 年，美国的弗兰克·帕森斯教授(Frank Parson)在波士顿建立了地方职业局，从事职业咨询和职业指导活动，并在波士顿学校中设立了生涯指导所，沟通学校与用人部门的关系。1916 年清华大学周寄梅先生将职业指导的理念介绍到国内并开始实施，但限于当时国内的条件，并未引起社会的关注。20 世纪 20 年代以后，英、美两国兴起的职业指导运动很快在法国、德国、日本等许多国家建立和发展起来。

1960 年美国麻省理工学院的埃德加·施恩教授在长期跟踪研究的基础上提出职业锚理论，标志着职业生涯规划与管理学科理论的形成。随后，欧美国家的许多企业开始实施有组织的职业生涯规划活动并取得了良好的效果。职业生涯规划与管理的理念在全球开始普及。

1.3.2.2 国内职业生涯规划指导发展的状况

职业生涯管理的理念是在改革开放以后，伴随着经济体制的改革、市场经济的发展而得以恢复和发展起来的。特别是 1990 年以后，职业指导作为系统理论进入高校课堂。1999 年春，在北京大学、南开大学与摩托罗拉大学联合举办的 MBA 班中，率先聘请美国学者罗斯维尔讲授《职业生涯规划》课程，开辟了国内职业生涯规划教育的先河。2000 年秋，笔者开始在南开大学为劳动经济学专业的研究生和全校本科生开设《职业生涯管理》课程，国内职业生涯规划与管理的教学与指导工作开始兴起，许多高校相继开始相关课程并建立了学生就业指导中心。

我国高校的生涯规划与就业指导工作还处在起步阶段，经过多方的努力，近年高校就业指导与职业生涯规划指导工作得到了快速发展，并取得了显著的成绩。但由于缺乏资金和专业人员，同时存在工作思路与理念上的差距，也使职业生涯规划与指导工作存在着一定的问题与不足，主要表现在以下几个方面。

(1)学校教育与职业定向脱节，缺乏行之有效的职业技能与观念的教育。学校教育与生产实践、劳动就业相脱离的现象在高校中仍然普遍存在。只管学生培养，不管市场需求，只管毕业，不管学生去向的学校还很普遍。一些高校，尽管成立了就业咨询指导、职业介绍等机构，但由于缺乏系统的、一体化的职业知识教育和正确的指导工作，学生仅掌握了一些扫盲与应急性的、临时性的就业前的包装知识，学生缺乏关于社会分工及社会职业方面的系统知识，职业意识仍很淡薄，职业选择仍带有很大的盲目性。

因此,高校应多种渠道、多种形式地开展职业生涯规划与指导活动。学校教育应按照社会整体发展的要求,有选择地传递价值观念和职业知识,对学生进行职业理想、职业意识和职业行为教育。在现阶段,高校管理者应当将职业规划与指导工作纳入系统的教学计划中,在现有的各种教育、教学活动中强化学校教育的职业指导功能。如开设职业生涯规划指导课程和系列讲座,系统讲授关于社会职业和学生个性发展特点的基本知识,帮助学生建立正确的职业观,掌握选择专业与职业的能力;开展职业咨询活动,为学生提供个性化、具体化的指导与帮助。

(2)职业生涯规划与指导咨询工作还处于较低的水平,全社会规模的职业咨询还未形成,职业咨询行业的建立还处于初期阶段,高校由于人力和物力的投入有限,职业规划与指导工作并没有取得预期的效果。由于缺乏专职指导人员和系统的职业规划与指导课程,导致大多数学生对职业指导缺乏正确的认识,学生获取职业信息的渠道不畅通,学校在机构设置、专职人员配备、各种心理测量及信息反馈的手段方面还很欠缺。

国外高校一般都设有生涯发展服务中心(Career Service Centre),其职能是帮助学生在广泛的领域内探索他们需要的技能和才能,了解自己的长处和兴趣,分析可行的职业选择,认识和进一步提高技能和水平,帮助建立职业生涯规划。

牛津大学的就业服务中心位于牛津大学城一座古朴、漂亮的两层小楼内,其中有就业资料阅览室、电脑查询室、面谈室、会议室等。中心配有一名主任、两名副主任、12 名就业指导师、5 个负责信息管理的咨询人员。此外,还有秘书、负责招聘会以及印刷等工作的人员,一共 35 人。就业服务中心一年的经费有 100 万英磅。其中 3/4 由学校拨给,1/4 来自为招聘单位服务的收费和赞助。

美国的大学也都设有自己的生涯发展指导中心,一般由一名副校长直接负责,经费主要由校方和用人单位共同分担。例如南加州大学就业指导中心年经费 42 万美元,其中 60% 由校方拨给,40% 由用人单位捐款。宽裕的经费保证了指导中心的正常运作和采用先进的信息手段。在人员配备方面,除了配备较多的专职人员外,还配有相当数量的兼职人员和讲授就业指导课的专职教师。

因此,我国高校应该培养一批具有专业水准的职业生涯咨询专家,以帮助学生认识设计职业生涯规划的重要性,给学生提供关于职业生涯的相关信息,协助学生设计自己的职业生涯道路,制订职业计划,帮助学生实现职业生涯目标。

(3) 高校职业生涯规划与指导普遍缺乏系统性,仅局限于毕业生群体,而对非毕业生、对就业之外的环节包括学业、职业和生涯长期发展问题,则比较缺乏指导与帮助。其实,毕业生仅用一年的时间去构想未来发展并找到一份理想的工作是很困难的。高年级的大学生需要就业指导,刚入学的新生更需要生涯规划指导。大学生就业观的形成是一个渐进的过程,比如:是就业,还是考研、出国,不是到临毕业时才决定,往往是大学生几年准备和努力的结果。如果不早作准备,在大学四年中没有形成一个明确目标,到了毕业前才作准备,毕业生往往会感到很茫然,也难以形成较强的就业能力。

因此,学校必须从实际出发,建立“全程职业生涯指导体系”,也就是从大学一年级开始,就进行有关就业方面的教育和指导,并将这种教育和指导贯穿于大学学习的全过程,让大学生自始至终关注就业前景,按照职业生涯规划的目标实施自己的成才计划和就业计划。发达国家的高校如牛津大学的就业指导,实行的就是全程就业指导的方法。美国大学生的就业指导也是完全伴随着读大学的全过程,从一进校门开始,学校的有关机构就帮助学生进行自我测试,帮助学生规划职业生涯,每个学生都有一份个人资料档案,记录生理特点、兴趣、职业能力倾向、个人特征及家庭背景等情况。美国的大学还普遍开设就业指导课,老师是专职指导人员,从大一到毕业,每学年开的课,各有侧重,形式多样,贯穿始终。

联合国教科文组织提出职业技术教育的建议指出:“学习和职业的方向指导,应看成是一个连续的过程和教育的一个重要组成部分,其目的是帮助每一个人在教育上和职业上作出正确的选择。”因此,必须对大学生实行全程的职业生涯规划与指导教育。

1.4 大学生活的规划

案例分析

比尔·拉福成功的脚印

一个美国小伙子中学毕业之后立志做一名优秀的商人。后来他考入麻省理工学院,但没有直接去读贸易专业,而是选择了工科中最普通、最基础的专业——机械。这招棋很妙,做商贸必须具备一定的专业知识。大学毕业后,这位小伙子没有马上投入商海,他考入芝加哥大学,开始攻读为期三年的经济学硕士学位。几年下来,他在知识上已完全具备了商人的素质。出人意料的是,获得硕士学位后,他还是没有从事商业活动,而是考了公务员,去政府部门工作。他深知,经商必须具有很强的交往能力,何况官场险恶、仕途多变也容易培养自己机敏、老练和临危不惧的品格。在政府部门工作了五年后,他辞职下海经商,业绩斐然。又过了两年,他开办了拉福商贸公司。20 年后,拉福公司的资产从最初的 20 万美元发展到 2 亿美元。这位小伙子就是美国知名企业家比尔·拉福。

问题讨论:

对待成功,不同的人有完全不同的做法。一种人是永远活在梦幻里。另一种人则是一步一个脚印为自己的成功砍着荆棘、劈着顽石、架着桥梁、修着道路。对此,你有何感想?

大学生活对未来的职业生涯发展有着至关重要的影响,从职业生涯发展的角度来看，这四年将经历探索期、定向期、冲刺期再到实现期四个阶段，四个年级侧重不同，因此，作好大学四年的行动计划具有重要意义。

1.4.1 大学一年级为探索期

要初步了解职业，特别是自己未来想从事的职业或与自己所学专业对口的职业，要努力提高人际沟通能力。

具体活动可包括多和师兄师姐进行交流，尤其是跟大四的毕业生多交流，向他们询问就业情况，了解就业信息。大学一年级学习任务不重，要多参加学校社团活动，在社团活动中增强自己的交流技巧和人际关系能力。同时，要努力学习计算机知识和网络知识，争取通过计算机和网络辅助自己的学习。有些同学对自己所学的专业不满意，这个时候也要为可能的转系、获得双学位、留学计划作好资料收集及课程准备，要多利用学生手册，了解相关规定和信息。

1.4.2 大学二年级为定向期

进入大学二年级应考虑清楚未来是深造还是就业，进而了解相关的活动，并以提高自身的基本素质为主。这时可以通过参加学生会或社团等组织，锻炼和检验自己的各种能力；可以开始尝试兼职、社会实践活动，并要持之以恒，最好能在课余时间长时间从事与自己未来职业或本专业有关的工作。重点提高自己的责任感、主动性和承受挫折能力。承受挫折能力差是很多大学生普遍存在的问题，遇到一点失败或不如意就心灰意冷、垂头丧气，因此，要着重培养承受挫折能力。同时要增强英语口语能力，增强计算机应用能力，通过英语和计算机的相关证书考试，并开始有选择地辅修其他专业的知识以充实自己。考研究生的同学要特别注意学好数学、外语和相关的专业知识。

1.4.3 大学三年级为冲刺期

由于大多数同学会选择就业，这时目标应锁定在提高求职技能并确定自己是否要考研上。三年级应重点锻炼自己独立解决问题的能力和创造性；可以在撰写学期论文、课程论文等专业文章时，大胆提出自己的见解。为培养就业能力，可以参加与专业有关的暑期工作，与同学交流求职心得，学习写简历、求职信，了解搜集工作信息的渠道，并积极尝试；同时要积极加入校友网络，向已经毕业的校友、师兄师姐了解往年的求职情况。希望出国留学的学生，可多接触留学顾问，参与留学系列活动，准备TOEFL、GRE考试并注意留学考试资讯，向国外高校和相关教育部门索取简章。考研的同学应选修要报考专业的课程，向所报考专业的师兄师姐求教，跟导师联系，寻找往年的试题和了解考试侧重点等。

1.4.4 大学四年级为实现期

大学四年级的学生开始分化，想工作的忙找工作、想考研的忙考研、想出国的忙出国，各有所想不能再犹豫了。大部分学生的目标会锁定在工作申请及成功就业上。这时，可先对前三年的准备作一个总结：首先检验自己已确立的职业目标是否明确，前三年的准备是否已充分；然后，开始工作的申请，积极利用学校提供的条件，了解就业指导中心提供的用人单位信息，强化求职技巧，进行模拟面试等训练和实战演练。考研和出国的同学也要抓紧准备所需的东西。这样经过四年的努力才能达到自己的预期目标。

大学生活只是人生的一站，未来的旅途还很漫长，要在未来的职业生涯中取得成功，还必须在大学时期就着手制订好一生的职业生涯规划。

阅读材料

重庆某IT企业试用期内辞退20名大学生①

2004年7月，重庆理念科技产业有限公司招聘了21名大学生。让人始料未及的是，在随后不到4个月的时间里，该公司陆续开除了其中的20名本科生，仅仅留下了一名大专生。据该公司反映，这些大学生被开除的主要原因是他们的自身素质和道德修养不符合公司对人才的需求。

第一批被公司除名的是两名来自某重点大学的计算机高材生。他们在第一次与客户谈完生意后，将价值3万多元的设备遗忘在出租车上。面对经理的批评，两人却振振有辞地说："对不起，我们是刚毕业的学生。学生犯错是常事，你就多包涵吧。"这两人在丢失了公司的资产后没有人敢于主动承担责任，而是在不停地推卸责任。这两人终因修养不够、"言多语失"而被开除。

第二批被公司"扫地出门"的是一名本科毕业的女学生，她喜欢睡懒觉，上班经常迟到，还在工作时间上网聊天、打私人电话，被多次警告仍置若罔闻，最终被公司"开回家"。

另有3名大学生因"张狂"而被"卷了铺盖"。他们在与客户吃工作餐时，夸夸其谈，大声喧闹，弄得客户和公司领导连交谈的时机都没有。席间，更有一名男生张嘴吐痰，一口痰刚好落在了客户的脚边，惊得客户一下子从凳子上跳了起来。该男生却像什么事都没有发生一样继续吃饭。结果可想而知。

最让人难以接受的是，有一次，公司老总带领公司雇员到外地搞促销，在海边租了一套别墅，有20多间客房，但雇员有100多人，很多老雇员甚至老总都只能睡在过道上。而有些新来的大学生却迅速给自己选定好房间，然后锁上房门独自看电视。这些学生好几次走出房门看见长辈睡在地上，竟都视而不见，不吭一声。此事又让几名大学生丢了饭碗。

最后被开除的是一名男生，他没与对方谈妥业务就飞到南京，让公司白白花了几千元的飞机票。当领导问及此事，他却不依不饶："我没错，是他们变卦，你是领导我

① 资料来源：http://campus.chinaren.com/20041113/n222970501.shtml

也不怕!"他被开除后,邀约两名同事一起走,接下来,3人又从公司里拉走了几个人。

就这样,3个多月下来,20名本科生全都离开了公司。

而唯一没有被"炒掉"的"幸运儿"是一位女大专生。"我只是比别人更清楚,自己比别人少了什么东西。我虽然没有很高的文凭,但是我觉得'细微之处见匠心'。尤其是在与客户面对面接触的时候,可能会因为你的一个眼神,或者是你的微笑不到位,就让人觉得心里不舒服。这种不舒服如果转变成一种对立的话,势必影响到工作,对公司的业务发展也可能有很大的甚至是负面的影响。"在她看来,作为公司的一员,应该懂得自己的言行必须符合公司的正当利益。对自己的前途负责,首先是对自己所在单位负责、对工作负责。在她的工作记录本封面上写着两个字:用心。

她介绍说,因为刚接触工作,很多东西都需要学习,自己就借公司其他雇员的资料看,经常看到深夜。"而且我特别喜欢问,几乎公司上上下下的同事都被我问遍了,大家都笑话我是'十万个为什么'。"正是这份勤奋和谦逊,让这位女大专生笑到了最后。

有专业人士指出,大学生在求职时,要得到用人单位的认可,修养和学识缺一不可。做任何事情的前提应该是首先学会做人。

"有些大学生在刚跨入社会时,其角色转化、人际关系、思想认识等都可能存在一些问题。"该公司老总李玉华就此事评论说,这件事可以给大学生们提个醒,从进入大学的第一天到面对自己的第一份工作,大学生在注重调整自己知识结构的同时,也应该注重自己的道德修养,把握好处事分寸,从各方面提高自己的综合素质。

问题与思考:

你如何评价案例中不同人物的表现,你认为大学期间应如何提高自己的综合素质?

思考题

1. 简述大学生职业生涯规划的必要性和意义。
2. 简述职业生涯目标的作用,联系个人实际谈谈你的生涯发展目标。
3. 你打算如何度过你的大学生活?
4. 你有哪些就业指导与生涯规划方面知识和技能的需求?

参考资料

[1]张再生. 职业生涯管理[M]. 北京:经济管理出版社,2002.
[2]张再生. 职业生涯开发与管理[M]. 天津:南开大学出版社,2003.
[3]施恩. 职业的有效管理[M]. 仇海清,译. 北京:三联书店,1992.

[4]章达友. 职业生涯开发与管理[M]. 厦门:厦门大学出版社,2005.
[5]王沛. 大学生职业决策与职业生涯规划[M]. 北京:科学出版社,2007.
[6]李开复. 与未来同行——李开复文集[M]. 北京:人民出版社,2006.

2

职业生涯规划的兴起与意义

本章学习要点

• 了解人力资源管理理论发展的阶段、历程与趋势，弄清人事管理与人力资源管理的区别，明确职业生涯规划与管理产生的背景和意义。

• 了解职业生涯规划的概念和内涵，弄清职业生涯规划与管理工作的特征。

• 了解职业生涯规划与管理中有哪些角色，弄清不同角色所起的作用，明确职业生涯规划与管理的研究对象和研究内容。

• 了解职业生涯规划与管理的研究方法。

案例导入

3M 公司的雇员职业生涯规划管理①

一、背景

多年以来，3M 公司的管理层始终积极对待其雇员职业生涯发展方面的需求。从 20 世纪 80 年代中期开始，公司的雇员职业生涯咨询小组一直向个人提供职业生涯问题咨询、测试和评估，并举办个人职业生涯问题公开研讨班。通过人力资源分析过程，各级主管对自己的下属进行评估。公司采集有关岗位稳定性和个人职业生涯潜力的数据，通过电脑进行处理，然后用于内部人选的提拔。

---

① 该案例根据 Thomas G. Gutteridge & Zandy B. Leibowitz & Jane E 页. Shore, ORGANIZATIONAL CAREER DEVELOPMENT, Jossey-Bass Publishers, San Francisico, 1994, 121 ~ 126 页有关内容编译而成。

人力资源部门虽成立较晚但已自成体系,并负责对雇员职业生涯开发中的各种作用关系进行协调。公司以往的重点更多地放在评估和人力资源规划上,而不是雇员职业生涯开发的具体内容上。新的方法强调公司需求与雇员需求之间的平衡。

二、系统组成部分

3M 公司最新设计的雇员职业生涯规划与管理工作主要包括如下内容:

(1)岗位信息系统;

(2)绩效评估与开发运作程序;

(3)个人职业生涯管理手册;

(4)主管和雇员公开研讨班;

(5)"一致性分析"过程;

(6)个人职业生涯咨询;

(7)个人职业生涯项目;

(8)合作者重新定位;

(9)学费补偿;

(10)调职。

上述内容共同构成了一套卓有成效的雇员职业生涯开发与规划体系。

1. 岗位信息系统(JIS)

多年以来,3M 公司的全体雇员民意调查显示,雇员要求有更多的有关个人职业生涯机遇的信息。因此,在大环境非常适合的情况下,3M 公司于 1989 年底开始试行了岗位信息系统。雇员们的反应非常积极,这一示范项目被推广,从此该系统在全公司全面实施。在试行阶段,人力资源部、一线部门及雇员组成了一个专题工作小组,进行为期数月的规划工作。这一"岗位信息系统"的初步目标是使 3M 公司的用人经理可以在内部发现人选,同时帮助职工明确竞争不同岗位所需的技能和资格。

该系统的组成部分包括岗位通告系统和反馈系统。管理层中的所有岗位,最高到总监级别,均在全公司中通报,仅最高层 1.5% 的岗位不在通告之列,所有经批准的空位均被列出。空出岗位的通告时间为 10 个工作日。岗位需求信息发布采取电子方式,雇员们可以通过自己的电脑调阅这方面的内容。销售代表及其他现场工作人员通过拨叫一个电话号码来获得岗位信息。另外还开通有一条电话热线,专门解答人们对岗位需求信息发布系统的疑问。

雇员们可以申请自己认为有资格的任何所列出的岗位。在申请之前他们必须在自己目前的岗位上已经工作满 24 个月,除非他的主管放弃这一要求。他们以书面的方式填写申请表,这些申请表直接送交用人经理进行筛选。用人经理打电话给申请人的经理,然后再直接打电话给申请者本人。

反馈是本系统的一个重要部分。用人经理对所有候选人均作出回应,未被面试者至少会收到一份格式化的信函。所有参加面试但未能获得申请岗位的人将收到一份备忘录或者一次电话通知。这一项目由雇员职业生涯资源部门进行协调。

2. 绩效评估与发展过程(PADP)

绩效评估与发展过程涉及各个级别(月薪和日薪雇员)和所有职能的雇员。1989年它开始适用于月薪雇员,1990开始适用于日薪雇员。当这一过程扩大到日薪雇员时,公司为此召开会议并提供了培训。

每一位雇员都收到一份供来年(第二年)使用的雇员意见工作表。雇员填入自己如何看待自己的工作内容,指出该年的4~5个主要进取方向和期待值。这份工作表还包括一个岗位改进计划和一个职业生涯开发计划。

然后,雇员们与自己的主管一起对这份工作表进行分析,就工作内容、主要进取领域和期待值以及明年的发展过程达成一致。在第二年中,这份工作表可以根据需要进行修改。此过程旨在根据实现目标过程中的相关因素,突出需要强化和改进业绩的领域。待到年底时,主管根据以前确定和讨论的业绩内容及进取方向完成业绩表彰工作。

在实施这一绩效评估与发展过程之前,3M公司的评价过程重点不在于具体对发展规划的要求。而上述过程巩固了这样一个观念,即雇员对工作和职业生涯开发负有主要责任,领导者则作为一项关键性资源,提供咨询、建议和辅导。

具有重要意义的是,绩效评估与发展过程促进了3M公司主管与雇员之间的交流。他们定期召开业绩讨论会议(一般是一个季度一次),鼓励雇员根据需要主动与自己的主管进行非正式的商谈。

3. 个人职业生涯管理手册

公司向每一位雇员发放一本个人职业生涯管理手册,它概述了雇员、领导者和公司在雇员职业生涯开发方面的责任。这一手册还明确提供公司现有的雇员职业生涯开发资源,同时提供一份雇员职业生涯关注问题的关系表格。

4. 主管公开研讨班

为期一天的公开研讨班有助于主管们理解自己所处的复杂的雇员职业生涯开发环境,同时提高他们的领导技巧及对自己所担任之各类角色的理解(咨询者/教练、推荐人,等等)。主管们的反应始终是非常积极的,同时还计划开展一次公开研讨班跟踪活动。这一公开研讨班巩固了这样一个认识,即人才开发是主管工作的一个基本组成部分。这一强烈的开发重点还强调对业绩表彰过程的利用。虽然一般性业绩被包容在所有雇员的评估中,但针对主管还增加了额外的评估。“雇员开发与管理”乃是这些新增因素的第一个方面。

5. 雇员公开研讨班

早在1987年,3M公司就已经开办了旨在帮助雇员分析自己个人前途的职业生涯发展公开研讨班。经过1990年的改进,这一雇员公开研讨班现在为期两天,提供所谓“个人职业生涯指导”,即强调自我评估、目标和行动计划以及平级调动的好处和职位晋升的经验。第三天的内容可以附选,其重点在于内部岗位的求职技巧、如何写简历、如何面试,等等。如何有效利用岗位信息系统也被纳入公开研讨班的内容之中。

有些主管开始时担心,这样的公开研讨班可能会起到鼓励人们跳槽的作用。然而事实上,参加过公开研讨班的大部分雇员报告说,他们现在对自己目前的个人前途更加满意了,同时他们还充分地认识到如何更加现实地把握自己的个人职业生涯。充实岗位内容是一个强调的重点,基本方法是,“个人职业生涯的发展始于你目前的岗位”。

公开研讨班结束后,雇员们根据要求回答跟踪问卷调查,而且他们的行动计划也得到跟踪(主管也参与其中)。为一视同仁地协助雇员和主管,人力资源部准备了一个资料库,其中有与个人职业生涯相关的录像带。3M 公司的各个图书室备有关于个人职业生涯话题的业务图书。虽然公司目前尚未使用职业生涯开发软件,但是正在就与个人职业生涯相关的电脑服务进行洽谈。

6. 一致性分析过程及人员接替规划

这一接下来的过程到达了顶点,集团副总裁会见各个部门的副总裁,讨论其手下管理人员的业绩情况和潜能。此过程影响到评定结果和人力资源部门的评审过程,因此对于转岗、发展和晋升都具有影响。这是一项重要的信息共享工作,对于管理人员来说也是反馈业绩信息的又一出处。此过程始于总监们与自己的经理们举行会议,执行总监们与自己手下的各位总监举行会议,部门或负责人事的副总裁则与各位执行总监举行会议。

与上述一致性分析过程紧密相连的是一个在执行层面上开展的人员接替规划项目,它已经实行了六七年。公司正考虑将这一高度成功的项目扩大到中级管理层。

7. 职业生涯咨询

一方面公司鼓励职员主动去找自己的主管商谈个人职业生涯问题,另一方面公司也提供专业的个人职业生涯咨询,并为每一个部门指定一个人力资源经理作为咨询资源。这一咨询功能包括一些评估工具。雇员们可以从主管、帮助雇员的顾问或人力资源经理处那里征得个人职业生涯咨询意见,抑或他们可以自行其事。咨询一般被用做对雇员公开研讨班的跟踪调查,帮助雇员制订一份深造计划,讲解简历写作技巧和面试技巧,帮助职工在求职失败后重新考虑个人前途问题,或帮助雇员求职或重新确定个人发展方向。

8. 职业生涯项目

作为内部顾问,雇员职业生涯开发工作人员根据职工兴趣开发出一些项目,并将它们在全公司推出。一个非常普及的项目涉及如何保持高水平。项目内容包括关于雇员职业生涯资源部门的信息及现有的内部职业生涯开发资源。

9. 合作者重新定位

雇员职业生涯开发工作人员在全公司范围内协调本合作者重新定位程序。由于双职工夫妇的原因,这已经成为一个重要的功能,虽然本项目也解决非工作关系合作者的选择。

10. 学费补偿

此项目已实行多年。它报销学费和与雇员当前岗位相关的费用，以及与某一工作或个人职业生涯相关之学位项目的全部学费和费用。

11. 调职

内部调职的协调通过“3M 公司雇员转岗”程序进行。其岗位撤消的雇员自动进入一个个人职业生涯过渡公开研讨班，同时还接受具体的咨询。这种方法在过去的八年中挽救了数千名职工的工作热情。根据管理层的要求，还为解除聘用的职工提供外部新职介绍。

三、成果

在 3M 公司试图更加准确、更加现实地统一雇员需求和公司需求的努力中，它已经成功地提高了工作效率，更大程度地唤发起职工们为实现公司目标而进行的参与。主管们在雇员职业生涯指导方面更具信心，在改进与雇员的交流方面更具可信性。3M 公司的各项雇员职业生涯开发服务和项目，针对的是真正的需求。职业生涯发展规划和当前工作的改进虽然分属不同的领域，但又相互关联。由于公司是根据具体情况对待每一个人，所以它为个人和公司都带来了最大的利益。

问题讨论：

1. 你认为 3M 公司在职业生涯规划与管理方面取得了哪些经验？

2. 借鉴 3M 公司的经验，结合实际，你认为作为组织如何才能作好职业生涯规划与管理工作？

2.1 人力资源管理新趋势

现代社会，人的一生大部分时间是在职业中度过的，职业生涯跨越人生中精力最充沛、知识经验日臻丰富和完善的几十年，职业成为绝大多数人生活的重要组成部分。职业不仅提供了个人谋生的手段，而且创造了迎接挑战、实现自我价值的大好机会和广阔空间。企业也越来越认识到，人是最本质、最重要的资源。企业一方面想方设法保持雇员的稳定性和积极性，不断提高雇员的业务技能，以创造更好的经济效益；另一方面，企业又希望能维持一定程度的人员、知识、观念的更新替代，以适应外界环境的变化，保持企业活力和竞争力。而开展职业生涯管理工作则是满足雇员与企业双方需要的最佳方式。

回顾企业管理的历史，可以发现人力资源管理理论的形成与发展经历了原始管理理论阶段、近代行为科学管理理论阶段、现代科学管理理论阶段和以人的发展为核心的职业生涯管理阶段四个阶段。职业生涯管理已成为当前人力资源管理发展的方向和必然趋势，并在企业人力资源管理中占据越来越重要的地位和意义。

2.1.1 原始管理理论阶段

产业革命初期，企业主同时又是企业家，企业所有权与经营权集于一身。企业的目标就是为企业主获取最大化利润。企业围绕这一主题,对人的管理主要是以提高劳动生产率为目标,解决企业内怎样实现分工协作,以保证生产过程顺利进行;怎样充分利用人力、物力和财力,减少耗费,降低成本。因此,生产管理、工资、成本管理,成为当时企业管理的核心内容。美国的泰罗和法国的法约尔是这一时期的主要代表人物。就人事管理而言,泰勒等人主要倡导以下观点。

(1)倡导劳资双方的“合作”。劳资双方只要友好合作,消除敌对和冲突,就可以提高劳动效率,增加盈余,从而使双方均获益。

(2)提出了工作定额原理。工作定额的制订要求,先通过工作研究制订出标准的操作方法,然后对全体雇员进行训练,让他们掌握这套最优工作法,然后再据此制订和提高工作定额。

(3)倡导实行计件工资制度。提倡实行一种有差别的、有刺激性的计件工资制度,以鼓励工人完成较高的工作定额。

原始管理理论阶段提出的“劳动定额”、“工时定额”、“操作规程”、“计件工资制”等一系列管理制度与方法奠定了人力资源管理学科的基础。但其管理理论对人的认识是有缺陷的,一是把人看成经济人,过分强调物质刺激;二是把人看成和机器一样的工具。

2.1.2 近代行为科学管理理论阶段

从20世纪初到20世纪40年代末,资本主义由自由竞争阶段逐步发展到垄断;科学技术的进步,生产社会化程度的提高,生产范围和企业规模扩大;公司组织兴起,企业所有权同经营权分离,专职管理人员、专门管理机构随之出现。他们总结过去的管理经验,将工业心理学和行为科学的成果应用于企业管理,建立了行为科学的管理理论、方法和制度,极大地促进了企业的发展。

随着科学技术的发展和社会的进步,人们对精神生活的需求日渐提高。不关心雇员的心理需求,单纯地把工人看成工具,这种提高工作效率的管理手段遭到了雇员的普遍反抗。因而,如何在新的形势下满足雇员的心理需求,调动其工作积极性,成为一个新的课题,在这种情况下,行为科学的人事管理也由此应运而生。

行为科学理论强调从心理学、社会学的角度去研究管理问题,侧重研究人的需求、行为和动机、人际关系和对人的激励等,主张通过多种方式调动人的积极性。它重视社会环境和人们之间的相互关系对提高工作效率的影响,主张通过各种方法调动人的工作积极性。行为科学理论极大地丰富了人事管理学的内容,扩大了人事管理的领域,使人事管理除包含传统的招聘、考核、晋升、薪酬、退休等研究内容外,还注意对人的动机、行为和目的加以研究,了解雇员的心理需求,以求有针对性地激发雇员的工作意愿,充分挖掘其工作潜力。

将行为科学理论引入人事管理领域,使传统人事管理由静态管理逐渐发展为动态管理,由以往重视通过制度约束以求人事稳定,逐步发展到一方面注意制度与法规建设,另一方面又强调法规具有弹性和灵活性,以适应管理对象复杂化的需要,在所规定的范围内注意个体差异，注意尊重雇员自身的意志和愿望，努力使雇员的工作成就与其自身的追求和利益相结合。通过合理组织与利用人力资源，最大限度地激发雇员劳动的积极性和主动性，以提高工作质量和经济效益。近代行为科学人事管理理论提出的措施主要有以下四方面。

（1）管理人员不能只注意计划、组织、指挥和控制等传统管理职能，而更应重视雇员之间的关系，培养雇员的归属感、向心力和凝聚力。

（2）管理人员不仅应注意雇员完成生产任务的情况，而且还应该注意关心雇员的生活，满足雇员的需要。

（3）为调动雇员整体的积极性，不主张实行个人奖励制度，而提倡实行集体奖励制度。

（4）应该增加管理人员在雇员与上级管理者之间的联络职能，提倡让雇员和下级在不同程度上参与组织决策和管理工作的研究与讨论。

2.1.3 现代科学管理理论阶段

现代科学管理理论阶段是产生于第二次世界大战之后、以广泛运用数学方法和计算机为特征的管理科学理论。这一阶段，出现了许多新的管理技术，推进了管理手段的现代化与管理方法的现代化，提高了管理工作的精确化、科学化水平，由此也推动了管理思想的现代化和人员的现代化。

“二战”以后，现代科学管理理论发展成为人类社会永恒的主题。在当今科学技术飞速进步的时代，社会和经济的发展，越来越决定于现代科学技术、文化知识，归根结底，取决于现代知识、科学技术的发明创造者及其物质载体——人力资源。在现代社会经济运行中，人力资源不再被视为单纯的物质生产要素客体，而是具有自我意识、可以不断开发、居于主导地位和作用的主体。人力资源伴随社会经济和现代科学技术的进步，日益显示出其特殊的重要地位和作用；改革管理人力资源的方式，对人力资源劳动潜能的充分挖掘和利用，对人力资源劳动能力的培养、训练和提高，充分发挥人的主观能动作用，已成为拉动现代经济高度成长的强有力杠杆，成为现代企业生存、发展的决定性要素。正因如此，自 20 世纪中叶，特别是七八十年代以来，人力资源的开发与管理，以人本管理思想为指导，以人力资本理论为依据，确立了人力资源开发管理在企业管理的核心地位，这是对传统企业管理的革命，是人类社会的巨大进步。

这一阶段的人力资源开发和管理与前两个阶段的人事管理相比，虽是难以截然分割的一个前因与后果相互联系的历史演变进程，但却存在着明显的差别，这主要表现在以下四个方面（赵西萍等，1999）。

2.1.3.1 拓宽了人力资源开发与管理的视野

传统的人事管理考虑的是雇员的选拔、使用、考核、报酬、晋升、调动、退休等问题；现代人力资源管理打破了个人、雇员与企业的界限，统筹考虑一个国家、地区或行业所有体力、脑力劳动者的开发与管理。除考虑“进、用、出”这一人力资源管理的过程外,还考虑各类人力资源之间的比例与平衡发展问题,以适应国家或地区经济社会发展的需要。

2.1.3.2 丰富了人力资源开发与管理的内容

传统的人事管理部门视组织编制为固定不变,其工作就是试图提供企业所需的人力即"给适当的人找适当的事,为适当的事找适当的人",人事相宜之后,就是一系列管理环节的督导工作。现代人力资源管理不仅要承担这些工作,而且还要担负进行工作设计、规划工作流程、协调工作关系、调动雇员积极性等任务。而随着时代的发展,人们更加关注工作岗位人与人的关系以及在岗人员积极性、创造性的发挥。因此,对各种岗位进行重新设计、使工作面更宽、内容更丰富、更具有挑战性就成为人力资源管理部门工作的一种必然要求。

2.1.3.3 注重人力资源潜能的开发和雇员的全面发展

传统的人事管理把人力作为成本,其管理的目的是以降低成本为宗旨。因此,如何少雇人、多出活是其关心的核心问题。而人力资源管理则首先把人看做是一种可以开发的资源,通过开发和科学管理,可以使其升值,创造出更大的甚至意想不到的价值。其次,它非常注重通过培训、工作设计与工作协调等方面的工作开发人的潜能,因此,人力资源管理将实现从消极压缩成本到积极开发潜能的转化,雇员的全面发展成为企业发展的重要目标之一,从而将人事管理由行为科学升华为人本管理。

2.1.3.4 增强了人力资源开发与管理的系统性与科学性

传统的人事管理往往被分割成互相独立的若干部分,例如:劳资科管全厂的工资及雇员的调配;人事科管技术人员及其在不同科室的调配与晋升;教育科管雇员的培训;党委组织部负责各级主管人员的管理,从而造成人事管理工作的重复与脱节。现代人力资源管理在管理科学众多流派基础上,把系统管理提到了新的高度。现代人力资源管理将企业所有的雇员,甚至包括有可能为企业所利用的企业外的人力资源作为统一的系统加以规划,制订恰当的选拔、培养、任用、调配、激励等政策,以充分挖掘和利用人的创造力和潜能,增加企业及社会的财富。

因此,现代人力资源管理与传统的人事管理相比,其职能、作用、地位等都发生了很大变化。其差异如表 2-1 所示。

表 2-1 现代人力资源管理与传统人事管理的比较

项目 \ 比较	人事管理	人力资源管理
管理视角	视人为成本	视人为资源
管理活动	多为被动反应	多为主动开发
管理内容	简单	丰富
管理地位	处执行层	处决策层
部门性质	非生产与非效益部门	生产与效益部门

资料来源:赵西萍等:《MBA 组织与人力资源管理》,13 页,西安,西安交通大学出版社,1999。

在以人力资源开发管理为核心的现代企业管理时期，人力资源的开发是企业的生命线，作为企业人力资源开发重要内容和重要构成部分的职业开发和职业发展，是现代企业生存与发展的必要条件，也是满足企业职业需求和实现组织目标的根本途径。因此，促进雇员的职业生涯开发与发展，使之与组织需求相吻合、相匹配，必然成为现代企业职业管理的根本指导思想。这一新的阶段，可以称之为人力资源管理思想发展的第四阶段，即以人的发展为核心的职业生涯开发与管理阶段。

2.1.4 以人的发展为核心的职业生涯管理阶段

职业生涯管理学说起始于20世纪60年代，经过了40年的发展，由于社会经济形势的变化，职业生涯开发与管理的内涵也发生了很大的变化，其内容和应用方法也有了较大发展。20世纪90年代中期，职业生涯开发与管理的思想从欧美国家传入中国，并获得了一定发展。

职业生涯管理对雇员个人和组织而言都具有十分重要的意义。对个人而言，职业生涯管理，可以增强雇员对职业环境的把握能力和对职业困境的控制能力；帮助雇员协调好职业生活与家庭生活的关系，更好地实现人生目标；同时，还可以使雇员实现自我价值的不断提升和超越。对组织而言，职业生涯管理可以帮助组织了解组织内部雇员的现状、需求、能力及目标，调和它们同存在于企业现实和未来的职业机会与挑战间的矛盾；更加合理与有效地利用人力资源；同时，还可以为雇员提供平等的就业机会，对促进企业持续发展具有重要意义。

为什么职业生涯管理在当前受到如此的重视呢？这主要是由于今天的组织面对的是与过去相比发生了深刻变化的雇员：首先，谋生不再是雇员参加工作的唯一动机，雇员希望在工作中获得更多的满足；其次，教育水平的提高使雇员实现自我价值的愿望增强，对职业成功和职业成就寄以厚望，但社会竞争的加剧使成功的机会越来越少；第三，随着法律与社会保险制度的完善，为达到自己的职业目标，雇员可能会辗转在不同的组织中从事多种职业；第四，求职者不再是单纯的被选择对象，求职过程是个人与组织相互选择的过程。因此，现代组织职业管理与传统组织的人事安排存在着本质的区别：雇员的职业配置不仅是组织要考虑的问题，也是雇员自己的选择，在某种程度上，雇员选择所占的比重正日益加大。所以，现代职业生涯管理包含着双重任务：雇员的自我职业设计及其实施与组织对雇员职业发展的指导和支持。

这一阶段在人力资源管理和职业生涯管理领域提出的主要理论学说和成果如下。

(1)升华对人的认识，提出了人是最重要的资源、最宝贵的财富，提出了个性需求和精神健康的理论。

(2)提出了更多依靠雇员的自我指导、自我控制以及顺应人性的管理等一系列新观点、新思想，并在实践中，积极推行以人为中心的管理，积累了丰富的经验。同时，也使管理理论得到了延伸与升华：一是由行为科学升华为人本管理，其中注重职业生涯的管理是其最重要的表现；二是在管理科学众多流派的基础上，把系统管理提到新的高度。

(3)提出了职业锚理论(施恩,1978),勾勒出了个人与组织相互作用的基本图式,清晰地反映当事人进入成年期的潜在需要、才干和动机,也反映了个人的价值观。

(4)提出了职业生涯的多样化,将职业生涯定位分为进取型、安全型、自由型、攀登型、平衡型五种类型,并对这五种类型职业者的特点及其管理进行了研究(布鲁克林· 德尔,1986)。

(5)提出了职业性向理论(John Holland,1971)、工作/家庭边界理论(Sue Campbell Clark, 2000)等一系列理论,对个人择业及维持更好的工作家庭平衡提供了理论指导。

(6)以综览美国、欧洲、澳大利亚和新加坡的1 000家大公司的职业生涯开发实践为基础,以12家有代表性的组织机构,如3M、美国电话电报公司(AT&T)、波音公司、科宁公司等的案例研究为核心,对全球范围内有组织的职业生涯开发进行了系统研究(Thomas G. Gutteridge et., 1994),描绘出成功的职业生涯开发方式的大致轮廓:①"人的开发"前所未有地与企业或公司的战略性商业需求紧密结合在一起。②有组织的职业生涯开发越来越多地采取一种有系统的方式。③职业生涯开发的重点已经从个人发展到公司。在20世纪60年代末,通过就业咨询和职业生涯规划的讨论,焦点一直不离雇员个人的理想和目标。到了80年代,重心发生了变化:有组织的职业生涯开发在整体改善公司外部条件的商业要求中成为一种手段。在90年代,重心在个人和公司两者之间达到了平衡。这种局面的出现意味着应把有组织的职业生涯开发看做是一种战略性步骤,将个人的职业潜力最大化是扩大公司全面成功的途径之一(Arthur Sherman,1996)。④职业生涯开发的概念已经扩展,目的是促使组织机构出现新局面。为留用大量有才干的中层工作人员,组织机构不得不对成长和成功的真正含义作出建设性的思考。日益成为共识的是:职业生涯的成功可以以横向调整的形式实现,通过工作丰富化在"原地成长"。⑤由于经济已经全球化,需要把职业生涯开发放在全球的环境中来看待。职业生涯开发的观念和实用方法已实现了跨国界的交流,这其中,一部分是跨国公司增多的缘故,另一部分是由于信息技术的迅猛发展。当全球经济的参与者更加相互依赖时,职业生涯开发的创新模式就会在全球普及。

2.2 职业生涯规划的内涵与特征

2.2.1 职业生涯规划的内涵

职业生涯规划是对个人职业生涯的安排,可以从组织与个人两个层面展开,因此对于职业生涯规划的内涵,也可以从两个层面加以界定。首先从个人层面对职业生涯规划的内涵进行探讨。

从个人的角度而言,职业生涯规划(Career Planning)是指个人根据对自身的主观因素和客观环境的分析,确立自己的职业生涯发展目标,选择实现这一目标的职业,以及制订相应的工作、培训和教育计划,并按照一定的时间安排,采取必要的行动实施职业生涯目标的过程。个人职业生涯规划一般包括自我剖析、目标设定、目标实现策略、反馈与修正四个方面的内容。

(1)自我剖析是指全面、深入、客观地分析和了解自己。首先要弄清自己为人处世所遵循的价值观念,明确自己为人处事的基本原则和追求的价值目标。其次要熟悉自己掌握的知识与技能,同时,还应剖析自己的人格特征、兴趣、性格等多方面的个人情况,以便了解自己的优势和不足。通过这几个层次的自我剖析之后,对自己形成一个客观、全面的认识和定位。

(2)目标设定是在上述自我剖析与定位的基础上,设立明确的职业目标。如某人计划"在四十岁之前要成为某外资企业集团的人力资源部主管"就是一个较为明确的目标设定。就整个个人职业生涯来说,目标设定可以是多层次的、分阶段的。越来越多的人为了追求挑战,愿意在职业生涯中从事不止一个职业。当然,有时是环境迫使我们放弃原有的职业。一个多层次的目标设定可以使人更快地摆脱窘境,保持开放、灵活的心境。一个远大雄伟的目标很少能够一气呵成,必须分解成若干易于达到的阶段性目标。由于职业生涯跨越个人的青年、中年乃至老年,由于人在各时期的体能、精力、技能、经验、为人处事的特点有明显差别,所以有针对性地制订阶段性目标将更为切实可行。

(3)目标实现策略是通过各种积极的具体行动与措施去争取职业目标的实现。目标实现的内容不仅包括个人在工作中的表现及业绩,同时还包括超出现实工作之外的一些前瞻性的准备,如参加业余的付费进修班学习,掌握一些额外的技能或专业知识(如进修第二外语,攻读 MBA、MPA 学位等等)。此外,目标实现还包括为平衡职业目标和其他目标(如生活目标、家庭目标)而作出的种种努力。如果忽略了后两者的努力,要想长久保持工作中出色的表现几乎是不可能的,职业目标的实现也会遇到许多牵扯精力的障碍。目标实现的策略很多,包括撰写求职简历、参加面试应聘、商议工资待遇、制订和完成工作目标、参加公司举办的培训和发展计划、构建人际关系网、谋求晋升、参加业余时间的课程学习以及跳槽换工作等等,都可以看成是目标实现的具体努力和措施。

(4)反馈与修正是指在实现职业生涯目标的过程中,根据实际情况自觉地总结经验和教训,修正对自我的认知和对最终职业目标的界定。人只有在工作实践中,才能更清楚、更透彻地自我认知和定位,才能弄清自己喜爱并适合于从事什么职业。因此,对于职业目标的描述界定,在刚开始时大多数是模糊抽象的,有的甚至是错误的。在经过了一段时间的工作努力之后,有意识地回顾自身的言行得失,可以检验自我定位的结论是否贴切,自己对职业目标的设想方向对不对,是高还是低。研究表明,许多人都是在经过了一段时间的尝试和寻找之后,才了解自己到底适合从事什么领域的工作,这段时间在缺乏反馈和修正的情况下可能长达十几年。即使在自我定位和目标设定正确时,反馈和修正同样可以纠正分阶段目标中出现的偏差,同时可以极大地增强实现目标的信心。

因此,职业生涯规划有助于个人发现自己的人生目标,平衡家庭与朋友、工作与个人爱好之间的需求。而且能使个人作出更好的职业选择:接受还是拒绝某项工作、有无跳槽的必要、是否该寻找更具挑战性的工作以及何时辞掉压力过大的工作。更为重要的是,职业生涯规划有助于个人在职业变动的过程中,面对已经变化的个人需求及工作需求,进行恰当的调整。

职业生涯规划是个人职业生涯成功的战略指南。现代人力资源管理已不再仅仅是雇员的获得与使用的问题,而是如何通过雇员的自我认识与定位,开发其潜能,发挥其专长,实现其人生目标。现代组织的人力资源管理,是以人力资源的开发为主线的。人力资源开发,一是根据雇员的特点进行开发,使雇员得到适应性发展。二是在实际工作中通过开发活动使雇员掌握自我成才与发展的方法和技术。三是通过开发活动协调雇员的发展与组织的发展,使雇员的职业生涯目标与组织发展目标相吻合。这是组织开发人才需解决的一个问题,其目的是既能使雇员个人成才,又能满足组织的所需。在雇员的成长与开发过程中,人力资源部门如何提供必要的信息,创造成才的机会,给予雇员必要的帮助与指导,也是开发人才的一个重要措施。四是通过开发活动使组织能够吸引人才、留住人才。现代人已经不再把职业仅仅作为谋生的手段,而试图借一定的职业来实现自己美好的人生理想。而职业生涯规划为人生事业成功提供了科学的技术与基本的操作方法,并能使组织与雇员实现双赢,因而对个人的职业生涯发展及组织发展都具有重要的意义和作用。

从组织层面开展的职业生涯规划是组织人力资源管理的重要内容。组织职业生涯规划是组织开展和提供的、用于帮助和促进组织内正从事某类职业活动的雇员实现其职业发展目标的行为过程,包括职业生涯设计、开发、评估、反馈和修正等一系列综合性的活动与过程,为雇员提供必要的教育、训练、轮岗等发展机会,以促进组织发展目标和雇员生涯目标的实现。组织职业生涯规划是通过雇员和组织的共同努力与合作,使雇员的生涯目标与组织发展目标一致,使雇员个人的发展与组织的发展相吻合。

个人职业生涯规划与组织职业生涯规划的内涵存在显著的不同,要深入理解其内涵,必须注意以下三个方面的问题。

(1)个人职业生涯规划是个人职业生涯的自我管理。自己是自己的主人,自我管理是职业生涯成功的关键;个人职业生涯规划是以自我价值实现和增值为目的,自我价值的实现和增值并不局限于特定的组织内部,雇员可以通过跳槽实现个人发展目标。组织职业生涯规划是组织为雇员设计的职业发展与职业援助规划,是从组织的角度出发,根据组织发展对职业的需要,将雇员视为可开发增值的人力资本;通过协助雇员在职业目标上的努力,谋求组织的持续发展。组织职业生涯规划有一定的引导性和功利性。它帮助雇员完成自我定位,克服完成工作目标中遇到的困难挫折,鼓励将个人职业生涯目标同组织发展目标紧密相连,并尽可能多地给予他们发展机会。由于这类职业生涯规划是由组织发起的,通常由人力资源部门负责,所以具有较强的专业性、系统性。与之相比,个人职业生涯规划并不一定那么正规和系统,但只有在科学的职业生涯管理之下,才可能形成规范的、系统的和科学的个人职业生涯规划。

(2)职业生涯规划必须满足个人与组织的双重需要,实现二者的共同目标。职业生涯规划着眼于帮助雇员实现个人职业生涯目标,即力求满足雇员的职业生涯发展需要。因此,要实行有效的职业生涯规划,必须了解雇员现实的职业生涯目标以及在实现职业生涯目标过程中会遇到哪些方面的问题,如何解决这些问题,雇员的职业生涯历程可以分为哪几个阶段,每个阶段的典型矛盾和困难是什么,如何加以克服和解决,组织只有在对这些信息有充分的了解之后,才可能相应地制订出有关政策和措施,帮助雇员解决这些问题并为雇员提供相应的发展机会。同样,在满足雇员职业发展需求的同时,还必须满足组织自身职业发展的需要。这可以通过两个方面的工作来实现,一方面是在满足雇员职业发展需求的时候,使全体雇员的职业技能得到提高,进而带动组织整体人力资源水平的提升;另一方面是在职业生涯管理中对雇员的有意识引导,可使同组织目标方向一致的雇员脱颖而出,从而为组织培养高层经营、管理或技术人员提供人才储备。对职业生涯管理的精力、财力投入和政策注入可以看成是组织为达到以上目的而进行的长期投资。组织的需要是职业生涯管理的动力源泉,无法满足组织的需要将导致职业生涯管理失去动力源而终止。雇员个人职业发展需要是职业生涯管理活动的基础,无法满足雇员个人基本职业发展需要将导致职业生涯管理活动的失败。

(3)职业生涯规划是一个庞大的系统工程,涉及的内容十分广泛。从内容上来看,职业生涯规划既包括对雇员个人状况的深入了解,又包括对组织的深入了解;既包括生涯规划目标的确定,又包括实现生涯目标所需的各种管理方法与手段;同时又涉及职业活动的各个方面,既应了解组织过去的发展及未来的目标,预测政治、经济、社会、文化等环境的外在变化及可能产生的影响,规划出有长远性、前瞻性的发展方向,主动提供各种信息给雇员,强化彼此之间的回馈、沟通、信赖与支持,又应了解雇员的个别差异性及绩效表现、发展目标等,以提高雇员的工作积极性和企业凝聚力。从活动来看,凡是对雇员职业活动的帮助,均可列入职业生涯规划的范畴之中。其中既包括针对雇员个人的,如各类培训、咨询、讲座以及为雇员自发的扩充技能、提高学历的学习给予便利等等,也包括针对组织的诸多职业发展政策和措施的完善与调整,如规范职业评议制度,建立和执行有效的内部升迁制度等等。从时间上来看,职业生涯规划将伴随个人的整个生涯历程,对组织而言则贯穿组织生命周期的全过程。因此,一套系统的、有效的职业生涯规划制度和体系要涉及企业管理与个人发展的诸多方面,是一项长期的系统工作。

2.2.2 职业生涯规划的特征

根据职业生涯规划的内涵,对照人力资源管理工作,可以看出职业生涯规划具有以下特点。

(1)职业生涯规划是组织与雇员双方的责任。人力资源管理强调的是组织对雇员的管理,一般是单向的,其目的是为了提高组织的劳动生产效率。职业生涯规划管理中,组织和雇员都必须承担一定的责任,双方共同合作才能完成职业生涯规划目标,促进雇员的全面发展。在职业生涯规划管理中,雇员个人和组织须按照职业生涯规划的具体要求做好各项工作。无论是个人或组织都不能过分依赖对方,因为许多工作是对方不能替代的。从雇员角度看,个人职业生涯规划必须由个人决定,要结合自己的性格、兴趣和特长进行设计。而组织在进行职业生涯规划管理时,所考虑的因素主要是组织的整体目标以及所有组织成员的整体职业生涯发展,其目的在于通过对所有雇员的职业生涯管理,充分发挥组织成员的集体潜力和效能,最终实现组织发展目标。

(2)职业生涯信息在职业生涯规划中具有重要意义。组织必须具备完善的信息管理系统,只有做好信息管理工作,才能有效地进行职业生涯规划。在职业生涯规划中,雇员个人需要了解和掌握有关组织各方面的信息,例如组织的发展战略、经营理念、人力资源的供求情况、职位的空缺与晋升情况等等。组织也需要全面掌握组织雇员的情况,例如雇员个人性格、兴趣、特长、智能、潜能、情绪以及价值观等。此外,职业生涯信息总是处于变动过程之中,组织的发展在变、经营重点在变、人力需求在变、雇员的能力在变、雇员的需求在变、雇员的生涯目标也在变,这就要求必须对管理信息进行不断的维护和更新,只有这样才能保证信息的时效性。

(3)职业生涯规划是一种动态性管理,它将贯穿于雇员职业生涯发展的全过程和组织发展的全过程。每一个组织成员在职业生涯的不同阶段及组织发展的不同阶段,其发展特征、发展任务以及应注意的问题都是不相同的。每一阶段都有各自的特点、各自的目标和各自的发展重点,所以对每一个发展阶段的管理也应有所不同。由于决定职业生涯的主客观条件的变化,组织成员的职业生涯规划和发展也会发生相应变化,职业生涯开发与管理的侧重点也应有所不同,以适应情况的变化。

(4)职业生涯规划的客观性和不可逆转性。每个人由于其所处的环境不同,加之个体之间的差异,职业生涯发展中往往充满了许多偶然因素,但从长远来看,职业生涯发展是可以规划的。职业生涯发展具有阶段性,在每一个阶段都表现出不同的特征,规划的目的正在于给个人提供总体的指导,它不预言具体的细节,而是对职业发展的方向作出战略性的把握,并根据阶段性特征做出阶段性的抉择方案。因此,职业生涯规划必将有助于克服职业生涯发展中的盲目性。同时,职业生涯发展是不可逆转的,其不可逆转性源于人的自然成长和发展过程的不可逆转性,毕竟人们不能抹杀过去的经历,不能简单地从头再来,而总是在原有的基础上前进。职业发展的不可逆转性提醒人们要充分重视职业生涯中的每一步,因为今天的每一个选择,都可能影响你的下一步选择。而事实上，人们也往往有一着不慎全盘皆输的教训。

根据职业生涯开发与管理的内涵与特征，职业生涯规划的流程可用图 2-1 表示。

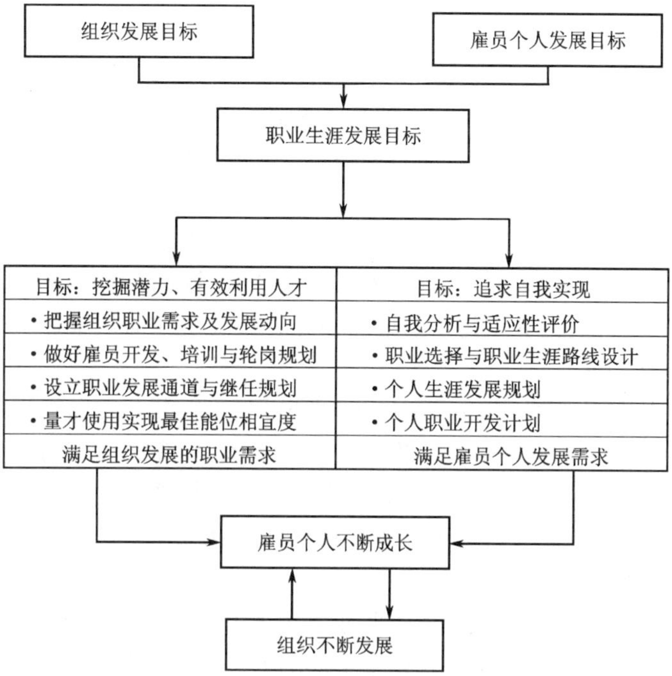

图 2-1 职业生涯规划流程图

2.3 职业生涯规划的角色与对象

2.3.1 职业生涯规划中的角色

在职业生涯规划管理中，组织、个人以及其他一些相关人员都扮演着重要的角色，承担着不同的任务，并对个人的职业生涯发展产生重要影响。

2.3.1.1 个人

个人，既是职业生涯规划的主体，是职业生涯规划的制订者、实施者，也是职业生涯规划管理和服务的对象。无论个人还是组织开展的职业生涯规划活动，都是以个人的情况为基础，在细致地自我分析的基础上制订，其落实也要靠个人的努力与配合，因此，个人既是职业生涯规划的主体，也是职业生涯实施的对象。个人的状况、价值观和对职业生涯规划的态度，对职业生涯规划有着至关重要的影响。

2.3.1.2 组织内部的角色

组织内部承担组织成员职业生涯规划任务的角色有多个。首先是组织最高领导者，他们是职业生涯管理的组织者和领导者，他们组织人力资源管理部门和职业生涯委员会制订战略规划和实施计划，而后将实施计划交由职业生涯指导顾问和各级管理者具体落实执行。在实际工作中，组织内的同级和直接下级也起到不同的角色作用。下面对组织中的角色及其作用分别加以介绍。

1. 组织最高领导者

组织最高领导者是组织成员职业生涯规划管理的重要人物。组织发展战略是由最高领导人来确定并指挥实施的，因此组织最高领导人应对组织发展前景和人员需要发展的能力作出有效的判断。组织最高领导人还参与组织各项管理制度和人事制度的制订，如提出组织未来管理人员的国际化原则等内容。

需要指出的是，组织最高领导者或多或少地会对组织高级管理人员进行直接的管理，他们可能参与职业生涯委员会，处理高潜能人员的有关问题等，并决定一部分管理人员的职务分配，因此也是组织最高领导者来决定如何从整体上表述职业生涯规划管理的内在功能。

美国学者施尔曼教授（Sherman，1996）指出，职业生涯开发和管理的成功与组织高层领导者的全力支持密不可分。理想的方式应该是，高层经理与人力资源部门经理、职业生涯委员会一起设计并实施职业生涯的开发体系和制度。此体系应该反映组织的目标和文化，并使人力资源的哲学宗旨贯穿始终。

2. 人力资源部门

人力资源部门负责整个组织各类职业人员的开发与管理，职业生涯规划是其工作内容的重要组成部分。针对组织内部不同的人员，分析其工作的特殊性，制订相应的政策和手段，并根据工作发展的需要设立特殊的岗位，进行特殊的培训，设定不同的职业发展通道，以培养能够担任特定职业的开发和管理工作的专家。

3. 职业生涯委员会

职业生涯委员会是组织为职业生涯管理战略的制订和实施而设立的机构，委员会一般由企业最高领导者、人力资源管理部门的负责人、职业指导顾问、部分高级管理人员以及组织外部专家组成。职业生涯委员会是对与组织人员发展相关的决定进行讨论的专门机构，其主要职责是制订每年的职业生涯年度会谈策略，对有潜力的雇员进行定位，并对其发展道路进行观察监督。职业生涯委员会的会议具有很强的影响力，有关职务分派的一些决定也在职业生涯委员会进行讨论。职业生涯委员会需要连续不断地搜集和整理个人、企业和社会发展的信息，以便进行正确决策。

4. 职业生涯指导顾问

职业生涯指导顾问是设立于人力资源管理部门或职业生涯委员会中的特殊职务，既可以由具有丰富的人力资源管理知识和经验的专业人员担任，也可以由德高望重、已在职业生涯发展中取得显著成功的资深管理人员担任。

职业生涯指导顾问可以在两个层次参与工作。从组织的角度出发，他们负责研究有关管理人员的聘用和管理问题，贯彻职业生涯委员会的决策。其实际参与的程度取决于组织结构和组织的国内、国际发展战略计划。从雇员的角度出发，职业生涯指导顾问是其职业生涯的顾问，也是其直接上级进行职业生涯规划管理工作的顾问。因此，职业生涯指导顾问的任务主要表现在如下四方面：①直接为雇员的职业生涯发展提供咨询；②帮助各级管理人员做好职业生涯管理工作；③协助组织做好雇员的晋升工作，通过一系列方法来明确可以提供的工作岗位、雇员发展的愿望、实现地理位置上的人事变动的条件，等等；④协助组织做好各部门管理人员间的薪酬平衡，使之不要因为所处岗位级别及部门情况的不同而差距过大，避免因薪酬政策间的差距阻碍组织内部的人事变动。

5. 直接上级

雇员直接上级的角色作用因组织的人事政策的不同而有所不同，因为各类组织对雇员的管理（如聘用、薪酬、人事调动）的集权程度不同。但无论如何，直接上级是雇员职业生涯规划管理中不可或缺的角色。其作用主要体现在：①日常工作中一般是由直接上级对雇员进行评估，因此，直接上级对雇员潜能的定位起重要作用；②直接上级可以通过不同工作任务的分派来使雇员发展自己的能力，展现自己的潜能；③直接上级还可以充当顾问的角色，即根据对一个雇员的印象参与对其职业生涯的指导或将自己对其发展前景的看法告诉给雇员；④直接上级可以利用他们的“关系网”为雇员在组织内的职业生涯发展产生积极的作用，促进雇员的晋升。

实际上，组织中各个层次中的直接上级都在自觉或不自觉地做着人力资源开发工作，因为组织的人力资源开发政策正是通过各层管理人员落实到其直接下级的。每一个雇员都会通过直接上级对其工作的安排和评价感受企业人事政策的宗旨。因此可以说，每一个直接上级都在或理性或感性地影响着其下级在职业生涯上的发展，因此，直接上级参与雇员职业生涯发展的可能领域非常广泛。组织只有明确地建立直接上级参与雇员职业生涯开发与管理工作的体系，才能更好地促进组织与雇员的发展。这一体系包括：①对直接上级参与雇员的职业生涯发展状况进行评估；②对直接上级进行职业生涯管理的专项培训，以此作为对雇员进行的人力资本投资。

6. 直接下级

直接下级的作用除根据切身体会对上级雇员作出评价以外，有时直接下级的发展状况也会直接影响上级的发展前途。组织雇员职业生涯发展的一个重要标志是能培养出一个优秀的直接下级。直接下级的成长也为上级雇员在职业生涯发展中抓住机会提供了保证。如果一名管理人员由于工作成绩突出而获得了晋升的机会，但由于未能培养出一名优秀的下级来接替自己的工作，那么只好先让其保持原职，待其职位“后继有人”再晋升。这种情况下，这名管理人员只能延迟或错过职业生涯发展中的一次职务晋升与发展机会。

7. 平级

组织内平级的雇员因为没有上下级关系，可以无拘无束、畅所欲言地提供最为平等的评价和建议，由于所处的角度不同往往对问题有新的看法和建议，这对同级雇员的发展往往很有帮助，但由于组织管理体制的影响，其角色和作用往往容易被忽视。

2.3.1.3 组织外部专家

职业生涯规划管理中的组织外部专家可由大学的人力资源教授、人力资源管理咨询专家、职业指导专家、职业咨询专家或退休的高级管理人员等担任。组织外部专家的意见不受某一公司内部具体情况的局限,可以使管理人员开阔视野,对雇员的职业生涯发展往往会产生重要的指导作用。

2.3.1.4 家庭主要成员

家庭主要成员对雇员个人的职业生涯发展往往会有重要的影响,如家庭成员的职业价值观、地域偏好、需求等都会对雇员的职业生涯选择与发展产生明显影响。但家庭成员意见的重要程度取决于雇员对家庭生活与职业生活关系的价值判断。

由以上的分析可以看出,职业生涯规划管理的角色有多种,不同角色居于不同的地位,发挥着不同的作用,这些角色相互作用、相互影响和相互联系,共同构成了个人职业生涯规划的角色体系。这一体系可用图 2-2 表示。

在上述职业生涯规划管理的诸多角色中,谁是最关键的角色?无疑是其本人。同时在职业生涯规划管理中,雇员的主管和人力资源管理部门的角色,具有特殊重要性,特列表对其进行比较说明(详见表 2-2)。

表 2-2 职业生涯开发与管理重要角色一览表

角色项目	目的	个人的角色	主管的角色	人力资源开发部门的角色
职业生涯目标	确定职业生涯努力方向,实现个人的理想	·剖析自己 ·分析有关因素 ·规划自我发展目标	·为雇员提供有关信息 ·协助雇员剖析自己 ·帮助雇员确定目标	·职业生涯规划指导 ·分析雇员生涯目标的可行性
配合与选用	配合组织发展目标与发展方向,晋升优秀雇员	·提供自己的真实资料 ·争取获得晋升	·界定某一工作所需的技能、知识和其他特殊条件 ·甄选候选人,提出建议	·协调过程 ·指导与分析 ·对主管和雇员提出忠告 ·确定甄选升迁标准 ·对候选人进行考核、面试
绩效评估	指导和教导雇员达到最好的绩效,提高工作满意度	·自我评估 ·请求和接受回馈	·提供回馈和教导 ·以正式或非正式的方式进行评估	·监督和评价各种评估量表,使其达到一致性和公平 ·训练主管人员和评估雇员

续表

角色项目	目的	个人的角色	主管的角色	人力资源开发部门的角色
个人职业生涯发展	创造良好的环境,沟通生涯目标	·负起自我生涯发展的责任 ·寻找和获得有关自我和生涯趋向的真实信息 ·界定和沟通 ·完成发展性的计划	·组织并指导有关职业生涯发展问题讨论 ·提供真实的反馈信息 ·提供有关生涯发展方面的参阅资料 ·鼓励和支持雇员的生涯发展	·提供有关职业生涯发展方面的参阅资料及信息 ·训练主管人员如何带领雇员讨论 ·为雇员职业生涯发展提供训练、教育的机会 ·及时通报职位空缺情况 ·制订并公布有关职位的标准及要求
职业生涯发展评估	每年对雇员的工作能力及其潜能进行评估,使其与公司的发展需求相结合,并确保组织效能持续增长	进行自我认识和自我评估。研究分析自我发展存在的问题	·根据当前的绩效、潜能和兴趣评价雇员 ·与其他主管沟通信息 ·确认机会和问题 ·推动雇员生涯规划的实施	·训练主管人员如何对雇员进行职业生涯发展评估
职业生涯调适	使工作、生活、生涯目标能密切地融合	·接受评估意见 ·必要时调整工作与生涯目标	根据评估结果,提出调整意见并实施	·对调整方案进行备案 ·协助主管完成雇员的工作或生涯目标的调适

资料来源:张添洲:《生涯发展与规划》,第 2 版,五南图书出版公司,1994 年。

2.3.2 职业生涯规划中个人与组织的作用

职业生涯发展贯穿个人职业生命运行的整个空间。在个人职业生涯发展历程中,个人与组织是相对应的双方,个人职业生涯发展与组织有着非常密切的内在联系。一方面,个人职业生涯发展以组织为依存载体;另一方面,劳动者及其职业工作又是组织存在的根本要素,组织的发展依赖于劳动者个人职业生涯的发展。因此,组织与个人职业生涯是相互依存、相互作用、共同发展的关系。在职业生涯发展过程中,个人应主动发挥其能动作用,强化自我发展、自我开发意识;同时,组织也要积极开辟通路,促进劳动者个人职业的发展。因此,在个人职业生涯发展中,组织、个人以及其他一些相关人员都扮演着重要的角色,承担着不同的任务。

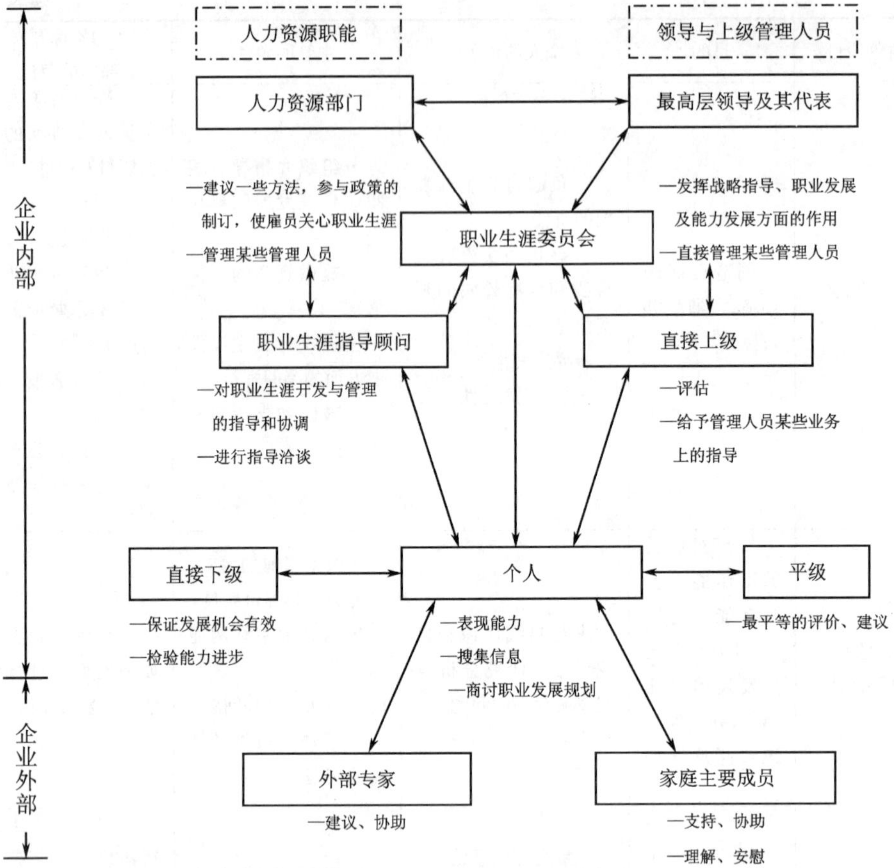

图 2-2　职业生涯规划中的角色与作用

资料来源：根据 Francoise Dany Yves-Frederic Livian, La Gestion des Cadres; Psirs, Vuibert, aout 1995. 78 页改编。

2.3.2.1　组织在个人职业生涯发展中的任务

1. 确定不同职业生涯期雇员的职业管理任务

雇员职业生涯分为不同时期或阶段，在各个时期或阶段，雇员的职业工作任务、任职状态、职业行为等有所不同，呈现出不同特征。组织可以根据不同职业生涯期的个人职业行为与特征，确定每个阶段具体职业管理任务与职业发展内容。

(1)职业选择与职业准备阶段。组织的主要任务是：做好招聘、挑选和配置工作，组织上岗培训，考察评定新雇员，达成一种可行的心理契约，接纳和进一步整合新雇员。

(2)职业生涯早期阶段。这是新雇员和组织之间相互发现的时期，组织通过试用和新工作的挑战，发现雇员的才能，帮助雇员确立长期贡献区，或者说帮助雇员建立和发展职业锚。

(3)职业生涯中期阶段。个人事业发展基本定型或趋向定型，个人特征表现明显，人生情感复杂化，引发职业生涯中期的危机。面对这一复杂的人生阶段，组织要特别加强职业生涯管理。一方面，通过各种方式方法，帮助雇员解决诸多实际问题，激励他们继续奋进，将危机变成为成长的机会，顺利度过中期职业阶段的危险期。另一方面，针对不同人的不同情况，分类指导，为其指示和开通职业生涯发展的职业通道。

(4)职业生涯后期阶段。雇员年老即将结束职业生涯，此时此刻，组织的任务依然是很重的。一方面，要鼓励、帮助雇员继续发挥自己的才能和智慧，帮助他们，做良师益友，传授自己的经验；另一方面，帮助雇员作好退休的心理准备和退休后的生活安排。此外，还要适时作好人员更替计划和人事调整计划。

2. 进行有效的职业指导

职业指导，作为一项重要的社会活动，是为适应西方国家经济发展、职业分化以及解决失业问题的需要而产生的，至今已有近百年的历史，并逐渐成为一种世界性潮流。

职业指导是协助个人选择职业、准备就业、安置就业并在职业上获得成功的过程。对职业指导含义的理解有几点需加注意。①职业指导的主体是组织，它是发自组织方的行为。组织，可以是政府机构，可以是社会团体，也可以是学校，还可以是企业、事业用人单位。②职业指导的客体，或者指导工作对象是求职者或雇员。③职业指导旨在帮助求职者选择到适合的、满意的职业岗位，或使雇员获得更好的职业发展。④职业指导虽是组织一方的事情，但不能单方面孤立开展工作。职业指导要同劳动者的职业选择与发展有机协调、相伴进行。企业组织的职业指导发生于以下两个环节或场合。

一是就业前的职业指导。面对就业前的诸多求职者，组织的职业指导主要有如下几方面工作。①广泛宣传本企业的职业需求，向广大求职者提供有关本企业的职业机会、职业特点和职业要求等信息。②了解求职者的个人特质、职业意愿和要求，对本企业及其职业工作的意向。③根据本企业的职业需求计划，帮助求职者分析是否适宜在本企业工作，寻觅合适人选，按一定程序、要求、规范、原则选聘相应的适宜雇员。④吸收合适人选进入组织，就位于职业岗位。

二是进入组织后的职业指导。一般都认为，职业指导只是发生在就业前或进入组织以前，指导对象仅是未寻找到工作、未谋到职业的求业者，其实，这是一种误解。事实上，职业指导同时也发生于组织内，从业者即企业雇员也是职业指导的客体。就一个企业组织而言，伴随着科技进步、组织管理工作的改革及组织目标和任务的变更，企业的职业工作岗位会有增有减、有所变动，随之，必然发生雇员职业工作岗位的上移、侧移以致移出等多种变化和发展。那么，每个雇员将朝向哪方向发展，如何发展，都需要组织予以职业指导。其中重要的任务在于：①发布企业职业岗位需求信息；②了解雇员的愿望、要求和想法；③帮助雇员认识与评估个人特质、能力、兴趣爱好,帮助雇员分析和选择自己的适宜职业岗位;④职能匹配定位。

3. 为雇员职业发展开辟通路

雇员职业生涯发展,首先需要自身的积极努力,自我开发和发展甚为重要,任务很重。但是,作为组织,决不能将雇员的职业发展视为只是雇员个人的事情,从而不予重视和支持。组织应当清醒地认识到,雇员职业生涯发展是组织存在与发展的必要条件和动力源泉,并与组织的发展互相促进。因此,提供条件,设置职业通路,给雇员职业发展予以帮助,是组织应尽的责任和义务,是组织的一项重要任务。

(1)帮助雇员制订和执行职业生涯规划。职业生涯规划是一个人职业生涯的妥善安排,在这种安排下,个人可以依据计划要点,在短期内充分发挥自我潜能,并运用环境资源达到各阶段生涯的成功,最终达到既定的生涯目标。

组织要帮助雇员依据组织需要和个人情况制订发展目标,并找出达到目标的手段和措施。重点是协助雇员在个人目标与组织内实际存在的机会之间,达到更好的结合,而且应强调提供心理上的成功。具体应帮助雇员制订、执行和修订生涯规划。

(2)组织要为雇员设置职业通道。职业通道是雇员实现职业理想和获得满意工作或者达到职业生涯目标的路径。组织中的成员,其职业目标能否实现,其个人特质、能力至关重要,但是离开了组织的需要和机遇,个人职业生涯发展也是不可能的。可以说,组织设置职业通道是决定性因素。设置雇员职业生涯发展通道,组织首先应当建设主干道,其次又要不拘泥于单一道路,可设置多条临近主干道之路,即达到职业发展目标的辅助职业通道,通过不同的道路共同实现职业发展的目标。

(3)组织要为雇员疏通职业通道。在雇员职业发展通道中可能会遇到路障,扫除通道上的障碍,是组织的重要工作任务。雇员职业发展的障碍,既可能来自雇员职业工作自身,又可能来自家庭,还产生于个人的生物社会生命周期,因此,组织必须从雇员总体生命空间中去发现问题、解决问题。总之,组织为雇员发展设置了职业通道之后,还要注意来自各方面的障碍,必须立足于雇员总生命空间,寻找障碍源,有针对性地解决问题,排除障碍,以使雇员职业发展通道得以畅通。

2.3.2.2 职业生涯发展中个人的权利与义务

在个人职业生涯发展中,雇员应彻底改变被动接受组织安排的观点,应确保雇员对自己的职业生涯发展负责。只有雇员自身才有能力保证其职业生涯道路和组织的需求与愿望相融合,也只有其本人才能使职业生涯开发与管理的各种措施发挥效用。

随着组织对雇员职业生涯开发与管理工作的重视,雇员在职业生涯发展中的自身作用也越来越重要。在个人职业生涯发展中,相对组织而言个人既拥有一定的权利,也负有一定的义务。

1. 权利

作为个人职业生涯发展的主要角色,雇员的权利和义务是对等的。在职业生涯发展中,雇员有要求获得信息的权利和要求公平的权利。

1)要求获得信息的权利

组织往往向雇员灌输有关企业发展的信息,却很少提供个人发展的相关信息,两者形成很大差异。为解决这一问题,组织应向同一系统的雇员们提供一个清单,包括人员变动及近期有可能空缺的职位,各种不同岗位的报酬情况,企业的建议,特别是职业生涯发展的建议途径或必要途径。同样,每个管理人员都应该明确地了解别人对自己的看法,并有权调阅与自己有关的档案。

2)要求公平的权利

为使雇员获得公平的权利,组织应开展以下几方面内容的工作,包括让更大范围内的企业雇员了解自己的职业生涯规划;由人力资源部门负责雇员的职业生涯管理,以确保良好的监控和严肃性;一名雇员的晋升不应由一个人决定而应由集体决定;雇员有拒绝某一职务变动建议的权利;尊重个人,对正在进行的决定的商谈确保保密性;对被拒绝的候选人正式解释原因等。

2. 义务

在获得权利的同时,雇员也应负一定的义务。具体内容包括如下几方面。

1)提高个人透明度

组织与个人间的透明度不应只是单向的,雇员也应向企业清晰地表达自己的个人职业生涯计划和职业发展愿望。

2)责任感和团结意识

一名将自己的利益置于集体利益之上,把个人职业生涯的发展看得比做好本职工作还重要的职员只能被认为是个雇用者。永远都不要忘记职业生涯的发展是从本职工作的发展开始的,决不能将职业生涯开发与管理理解为先去换个职位。

3)有效地管理自己的职业生涯

批评管理中的“家长制”及不能对管理人员提出任何明确职业生涯计划建议的上级是很容易的,但雇员个人必须承担起管理自己职业生涯的责任并具有相应的能力,这是一项非常有激励性的工作。

职业生涯发展是企业期望与个人目标及自身限制之间不断进行整合的结果。每个雇员都是其职业生涯开发与管理的最主要角色,无论是“处境困难”还是“春风得意”的管理人员都有可能主动收集劳动市场信息,比较自己的条件,从而判断在劳动市场中的地位。因此,在职业生涯发展的不同过程中进行定期的重新讨论并加以思考,这项工作不应再只针对“处境困难”的雇员进行。

要使雇员与企业的职业生涯管理工作合作并不断向纵深发展,必须以企业能够作出必要的“让步”为前提:如企业允许雇员由于地理位置上的人事变动暂时离开其工作岗位,承认管理人员在特定情况下获得的或表现出的能力。让雇员感觉到自己是自身职业生涯的决策人,将被动的让步转变为主动的激励是企业在这一领域要研究的重要课题。

例如,某公司研发部主任由于自己职业生涯开发的需要,想在美国生活一年学习英语及专业知识，因此请假一年，公司领导作出明智的"让步"，实际是积极地支持。一年以后，他从美国返回后立即投入到工作中。由于英语口语大为改善，他可以毫无困难地代表公司参加国际学术会议，最主要的是他感觉到自己是职业生涯的决策人，从而使其本人和企业都获得更大的收益。

在上述角色中，由于不同的企业有不同的决策机制，每个家庭有自己的决定方式，因而没有适用于所有企业和家庭的唯一标准。但各角色的目标应该是相同的，即都是为了最有利于人的全面发展并使雇员个人发展、企业发展与社会发展相结合。

2.3.3 职业生涯规划的研究对象

职业生涯规划是研究组织职业需求与雇员职业发展之间的关系及其相互作用和适应的规律的科学。其研究对象是职业生涯规划的主体即个人的职业目标与组织的职业需求之间的相互影响关系、相互作用机制及其规律。

职业生涯规划受个人因素、组织因素及环境因素等多方面的影响，是一个涉及内容非常广泛的系统工程。因此，要进行有效的职业生涯规划，就必须在管理过程中对上述各有关因素加以系统的分析和研究，并据此构建组织职业生涯发展体系。具体而言，职业生涯规划管理的任务主要包括以下六项(张添洲，1994)。

(1)帮助雇员开展职业生涯规划与开发工作。组织为雇员提供工作分析资料、工作描述，宣导经营理念、人力资源开发的策略等，雇员据此设定自我发展目标与开发计划，使个人的目标与组织目标相配合。

(2)确定组织发展目标与组织职业需求规划。根据组织的现状、发展趋势与发展规划明确组织的发展目标，并据此确定不同时期组织的职业发展规划与职位需求。

(3)开展与职业生涯规划相结合的绩效评估工作。包括工作业绩与表现的评估、工作士气的调查，并提供相关回馈资料给组织或雇员。配合组织发展目标与方向，晋升优秀雇员，提供生涯发展路径，及早确认有潜力者，确定甄选升迁标准，使雇员公平竞争。

(4)职业生涯发展评估。组织应协助雇员发展职业生涯目标并进行科学的评估。找出雇员的优缺点及组织的优劣势，分析雇员职业生涯发展的可行性。

(5)工作与职业生涯的调适。根据绩效、生涯发展的评估结果，对雇员的工作或职业生涯目标作适当的调整，使雇员的工作、生活与目标密切融合。

(6)职业生涯发展。包括各种教育与训练、工作的扩大与丰富化、责任的加重、激励措施等。

以上六项彼此之间相互联系密切，互有影响。在实际操作中，应彼此兼顾，才能获得最佳效果，在促进雇员的自我发展的同时，确保组织的持续发展。

由此可见，职业生涯规划涉及的内容非常广泛，主要包括：①职业生涯规划理论研究，如职业选择理论、职业发展理论、职业锚理论等；②个人职业生涯规划与开发理论与方法研究，如自我分析的方法、目标设定的技巧、自我开发的措施、职业生涯周期的管理等；③组织职业生涯开发与管理研究，如组织职业生涯规划的方法、职业发展通道的设置、继任规划、顾问计划与工作家庭平衡计划等；④组织职业发展目标与雇员个人职业发展目标整合方法研究，如组织发展变化趋势及其对职业生涯管理的影响、组织目标与个人目标整合技术等。

由此可见，职业生涯规划与人力资源管理、组织行为学、发展心理学等学科之间都有着非常密切的关系，但由于其研究的侧重点不同，从而使其相互区别并独立发展。特别是职业生涯规划与人力资源管理二者之间的联系更为紧密，前者是研究组织与雇员的职业发展的科学，而后者则是研究如何最佳满足组织的人力需求并使其发挥最优效益的科学；在方法与内容上二者有交叉但也有明显的区别，可以说职业生涯规划是人力资源管理的新发展和细分化。

2.4 职业生涯规划的研究方法

管理学与人力资源管理的研究方法很多，这些方法对职业生涯规划研究都有很重要的借鉴意义。归纳起来，职业生涯规划研究可以采用定性研究方法、定量研究方法以及定性与定量相结合的综合集成法等方法。具体有以下八种研究方法。

2.4.1 唯物辩证法

唯物辩证法是马克思主义认识世界的科学方法，在职业生涯规划研究中，也要坚持唯物辩证法，反对形而上学和各种形式的唯心主义。辩证法要求人们对事物的内在矛盾而不是外在现象、从事物的发展而不是静止的观点、从事物的普遍联系而不是孤立观点来研究客观事物。职业生涯规划研究旨在研究职业生涯发展规律、职业生涯管理模式、职业生涯规划方法与规律等问题时也应坚持唯物辩证方法论。

2.4.2 实证法

实证法是指通过对组织大量的职业生涯规划现象和过程进行实证研究，然后提出职业生涯规划的理论，制订职业生涯规划管理政策与方法。实证法可广泛用于发展中国家职业生涯规划管理的研究，因为在无现存职业生涯规划管理模式下，发展中国家要想使经济社会快速发展，必须不断对现有体制下的职业生涯规划管理的现象、政策进行实证研究，创立符合本国国情的一套行之有效、有现实指导意义的职业生涯规划管理理论和实践模式，以促进经济社会的持续稳定的发展。

2.4.3 对比分析法

比较是人们认识事物最常用的、最基本的手段。事物通过现象表现本质，而各种现象是可以比较的。事物本质表现出许多可以分析、比较、认识它属性的现象，这是比较分析法的客观基础。比较分析法是“由此及彼”的重要方法，主要有时比法、类比法、历史比较法三种类型。在职业生涯规划研究中也经常要采用这一方法。如梅奥和罗特利斯伯格进行了有名的霍桑工厂试验，并提出了人力资源管理的一系列基本原理，主要观点反映在梅奥的《工业文明的人类问题》、《工业文明的社会问题》及罗特利斯伯格的《职工的生产率中的人的因素》等著作中。梅奥及罗特利斯伯格的这一研究采用的就是比较分析方法，即把各种与人的激励有关的因素列出，然后分组进行试验并进行比较分析，从而得出结论。

2.4.4 统计分析法

统计分析法是指利用人力资源管理与职业生涯管理部门提供的有关报表与资料，采用数理统计的方法，通过统计资料的分析、统计资料的图示和统计结果的验证，对职业生涯规划的理论与实践进行研究的方法。通过统计分析，可以揭示职业生涯规划某一方面的变动趋势。由于统计分析手段较为客观真实，因此，所得结论也较有说服力。

2.4.5 归纳演绎法

归纳演绎法是指从个别到一般与从一般到个别的推理方法，即从职业生涯发展现象中总结职业生涯发展规律，以及利用已有的职业生涯管理的科学结论、原理和规律，推广应用到新的职业的方法。运用归纳法对职业生涯规划进行研究，主要是指从纷繁的职业现象中总结出职业生涯发展的一般规律；运用演绎法对职业生涯规划进行研究，主要是指从人性的假设、职业生涯规划目标或其他概念出发，推导出职业生涯规划的原则、方法和措施等。归纳演绎法实际上就是按照具体—抽象—具体的过程进行研究，并按照抽象—具体的逻辑，构造职业生涯管理理论。这种研究方法，是人们对客观事物、客观世界认识的必要程序，也是推广已有研究成果并在实践中加以广泛应用的必然过程。

2.4.6 问卷调查法

问卷调查法是通过设计调查问卷、抽取一定数量的雇员回答问卷来了解雇员职业生涯发展意愿的方法。这种方法与访谈法之间可以起到相互补充的作用。调查问卷法可依据职业生涯规划研究的不同目的与需求，设计出针对不同调查对象、不同结构、不同内容的调查问卷。在使用问卷调查法时，要注意问卷设计的有关技巧与规律，以便更准确、全面地收集雇员的职业生涯发展与需求信息。调查问卷法可以用来诊断组织的职业生涯规划的开展情况与效果，反映雇员的职业生涯需求与发展愿望，是职业生涯规划研究的有效方法之一。

2.4.7 访谈法

访谈法是通过与雇员面对面的交谈的方式获取有关职业生涯规划管理的信息，并据此对组织的职业生涯规划管理状况进行认识和把握的方法。访谈法是职业生涯规划研究人员获取第一手资料的一个非常有效的方法，访谈可以核实调查问卷的内容，讨论填写不清或没有反映在问卷中的问题；可以听到雇员对职业生涯规划的意见与建议；还可以了解雇员之间的相互评价。这些信息对更好地开展职业生涯规划管理工作具有重要价值。在使用访谈法时要注意营造良好的访谈氛围，尊重访谈对象，并注意使用适当的访谈技巧，引导启发被访谈对象对问题进行全面、充分的回答。

2.4.8 量表调查法

量表调查法是用一种标准化的等级量表，通过组织测评、雇员个人测评等多种途径，对职业生涯规划与管理状况进行全面调查的方法。量表法的优点在于项目设计严谨，调查问题明确，调查对象的意向选择比较规范，调查结果便于统计分析。在职业生涯规划与管理中量表调查法常用于职业性向、人格倾向、职业能力等方面的测量。

阅读材料

我的工作我做主①

掌握公司的需要，了解自己的能力，适时、适当提出要求，为自己创造新工作。

你的工作已经陈腐了，在半年内不会有任何起色，你可以退出，或者像我们所看到的那样，为现在的工作谈新的条件。

根据自己的特点为自己设计一个新工作怎样？怎么不行，你说呢？

自己做主是可能的，有例为证。

乔·德米亚做到了。这名软件工程师感到自己在基斯利器公司不受到重用，就提议建立一个新的职位来指导软件的开发，于是就得到了这个新的职位。

巴斯特·布莱尔是戴尔计算机公司的销售经理，她发现了一个工作没有被人做过，并开始去做。她提议创造了一个交流联络的职位，主要是在生产商和销售商之间建立一座桥梁。然后她把这个办法报告给了她的上级。

大卫·莫里森也做到了，他想从多伦多道明银行的后勤工作中解放出来，于是说服老板让自己做了政府企业政策发展趋势观察员。

因此，创造新工作是可以做到的。但我并不是说它很容易，而且它不适合于胆小怕事者。有许多呆子经理对这样激烈的提议充耳不闻，并拒绝给予必要的支持。不过，虽然如此，他们还是注意到了你的雄心和创新的天性。

但是如果有的公司对推进变革比较重视，拥有像主人一样做事的雇员，他们会欢迎这种想法。

自己做主是可行的，但要讲究技巧。

我们所提到的三个人本来都可以在其他地方找到新的挑战，但是他们研究自己公司的需要，使它们与自己的技能相匹配，创造了新工作，下面是他们的做法。

德米亚先生在制造电子测量仪器的基斯利器公司工作了 11 年后，他想从一名软件开发人员升为指导开发的人员。为了支持他的这个想法，他在业余时间获得了

---

① 根据哈尔·兰卡斯特著《自己提拔自己》改编。http://www.ceconline.com/ART_8800040357_190000_MA_01.HTM。

MBA学位。但是在业绩评价总结会上,他遇上了困难,因过多追求自己的想法而不是上级经理的想法而被批评。这并不是一个高明的战略,经常忽视老板意见的人很少受到提升。

尽管这样,他还是把他的想法报告给了一个高级经理,这个经理向他要了详细计划。准备详细计划对创造工作过程非常重要,它可能会告诉每一个阅读它的人,你已经投入了很多精力,反映出你抓住了公司的需要,它同样给了你上司在更高一级会议中讨论所用的素材。

他在六个月后获得了工作,他说他的全局化眼光是可靠的。他说:"一开始,我的眼光只是局限在一个很小的分部门里,没有什么前途。当我问道'我能为总公司做这些吗?'我实现了一个跨越。这就是对我起作用的一点。"

布莱尔女士在戴尔工作了四年,她发现了一个严重问题:销售代表向分销商作出了许多承诺,却对制造商兑现这些承诺的能力了解甚少。她觉得她能架起这座桥梁,尽管会失去一些销售渠道从而失去一些职业后劲,但她觉得这项工作能拓宽她的知识面,并为总经理级别的职位作准备。果然起作用了,十个月后,她被提升为流程主管,她创造的工作保留至今。

布莱尔女士建议创新者巩固现在的技能,她说:"最初,我使高级经理接受这个想法,当我开始这项工作时,又不得不使同级别的人接受。"

作为年轻的事业有成者,在失去了一次晋升机会之后,莫里森先生对他作为一名公司培训部经理的现状不满意。他真正喜欢的是公共演讲,这个技能已经使他克服了口吃。当他在业务会议上讲话时,他提出了在业务发展趋势中的有价值的情报。例如,他在向银行管理部门提交的报告中指出,对优质商品送货的需求在不断增加,促使公司努力扩大和提升银行客户服务。

为什么不使他已经在业余时间里形成的角色正式化呢?他说:"人们意识到,像我们这个规模的组织,可以利用一些一生下来就知道这个世界的运行趋势的人。"

他被要求用一年的时间来证明这个职位的价值,在十多年以后,他被提升了两次,现在是人力资源部的副总。

这三个故事有共同的主线。他们心里都有个人的目标,但是如果听其自然,没有一个人会使管理模式按照他们设计的走。在掌握了公司的需要和了解个人能力的基础上,他们说服管理者,现在他们所创造的工作对公司至关重要,而其他的方法则行不通。

问题与思考:

结合案例内容,联系个人实际,你认为如何才能做到自己的工作自己做主?

思考题

1. 为什么说职业生涯开发与管理是人力资源管理发展的新阶段和新趋势?

2. 与人力资源管理相比，职业生涯开发与管理的内涵、研究对象和研究内容有哪些变化？

3. 在职业生涯开发与管理中，有哪些重要角色？它们各有什么作用？

4. 你认为应如何运用职业生涯开发与管理的研究方法开展该领域的研究？

参考资料

[1]施恩. 职业的有效管理[M]. 仇海清，译. 北京：三联书店，1992.

[2]赵西萍，等. MBA 组织与人力资源管理[M]. 西安：西安交通大学出版社，1999.

[3]程社明. 你的职业——职业生涯开发与管理[M]. 北京：改革出版社，1999.

[4]王志强. 白领职业教程：职业生涯、务实人生[M]. 北京：企业管理出版社，1998.

[5]张再生. 职业生涯开发与管理[M]. 天津：南开大学出版社，2003.

[6]汪安佑，曾宝成. 人力资源管理理论[M]. 长沙：国防科技大学出版社，1998.

[7]张添洲. 生涯发展与规划[M]. 五南图书出版公司，1994.

[8]C Brouklyn Derr. Managing the New Careerists—The Diverse Career Success Orientations of Today's workers. San Francisco: JBF, 1986.

[9]Arthur Sherman. Managing Human Resource. Ohio, SWCP, 1996.

[10]Thomas G Gutteridge, Zandy B Leibowitz, Jane E Shore. Organizational Career Development. San Francisco: Jossey-Bass Publishers, 1994.

3

职业、职业声望与职业成功

本章学习要点

- 明确职业的基本概念与内涵，弄清相关概念间的区别与联系。
- 理解职业声望的含义，了解职业声望的影响因素、确定方法和变化趋势。
- 理解职业成功的内涵，掌握有关职业成功的影响因素。

案例导入

一名大三女生的困惑

这是几年前笔者在南开大学作完讲座后收到的一名学生的来信，她的问题在现在的大学生中具有一定的普遍性和代表性。她来信的内容如下。

我是一名英语系大三的女生，面临工作和考研的问题。当初我一心要上南开大学，没有考虑到专业的问题。南开大学分数线在我们省很高，结果我报的专业一个都没有取上，被调配到了英语系。说起来真是讽刺，报专业时我很坚决地说，我一是不上师范，二是不学英语。我总觉得英语充其量不过是一门工具，而且现在是一个人人学英语的时代，人家好多有专业知识的人英语比我们这些人还好。我本来想转系，但听说很难，又要花钱又要走后门什么的，而且家里人都不主张我转，一来我数学实在太差，二来英语系就业范围广。我一听也有道理，就委委屈屈地待了下来。我们系有不少人辅修，我也考虑过，但不少师姐说拿双学位是不可能的，辅修含金量不高，于是我就放下了。我本来想得很好，先好好学本专业，以后跨专业考研。现在我才知道，我太天真了，把一切都想得太容易了。跨专业，谈何容易！首先，我的数学底子太差，上高中时数学就是我最头疼的科目，大学时只在大一时学过一点点可怜的文科数学，还只得了个可怜的70分。这样的水平如何能够闯过千军万马呢？这样一来，我考经济或管理类的研究生肯定是没戏了。可这偏偏是我最想考的。有时也想不考研了，特别是看到媒体上有关女研究生因为年龄偏大不好找工作的时候。不如趁年轻到社会上闯闯，积累一些经验。但父母坚持让我考研，我自己也觉得知识不够。可是，考研，考什么好呢？我不想考英语，但英语确实是很有把握考上的，放弃它去走一条别的路风险真的很大。考别的，不用考数学的只有法政学院和文学院的相关科目。真正的问题在于，我不知道我到底想要什么。

昨天您说，没有明确目标的人是不会有所作为的，想起我这么多年来昏昏噩噩的日子，真是惭愧至极，也懊悔至极。曾经有过无数瑰丽的梦想，但没有一个实现的，因为我没有一个固定的目标，没有踏踏实实地奋斗过。现在我的内心充满了悔恨，矛盾、困惑、迷茫、我不知道该怎么办。其实我很想做人力资源管理工作，但考这个方向的研究生是不可能了。而且我觉得人力资源管理工作不一定非得学人力资源管理的来做。我现在想考国际经济法，倒不是出于特别喜欢，而是因为一来热门，二来不用考数学。但风险还是很大的。而且我问自己，如果你不确定你要走这条路，为什么要考它呢？可能只是出于想拿个文凭的心理。我知道这样不好，但这真的是很多人的心理。不管怎么说，我要是能考上法学的研究生，就又多学了一门知识，现在不是要求复合型人才吗？可我又怕这样就被定了向。我还想，考上研究生之后再考一些证。对了，不知您对考证怎么看？如果我学的是法学，但考了人力资源的证，这对找工作有帮助吗？我觉得我的致命弱点就是容易瞻前顾后，患得患失，一会儿想绝对不考英语，一会儿又怕考英语的同学可能得到的工作更好。一会儿想决不当老师，一会儿又觉得老师待遇福利也不错，还又安逸稳定。我觉得我这样的性格是做不了大事的，可我又有强烈的成功欲。我真的很困惑。老师，帮帮我!!!

问题讨论：

她该怎么办，我该给她哪些建议？你怎么看待专业和兴趣的关系？

3.1　职业的内涵与分类

要展开职业生涯规划的研究，首先必须明确职业的概念与内涵，而要理解职业这一概念，还必须弄清职业与产业、行业、职位等相关概念的区别与联系。

职业的产生与发展是人类文明的标志，是社会发展与进化的反映。但职业不是伴随人类社会的形成而产生的，而是社会劳动分工的必然结果，并随社会劳动分工的深化而发展变化。

3.1.1　社会劳动分工体系

社会劳动分工根据其性质的不同可以分为三个层次，最高的分工为一般的分工，即产业分工。所谓产业，是指不同的国民经济部门，即由于社会劳动分工而独立出来的专门从事某一类别生产经营活动的单位的总和。一个国家社会经济的总体水平，在很大程度上取决于这些产业的发展状况。一般来说，产业的划分是以劳动性质、作用和内容的同一性为标志，反映社会分工的发展水平，通常分为三次产业部门。

第一产业——农业，包括种植业、林业、畜牧业、渔业等。农业是国民经济的基础，是人类粮食和其他生活资料的来源，也是许多工业原料提供者。

第二产业——工业、建筑业。工业包括冶金、煤炭、石油、机械、电子、纺织、化工、食品等，是采掘自然资源和对原材料进行加工的物资生产部门；建筑业则是从事建筑和安装工程施工的社会生产部门。第二产业是国民经济的支柱，其中工业在许多国家的国民经济中都起着主导作用。

第三产业——除第一、二产业以外的流通和服务类产业部门。具体可分为以下四个部门：①流通部门，包括交通运输业、邮电通讯业、商业、饮食业、物质供销和仓储业等；②为生产和生活服务的部门，包括金融、保险、房地产、公共事业、居民服务、旅游、咨询信息服务业和各类技术服务业等；③为提高科学文化水平和居民素质服务的部门，包括教育、文化、广播电视业，科学研究事业，卫生、体育和社会福利事业等；④为社会公共需要服务的部门，包括国家机关、党政机关、社会团体以及军队和警察等。

社会劳动分工的第二层次是特殊的分工，即行业分工。一个产业可以包含许多行业。行业是根据生产(工作)单位所生产的物品或提供的服务的不同而划分的，它表示了就业者所在单位的性质。中国的行业结构主要按企、事业单位和机关团体以及个体从业人员所从事的生产或其他社会经济活动的性质来确定，根据中华人民共和国标准分为 13 个门类，每个门类又分大类、中类、小类共 3 个级别。这 13 个门类是：(1)农、林、牧、渔、水利业；(2)工业；(3)地质普查和勘探业；(4)建筑业；(5)交通运输、邮电通讯业；(6)商业、公共饮食业、物资供销和仓储业；(7)房地产管理、公共事业、居民服务和咨询服务业；(8)卫生、体育和福利事业；(9)教育、文化艺术和广播电视事业；(10)科学研究和综合技术服务事业；(11)金融、保险业；(12)国家机关、党政机关和社会团体；(13)其他行业。

社会劳动分工的第三个层次是个别的分工，也就是社会劳动分工在个别人身上的体现，即职业分工。职业结构与行业结构是两个不同的概念。职业是按就业者本人所从事的工作性质来划分的，而与就业者所在单位属哪个行业无关。这就是说职业与行业是可以相互交叉的：不同的行业可以包含相同的职业，而不同的职业也可以包含于同一行业中。例如会计这一职业，无论是工业、农业还是商业、服务业，哪个行业都少不了它；又如工业这一行业，仅有生产工人是不够的，它还有工程师、技术员、管理人员，也有医生、教师、炊事员、驾驶员等等。产业结构、行业结构和职业结构三个层次构成了整个职业社会的劳动分工体系。

3.1.2 职业的含义

职业是社会劳动分工发展的必然产物；社会分工是职业划分的基础和依据。在人类社会经济发展的历史长河中，职业并非一成不变，而是在多种因素作用下不断变化与发展的。首先,社会生产力的发展引起的社会分工的变化决定和制约着职业的发展和变化。历史上三次社会大分工的出现都引起了职业分工的变化。其次,社会经济因素是直接制约和影响职业变化的重要因素。社会政治制度、宗教、文化、经济发展等诸多因素都会带来许多职业的兴衰。总之,职业的产生和发展变化根源于生产力水平和社会分工的发展,同时,人们也不可忽视社会因素对职业的主要影响作用。

职业的概念由来已久,但由于研究目的的不同,学者们从不同的角度、不同的侧面对职业的内涵进行了不同的界定。概括起来看主要是从社会学和经济学意义上进行的界定。

从社会学角度界定的职业的概念,主要有日本社会学家尾高邦雄的界定,他认为职业是某种一定的社会分工或社会角色的持续的实现,因此职业包括工作、工作的场所和地位。尾高邦雄指出:“职业是社会与个人,或整体与个体的结节点。通过这一点的动态相关,形成了人类社会共同生活的基本结构。整体靠个体通过职业活动来实现,个体则通过职业活动对整体的存在和发展作出贡献。”①美国学者泰勒则认为职业的社会学概念,可以解释为一套成为模式的与特殊工作经验有关的人群关系。这种成为模式的工作关系的结合,促进了职业结构的发展和职业意识形态的显现。中国学者陈婴婴则将职业界定为:“个人进入社会的物质生产或非物质生产过程后获得的一种社会地位,个人通过这一社会位置加入社会资源的生产和分配体系,并建立相应的社会关系。”②另外,还有中国学者认为职业是人的社会角色的一个极为重要的方面(姚裕群,朱启臻,1991 年)。在《社会学小词典》(第 196 页,1977 年版)中,职业被定义为:“指在存在社会分工的社会中,人为的作为独立的社会单位存在、谋求自己生计的维持、同时实现社会联系和自我实现而进行的持续的人类活动的方式。”由美国迈克尔·曼主编的《国际社会学百科全书》则认为:职业这一术语最初本是表示从事法律、教会、医疗和军事服务的传统意义上的“自由的职业”,现在被认为具有职业的或声称有职业身份的职业群体的数量。“职业乃是作为具有自我利益的职业群体在分工中力图保护和维持其垄断领域而予以运用的工具”。国家通过对某一职业群体的社会承认和对其职业地位的法律有效性的认可,直接介入和成就了职业领域。

总结诸多社会学家对职业的界定,可以看出社会学的职业含义包括四个方面的内容。

(1)职业是社会分工体系中的一种社会位置。这种位置是个人进入社会生产过程之后获得的,其取得的途径可能是通过社会资本的继承或社会资本的获取。但职业位置一般不是继承性的,而是获得性的。

---

① 陈婴婴:《职业结构与流动》,北京,东方出版社,1995。

② 陈婴婴:《职业结构与流动》,北京,东方出版社,1995。

(2)职业是已经成为模式并与专门工作相关的人群关系和社会关系,或者说已成为模式的工作关系的结合,它是从事某种相同工作内容的职业群体。

(3)职业同权力和利益紧密相连。一种是拥有垄断权,每一种职业(群体)在社会分工中都有自身的位置和作用,使别人依赖于它们,需要它们,这就在一定程度上拥有了对他人的权力,而且总是要维护这种权力,保持自身的垄断领域;另一种是经济收益权,任何一种职业(群体)凭其被他人所需要、所依赖,获得经济收入。

(4)职业是国家确定和认可的。任何一种职业的产生必定为社会所承认,为国家的职业管理部门所认可,并具有相应的职业标准,因此,职业的存在必须有法律效力,为国家授予和认可。

经济学上的职业概念与社会学存在着明显的不同。法国的一个权威词典将职业界定为:“为了生活而从事的经常性活动。”美国学者阿瑟·萨尔兹撰写的社会科学百科全书将“职业”定义为:人们为了获取经常性的收入而从事连续性的特殊活动。日本劳动问题专家保谷六郎认为,职业是有劳动能力的人为了生活所得而发挥个人能力,向社会作贡献而连续从事的活动。中国学者则认为,职业是指人们从事的相对稳定的、有收入的、专门类别的工作。如职业是劳动者能足够稳定从事的有酬工作。职业是劳动者足够稳定地从事某项有酬工作而获得的劳动角色(潘锦棠,1991 年)。经济学意义上的职业同劳动的精细社会分工是紧密相连的。劳动者相对稳定地担当某项具体的社会劳动分工,或者较稳定地从事某类专门的社会工作,并从中获取收入,那么这种社会工作便是劳动者的职业。

可见,经济学的职业概念有其特定的内涵,主要包括四个方面的内容。

(1)职业是社会分工体系中劳动者所获得的一种劳动角色。职业根源于社会分工,在整个社会生产过程中,有诸多工种或岗位,职业是处于最底层、最具体、最精细、最专门的社会分工,可称为某一种职业的分工。这些不同工种、岗位或特定环节的职业赋予劳动者以不同的工作内容、不同的职责、不同的声誉和社会地位以及不同的劳动规范和行为模式,于是劳动者便具有了特定的社会标记和专门的劳动角色,如农民、工人、医生、教师、企业家、科学家、编辑、邮递员、乘务员等等。

(2)职业是一种社会性的活动,具有社会性。职业是劳动者所进行的社会生产劳动或社会工作,均为他人所必需并为国家所认可,所以,职业是社会的职业。

(3)职业具有连续性和稳定性。劳动者连续、不间断地从事某种社会工作,这种工作才能成为劳动者的职业,或者相对稳定地从事某项工作的劳动者,才成为该职业的劳动者。如果不相对固定地从事某项专门工作,朝秦暮楚,离开了工作的稳定性,就无所谓职业。

(4)职业具有经济性。劳动者从事某项职业,必定要从中取得经济收入。换言之,劳动者就是为了不断取得个人收入,才较为长期、稳定地承担某项社会分工,从事该项社会职业的。没有经济报酬的工作,即使其劳动活动较为稳固,也非职业工作。例如家庭主妇,便没有职业而言。

3.1.3 职业的分类

职业是现实经济运行和社会生活中客观存在的社会现象。职业的产生与发展是社会经济发展的结果，是社会分工的必然产物。职业分类实质是精细的社会劳动分工。现代社会的职业体系是一种人力资源的配置，是社会经济制度的重要组成部分，通过这种配置建立起与社会发展相适应的社会分工体系。正确进行职业分类，就要正确体现社会分工，遵循经济运行客观规律，无疑这对促进社会经济合理有效、健康有序地发展具有重大意义；同时，职业分类恰当地赋予劳动者以劳动角色，以利于劳动者能力和劳动积极性的充分发挥。但在社会经济运行过程中，具体如何划分职业，则是人们根据客观经济运行和社会经济发展的需要而设置、划分和归类的。由于各国社会经济发展水平的差异，社会发展历史各异，国情不同，因此各国具体职业分类也不尽相同。

对职业分类最早予以重视的是英国、美国等西方国家。作为人口统计的一项基础性工作，英国在 1841 年将职业分列了 431 种。美国早在 1820 年的人口普查工作中即已列出职业统计项目。1850 年，美国进行了专门的职业普查，划分了 15 大行业、323 种职业；1860 年又增至 584 种。1965 年确定为 21 741 种。1980 年的《美国百科全书》认定美国有 25 000 种职业。法国自 1982 年以来采用了新的职业分类方法（PCS），将职业分为 8 个大类、24 个种类、42 个详细类别①。加拿大 1982 年出版的《加拿大职业分类辞典》，将职业分为 23 个主类、81 个子类、499 个细类。日本 1985 年的社会分层与流动调查（SSM）将 288 种职业分成了 9 大类。

鉴于各国社会经济发展水平不同，职业分类标准不一，国际间职业分类不具可比性。为便于国际比较，1958 年，国际劳工组织制订了《国际标准职业分类》（ISCO）。1966 年，在日内瓦第十一届国际劳工统计专家会议上通过了《国际标准职业分类》的修订版。国际劳工局将职业分成 8 大类，包括：专家、技术人员及有关工作者；政府官员和企业经理；事务性工作者和有关工作者；销售工作者；服务工作者；农业、牧业和林业工作者，渔民和猎人；生产和有关工作者，运输设备操作者和劳动者；不能按职业分类的劳动者。在 8 大类之下又划分为 83 个小类、284 个细类及 1 506 个职业项目，所列职业共计 1 881 个。国际劳工组织这一工作的开展为各国职业分类提供了一个范本，增强了国际职业资料的可比性，有利于国际交流与合作，因而具有非常重要的意义。

中国的职业分类与国际劳工组织的分类方法基本相似，参照国际标准，在区分物质资料生产与非物质资料生产的基础上，按从业人员所从事的社会经济活动的同一性或工作性质的同一性进行了职业分类。1982 年 3 月，国家统计局、国家标准局、国务院人口普查办公室公布了中国的《职业分类标准》，将全国范围内的职业分为 8 个

---

① J. bremond, A. Geledan, Dictionnaire Economique et Social; 5e ed., Paris, Hatier, juin, 1990, P58.

大类。这8大类依次是:各类专业技术人员;国家机关、党群组织、企事业单位负责人;办事人员和有关人员;商业工作人员;服务性工作人员;农林牧渔劳动者;生产工人、运输工人和有关人员;不便分类的其他劳动者。其中第一、二大类主要是脑力劳动者,第三大类包括部分脑力劳动者和部分体力劳动者,第四、五、六、七大类主要是体力劳动者。在大类之下分设有64个中类、301个小类。1986年6月21日,国家统计局和国家标准局发布了《中华人民共和国国家标准·职业分类与代码》,将全国职业仍分为上述8大类,下列63个中类、303个小类,于1987年5月1日开始实施。

1995年,原劳动部、国家统计局、原国家技术监督局联合成立了"国家职业分类大典和职业资格工作委员会",开始组织编制《中华人民共和国职业分类大典》。中央、国务院50多个部委(局)以及有关企业、院校和研究单位的近千名专家、学者参加了历时4年的编制工作。1999年5月《中华人民共和国职业分类大典》(以下简称《大典》)正式颁布,将我国社会职业划分为8个大类、66个中类、413个小类、1838个细类(职业)。8个大类分别是叙述如下。

第一大类:国家机关、党群组织、企业、事业单位负责人,其中包括5个中类、16个小类、25个细类。

第二大类:专业技术人员,其中包括14个中类、115个小类、379个细类。

第三大类:办事人员和有关人员,其中包括4个中类、12个小类、45个细类。

第四大类:商业、服务业人员,其中包括8个中类、43个小类、147个细类。

第五大类:农、林、牧、渔、水利业生产人员,其中包括6个中类、30个小类、121个细类。

第六大类:生产、运输设备操作人员及有关人员,其中包括27个中类、195个小类、1 119个细类。

第七大类:军人,其中包括1个中类、1个小类、1个细类。

第八大类:不便分类的其他从业人员,其中包括1个中类、1个小类、1个细类。

由于产业结构调整和科技进步、生产力发展的影响,我国的职业结构正在发生变化,一些旧的职业逐渐消失了,一批新的职业如雨后春笋般涌现。为及时反映这些新职业的发展变革,2004年8月起,原劳动和社会保障部建立了新职业信息发布制度,对职业分类与职业标准开发实行动态管理,并通过信息发布制度,系统介绍新职业名称、定义、主要工作内容以及从业人员状况等情况。同时,定期组织专家对《大典》进行增补修订,并及时颁布《大典》增补本。《大典(2005增补本)》收录了77个新职业;《大典(2006增补本)》收录了82个新职业;《大典(2007增补本)》收录了2007年发布的31个新职业。而三年中增补的主要是现代服务业、制造业和信息产业等领域的新职业。

3.1.4 职业、职位与专业

需要指出的是,职业分类与职位分类是有明显区别的,弄清二者的区别对深入理解职业生涯发展理论具有重要意义。职位分类是根据组织内部岗位职责与权限的大小而进行的人员层次的划分。一般企业中可以把雇员分为四个层面：高层管理人员（Top Managers），是企业的领导决策者；中层管理人员（Middle Managers），是企业资源的分配组织协调者；基层管理人员（first line Managers），是企业一线操作的指挥者；操作者（Operatives），是企业一线工作的完成者。

由于企业兼并与企业集团的形成，企业管理人员的职位体系呈现出日益复杂化的趋势，且不同国家管理人员职位的划分也存在明显的区别。在美国，企业基层的生产管理人员被称作业务督导（Supervisor），基层的行政管理人员被称作行政督导（Administrator）；中层管理人员被称作经理（Manager）；集团内事业部经理（Director of Division）属于高层管理人员，企业最高一层的行政职务是首席执行官，简称 CEO（Chief Executive Officer），协助首席执行官处理日常工作的助手是总裁（President），总裁得到充分授权后，也可能成为事业部经理和子公司总经理的直接上级。如果董事长担任 CEO，可以设 COO（Chief Operation Officer）、董事（Director of board），董事长或董事会主席（Chairmen of the Board of Director）是受股东方委托的负责企业战略决策的最高一层管理人员①。

在日本，企业中管理人员被称作干部，其职位级别从系长、课长、部长、社长由低向高排列。

中国企业的各级、各类职业经营管理人员，按职位低高一般包括班组长、车间主任、项目经理、地区经理、部门经理、副总经理、总经理、董事、董事长。

职业与专业之间有着密切的联系，也存在着显著的区别。专业化是现代高等教育的重要特色。专业是高等学校开展教育和学科建设的依据。《普通高等学校本科专业目录》是当前高等教育工作的一项基本的指导性文件。2012 年，历经两年修订的《普通高等学校本科专业目录（2012）》正式颁布实施，从 2013 年起，普通高等学校的招生计划和招生工作按照新目录执行。该目录规定了专业划分、名称及所属门类，是设置和调整专业、实施人才培养、安排招生、授予学位、指导就业，进行教育统计和人才需求预测等工作的重要依据。同时，该目录的学科门类与国务院学位委员会、教育部 2011 年印发的《学位授予和人才培养学科目录（2011 年）》的学科门类基本一致，分设哲学、经济学、法学、教育学、文学、历史学、理学、工学、农学、医学、管理学、艺术学 12 个学科门类。与 1998 年的原目录比较，新《专业目录》仍然按照学科门类、专业类和专业三个层次进行划分，新增了艺术学学科门类，未设军事学学科门类，专业类由修订前的 73 个增加到 92 个；专业由修订前的 635 种调减到 506 种。近年，伴随着社会经济的发展和教育结构的变化，高校的专业设置也在不断变化。如 2013 年高考新增设了 7 个专业，包括：教育康复学、阿姆哈拉语、吉尔吉斯语、水生动物医学、生物医学、傣医学、陶瓷艺术设计。

高等教育的专业设置与学生的职业选择之间有着密切的联系，但二者并不完全

① 于中宁：《信息时代的经营管理——开发与合作》，北京科影音像出版社，1995。

一致。一般而言,所学专业是择业的基础,专业提供的是某一学科领域的基础知识和技能,但职业是根据个人的兴趣、爱好、价值观、知识与综合能力、择业机会等因素决定的。“专业对口”的想法已逐渐过时。在当前特殊的经济背景与就业压力下,“英才网联”就业研究中心特别推出“2010 年大学生就业心态调查”活动,调查显示,就业压力之下,大多数毕业生首先解决的是生存问题,先就业后择业的比例占到 61%,在现实状况下,选择专业对口,喜欢的工作只能是一个美好的愿望,只能通过工作后慢慢寻找自己满意的工作岗位。从长远的发展趋势来看,随着高等教育的普及以及劳动力市场的快速变化,职业的变化会越来越频繁,未来职业与专业的关系会越来越远,知识的持续更新和终生学习将成为一种生活方式和社会发展的必然。

3.2 职业声望及变化趋势

3.2.1 职业声望与职业分层

职业声望(occupational prestige)是人们对职业社会地位的主观评价,是职业生涯管理学研究的重要范畴之一。职业地位是由不同职业所拥有的社会地位资源所决定的,但是它往往通过职业声望的形式表现出来。职业声望是职业地位的反映,是对职业社会地位的主观评价。没有职业地位,职业声望无从谈起;而如果没有职业声望,职业地位高低也无法确定和显现,人们正是通过职业声望调查来确定职业。

有关职业声望的研究,始于 19 世纪末期。1897 年美国人口普查局工作人员 W·亨特在研究美国的职业地位时,将全部职业划分为四个等级:产业主为第一级;秘书级为第二级;第三等级是熟练工人;非熟练工人为第四等级。这是最早开展的职业声望研究。1925 年,G·康茨第一次使用他自己编制的职业声望量表,对美国的职业声望进行调查。第二次世界大战后,对职业声望的经常性调查在许多国家已成惯例。

影响职业声望的因素有多种,主要有:①职业环境,包括职业的自然环境和社会环境,如工作的技术条件、空间环境、劳动强度、工资收入、福利待遇、晋升机会等,它是任职者所能获得的工作条件与社会经济权利的总和;②职业功能,是该职业对国家的政治、经济、科学、文化水平的意义以及在社会生活中对人们的共同福利所担负的责任;③任职者的素质要求,如文化程度、能力、道德品质等。职业环境越好,职业功能越大,任职者素质要求越高,职业声望就越高。职业声望在一定时期具有相对稳定性,但在不同社会经济发展阶段、不同经济文化背景的群体和不同年龄性别的群体中,对同一职业的评价也会存在明显差别。

职业声望的调查与评价方法主要有:①民意调查法,即让一批被调查者评价一系列职业的社会地位及其在层级序列中的位置;②自我评价法,是由被调查者对自己所从事的职业进行评价;③指标法,即在影响职业声望的要素中选择一系列的代表性指标,并赋予其一定的权重,然后根据这些代表性指标的总分值来评价某项职业的声望。

在职业声望评价的基础上，开展职业分层研究是对职业地位研究的深化。职业分层是以职业角色为依据，按照职业的社会地位及社会对职业的价值取向所作的职业等级层次的排序。

在1940—1950年的美国人口统计工作中，就利用了阿尔伯·爱德华研究和设计的职业分层结果。该研究将职业由高至低分为6个层次，依次为：专业人员；产业主、经理和官员；职员及类似职业；熟练工人及工段长；半熟练工人；非熟练工人。

除爱德华的职业分层研究之外，在美国广泛流行的还有理查德·塞特的职业地位分层，该方案按职业社会地位由低至高依次分为7个层级：①非熟练体力劳动者——在技术和责任方面要求最低的体力劳动者，如清洁工、搬运工、擦鞋工等等；②半熟练体力劳动者——以体力劳动为主，技术要求不高的劳动者，如售货员、服务员、汽车司机、机器操作工等；③熟练体力劳动者——具有一定技能的体力劳动者，印刷工、火车司机、服务业的熟练劳动者，如厨师、理发师等均系此层级；④白领工人——包括各类职员和技术工人，如图书管理员、打字员、推销员、制图员以及其他从事管理工作和非体力劳动的劳动者；⑤小企业所有者和经营者——修理业业主、服务业业主、小零售商、小承包商及其他一切非农产所有者；⑥专业人员——包括工程师、教授、作家、艺术家、法官、编辑、医生、教师等；⑦工商业者——大产业主、大工商业企业家等。

这里需要明确的是职业分层与职业分类是两个不同性质的概念。上一节已经明确职业分类是社会劳动分工的结果，是横向的社会职业类别划分；而职业分层是职业地位的反映，是纵向的社会职业等级层次排序。前者是以社会劳动分工为基础；后者则是以劳动者所从事职业的社会地位为基础。职业分类是以劳动过程的同一性或者工作性质的同一性来划分的；职业分层则以职业地位和职业声望为标准。职业分类往往由政府制订，具有权威性、法律性，其本身并不具有高低等级差异的含义；而职业分层则是由社会作出，是社会的价值取向，虽然不具有权威性、法律性，但是社会公众所认可、所遵从的职业地位高低次序排列却表现出明显的一致性，并直接反映了不同职业社会地位的高低差异。

职业声望与职业分层是一定时期职业社会地位的直接反映，研究和探讨职业声望与职业分层对合理进行职业选择具有重要意义。首先，职业声望与职业分层是社会经济发展水平和发展趋势的重要反映。不同职业在不同的社会经济发展阶段其职业声望和职业分层会有明显的差别。从封建社会的“士、农、工、商”到计划经济时期的“工、农、商、学、兵”再到现在的“科教兴国、科学技术是第一生产力”，使专业技术人员的社会地位和声望得到史无前例的提高，这是社会发展趋势的明显反映。因此，研究职业声望与职业分层，有助于了解社会经济发展的动向和趋势，以便高瞻远瞩地进行职业选择，推进社会进步。其次，职业声望与职业分层的变动可以促进社会劳动力的合理流动和职业发展。人往高处走，水向低处流。任何一个劳动者都愿意从事社会地位高、职业声望好的工作；追逐自己适合的、能胜任的最高社会地位的职业是每一个劳动者的愿望。职业声望与职业分层的变化是促使劳动者进行职业流动的一种重要动力。一旦劳动者产生了这种追求更高社会地位的职业流动意识,其劳动的积极性、自觉性、创造性会得到极大的调动,其劳动能力会得以更好的发挥。职业声望与职业分层通过调动劳动者的劳动力供给和流动,达到人尽其才,才尽其用的目的,推动了整个社会职业构成、配置、分布向均衡化、合理化、高级化发展。再次,研究职业声望与职业分层具有良好的激励作用,可以最大限度地激发社会、企业、个人与家庭进行人力资本投资的自觉性、积极性和主动性,形成人力资本投资的良好社会风气和环境,促进全民素质的提高。职业声望与职业分层的变动对社会成员是一种极大的激励,高社会地位的职业有着极大的诱惑力、吸引力和感召力;人们对它的向往与追求成为家庭、个人乃至社会进行人力资本投资的强大动力,因此,实施终身教育,不断自我完善、自我发展,形成高含量的人力资本,不仅可以促进个人职业生涯的发展,而且还可以使全民整体素质迅速提高,从而产生极好的企业效益和社会经济效益。

近年中国职业声望变化趋势呈现出新的特征。由中国社会科学院社会学所"当代中国社会变迁、社会意识与社会流动课题组"组织的一次调查,共覆盖了全国28个省、市、自治区,发放调查问卷3 780份,回收有效问卷3 183份;在汇总调查结果的基础上,专家绘制出了一份最新的中国职业声望表。从总体看,声望在80分以上的职业共有22个,中国老百姓评价最高的5个职业依次是:自然科学家、社会科学家、大学教授、大城市市长、政府部长。其中除了对"影视明星"的评价较有争议外,其余职业社会各群体给出的分数差距不大。对这些社会普遍看好的职业概括之后,研究者发现,它们具有三个明显的标志:一是丰富的科学知识和专业技能;二是较高的政治权威;三是较多的经济收入。

据组织并参与此次调查的中国社科院社会学所专家许欣欣介绍,职业声望作为工业化社会核心价值的一种反映,一直被社会学家广泛应用,因为它可以从社会层面测量社会结构分化的程度与方向。1999年,许欣欣也曾经组织过对全国63个城市居民的职业声望调查,当时"(自然)科学家"和"社会科学家"的职业声望大大低于现在的得分,甚至还不如电脑网络公司工程师,而当时大城市市长、政府部长和大学教授则分列前三位。许欣欣认为,自然科学家和社会科学家声望都普遍提高的原因,与国家领导人近年来对科研工作的关怀与重视密切相关,特别是奖金高达500万元的国家最高科技奖的设立以及国家领导人对哲学社会科学重要地位和作用的重要讲话,不仅在学术界,而且在整个社会都产生了巨大反响。

在此次调查中,调查者还专门设计了一道开放性的问题:"假如您能够重新选择,那么您将选择从事什么职业?"据介绍,在三年前的调查中,各社会群体无一例外都把"党政机关领导干部"作为首选,而这一次情况却发生了变化,在城市受访者中,只有"初中以下"和"成人教育(电大、夜大等)"两个群体的未来第一职业趋向仍然是"党政机关领导干部";在"高中、中专、中技"群体中,第一选择是"中小学教师",

第二选择是“企业家”，而“党政机关领导干部”被排到了第七位；在“全日制大专以上”群体中，“党政机关领导干部”被排到了第五位，而前四位全部是专业技术性职业（《新华网》，2003 年 2 月 12 日）。

3.3 职业成功的内涵及影响因素

3.3.1 职业期望与职业成功

职业期望，也称职业意向，是劳动者自己希望从事某项职业的态度倾向，也就是个人对某一项职业的希望、愿望和向往。例如，有的人希望自己成为大学教授，有的人向往当企业家，另有人要当科学家，还有人想做小学教师或记者等等。可见，职业期望是劳动者自己对从事何种职业的向往程度，是劳动者将自身的兴趣、价值观、能力等与社会需要、职业声望、职业分层、社会就业机会不断协调，力求实现的个人目标；职业期望是劳动者个人对从事某一职业的一种主动追求行为，因此，不同的人职业期望也会不同。职业期望与职业声望虽有联系但其含义完全有别，二者不可混淆。

职业期望是个人职业价值观的直接反映，职业价值观是个人对某一职业的价值判断，不同出身、不同经历、不同追求的人，由于自身价值观的差别，对同一事物的看法也存在显著差别，对职业的关注点也各不相同，并最终影响着个人对职业生涯发展状况及职业生涯成功的判定。

职业生涯成功是个人职业生涯追求目标的实现。职业生涯成功的含义因人而异，具有很强的相对性，对于同样的人在不同的人生阶段也有着不同的含义。每个人都可以，也应该对自己的职业生涯成功进行明确的界定，包括成功意味着什么，成功时发生的事和一定要拥有的东西，成功的时间，成功的范围，成功与健康，被承认的社会地位水准，能使自己满意的收入水平和金钱数，被承认的方式，想拥有的权势和社会地位等。对有些人来讲，成功可能是一个抽象的、不能量化的概念，例如觉得愉快，在和谐的气氛中工作，有工作完成的成就感和满足感①。在职业生涯中，有的人追求职务晋升，有的人追求工作内容的丰富化。对于年轻雇员来说，职业生涯的成功“似应在其工作上建立满足感与成就感，而不是一味地追求快速晋升；在工作设计上，设法扩大其工作内容，使工作更具挑战性”②。总的来说，个人职业生涯成功有如下几种情况。

（1）个人的价值取向、能力、特质与其所选择的职业正相适合，且在这一职业岗位上，工作得心应手、顺心、顺利。

---

① Lillian Too, Strategies for Career Success, Malaysia, Konsep Langenda Sun BHD, 2nd ed., February 1995, P23.

② 杜拉克:《推陈出新的人事观念——传统的人事部门，再见》，载《企事业人力资源开发》，北京，1995(3)、(4)。

(2)个人有自我职业目标,无论是初就业便一直在某种职业岗位上,还是历经坎坷,发生数次职业流动或转移,最终个人既定职业目标得以实现,就是一种职业成功。

(3)在所从事的职业工作岗位上,尽心尽力,尽职尽责,做出突出成绩,本人有一种自我满足感、成就感,或者得到组织、同事的认同,这也是一种职业的成功。

(4)勇于创新,敢于"另辟蹊径","在没有路的地方去踏出一行新的脚印"。但凡这样的人,必是有所建树、有所成就者,所以这也是个人职业的成功。

职业生涯成功能使人产生自我实现感,从而促进个人素质的提高和潜能的发挥。职业生涯成功与否,个人、家庭、企业、社会判定的标准会存在一定的差异。从现实来看,职业生涯成功的标准与方向具有明显的多样性。

德尔总结出公司雇员有五种不同的职业生涯成功方向①:

进取型——使其达到集团和系统的最高地位;

安全型——追求认可、工作安全、尊敬和成为"圈内人";

自由型——在工作过程上得到最大的控制而不是被控制;

攀登型——得到刺激、挑战、冒险和"擦边"的机会;

平衡型——在工作、家庭关系和自我发展之间取得有意义的平衡,以使工作不至于变得太耗精力或太乏味。

职业生涯成功的标准也具有多样性。米歇尔·德维(Michael Driver,1979,1980,1982)在对多种公司的经理和人事专家进行调查后,根据他们的自我意识,系统地阐述了如下四种职业生涯成功的标准。

(1)一些人将成功定义为一种螺旋形的东西,不断上升和自我完善(攀登型);

(2)一些扎实的人需要长期的稳定和相应不变的工作认可(安全型);

(3)还有一些是暂时的——他们视成功为经历的多样性(自由型);

(4)直线型的人视成功为升入组织或职业较高阶层(进取型)。

德维假设这些职业生涯观念来自于个人的思维习惯、动机和决策类型,并成为指导人们长期职业生涯选择的根据。

职业生涯成功与家庭生活成功之间也有着非常密切的关系。个人与家庭发展遵循着并行发展的逻辑关系,职业生涯的每一阶段都与家庭因素息息相关,或协调或冲突。职业生涯与家庭的责任之间的平衡,对于年轻雇员特别是女性雇员尤为重要。每个人在社会生命周期中都扮演着多种社会角色,"但我们作为子女、父母的角色是不可逆的。我们能放弃一项职业,却不能放弃这些角色,相反,我们要设法完成这些角色"②。因此,家庭成员的意见对雇员的工作成效有重大影响。

要对职业生涯成功进行全面的评价必须综合考虑个人、家庭、企业、社会等各方面的因素。有人认为职业生涯成功意味着个人才能的发挥以及为人类社会作出贡

---

① C Brooklyn Derr. Managing the New Careerists. London: Jossey-Bass Publishers,1988, P2.

② 施恩:《职业的有效管理》,20 页,北京,三联书店,1992。

献,并认为职业生涯成功的标准可分为“自我认为”、“社会承认”和“历史判定”①。对于企业管理人员来说,按照其人际关系范围,可以将其职业生涯成功标准分为自我评价、家庭评价、企业评价和社会评价四类评价体系,如表3-1所示。如果一个人能在这四类体系中都得到肯定的评价,则其职业生涯成功无疑。

表3-1 职业生涯成功评价体系

评价方式	评价者	评价内容	评价标准
自我评价	本人	1. 自己的才能是否充分施展 2. 对自己在企业发展、社会进步中所作的贡献是否满意 3. 对自己在职称、职务、工资待遇等方面的变化是否满意 4. 对处理职业生涯发展与其他人生活动的关系的结果是否满意	根据个人的价值观念及个人的知识、水平、能力
家庭评价	父母、配偶、子女等家庭成员	1. 是否能够理解和肯定 2. 是否能够给予支持和帮助	根据家庭文化
企业评价	上级、平级、下级	1. 是否有下级、平级同事的赞赏 2. 是否有上级的肯定和表彰 3. 是否有职称、职务的晋升或相同职务责权利范围的扩大 4. 是否有工资待遇的提高	根据企业文化及其总体经营结果
社会评价	社会舆论、社会组织	1. 是否有社会舆论的支持和好评 2. 是否有社会组织的承认和奖励	根据社会文明程度、社会历史进程

资料来源:程社明:《你的职业——职业生涯开发与管理》,105页,北京,改革出版社,1999。

由于职业生涯成功方向和标准的多样性,组织应根据雇员的具体情况制订个性化的职业生涯开发与管理战略,这是对雇员人格价值的尊重;同时,组织也应根据自身的特点制订职业生涯开发与管理工作的战略目标和措施。通过二者之间的平衡找到组织发展和个人发展之间的最佳结合点,促进组织和雇员的共同发展。

3.3.2 职业生涯成功的影响因素

职业生涯成功的影响因素是多方面的:有组织的外部环境因素,如社会政治经济形势、经济体制、政府政策等;有组织内环境因素,例如组织的政策制度、组织的领导管理水平、组织文化与人际关系等;有家庭的因素;还有个人因素,这是根本的决定性因素。

有学者从上世纪美国最成功的几百位名人的终生经验中提炼出17条职业成功条件:①积极的心态;②确定的目的;③多走些路;④正确的思考;⑤自我控制;⑥集体

① 王通讯:《职业生涯话管理》,载《中国人才》,1997(1)。

心理;⑦应用心理;⑧令人愉快的个性;⑨个人的首创精神;⑩热情;⑪集中注意力;⑫协作精神;⑬总结经验教训;⑭创造性的见识;⑮预算时间和金钱;⑯保持身心健康;⑰应用普遍规律的力量。概括和总结已有的实践经验可以发现,个人要获取职业生涯成功,必须具备的基本要素是目标、信心和行动(吴国存,1999)。

目标。既要确定人生总目标,又确定达到总目标的步步为营的阶段性具体目标。人生意义在于目标的追求与实现,人生就是一个不断打破现状、追求自我超越的过程。一个人的职业生涯尤其如此,必须瞄准顶峰目标,步步攀登,定可抵达。

信心。要想做一个成功者,首先要一心想成为成功者,明白人生掌握在自己手中的道理,一定要有坚定的意识和信念,这是成功的先决条件。

行动。行动是获取职业成功的关键。如果不付诸实践,信心、目标最终只能是空谈。

下面是争得职业生涯成功的一些必要活动。

(1)积极主动,坚持不懈,保持旺盛激情。不能坐等成功的到来,要成功必须付出极大的努力和辛劳,并始终充满信心和热情,锲而不舍,积极主动争取成功,脚踏实地采取可行步骤去发现,去把握,去争取,甚至去创造。

(2)适应环境与形势,不断创新。客观环境与形势是个人职业生涯成功重要的影响和制约因素。面对经济政治形势、政策制度等大环境,个人尽管无能为力,但却可以不为其所左右,并不断调整自己的想法与活动,适应环境要求与变化,继续个人的职业生涯成长。与此同时,不断调适自己周围的小环境,变不利为有利。

(3)善于把握机遇。在职业生涯中,一般会出现几次转折关头或几次大的考验,这正是争取个人职业生涯成功的机遇。要善于创造机遇,发现和挖掘机遇,并努力把握机遇。

(4)有超前的战略眼光。要有远见,有预见力,许多时候如果能比别人早行动一步,就占了主动。

(5)善于利用时间。提高效率、作好时间管理,对于职业生涯成功来说非常重要。

附录

我给南开女生的建议

某某同学,你好!谢谢你去听我的讲座和给我写信。

你面临的问题也是很多学生面临的共同问题。我们先来看看你个人的一些问题或称作不足,主要有这样几个方面:首先是没有主见,事事都由父母拿主意,自己的事自己不敢做主。第二是怕字当头,像转专业、辅修、考经济管理专业等许多事情还没有实施就被别人的话给吓回来了,你没有尝试、没有去做,怎么知道不行呢?!第三不敢对自己的决定和行为负责,因为怕失败,所以瞻前顾后,患得患失。造成上述问题的原因是多方面的，其实家庭和家长应负大部分责任，因为他们没有给你很多自己作决定的机会，你没有得到这方面的锻炼。上述这些问题导致你没有了明确的目标，尽管你有自己喜欢的专业如人力资源管理。从你的信中我可以感觉到你现在的学习成绩很好，学习能力也很强，也有强烈的成功欲望，只是信心不足和拿不定主意。我建议你先思考一下，测试一下你自己究竟将来喜欢做什么，如真像你所说的人力资源管理，那么你现在准备考研也并不晚，你会担心数学和专业课，这些课你有三个学期的时间完全可以学好，并且你有英语这个强项，只要你现在就动手准备，只要你对自己有信心，必然能成功。人的局限都是自己给自己设定的。昨晚讲座结束前提问的那个女研究生就是你们英语系毕业的，现在是我研究所的研究生，她也是大三开始准备的。

如果你实在觉得考人力资源的研究生有心理障碍的话，考国际经济法也不错，将来可以做律师，也可以做公务员，如果你考上后还想做人力资源管理，那你就来听有关人力资源管理的课程，证书和文凭固然重要，但最重要的还是你学到了什么和你会什么，你学了许多人力资源管理的课程，自然将来可以做这方面的工作。

现在需要你自己在考哪个专业的研究生问题上作一个抉择。然后就一往无前地去准备，无论是哪个都会成功！还有另外一条路，就是争取保送研究生，得到保送机会后到经济管理专业来（欢迎到我所里来），这就要求你这几年的成绩在全班排在前面，具体多少名要看你们系里的情况，你可以去具体问一下。总之，你需要自己作个决定，树立信心，相信自己的能力和实力。你需要不断地跟自己的自我否定心理作斗争，只要你敢想、敢做、敢拼，我相信你一定会成功的。

她的反馈：尊敬的张老师：真没想到这么快就能收到您的回信，我很惊喜，心中更是充满了感激。真的感谢您的指导和鼓励，我会好好地想清楚，然后照着目标努力的。也许我没有机会做您的学生，但您永远是我心目中最尊敬的老师。

阅读材料

层出不穷的新职业①

科技在飞速发展，生活在不断变化，这种发展和变化必然淘汰掉许多旧的职业，同时催生出许多新的职业。了解这种变化，特别是关注新职业的发展方向，对于我们跟上时代步伐，获得求职成功，是很有必要的。那么，当前在我国出现了哪些新职业呢？

智能开发师 智能开发师的工作是：用自己的脑力资源制作智能产品，构建合理的人工智能，找到人与智能机的最佳结合点，让人力达不到的工作通过智能产品来完

① 资料来源：http://www.gzpi.gov.cn/gzpigov/xingwen/2001/06/2001061206_hua.htm

成。智能化是21世纪全球发展的大趋势,智能机器人、人工替代器等智能产品将成为全球流行的软件产品,成为全球智能市场的主要产品。中国也将紧跟世界发展的步伐,投入更多的人力和经费到这项科研领域,中国智能工业将会有较大的发展,并逐渐成为国家的一项重要支柱产业。智能开发师将是人们青睐的新职业。

注册城市规划师 注册城市规划师是从事城市规划编制、审批、实施管理、咨询以及相关业务的专业技术人员。国家人事部、建设部2000年上半年分别颁布《注册城市规划师执业资格制度暂行规定》和《注册城市规划师执业认定办法》,根据不同情况对目前从事城市规划工作的专业技术人员采取考试和认定两种不同方法。全国首次城市规划师执业资格考试于2001年3月举行,31个省、市、自治区的9 000多名城市规划设计和管理人员参加了这次考试,考试合格者取得由建设部和人事部共同颁发的城市规划职业资格证书,成为我国第一批注册城市规划师。

家政助理 这是新近在北京人才市场上出现的一种新职业,主要工作内容是协助家庭处理日常家政事务,承担家务统筹、营养配餐、医疗保健、儿童教育等事务。家政助理与保姆有着较大区别,一般是由专业公司统一聘用,且经严格培训才能上岗。目前,北京某公司聘用的家政助理均为护理专业的毕业生。

经营分析师 经营分析是现代企业经营活动的有效手段。最近,在人才市场上已经有单位公开招聘经营分析师,这表明企业已经在关注自身的经济行为。经营分析师是具备企业财务专业知识、经济活动分析能力和宏观经济预测能力的中高级人才,同时,经营分析师还需具有某一行业的专业知识。目前,高级经营分析师的薪酬甚高。

职业配装师 这是在南京出现的一种新职业。其主要任务是根据顾客的职业特点、职业身份,为其合理搭配服装,进行整体形象设计。据悉,首批职业配装师将在南京持证上岗。

价格鉴证师 价格鉴证师主要是从事涉案物品的价格评估、鉴定、公证等,他们的业务活动直接关系到司法、行政执法机关和仲裁机构的办案质量。据悉,我国目前从事价格鉴证评估、认定审核工作的专业人员已达数万人。

人事代理专员 为迎接"入世"后面临的挑战,运用市场机制向企业与人才提供社会化人才代理服务,上海市某人才交流中心所属的人事代理服务所在人才交流会上招聘"人事代理专员"。人事代理服务所、选才用人实行契约制,个人收入实行佣金制,工作时间实行弹性制。被录用者将接受"人事人才工作纪律、职业道德、人事政策法规、人事工作程序和业务知识"培训,经考试合格后,实行持证上岗制。一大批具有大中专学历的青年和攻读经济管理、企业管理、财务会计、文秘与档案管理等相关专业的应届毕业生,跃跃欲试,对人事代理专员这一新岗位表现出浓厚的兴趣。

钟点女秘书 目前,上海市出现了一种"钟点女秘书"的职业。钟点女秘书专为外地前来考察经营项目的商人和召开小型资讯发布会的国外客商提供秘书服务。由于是临时雇用关系,工作效率高,受到"普遍好评"。

新闻线人 一种以专门提供新闻线索获取酬金为谋生手段的职业新闻线人,最近在南京、济南等城市悄然出现。时下,报业竞争异常激烈,各家报社都打出了有偿征集新闻线索的口号,"新闻线人"便应运而生。有位姓林的年轻人,每天在南京城内的各大医院、派出所以及繁华场所转悠,一旦发现新闻线索,马上通知报社,记者写出的稿件见报后,便到报社领取一定的报酬。每条线索的报酬 50 元 ~300 元不等。仅一个月,他就从一家报社挣了 1 700 多元。

专业道歉人 西安市长安路南段,出现了"专业道歉人",这是一个可以代人受委屈的"新职业"。20 出头的湘妹子秦可意在肇庆市成立了广东首家道歉公司——常春藤道歉公司,主要业务有:接受别人诉苦、忏悔,模拟朋友、恋人,仿真亲人等。

留学(移民)顾问 近几年,为适应人们出国留学与移民的需要,又出现了留学顾问和移民顾问两个新职业。据有关人士预测,由于许多国家在吸引海外学生和移民方面的政策进一步宽松,国内在今后几年内有可能出现留学和移民高潮,因此,留学顾问和移民顾问将是颇受青睐的职业。

医学顾问 随着我国职工医疗保障体制的改革,为减少求医成本,医药顾问已在一些城市应运而生。与此同时,由于职工对养老、医疗、失业、生活等各方面保障的需求上升,一种为人们提供保障咨询的"社会保障顾问"职业也已诞生。

此外,由于社会分工的不断细化,诸如技术经纪人、矿产储量评估师、公关员、求学顾问、精神陪护者、自由撰稿人等新兴职业已悄然走进人们生活中。

问题与思考:

新职业的不断诞生,对你未来的职业生涯发展有哪些影响?

思考题

1. 根据职业的内涵,分析职业、专业与职位的区别与联系。

2. 写出你最喜欢的五个职业和最不喜欢的五个职业以及你将来最想从事的三个职业。

3. 简述职业声望的影响因素。

4. 联系实际,谈谈职业成功的标准。

参考资料

[1]刘艾玉. 劳动社会学教程[M]. 北京:北京大学出版社,1999.

[2]汪开国. 深圳九大阶层调查[M]. 北京:社会科学文献出版社,2005.

[3]张再生. 职业生涯开发与管理[M]. 天津:南开大学出版社,2003.

[4]周文霞. 职业成功:从概念到行动[M]. 上海:复旦大学出版社,2006.

4

职业生涯规划的基本方法与过程

本章学习要点

- 理解职业生涯规划的内涵与意义，掌握职业生涯规划方法与步骤。
- 了解职业生涯规划过程中容易出现的问题，掌握回避问题的技巧。

案例导入

温州市副市长商海再就业

2003 年 2 月，时任温州市副市长的吴敏一与其他两位候选人参选正市长，但在这场竞争中最后落选，于是递交了辞呈。

吴敏一是杭州大学经济学本科毕业生，复旦大学经济学硕士。1998 年任温州市副市长以来，分管科技信息化、信用建设、工商和社会保障，参与了温州的体制改革、政府改革。大家对他的评价是一位有才能的政府官员。

2003 年 5 月，辞官后的吴敏一来到上海，帮助民企“红蜻蜓”拓展零售业，并担任新筹建的“惠利玛”零售连锁公司的总裁。吴敏一说下海的目的是为了“创造新的人生价值”。但过了不到 3 个月，他就黯然离开了“红蜻蜓”。吴敏一认为，自己与“红蜻蜓”的董事长考虑问题上有偏差，在发展战略上意见有分歧。按道理，出现分歧，两个人可以协商解决，但吴觉得“我不可能要求别人去改变”。他发现，在商海中出现分歧以后，最终占据上风的还是资本力量。他说：“民营企业现在已经很成熟了，并不会因为你曾经是副市长就完全听你的。”

离开“红蜻蜓”以后，吴敏一选择了一家小公司——上海东畅网络通信服务公司，出任总裁，主要提供电信通信服务及信息服务，致力于为客户提供所需的各种通信解决方案和信息服务。据了解，“东畅”注册资本原来只有100万元，吴来了以后，增加到了3 000万元人民币。吴敏一对公司的大小并不介意，他说“只想静下心来好好做些事情”。吴目前的工作压力很大。12月底公司要全面启动，他有很多事情要做：搭建公司的技术平台，要和杭州、北京的软件商逐个逐个地谈；由于公司主要做服务工作，还要建一个服务平台。

至于和新公司是怎样一种合作方式，出资方又是谁，吴敏一并不愿透露太多。但他表示，在进新公司与董事长交谈的时候，他要求最大的一点是“要有决定权”，而结果令他满意。但是吴敏一承认，对于他在公司的具体权责和任务，目前只是建立在默契之上，没有任何的制度性安排。

关于这一点，有很多人存在各种各样的疑问。当初他选择“红蜻蜓”的时候，也是建立在双方“相互信任与欣赏”之上的。但是经历了红蜻蜓的挫折后，吴敏一难道对这样的“信任与欣赏”依然痴心不改吗？

吴敏一却认为，这是个性使然。他当初选择离开温州，就是要有意无意地限制自己过于依赖以往的关系。当时有很多人劝他留在“天时地利人和”的温州发展，但他表示，自己是个埋头做事的人，对搞政府关系没有兴趣。

我们没有理由怀疑他想成就一番事业的决心和愿望，但是对他将来的发展仍是有些担心，商海中的拼搏与官场的周旋毕竟有很大的不同。作为一个有才能的政府官员，能否在无情的市场和资本面前再次证明自己的能力呢?!

问题讨论：

你对吴弃官经商有什么看法？你对吴未来的发展有何建议？

职业生涯是一个人从职业学习开始到职业劳动最后结束这一生的职业工作经历过程。人的一生主要是在职业生涯中度过的，职业生涯的成败对人的一生有着重要的影响；作为组织的一员，职业生涯的成败也直接影响着其劳动积极性和主动性，从而影响着组织的效益。因此，作好职业生涯规划工作，无论对组织还是对雇员个人都具有十分重要的意义，这一章主要从个人的角度讨论职业生涯规划的基本方法与步骤，其具体规划环节的相关理论、技术与方法，将在后面各章节加以详细介绍。

4.1 职业生涯规划的流程与步骤

职业生涯是“一系列既分离又联系的经验以及人们在一生中经历的事件”。职业生涯发展是一个有机的、逐渐展开的过程，而不是一个机械的、预先设计好的过程。一个人的每一种经历、每一种职业体验，都会导致对自我的重新认识，校正自己的职业抱负。无论是成功还是失败，都会使雇员重新认识自己的潜力和局限。个人对自己的职业发展有自己的设想，并试图能够按照这个设想去实现理想中的职业生涯，从而得到自己所工作的单位、家庭和社会的认可。因此，个人如果能按自己的理想去规划一条适合其主要能力和价值观的职业生涯的话，亦即自身能控制自己的职业发展道路的话，就更容易成功并拥有成就感。因此，良好的职业生涯规划对一个人的成功具有重要意义。

个人职业生涯规划的内容虽因人而异，但在制订个人职业生涯规划时，需要考虑的要素却是基本相同的，一般包括：①个人基本情况，包括个人的兴趣、爱好与特长，性格、能力与价值观，个人目标与需求，个人生理与健康状况，工作经验、社会阶层与教育水准，性别、年龄、负担状况以及智商与情商等因素；②对个人能力、兴趣、潜力、职业生涯需要及追求目标的评估，包括对个人优势与劣势的分析、个人职业发展目标的设定及设定的原因、达到目标的途径与所需的教育培训措施、达到目标可能遇到的阻力与助力等；③个人外部环境分析，社会的需求、企业与组织的需求、家庭的期望、技术的发展、经济的兴衰、政策法规的影响以及个人与组织在职业生涯选择、规划与机会方面的沟通情况等。

在综合考虑了上述因素的基础上，职业生涯规划一般经过自我剖析与定位、生涯机会评估、职业生涯目标与路线的设定、职业生涯策略的制订、职业生涯规划的反馈与修正五个步骤来完成。

1. 自我剖析与定位

自我剖析就是对自己进行全面的分析，通过自我剖析认识自己、了解自己，以便准确地为自己定位。自我剖析的内容包括自己的兴趣、爱好、特长、性格、学识、技能、智商、情商以及协调、组织管理、活动能力等。

职业生涯规划的过程是从个人对自己的能力、兴趣、职业生涯需要及其目标的评估开始的。自我剖析的过程实际上是自我暴露和解剖的过程，其重点是分析自己的条件特别是性格、兴趣、特长与需求。性格是职业选择的前提，内向的人，从事外向性的工作，难以成功。兴趣是工作的动力，如果一个人的工作与自己的兴趣相符，那么工作就是一种享受和乐趣。特长主要是分析的自己能力与潜力。需求主要是分析自己的职业价值观，弄清自己究竟要从职业中获得什么。因此，个人剖析是职业生涯规划的基础，直接关系到个人的职业成功与否。

自我剖析作为一种常用的基本的职业生涯规划方法，通过这种对自我、自我目标、环境及状况的综合分析和鉴定，雇员能更好地选择他们的职业道路，更快地达到他们的职业目标。在职业规划过程中，强调自我剖析的核心作用及内容，能带来许多积极的影响，能使人们从长计议自己的职业。更重要的是，它使人们在职业管理中充分考虑个人的责任。自我剖析行为促使人们检查过去作出的职业选择以及这些选择的效果，并据此引导以后的职业选择。通常，职业规划还是产生职业变动的一种原动力，许多时候，雇员都是通过自我剖析认识到一定的职业变动是可能的，实际上，每个人都拥有或多或少的选择机会。另外，自我剖析还鼓舞着雇员去尝试新的工作任务，挑战更艰巨的工作。总之，自我剖析使人们无论是在工作职责本身还是个人利益方面都将获得更多的机会。

通过自我剖析认识自身的条件,进行比较准确的自我评价,并对此作深层次的分析。以便根据自身的特点设计自己的职业发展方向和目标。

2. 生涯机会评估

生涯机会评估主要是分析内外环境因素对自己职业生涯发展的影响。人是社会的人,任何一个人都不可能离群索居,都必须生活在一定的环境之中,特别是生活在一个特定的组织环境之中。环境为每个人提供了活动的空间、发展的条件、成功的机遇。特别是近年来,社会的快速变迁,科技的高速发展,市场的竞争加剧,对个人的发展产生了很大的影响。在这种情况下,个人如果能很好地利用外部的环境,就会有助于事业的成功。否则,就会处处碰壁,寸步难行,事倍功半,难以成功。在制订职业生涯规划时,要分析环境的特点、环境的发展变化情况、个人与环境的关系、个人在环境中的地位、环境对个人提出的要求以及环境中对自己有利与不利的因素等等。环境分析主要是通过对组织环境特别是组织发展战略、人力资源需求、晋升发展机会的分析以及社会环境、经济环境等有关问题的分析与探讨,弄清环境对职业发展的作用及影响,以便更好地进行职业目标的规划与职业路线的选择。

3. 职业生涯目标与路线的设定

职业发展必须有明确的方向与目标,目标的选择是职业发展的关键。因为坚定的目标可以成为追求成功的驱动力。研究表明,一个人事业的成败很大程度上取决于有无适当的目标,凡是成功的人士都有明确的奋斗目标;那些没有奋斗目标的人,都没有获得成功。因此,一个未来的成功者,必定是一个目标意识很强的人。

目标的抉择是以自己的最佳才能、最优性格、最大兴趣、最有利的环境等条件为依据的。目标的确定大致要经过这样几个步骤:第一步,自我分析,找出自己的特点;第二步,对内外环境进行分析,确定自己的位置;第三步,选定职业和职业生涯路线,决定向哪一个方向发展;第四步,确定职业目标,并把该目标具体详细地写出来;第五步,制订相应的行动计划和落实措施,包括长期计划如十年计划,中期计划如五年计划、三年计划,短期计划如年度计划等。

职业生涯目标是未来人生的发展方向,对人的一生有着重要影响。职业生涯目标作为个人的一种发现,往往要经过一番危机才能找到自己的目标。不过以下问题能够帮助你在未落入危机之前发现你的目标①。

(1)你有何才能?把它们全部列出来,选择3种最重要的才能,然后把每种才能用一、二个词来表达,如"我最重要的3个才能是我的听力、创造力和表达能力"。

(2)你的追求是什么?什么是你梦寐以求的,使你希望为之付出更多的精力?究竟哪些事情你愿意一展才华?在哪些主要领域你愿意投资自己的才力?譬如,"我的追求是从事成人发展和帮助人们发现他们的生活目标"。

(3)什么环境让你感到如鱼得水?什么样的工作和生活环境最适合你发挥自己

① Richard J. Leider, David A. Shapiro:《十全十美的工作》,载《世界职业经理人文摘》,1999(4)。

的才能？例如，“我最经常在随意的学习环境或与别人一起游览自然风景时，展现出我的才华”。

现在，将上述问题的答案列出来，将每个答案中你认为最重要的因素结合起来组成一个完整的句子。比如，“我的生活目标是利用我的听力、创造力和表达能力帮助人们在自然环境中发现他们的生活目标”。

也许你会发现自己的职业生涯目标有多个。如果你在不断探寻，你最终会发现它们当中贯穿着一条内在的主线。因此，你要经常重复上述问题。

在确定目标的过程中要注意如下几个方面的问题：①目标要符合社会与组织的需要，有需要才有市场、才有位置；②目标要适合自身的特点，并使其建立在自身的优势之上；③目标要高远但决不能好高骛远，一个人追求的目标越高，其才能就发展得越快，对社会越有益；④目标幅度不宜过宽，最好选择窄一点的领域，并把全部身心力量投进去，这样更容易获得成功；⑤要注意长期目标与短期目标间的结合，长期目标指明了发展的方向，短期目标是实现长期目标的保证，长短结合更有利于生涯目标的实现；⑥目标要明确具体，同一时期的目标不要太多，目标越简明、越具体，就越容易实现，越能促进个人的发展；⑦要注意职业目标与家庭目标以及个人生活与健康目标的协调与结合，事业的成功，家庭与健康是基础和保障。

职业生涯路线是指一个人选定职业后从什么方向上实现自己的职业目标，是向专业技术方向发展，还是向行政管理方向发展。发展方向不同，要求就不同。因此，在职业生涯规划时必须对此作出选择，以便安排今后的学习和工作，使其沿着生涯路线和预定的方向发展。

4. 职业生涯策略

在确定了职业生涯的目标后，要实现职业生涯目标还必须有相应的职业生涯策略做保证。职业生涯策略是指为争取职业生涯目标的实现所采取各种行动和措施。如：为达到工作目标，你计划采取哪些措施提高工作效率？在业务素质方面，你计划采取哪些措施提高业务能力？在潜能开发方面，你计划采取哪些措施开发潜能？等等，都要有具体的计划与措施。参加公司的教育、培训与轮岗，构建人际关系网络，参加业余时间的课程学习，掌握额外的技能与知识等，这些都是职业目标实现的具体策略，也包括为平衡职业目标与其他目标（如生活目标、家庭目标等）而作出的种种努力。通过这些努力实现个人在工作中的良好表现与业绩。职业生涯策略要具体、明确，以便定期检查落实的情况。

5. 职业生涯规划的反馈与修正

事物都是处在运动变化中的，由于自身及外部环境条件的变化，职业生涯规划也要随着时间的推移而变化。在制订职业生涯规划时，由于对自身及外界环境都不十分了解，最初确定的职业生涯目标往往都是比较模糊或抽象的，有时甚至是错误的。经过一段时间的工作以后，有意识地回顾自己的言行得失，可以检验自己的职业定位与职业方向是否合适。这样在实施职业生涯规划的过程中自觉地总结经验和教训，评估职业生涯规划，雇员可以修正对自我的认知，通过反馈与修正，纠正最终职业目标与分阶段职业目标的偏差，保证职业生涯规划的行之有效。同时通过评估与修正还可以极大地增强雇员实现职业目标的信心。其修订的内容主要包括职业的重新选择、生涯路线的选择、生涯目标的修正、实施策略计划的变更等。

个人职业生涯规划的流程可用图 4-1 表示。

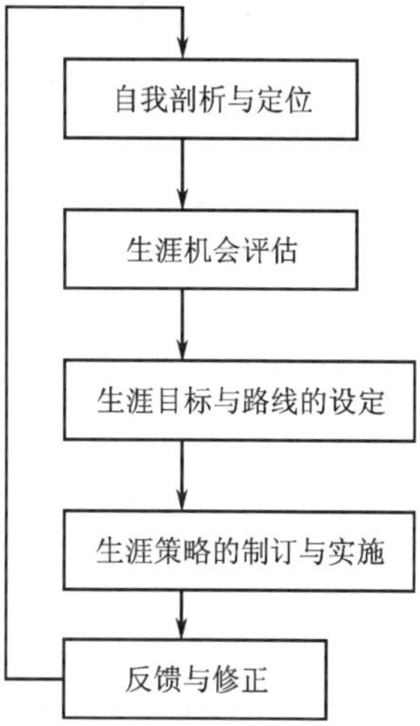

图 4-1 个人职业生涯规划流程图

4.2 职业生涯规划应注意的问题

职业生涯规划是一个系统工程，在开展自我分析，确定个人目标、行动方案、实践策略等过程中，应特别注意以下几个方面的问题。

4.2.1 职业生涯规划的“四定”原则

（1）“定向”。职业生涯规划首先要解决“干什么”的问题，即要确定具体从事的职业，是做管理还是搞技术，是做会计还是做人力资源管理；是做鸡头还是做凤尾，是进大公司从基层做起，还是进小企业做个中层等等。方向定错了，则南辕而北辙，重新走回头路，付出的代价会更大。有些年轻人认为自己适合做领导，就选择了做行政管理工作，工作几年后发现自己并不适合做管理工作，然后再考研究生、读博士，走专业技术路线，这样就浪费了很多时间。因此，职业生涯决策，决不能犯“方向性错误”。

（2）“定点”。就是要确定职业生涯发展的地点。中国幅员辽阔，不同地区社会经济条件差别很大，为个人提供的职业生涯发展条件和机会也存在显著差别。因此，在职业生涯规划过程中要确定实现自己职业生涯目标的具体城市和地区，以及有可能发生的地域转移。有些大学毕业生选择去南方如深圳、广州，有些选择到沪宁一带发展，有的则选择去边疆，如支援西部开发、支持东北振兴等等。无论要去哪里，都应该综合考虑多方面因素，不可一时冲动、感情用事。

（3）“定位”。就是要根据自身的情况，为自己确定一个合适的职业目标定位。择业前要对自己的水平、能力、薪资期望、心理承受度等进行全面分析，以便作出较准确的目标定位。不可悲观自卑，把自己定位过低。也不要高估自己，导致期望值过高。一旦不能如愿，失望也就越大，从而失去了信心和动力。

（4）“定心”。就是要朝着既定的目标持之以恒地努力。在准确地“定向、定点、定位”之后，最重要的就是要“定心”。无论做什么，都需要“定心”，心神不定，朝三暮四，是难以取得成功的！不然，老百姓怎么会说“心神不宁，万事难成”呢？！因此，克服浮躁心理，树立长期观点，对实现职业生涯发展的长远目标具有至关重要的影响。

4.2.2 职业生涯规划的盲点和误区

由于各种客观条件的限制或主观认识上的误差，在制订个人的职业生涯规划时，往往会存在一定的盲点和误区，如不能及时认清并走出误区，就有可能对个人的职业生涯发展产生不良的影响。这些盲点和误区概括为以下内容。

(1)把职业生涯规划当成了梦想展示。许多人认为，职业生涯规划就是梦想展示，把目标确定下来，展示给大家就完成了，现在许多高校都搞职业生涯规划大赛，到最后发现规划大赛变成了梦想比赛。职业生涯规划不仅要制订明确的目标，更需要实实在在的行动，因此，良好的行动方案和适当的行动策略以及脚踏实地的落实，才是实现目标的根本。

(2)把职业生涯规划当成了职业选择和就业指导。一些学校和学生在作职业生涯规划时，仅重视职业的选择和就业的指导，注重就业信息的提供和面试技巧的提高，认为找到工作了，生涯规划目标就实现了，这显然是对职业生涯规划理解的片面化。职业选择和就业指导仅仅是职业生涯规划的一个环节，而绝不是全部，站在整个人生的高度对未来进行筹划才更有意义和作用。

(3)职业生涯规划必须处理好所学专业与未来发展的关系。不要被所学专业限制了自己的择业范围和发展空间，也不能脱离实际凭空想象。职业生涯规划既要从个人的兴趣、职业性向和能力出发，更要紧密结合社会需要。

(4)避免急功近利，只顾眼前。化工专业的李娜今年刚上大一，因为父母希望她以后可以上研究生，所以放暑假期间每天都自学英语和数学，感觉和高中一样紧张，工作的事情不考虑，社会活动也不愿意参加，怕影响学习。为未来的发展早准备不是坏事，但也不能两耳不闻窗外事。首先李娜的目标是父母定的，不是自己的意愿，如果到了大三或大四，有了自己的主见再想转向就会为时已晚，即使以考研为目的也不应该一条腿走路，毕竟早晚要就业，如果不提高自己的综合素质、适应社会的能力以及人际交往能力，书读得再好、再多也只能是纸上谈兵。当然，如果以就业为主要目标，为提高对社会的认识，增加对社会的了解和实践经验，也不要走旷课去打工的另一个极端。

(5)避免准备不足，仓促上阵。在就业之前，许多大学生往往在时间、实力和经验方面准备不足。时间准备不足表现为，误以为找工作从大三大四开始准备就可以了，其实对社会的认识、资料的收集、能力的提高需要提早准备；实力准备不足表现为，“看得见的准备得多，看不见的准备得少”，认为看得见的如各类证书、成绩单比看不见的素质重要。其实单位更看重的是个人长期积累的素质，如合作意识、沟通能力、自我认识等；经验准备不足表现为，误以为有一些社会实践背景就可以帮助自己找工作，其实，经验获取需要长时间的积累，个别时间的尝试不代表个人拥有有价值的经验。

4.2.3 职业生涯规划的几点忠告

(1)无论将来从事什么样的职业，都要对职业负责。一定要认真敬业，恪守职业道德。因为态度决定一切。现代社会方便的信息查询途径和职业履历核实制度,要求每一个人都要对自己的行为负责,对自己的未来负责,做到主动负责和诚信。

(2)切记和谐融洽的人际关系非常重要。实践证明,与同事间人际关系融洽将使工作效率倍增。

(3)要优化交际技能。人是社会的动物,人际交往是人的本能和基本需要。优良的交际技能可以为谋职就业、事业发展提高成功概率。

(4)要善于发现变化并适应变化。不管周围环境及人生某一阶段出现什么样的变化,都应该善于发现其中的各种机遇并驾驭这些机遇。

(5)要灵活。未来时代的工作者们可能必须要经常转换职业角色,只有善于灵活地从一个角色迅速转换到另一个角色,方能适应时代环境的变化。

(6)要善于学用新技术。社会在进步,知识技能在更新,不断学用新技术才能与时俱进,否则不进则退,就会被社会所淘汰。即使想当一名作家,也必须不断学用并掌握新技术、新技能才行,比如作家必须同时成为一名计算机文字处理员、打字员、网上发行员,只有这样才能获得成功。

(7)要不断更新观念。观念是指导行动的先导,因此,当你考虑某个新职业或新产业时,观念一定要更新,以防被错误思维所误导。

(8)复合型人才将是未来社会的宠儿。要不断开拓进取、不断拓展专业领域。为此不仅需要专业化知识,同时还需要通用化及灵活性技能。换句话说,为未来的职业考虑,绝不应只专心研究某一种专业知识,同时还应考虑这种专业知识是否为人们所需求。一般说来,以长远眼光看问题,多掌握几种技能要比只精通一门狭窄专业知识更有发展前景。

测试

个人职业生涯发展规划的制订

一、目标

(1)向参与者介绍规划过程,以便今后能应用于生活和工作。

(2)向参与者提供机会,研究和决定其生活和工作的方向。

(3)帮助每一位参与者明确自己的价值观,制订一个个人构想规划和行动规划。

(4)创造条件使参与者能评价他人和接受他人对其价值观、构想规划和行动规划的评价。

二、规模

(1)每组三人,考虑到实际需要,个别组也可由二人或四人组成。

(2)规定时间:1.5 ~2 小时

三、材料

人手一张"价值观、构想与行动"工作表的复印件。

人手一支铅笔。

四、背景

一间足够大的房子，以便各组互不干扰，每组配备桌子和椅子（移动课桌也可），也可以写字板或其他移动的可写字平面代替。

五、步骤

(1)指导者先介绍所谓的个人策略计划，说明其是为了适应团体策略计划而产生的。每一位参与者得到一支铅笔和一份“价值观、构想与行动”工作表的答卷，并按要求阅读第1和第2部分。完成之后指导者带领对第1、2部分进行讨论，以确保每一位参与者都理解了个人策略计划的基本步骤以及“价值观”、“构想规划”、“行动规划”等术语的含义。(20分钟)

(2)三人为一组，每个参与者在指导下独立完成答卷的3、4、5部分。(约20分钟)

(3)待第2步完成后，指导者请每组成员相互交换参阅价值观、构想规划和行动规划并讨论其各个部分间内容的一致性以及其行动规划是否达到第5部分的要求。组织者必须要按自愿的原则来进行，各参与者只需根据自己的意愿有选择地参阅他人的材料。(30分钟)

(4)参与者在指导下完成答卷的第6部分。(5~10分钟)

(5)组织者概括制订计划的最初几个步骤(答卷3~6部分)，略述接下去几步(制订具体目标以及达到这些目标的策略——第7部分)，然后简要回顾第8部分的主要内容，并鼓励参与者在训练阶段后设立目标和策略。(5~10分钟)

(6)组织者可提出如以下的问题来进入总结性的讨论:(15分钟)

①把自己的价值观、构想规划和行动规划写下来的感想如何？将感受与他人分享的感觉是什么？

②和小组其他成员的讨论对你制订最终的行动规划有什么作用？

③通过这次活动，你了解了自己什么？对个人策略计划又了解了多少？你如何看待与他人讨论自己的构想规划和行动规划的重要性？

④现在你已经制订了计划，但在今后的生活和工作中你又将如何作出改变？

⑤你将如何遵循你的构想规划和行动规划来执行你的个人策略计划？你将采取何种方法来和大多数人探讨你的构想和行动规划？

(7)参与者重新评论自己的价值观、构想规划和行动规划并作出必要的调整，在训练阶段后，指导者重申制订目标和策略的重要性，并提醒参与者注意第2部分的第1条:策略计划是一个连续不断的过程而不是能一蹴而就的。(5分钟)

六、可能遇到的变动

(1)在总结活动时，指导者可以邀请参与者公布其最终的行动计划并回顾工作。

(2)答卷可由个人单独完成，也可由两个提供意见并相互帮助的小组成员完成。

(3)事先准备构想和行动规划的样本以供活动参考使用。

(4)第7部分可能使活动超时,鉴于他人的反馈对个人目标制订的意义重大,组织者可邀请参与者与小组成员共同讨论一些目标。

(5)如果参与者正共事于相同的组织,则可以在团体和组织的行动规划上来评价个人行动规划。

附

"价值观、构想和行动"工作表答卷[①]

第1部分:个人职业生涯发展战略规划的定义

个人职业生涯发展战略规划即:你对自己未来职业生涯发展作出一个构想并制订具体步骤去实现未来构想的过程。此过程首先解释价值观,后制订出一份构想规划进而创制一份行动规划。这些术语的定义如下。

(1)价值观:促使你作出决定和行动的观念、原则和标准,如:诚实、毅力、可靠性、知足和忠诚等。

(2)构想规划:用三四句话来描述你渴望的未来而非预测的未来。如下例子(就好像这个构想已经实现了,看起来就非常逼真):我是个非常平和的人,也是那些忠于职守的人的榜样,人们都认为我是个非常正直的充满灵气的教师,我过着一种简单的生活,留有充裕的时间给自己的家人、朋友以及用来服务于他人。

(3)行动规划:用一段简洁的容易记忆的话来给职业生涯指定方向。下面是一个援引上例的非常简短的行动规划:我致力于生活于我对职业的信仰当中,维持着一段幸福的婚姻,成为爱护和支持子女的父亲(母亲),在职业生涯中,努力提高教学质量,使学生接受更好的教育,我希望像这样过简单的生活。当然行动规划可以更长,但简明扼要是十分重要的。

在整个过程中,关键在于保持三部分间的连贯性、一致性,如果三者之间是不连贯的,那整个规划必是不可行的。

第2部分:制订个人职业生涯发展战略的原则

下面是一些在制订个人职业生涯发展战略方案时必须牢记的原则。

(1)制订个人职业生涯发展战略是一个连续不断的过程,而不能一蹴而就。因此,在此过程中,必须审时度势地适应外界的变化。

(2)变化是外界给定不可预料的,而非你可以选择的,你所能作出的选择只能是你是否想影响这个变化而已。

(3)你不能预测未来,但你可以通过创造一个构想规划来影响未来。

---

① 根据 Goodstein, L. D., Nolan, T. M., & Pfeiffer, J. W. (1992). Applied strategic planning: A comprehensive guide. San Diego, CA: Pfeiffer & company. And Nolan, T. M., Goodstein, L. D. & Pfeiffer, J. W. (1993). Shaping your organization's future: Frogs, dragons, bees, and turkey tails. San Diego, CA: Pfeiffer & Company. 编译。

(4)未来不是过去的延续,在以前看来,最近的未来和现在几无差别,但在今天变动是如此频繁快速,即使最近的未来也可以和现在天差地别。

(5)没有永久的解决办法,只有权宜之计。

(6)失去的机会就覆水难收。

(7)制订发展战略应包括行动。

(8)你永远不能一次干完所有的事。

(9)你今天作出的最困难的决定也要到明天才会影响你,一个战略性的决定对今天的活动不会有大的影响,但他会决定你在明天活动中所处的位置和能发挥的作用。

(10)对未来没有构想的人生活将漫无目的。

第 3 部分:为你的构想规划和行动规划搜集材料

为达到这一部分的目的,请回答下列问题。

(1)请列出你认为对你的一生很重要的几个核心价值观念。

(2)请描述你希望成为的人以及你理想中的生活模式。

(3)请描述你向往的职业和你最喜爱的职业和工作。

(4)请描述你的特长。

第 4 部分:制订你的构想规划

你是否想见识一下三五年后的自己?你设想一下自己的未来,然后把它写下来。Ford & Lippitt (1988) 描绘了执行这一步骤的过程:

当你在构想时,试着暂时摒除内在的批判以及任何谦虚和谨慎的倾向,这时不应该想你的构想是否可以实现,这只是一个幻想,思绪涌动,脑海只剩下美好的。

用三四句话来描述你理想中的未来。

第 5 部分:写下你的行动规划报告

在开始前,请先阅读下列十条要求,牢记这些条款并在你的行动规划中得以体现。

你的行动规划必须满足的十条要求如下。

(1)清晰,绝大多数人都能明白。

(2)足够简短,便于记忆。

(3)职业方向具体化。

(4)简要概述所喜欢的生活模式。

(5)体现你的特长。

(6)内容广泛,能够灵活应用,但也不可散漫无章。

(7)能实际指导你的个人和职业决策的制订。

(8)体现你的价值观、信仰和职业决策。

(9)是可以实现的(既有挑战性,又符合实际)。

(10)能激励你上进。

牢记以上十条准则，然后写一份你行动规划的草稿。

第 6 部分：写一份你行动规划的终稿

现在写出一份你的行动规划的最终草案。

第 7 部分：制订目标和发展战略来实现构想

写完你的最终行动规划后，你可以制订目标和策略了。

目标是一个可以引导实现你部分构想的目的，它不但必须符合你的价值观和行动规划，而且必须和你制订的其他目标相一致。

目标必须比你的构想或行动更加具体。举个例子，如果你的构想包括“在图表设计方面取得成功”，那你的一个目标就可能是“在接下去的两年中要在加州大学圣地亚哥分校完成‘Photoshop for publications’等项课程（成绩至少是 B）”。

请注意目标所含的几个要点：时间限定（在接下去两年中）、成功的标准（至少是 B 的成绩）、课程的具体名字（Photoshop for publications）和授课学校（加州大学圣地亚哥分校）。

很容易明白，实现你的部分构想就需要制订许多目标。

策略是实现目标的具体方法和技巧。就像实现你的构想需要制订许多目标一样，达到其中的一个目标也需要若干策略。比如：要参加 Photoshop 的课程，可能需要你更换工作时间、同合作者制订轮流开车上下学的协议、安排一个保姆来照看孩子以便于上夜校等。

下面的结构有助于你熟悉制订目标以及设计策略实现目标的步骤。为了达到这项活动的目的，请以你的构想的某个方面为前提再来选择三个目标，并初步制订相应策略。（注意：为了实现构想的所有方面，你必须多次重复这一步骤。）

目标	相应策略

第 8 部分：最大限度利用你的个人职业生涯发展战略规划

接下去是这一部分的重点。

（1）保持经常回顾你的构想和行动规划，必要时作出变动。

（2）如果你的理想蓝图已经发生变化，你的构想和行动规划也要作出相应的变动，从而目标和策略也应随之改变。如果你觉得有必要或希望调整你的构想和行动规划以及相应的目标和策略，你也应主动进行调整。

（3）把你的构想和任务方案张贴在你的办公室里，或存入电脑文件或贴在电冰箱等可经常看见的地方。

（4）当你作出一个对生活和工作极其重要的决定的时候，请考虑一下你的构想和行动规划,并确保你正在仔细考虑的决策与你的本意相符。

(5)与大多数人讨论你的构想和行动方案并询问实现构想的途径。如果你发现你的构想和大多数人对你的期望不符,请解决这些矛盾,以使其不会干扰你的目标的实现。

(6)注意抓住机遇以实现你的目标,这可能需要阅读相关书籍、参加研讨会或深入车间或加入某些团体组织等。

(7)保证至少三个月检查你的工作进度。

思考题

1. 联系实际,谈谈个人职业生涯规划应考虑哪些要素。
2. 简述个人职业生涯规划一般要经过哪几个步骤。
3. 联系实际,谈谈在开展个人职业生涯规划时应注意哪些问题。

参考资料

[1]胡君辰,郑绍濂. 人力资源开发与管理[M]. 第2版. 上海:复旦大学出版社,1999.

[2]程社明. 你的职业——职业生涯开发与管理[M]. 北京:改革出版社. 1999.

[3]罗双平. 职业生涯规划[M]. 北京:中国人事出版社,1999.

[4]王志强. 白领职业教程:职业生涯、务实人生[M]. 北京:企业管理出版社,1998.

[5]加里·德斯勒. 人力资源管理[M]. 第6版. 北京:中国人民大学出版社,1999.

[6]雅克·德洛尔. 教育——财富蕴藏其中[M]. 联合国教科文组织总部中文科,译. 北京:教育科学出版社,1996:85.

[7]Goodstein L D, Nolan T M & Pfeiffer J W. Applied strategic planning: A comprehensive guide. San Diego, CA: Pfeiffer & company, 1992.

[8]Nolan T M, Goodstein L D & Pfeiffer J W. Shaping your organization's future: Frogs, dragons, bees, and turkey tails. San Diego, CA: Pfeiffer & Company, 1993.

5

自我分析与定位

本章学习要点

- 了解自我分析的方法,联系个人实际开展自我分析。
- 理解职业价值观的含义,弄清自己的职业价值观。
- 理解职业性格与职业兴趣的内涵,掌握不同职业的能力需求。
- 理解职业性向与职业锚的内涵,掌握相关分析方法。

案例导入

你希望做什么样的工作?

计算机专业的毕业生小李目前在报社工作,比较受重用,薪水也不错,但他近期一直在考虑换个工作,他说虽然这份工作不错,但是比起同学来,还是不行,挣的不如同学多,专业上不如同学发展得快,他担心这样下去自己会在很多方面落后于自己的同学。可目前的工作稳定、信息量大、领导重视、人际关系协调,等等,这又让他很难舍弃。他说他想了很长时间,发现自己竟然不知道自己到底想要什么。

现代社会,人们在选择职业时考虑得越来越多,需求也越来越复杂。求名、求利、求稳定、求刺激,专业对口、工作单位良好、发展前途广阔等同时进入了选择的重点,人们希望在工作中一切都得到满足。

问题与讨论:

请给小李一些建议。你在选择工作时会主要考虑哪些因素?如何排列这些要素?

5.1 自我分析方法介绍

自我分析是职业生涯规划的重要环节,是职业生涯规划的主体对自己的知识、能力、价值观、愿望、行为和个性特点等有关职业发展的因素所作的分析、判断和评价。个人对自己的思想、动机、行为和个性等的评价,直接影响学习和参与社会活动的积极性,也影响着与他人的交往。一个人如果能够正确、如实地认识和评价自己,就能正确地对待和处理个人与社会、集体及他人的关系,有利于自己克服缺点、发扬优点,在工作中充分发挥自己的作用。自我分析与评价的结果可能是积极的,也可能是消极的。自我评价往往是自己行为的主要调节器。自我评价较高的人往往具有较高的抱负水平,可以取得较高的成就。因此,积极的自我分析与评价有助于保持身心健康,有助于适应新环境,有助于摆脱孤独和困境。

自我分析的方法有多种,常用的有四种:一是橱窗分析法,二是 SWOT 分析法,三是自我测试法,四是计算机测试法。通过不同方法的测试,全面了解自己、认识自己,并以此为基础规划和设计自己。

5.1.1 橱窗分析法

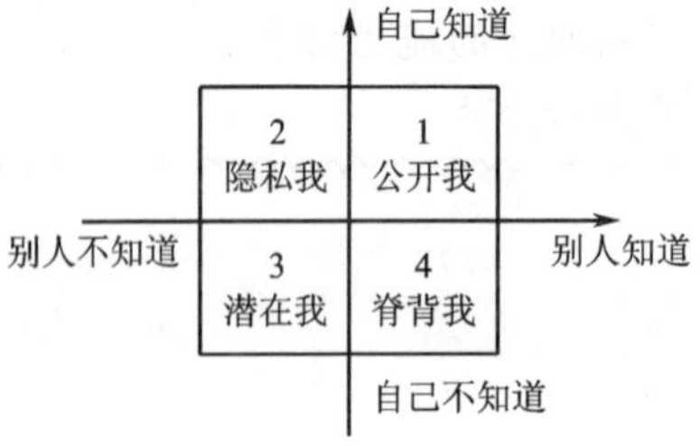

图 5-1 橱窗分析法坐标橱窗图

橱窗分析法是自我分析的重要方法之一。心理学家把对个人的了解比成一个橱窗。为了便于理解可以把橱窗放在一个直角坐标系中加以分析。坐标系横轴的正向表示别人知道,负向表示别人不知道;纵轴正向表示自己知道,负向表示自己不知道。坐标橱窗可用图 5-1 表示。

坐标橱窗图明显地把自我分成了四部分,即四个橱窗。

橱窗 1 为“公开我”,这是自己知道、别人也知道的部分,属于个人展现在外,无所隐藏的部分。

橱窗 2 为“隐私我”,这是自己知道、别人不知道的部分,属于个人内在的隐私和秘密的部分。

橱窗 3 为“潜在我”,这是自己不知道、别人也不知道的部分,是有待进一步开发的部分。

橱窗 4 为“脊背我”,这是自己不知道、别人知道的部分,就像自己的背部一样,自己看不到,别人却看得很清楚。

在进行自我剖析时重点是了解橱窗 3“潜在我”和橱窗 4“脊背我”这两部分。

“潜在我”是影响一个人未来发展的重要因素。因为每个人都有巨大的潜能,许多研究都表明,人类平常只发挥了极小部分的大脑功能。如果一个人能够发挥一半的大脑功能，将轻易地学会40种语言、背诵整套百科全书。著名心理学家奥托指出，一个人所发挥出来的能力，只占他全部能力的4%。控制论的奠基人N.维纳指出："可以有把握地说，每个人即使他是做出了辉煌成就的人，在他的一生中利用他自己的大脑潜能还不到百亿分之一。"由此可见，认识与了解潜在我，是自我剖析的重要内容之一。了解潜在的我主要方法有积极性暗示法、观想技术法、光明思维法（具体可参见王通讯《第五深度培训——人才潜能开发》一书）。

"脊背我"是准确对自己进行评价的重要方面，如果你诚恳地、真心实意地接受他人的意见和看法，就不难了解"脊背我"。当然这需要开阔的胸怀、正确的态度和有则改之，无则加勉的精神。否则，就很难听到别人的真实评价。

5.1.2 SWOT分析法

SWOT分析法在个人职业生涯规划中也具有较好的分析效果。SWOT分析是一种功能强大的分析工具，是检查个人的技能、能力、职业、偏好和职业机会的有用工具。通过SWOT分析，可以很容易了解自己的优点和弱点，并且可以评估出自己所感兴趣的不同职业道路的机会和威胁所在。其中S代表strength（优势），W代表weakness（弱势），O代表opportunity（机会），T代表threat（威胁），其中，S、W是内部因素，O、T是外部因素。

一般来说，在个人职业生涯规划中进行SWOT分析时，应遵循以下五个步骤。

5.1.2.1 评估自己的长处和短处，进行SW分析

天生我才必有用。每个人都有自己独特的知识、技能、天赋和能力。伴随着社会的进步与发展，劳动分工日益细化，人们在职业领域中都会有自己擅长与适合的领域，也同样会有不喜欢和不胜任的岗位。譬如说，有些人不喜欢整天坐在办公桌旁，而有些人则一想到不得不与陌生人打交道时，心里就发麻，惴惴不安。进行SW分析，可以先做一个四分格的SW分析表（参见表5-1），在S方向列出自己喜欢做的事情和自己的长处所在。同样，在W方向列出自己不喜欢做的事情和自己的弱势。值得注意的是，找出自己的短处与发现自己的长处同样重要，因为这有助于基于自己的长处和短处作两种选择：一是努力去改正自己的缺陷和常犯的错误，提高自己的技能；二是放弃那些自己不擅长、技能要求很高的职业。根据SW分析可以列出自己认为所具备的很重要的强项和优势以及对职业选择会产生影响的弱项和劣势。

表5-1 个人SW分析

优势(S)	劣势(W)
1. 2. 3. ……	1. 2. 3. ……

5.1.2.2 找出自己的职业机会和威胁,进行 OT 分析

进行 OT 分析,同样可以先做一个四分格的 OT 分析表(参见表 5-2)。在 O 方向列出某一职业行业存在的机遇和资源,在 T 方向列出可能存在的威胁和危险。不同的行业面临着不同的外部机会和威胁,所以,找出这些外界影响因素将有助于个人成功地找到一份适合自己的工作,因为这些机会和威胁会影响个人的职业选择和未来的职业发展。如果一个行业所处的外部环境不利,那么它能提供的职业机会将会很少,而且其所能提供的职业升迁的机会也会很少。相反,如果一个行业充满了许多积极的外界因素和良好的外部发展环境,该行业将为求职者提供广阔的职业机会和发展前景。可以根据个人的情况和兴趣,选择一两个行业,然后认真地评估这些行业所面临的机会和威胁。

表 5-2 个人 OT 分析

机会(O)	威胁(T)
1. 2. 3. ……	1. 2. 3. ……

5.1.2.3 提纲式地列出未来 3 ~5 年的职业目标

在仔细地对自己进行了 SWOT 分析的基础上,列出未来 3 ~5 年内最想实现的 4 ~5 个职业目标。这些目标可以包括:你最想从事哪一种职业,你将管理多少人,你期望的薪酬水平,你想达到的管理岗位级别等。需要注意的是:必须充分发挥自己的优势,并使之与所在行业提供的职业机会相匹配。

5.1.2.4 列出未来 3 ~5 年的职业行动计划方案

围绕第三步提出的未来 3 ~5 年的职业目标,拟定一份实现每一目标的行动计划并详细说明为实现每一目标需要做的具体事,何时完成这些事。如果需要外界帮助,那么,它们是何种帮助和如何才能获取这种帮助。例如,根据个人 SWOT 分析的结果,为了实现个人理想的职业目标,你需要进修更多的管理课程,那么,在职业行动计划中就应说明要进修哪些课程、什么水平的课程以及何时进修这些课程等等。一份详尽的行动计划将有助于个人进行职业生涯决策,就像外出旅游前事先制订的计划将成为你的行动指南一样。

5.1.2.5 寻求专业帮助

在开展了深入的个人 SWOT 分析后,要改变自己的缺陷和不足,往往需要父母、老师、朋友、上级主管、职业咨询专家等给予一定的帮助,特别是借助专业人士的力量会让你更容易发现问题的所在,更容易找到解决问题的捷径。

显然,进行一次详尽的个人 SWOT 分析需要投入一定的时间和精力,并需要认

真地对待,因为详尽的个人 SWOT 分析,可以为你提供一个连贯的、实际可行的个人职业策略,从而提高个人的求职和职业发展竞争力。

5.1.3 自我测试法

自我测试法是通过回答有关问题来认识自己、了解自己。测试题目是由心理学家们经过精心研究设定的,只要如实回答,就能大概了解自己的有关情况。这是一种比较简便、经济的自我剖析方法。在自测回答问题时,切忌寻找标准答案,而应该是自己怎么想、怎么认识就怎么回答,这样的测试才有实际意义。自我测试的内容和量表很多,包括方方面面,如性格测试、气质测试、情绪测试、智力测试、技能测试、记忆力测试、创造力测试、观察力测试、想象力测试、应变能力测试、管理能力测试、行动能力测试、人际关系测试等等,可供选择和使用。

5.1.4 计算机测试法

计算机测试法是一种了解自己、认识自己的有效的现代测试手段和方法,这种方法的科学性、准确性相对较高。目前用于测试的软件多种多样,许多网站也开设了网上测试(如 www. hroot. com. cn, www. hr. com. cn 等等)。目前国内外比较常用的几种测试方法有以下几种。①人格测试。人格是个人带有一定倾向性的、比较稳定的、本质的心理特征的综合,包括气质、能力、性格、兴趣等心理特征。目前常用的人格测试方法有明尼苏达多项人格测验(MMPI)、卡特尔人格测验、艾森克人格问卷以及瑟斯顿人格测验等。②智力测试。智力具有抽象性与隐蔽性的特点,难以把握。有必要了解一些智力测试的方法,以便于我们开发与选择合适的智力测验工具,提高自我剖析的水平。常用的智力测试有司丹福-比内智力量表、韦克斯勒智力量表和瑞文推理量表、军队 α 量表与军队 β 量表,以及威斯曼人员分类测验(PCT)、基本成就测验(FAS)、高级人员测验(APT)等等。③能力测验。能力测验内容较多,有文职人员能力与机械能力两种测验。文职人员是指工作地点在办公室而主要从事创造力要求较低工作的脑力劳动者。例如会计员、簿记员、出纳员、秘书、干事等。其测验方法有明尼苏达办事员测验、一般办事员测验、简短雇用测验(SET)等。机械能力测验,包括感觉和动作能力、空间关系的知觉、学习机械事物的能力以及理解机械关系的能力等。测验方法有明尼苏达拼版测验、贝内特理解测验等。④职业倾向测验。职业能力的大小及其发展,与任职者对职业的倾向与兴趣有很大关系。职业兴趣的测试目前有爱丁堡职业倾向问卷、男性职业兴趣问卷表、库德职业偏好记录、明尼苏达职业兴趣问卷表等几种。

5.2 职业价值观分析

5.2.1 职业价值观的内涵

5.2.1.1 价值观

价值观是一种独特且持久的信念,是个人对客观事物及对自身行为结果的意义、作用、效果和重要性的总体评价,是对什么是好的、是应该的总的看法,是影响个体决策和行为的准则和规范。

价值观是人用于区别好坏,分辨是非及其重要性的心理倾向体系。价值观反映人对客观事物的是非及重要性的评价,并使人的行为带有稳定的倾向性。价值观是人生观和世界观的体现,一个人的价值观是从出生开始,在家庭和社会的影响下逐渐形成的,其所处的社会生产方式及经济地位对其有决定性影响。价值观包括内容和强度两种属性。内容属性告诉人们某种方式的行为或存在状态是重要的;强度属性表明其重要程度。

价值观是人的动机和行为模式的统帅,是一种内心尺度,支配着人的行为、态度、观察、信念、理解等,支配着人认识世界、明白事物对自己的意义以及自我了解、自我定向、自我设计等,也为自认为正当的行为提供充足的理由。人的价值观建立在需求的基础上,一旦确定则会反过来影响、调节人的进一步需求活动。人们对各种事物,如学习、工作、生活、家庭、贡献、成就等,在心目中存在主次之分,对这些事物的轻重排序和好坏排序构成一个人的价值观体系。价值观体系是决定一个人行为及态度的基础。具有不同价值观的人会产生不同的态度和行为。

5.2.1.2 职业价值观

职业价值观 (vocational value)也叫工作价值观(work value),是价值观在所从事的职业上的体观,是人们对待职业的一种信念和态度,或是人们在职业生涯中表现出来的一种价值取向。职业价值观是个人对某一职业的价值判断,是个人希望从事某项职业的态度倾向,也就是个人对某一项职业的希望、愿望和向往。个人的职业价值观是其人生观、世界观在职业上的体现。我们考察职业价值观,不是看人们如何看待"职业价值"的本质,而是注重探讨人们在职业选择和职业生涯中,在众多的价值取向里优先考虑哪种价值。价值观的个体系统包括价值、价值取向和价值体系。价值就是一个个认为"值得的"东西,在其背后是一整套具有普遍性的、有组织的结构系统,在这个系统中,人们认为哪些值得做、哪些不值得做,这就是价值取向。职业价值观也有与之相对应的职业价值、职业价值系统和职业价值取向。

职业价值观表明了一个人通过工作所要追求的理想是什么,是为了财富,还是为了地位或其他的因素。由于个人的身心条件、年龄阅历、教育状况、家庭影响、兴趣爱好等方面的不同,人们对各种职业有着不同的主观评价。从社会来讲,由于社会分工的不同和生产力水平的相对落后,各种职业在劳动性质的内容上,在劳动难度和强度上，在劳动条件和待遇上，在所有制形式和稳定性等诸多问题上，都存在着差别。再加上传统的思想观念等的影响，各类职业在人们心目中的声望地位便也有好坏、高低之分，这些评价都形成了人的职业价值观，并影响着人们对就业方向和具体职业岗位的选择。

对于个人而言，挑选一份符合自己职业价值观的职业将会使其工作更愉快，更容易获得成功。心理学家研究发现，由于受家庭环境、教育、兴趣爱好等多方面的影响，不同个体的职业价值观是不同的，因而对某一职业的评价和取向也会不同的。如：有的喜欢同人打交道的职业；有的喜欢同物打交道的职业；有的喜欢运用脑力的职业；有的喜欢社会地位高的职业；有的喜欢安全平稳的职业；有的喜欢经济收入高的职业等等。不同人喜欢不同的职业，这正是职业价值观的体现。萨柏（Super，1957）曾经将人们的职业价值观概括为15种类型：①助人；②美学；③创造；④智力刺激；⑤独立；⑥成就感；⑦声望；⑧管理；⑨经济报酬；⑩安全；⑪环境优美；⑫与上级的关系；⑬社交；⑭多样化；⑮生活方式。日本NHK广播舆论调查所在职业调查中选择和设计了7种价值取向：①能推动社会发展的职业；②助人、为社会服务的职业；③得到人们的高度评价的职业；④受人尊敬的职业；⑤能赚钱的职业；⑥虽平凡但有固定收入的职业；⑦若不为人所用，就自谋职业。因此，认真分析与研究个人的职业价值观，对正确地开展职业选择与对职业生涯成功的判断具有重要影响。

职业价值观的分析可以从三个方面的因素展开：第一，发展因素，包括符合兴趣爱好、机会均等、公平竞争、工作有挑战性、能发挥自身才能、工作自主性大、能提供培训机会、晋升机会多、专业对口、发展空间大、出国机会多等等，这些职业要素都与个人发展有关，因此称之为发展因素；第二，保健因素，包括工资高、福利好、保险全、职业稳定、工作环境优美、交通便捷、生活方便等等，这些职业要素与福利待遇及生活有关，称之为保健因素；第三，声望因素，包括单位知名度高、单位规模大、单位行政级别高、单位权力大、较高社会地位等等，这些职业要素都与职业声望地位有关，因此称之为声望因素。职业价值观是一个复杂的多维度的心理因素，对职业的选择和衡量有多种要素的参与，但各要素起的作用是不一样的。从当前的实际来看，许多调查显示，大学生的职业价值观越来越重视发展因素，对保健因素和声望因素的重视程度因人而异，差别较大。

5.2.2 职业价值观的特征与作用

5.2.2.1 职业价值观的特征

（1）职业价值观是因人而异的。由于每个人的先天条件和后天经历不同，其职业价值观的形成也会受到不同因素的影响，因此，每个人都有自己的价值观和价值观体系。在同样的职业环境与客观条件下，具有不同职业价值观和价值观体系的人，其职业动机模式不同，产生的职业行为也不同。

（2）职业价值观是相对稳定的。价值观是随着人们认知能力的发展，在环境、教育等诸多要素的影响下，逐步培养而成的，是决定一个人行为及态度的基础。人的价值观一旦形成,便会相对稳定。但随着个人经验的积累、知识的增长,自身状况的改变和外界环境因素的变化,职业价值观也会随之而改变。

(3)职业价值观具有阶段性。根据马斯洛的需求层次理论,当人低层次的需要得到满足以后,他就会产生更高层次的需求。从职业生涯历程来看,大多数人的职业价值观是具有阶段性的,特别是随着某一阶段的自身需求满足后,新的职业价值观也就会随之产生并确定下来。

(4)职业价值观是多元化的。人的职业价值观是多元化的而不是唯一的,人们择业时会有多个动机支配着他的选择,人们常常为选择感到痛苦时,就是因为个人的职业价值观不唯一,而在某一职业中又难以得到全部满足,从而患得患失。因此,对职业价值观要素的内容排序和强度分析就变得非常重要。

5.2.2.2 职业价值观的作用

价值观决定人的自我认识,它直接影响和决定一个人的理想、信念、生活目标和追求方向的性质。职业价值观对人们自身的职业行为的定向和调节起着非常重要的作用。具体而言,职业价值观的作用可以体现在以下几个方面。

(1)职业价值观对择业动机有导向作用。人们职业行为的动机受职业价值观的支配和制约,职业价值观对择业动机模式有着重要影响。在同样的外部条件下,具有不同职业价值观的人,其择业动机模式不同,产生的择业行为也不相同,其择业动机的目的方向受职业价值观的支配。这也正是为什么同样的职业不同的人有不同评价和选择的原因。每一个求职者由于其所受教育的不同和所处的环境的差异,在职业取向上的目标和要求也是不相同的。在许多场合,人们往往要在一些得失中作出选择,而左右人们选择的,往往就是职业价值观。例如,是要工作舒适轻松,还是要高标准的工资待遇;是要成就一番事业,还是要安稳太平,当两者有矛盾冲突时,最终影响他们决策的是存在于内心的职业价值观,

(2)职业价值观反映了人们对职业的认知和需求状况。职业价值观是人们对职业及职业行为结果的评价和看法,因而,它从某个方面反映了人们的人生观和价值观,反映了人的主观认知世界的状况和差异。

(3)职业价值观是判定职业生涯发展状况和人才配置的重要依据。价值观是一种基本信念,它带有主观判断的色彩,代表了一个人对于什么是好、什么是对以及什么会令人喜爱的意见。职业价值观是对自己职业生涯成功与否及其发展状况评价的依据,也是组织进行人力资源配置的重要依据。因此,树立良好的职业价值观,对于个人正确判断职业生涯发展状况以及组织合理开展人力资源管理工作都具有重要意义。

5.2.3 个人职业价值取向分析及应注意的问题

5.2.3.1 职业价值观的种类

美国心理学家洛特克在《人类价值观的本质》一书中,提出了成就感、美感的追求、挑战、健康、收入与财富、独立性、爱、家庭与人际关系、道德感、欢乐、权力、安全

感、自我成长、协助他人等14种价值观。借鉴价值观的分类,许多人对职业价值观的分类问题也进行了研究。阚雅玲于2003年将职业价值观分成了如下12类。

(1)收入与财富。工作能够明显有效地改变自己的财务状况,将薪酬作为选择工作的重要依据。工作的目的或动力主要来源于对收入和财富的追求,并以此改善生活质量,显示自己的身份和地位。

(2)兴趣特长。以自己的兴趣和特长作为选择职业最重要的因素,能够扬长避短、趋利避害、择我所爱、爱我所选,可以从工作中得到乐趣、得到成就感。在很多时候,会拒绝做自己不喜欢、不擅长的工作。

(3)权力地位。有较高的权力欲望,希望能够影响或控制他人,使他人照着自己的意思去行动;认为有较高的权力地位会受到他人尊重,从中可以得到较强的成就感和满足感。

(4)自由独立。在工作中能有弹性,不想受太多的约束,可以充分掌握自己的时间和行动,自由度高,不想与太多人发生工作关系,既不想治人也不想治于人。

(5)自我成长。工作能够给予受培训和锻炼的机会,使自己的经验与阅历能够在一定的时间内得以丰富和提高。

(6)自我实现。工作能够提供平台和机会,使自己的专业和能力得以全面运用和施展,实现自身价值。

(7)人际关系。将工作单位的人际关系看得非常重要,渴望能够在一个和谐、友好甚至被关爱的环境中工作。

(8)身心健康。工作能够免于危险、过度劳累,免于焦虑、紧张和恐惧,使自己的身心健康不受影响。

(9)环境舒适。工作环境舒适宜人。

(10)工作稳定。工作相对稳定,不必担心经常出现裁员和辞退现象,免于经常奔波找工作。

(11)社会需要。能够根据组织和社会的需要响应某一号召,为集体和社会作出贡献。

(12)追求新意。希望工作的内容经常变换,使工作和生活显得丰富多彩,不单调枯燥。

5.2.3.2 确定职业价值观应处理好的几个关系

在职业价值分析与测定过程中,个人必须处理好职业价值观不同要素间的关系,并根据不同时期、不同情况明确自己的职业核心需求,以便合理安排自己的职业生涯规划和相关策略。在职业价值观的确定上特别要注意处理好以下关系(阚雅玲,2003)。

1. 要处理好职业价值观与金钱的关系

金钱是一种成就的报酬,它是在确定职业价值观时首先要面对的问题。有些经济条件不太好的大学毕业生在求职时,将金钱作为首选价值观,从根本上讲这并没有错。但是对于一些人来说,现在拥有的知识、能力、经验和阅历还不足以使其一走上社会就获得大量金钱回报。怀有一夜暴富的心理是不正常的,更是危险的,甚至误入歧途。特别是面对严峻的就业形势,更应理性地降低对金钱的期望值,把眼光放远一些,应尽可能地将自我成长和自我实现作为在毕业求职时的首选价值观。

2. 处理好职业价值观与个人兴趣和特长的关系

职业价值观、个人兴趣和特长是人们在择业时需要考虑的最重要的三个因素。在确定价值观时,一定要考虑它是否与自己的兴趣和特长相适应。据调查,如果一个人从事自己不喜欢的工作,那么就难以在他选择的职业上取得成功;而如果选择了自己喜欢的工作,则可以充分调动人的潜能,获得职业发展的源动力。此外,选择一项自己擅长的工作,也会事半功倍。

3. 处理好职业价值观的排序与取舍的关系

职业价值观的特性决定人们不会只有唯一的职业价值观,人性的本能也会驱使人们什么都想得到,但在现实生活中,"鱼和熊掌是不可兼得的"。然而在职业选择中,人们却不能理性对待。既然是选择,就要付出代价,只有舍,才能得。所以,要对自己的职业价值观进行排序,找出你认为最重要、次重要的方面,并提醒自己不可能什么都得到。否则就会患得患失,终其一生也不清楚自己到底想要什么,更谈不上职业生涯的成功和对社会的贡献了。

4. 处理好职业价值观中个人与社会的关系

人不能离开社会而独立存在,个人只有在工作中为社会作贡献才能实现自己的职业价值。当然并不是说要忽略择业中的个人因素,只去尽社会责任,这样不但不利于个人,也是社会的损失。例如,让一个富于科学创造力、不善言辞的学者去从事普通的教师工作,可能使国家损失一项重大的发明,而社会不过多了一个也许并不出色的老师。因此,应该反对只为个人考虑、毫不考虑国家和社会需要的职业价值观。

5. 处理好淡泊名利与追逐名利的关系

追逐名利是人的欲望使然,欲望可以使人成就大的事业,也可使人自我毁灭。以合理、合法、公正、公平的方式追名逐利在一定程度上对个人、对社会都会有益,但它需要一定的度,该知足时则知足,该进取时则进取。

5.3 职业性格与兴趣特征分析

5.3.1 职业性格分析

人们常说"性格决定命运"。许多企业在进行人才招聘时,往往将性格的测试放在首位,当性格与职业相匹配时,才对其能力进行测试检查。他们认为性格比能力重要,如果一个人能力不足,可通过培训提高;但一个人的性格与职业不匹配,要改变起来,就困难多了。其实性格并无好坏之分,但性格类型与职业类型的匹配度,却对事业的成败有着重要影响。

在进行职业生涯规划时，正确地测定自己的个性是其中非常重要的环节，职业生涯规划是与职业性格、气质、能力、兴趣、潜力、价值观等因素相关联的，性格若能与职业相匹配，工作中就能更加得心应手、轻松愉快、富有成就。反之则会不适应、困难重重，给个人和组织的发展造成不利影响。

借助科学手段了解自己的性格类型，有利于进行准确的职业定位，更有利于职业生涯的发展。许多职业对性格品质有着特定的要求，要选择某一职业就必须具备这一职业所要求的性格特征。但是，性格在很大程度上是来源于后天的培养，并不是无法改变的，每个人在社会中都会因为种种外界原因而改变原先的性格，也许这种改变会让你意外地发现自己的潜力。另外，人的个性并不能决定他的社会价值与成就水平。当你发现你的个性与职业的匹配度不高时，可以通过个人努力来弥补自身不足。

人的性格千差万别，或热情外向，或羞怯内向，或沉着冷静，或火爆急躁。职业心理学的研究表明，不同的职业有不同的性格要求，如对驾驶员要求具备注意稳定、动作敏捷的职业性格特征；对医生则要求具备耐心细致、热情待人的职业性格特征。当然，每个人的性格都不能百分之百地适合某项职业，但却可以根据自己的职业方向来培养、发展相应的职业性格。不同性格特征的人员，对组织而言，决定了每个雇员的工作岗位和工作业绩。对个人而言，决定着自己事业能否成功。因此，性格是组织选人、个人择业的重要因素之一。

那么，性格与职业如何进行配备呢？通常个人在选择职业时，应根据自己的性格，选择适合个人性格特点的职业和工作；同时，由于每种职业对从业者都有特定性格的要求，用人单位在挑选人员时也应重视有关性格特征的测试。尤其是对一些高层次工作，更应如此。

尽管性格的个体差异很大，却仍有某些带有共性的特征可供分类研究。近年来，一些教育学和心理学科研人员根据我国的实际情况，将职业性格分为9种基本类型，可作为个人职业性格分析与职业选择的参考依据。

(1)变化型。其特点是在新的和意外的活动或工作情境中感到愉快，喜欢有变化的和多样化的工作，善于转移注意力。适合从事的职业类型有：记者、推销员、演员等。

(2)重复型。其特点是适合连续从事同样的工作，按固定的计划或进度办事，喜欢重复的、有规律的、有标准的工种。适合从事的职业类型有：纺织工、机床工、印刷工、电影放映员等。

(3)服从型。其特点是愿意配合别人或按别人指示办事，而不愿意自己独立作出决策、担负责任。适合从事的职业类型有：办公室职员、秘书、翻译等。

(4)独立型。其特点是喜欢计划自己的活动和指导别人的活动或对未来的事情作出决定，在独立负责的工作情境中感到愉快。适合从事的职业类型有：管理人员、律师、警察、侦察人员等。

(5)协作型。其特点是在与人协同工作时感到愉快，善于引导别人并想得到同事们的喜欢。适合从事的职业类型有:社会工作者、咨询人员等。

(6)劝服型。其特点是通过谈话或写作等使别人同意自己的观点,对别人的反应有较强的判断力并善于影响别人的态度和观点。适合从事的职业类型有:辅导员、行政人员、宣传工作者、作家等。

(7)机智型。其特点是在紧张和危险的情况下能自我控制、沉着应付,发生意外和差错时不慌不乱地出色完成任务。适合从事的职业类型有:驾驶员、飞行员、公安员、消防员、救生员等。

(8)自我表现型。其特点是喜欢表现自己的爱好和个性,根据自己的感情作出选择,通过自己的工作来表现自己的思想。适合从事的职业类型有:演员、诗人、音乐家、画家等。

(9)严谨型。其特点是注重工作过程中各个环节、细节的精确性,愿意按一套规划和步骤将工作尽可能做得完美,倾向于严格、努力地工作,以看到自己出色完成工作的效果。适合从事的职业类型有:会计、出纳员、统计员、校对员、图书档案管理员、打字员等。

值得注意的是,绝大部分职业都同时与几种性格类型特点相似,而一个人也都同时具有几种职业性格类型的特点。因而,上面提到的性格与职业的吻合,只是一个很小的方面,不可能适用于每一个人。在实际的吻合过程中,应根据个人的性格与职业的要求,具体情况具体处理,不能一概而论。这里只提供基本的方法,供组织在选人时、个人在择业时参考。

5.3.2 职业兴趣分析

人们常说"兴趣是最好的老师"。兴趣自然是职业选择应考虑的重要因素之一。兴趣对人生事业的发展至关重要,所以兴趣分析也是职业生涯规划中认识自我的重要内容。为便于大家根据自己的兴趣选择合适的职业,这里介绍一下加拿大职业分类词典中划分的各种职业兴趣类型的特点与相应的职业。个人可以根据自己的情况判断自己的职业兴趣类型。

(1)愿与事物打交道。喜欢同事物打交道,喜欢接触工具、器具或数字,而不喜欢与人打交道,相应的职业诸如制图员、修理工、裁缝、木匠、建筑工、出纳员、记账员、会计、勘测、工程技术、机器制造等。

(2)愿与人打交道。这类人喜欢与人交往,愿与人接触,对销售、采访、传递信息一类的活动感兴趣。相应的职业如记者、推销员、营业员、服务员、教师、行政管理人员、外交联络等。

(3)愿与文字符号打交道。这类人喜欢常规的、有规则的活动,习惯于在预先安排好的程序下工作,愿干有规律的工作。相应的职业如邮件分类员、办公室职员、图书馆管理员、档案整理员、打字员、统计员等。

(4)愿与大自然打交道。这类人喜欢地理地质类的活动。相应的职业如地质勘探人员、钻井工、矿工等。

(5)愿从事农业、生物、化学类工作,喜欢种养和化工方面的实验性活动。相应的职业如农业技术员、饲养员、水文员、化验员、制药工、菜农等。

(6)愿从事社会福利类的工作,喜欢帮助别人解决困难。这类人乐意帮助人,总是试图改善他人的状况,帮助他人排忧解难,喜欢从事社会福利和助人工作。相应的职业如律师、咨询人员、科技推广人员、教师、医生、护士等。

(7)愿做组织和管理工作。喜欢掌管一些事情,以发挥重要作用,希望受到众人尊敬和获得声望,愿做领导和组织工作。相应的职业是各级各类组织领导、管理者,如行政人员、企业管理干部、学校领导和辅导员等。

(8)愿研究人的行为和心理。喜欢谈涉及人的主题,对人的行为举止和心理状态感兴趣。相应的职业大都是研究人、管理人的工作,如心理学、政治学、人类学、人事管理、思想政治教育等研究工作以及教育、行为管理工作、社会科学工作者、作家等。

(9)愿从事科学技术事业。喜欢通过逻辑推理、理论分析、独立思考或实验发现解决问题,对分析的、推理的、测试的活动感兴趣,长于理论分析,喜欢独立地解决问题,也喜欢通过实验得出新发现。相应的职业如生物、化学、工程学、物理学、自然科学工作者以及工程技术人员等。

(10)愿从事有想象力和创造力的工作。对需要想象力和创造力的工作感兴趣,喜欢创造新的式样和概念,大都喜欢独立的工作,对自己的学识和才能颇为自信。乐于解决抽象的问题,而且急于了解周围的世界。相应的职业大都是科学研究工作和实验室工作,如社会调查、经济分析、各类科学研究工作、化验、新产品开发以及演员、画家、创作或设计人员等。

(11)愿做操作机器的技术工作。喜欢通过一定的技术来进行活动,对运用一定技术、操作各种机械、制造新产品或完成其他任务感兴趣。喜欢使用工具特别是大型的、马力强的先进机器,喜欢具体的东西。相应的职业如飞行员、驾驶员、机械制造等。

(12)愿从事具体的工作。愿从事制作能看得见摸得着的产品的工作,希望能很快看到自己的劳动成果,并从完成的产品中得到满足和乐趣,相应的职业如室内装饰、园林、美容、理发、手工制作、机械维修、厨师等。

根据这种分类,一种兴趣类型可以对应许多种职业,同时绝大多数的职业也都与几种兴趣类型的特点相近,而每一个人往往又都同时具有其中几种类型的特点。假如你要成为一名护士,那你就应有愿与人打交道(类型2)、愿热心助人(类型6)、愿做具体工作(类型12)这三方面的兴趣类型;如果你对其中的某一方面缺乏兴趣,那就应努力培养和发展这方面的兴趣,以适应护士职业的要求,否则,还是选择更适合你兴趣类型的职业为好。

5.4 职业能力分析

5.4.1 职业能力的内涵与分类

能力是指一个人顺利完成某种活动的必要条件的心理特征的总和。能力是人的某种个性心理特征,这些心理特征具有一定的稳定性。能力只有与人的活动联系在一起时,才能表现出来。

在工作中,每个人的能力特点是不同的。比如有人口齿伶俐,善于语言表达;而有些人文笔流畅,善于书面写作;有些人思维非常缜密,细小的错误都逃不过他的眼睛。因此,根据个人的能力特长来安排其工作岗位,则可以大大提高工作效率。

影响个人能力的因素是多方面的,主要有生理因素、环境因素、活动因素和性格因素。生理因素是能力形成的生理基础;环境因素主要包括家庭因素、学校教育和社会历史条件等;活动因素与能力的发展息息相关,参加实践活动越多,能力发展就越快。性格与能力相互作用,相互影响,性格既可以阻碍某项能力的发展,也可以促进某项能力的发展。

根据内容的不同,能力可以分为九大类,它们是空间判断能力、书写能力、语言能力、数理能力、察觉细节能力、组织管理能力、社会交往能力、运动协调能力及动手能力。另外,还可以从一般能力、特殊能力和创造性能力的角度进行分类。一般能力又称智力,是指从事一切活动所必须具备的一些基本能力,比如注意力、记忆力等;特殊能力是指在从事具体的活动中所表现出来的专业能力,不同的特殊能力适合不同的专业活动的要求;创造性能力是指人的创造力,是根据已有的知识和原理来创造出新的知识、事物、产品等的能力。

5.4.2 能力与职业的吻合

对任何一种职业而言,必须要求从业者具备相应的能力。能力是职业适应性首要的和基本的制约因素。因此,无论是用人单位在招聘人员时,还是个人在职业生涯规划与择业时,都应考虑到能力与职业的吻合问题。一般说来,一项职业总是需要几种能力的综合,择业时就应考虑自己是否具备这些能力。我国职业教育奠基者黄炎培先生指出:“一个人职业和才能相当和不相当,相差很大。用经济眼光看起来:要是相当,不晓得增加多少效能;要是不相当,不晓得埋没多少人才。就个人论起来:相当,不晓得有多少快乐;不相当,不晓得有多少怨苦。”试想一下,倘若鲁迅继续学他的医学,就不会成为伟大的文学家;假如陈景润还当他的中学教师,便没有举世闻名的“陈氏定理”;要是达尔文当初听从父亲之命放弃科学考察而去做一名牧师的话,自然界的生物进化之谜不知何时才能解开呢。

能力的不同,对职业的选择就有差异。从能力差异的角度来看,在职业选择时应遵循以下原则。

（1）注意能力类型与职业相吻合。①人的能力类型是有差异的，即人的能力发展方向存在差异。对职业的研究表明，职业也是可以根据工作的性质、内容和环境而划分为不同的类型的，并且对人的能力也有不同的要求。因而应注意能力类型与职业类型的吻合。②能力水平要与职业层次一致或基本一致。对一种职业或职业类型来说，由于所承担的责任不同，又可分为不同层次，不同的层次对人的能力有不同的要求。因而，在根据能力类型确定了职业类型后，还应根据自己所达到或可能达到的能力水平确定相吻合的职业层次。只有这样，才能使能力与职业的吻合具体化。③充分发挥优势能力的作用。每个人都具有一个多种能力组成的能力系统，每个人在这个能力系统中，各方面能力的发展是不平衡的，常常是某方面的能力占优势，而另一些能力则不太突出。对职业选择和职业指导而言，应主要考虑其最佳能力，选择最能运用其优势能力的职业。同样，在人事安排中，如能注重一个人的优势能力并分配相应的工作，会更好地发挥一个人的作用。

（2）注意一般能力与职业相吻合。一般能力通常又称为智力，包括注意力、观察力、记忆力、思维能力和想象力等。不同的职业对人的一般能力的要求不同。有些职业对从业者的智力水平有绝对的要求，如律师、工程师、科研人员、大学教师等都要求有很高的智商；智力在相当大的程度上决定着其所从事的职业类型。

（3）注意特殊能力与职业相吻合。特殊能力是指从事某项专业活动的能力，也可称特长，如计算能力、音乐能力、动作协调能力、语言表达能力、事务能力、空间判断能力、形态知觉能力、手指灵活度与灵巧度等。要顺利完成某项工作，除要具有一般能力外，又要具有该项工作所要求的特殊能力，如从事教育工作需要有阅读能力和表达能力，从事数学研究需要具有计算能力、空间想象能力和逻辑思维能力。

表5-3是国外一些学校在对学生进行职业指导时常采用的职业能力倾向的成套测验中的一小部分。此表虽不一定完全符合中国国情，却可以由此大致了解一下有关职业的能力倾向要求。

表5-3　部分职业与其所需职业能力的标准

职业	一般学习能力	语言能力	运算能力	空间判断能力	形态知觉	书写能力	运动协调	手指灵活	手的灵巧
建筑师	强	强	强	强	较强	一般	一般	一般	一般
律　师	强	强	一般	较弱	较弱	一般	较弱	较弱	较弱
医　生	强	强	较强	强较	强	一般	较强	较强	较强
护　士	较强	较强	一般	一般	一般	一般	一般	一般	一般
演　员	较强	较强	较弱	一般	较弱	较弱	较弱	较弱	较弱
秘　书	一般	一般	一般	较弱	一般	较强	一般	一般	一般
统计员	一般	一般	较强	较弱	一般	较强	一般	一般	较弱
服务员	一般	一般	较弱	较弱	较弱	较弱	一般	较弱	一般

续表

职业	一般学习能力	语言能力	运算能力	空间判断能力	形态知觉	书写能力	运动协调	手指灵活	手的灵巧
驾驶员	一般	一般	较弱	一般	一般	弱	一般	一般	一般
纺织工	较弱	较弱	较弱	较弱	一般	弱	一般	一般	一般
机床工	一般	较弱	较弱	一般	一般	较弱	一般	较弱	一般
裁　缝	一般	一般	较弱	一般	一般	较弱	一般	较强	一般

需要说明的是，职业能力是可以有意识培养的。在同样的客观条件下，人的能力发展主要取决于主观努力的程度，"勤能补拙"就是这个道理。

5.5 职业性向分析

在进行职业生涯规划和职业选择时除了要注意职业兴趣、性格与职业能力的分析及其与职业要素的匹配外，还要把这三方面联系起来，从总体上确定自己的职业性向，做到个人职业性向与社会职业类型的吻合。

5.5.1 职业性向的内涵与分类

美国约翰·霍普金斯大学心理学教授约翰·霍兰德(John Holland)是美国著名的职业指导专家。他于1971年提出了具有广泛社会影响的职业性向理论(Career Orientation)。约翰·霍兰德认为，职业性向(包括价值观、动机和需要等)是决定一个人选择何种职业的重要因素。职业性向理论首先将职业归属为6种典型的"工作环境"中的一种。这6种环境分别指：

(1)现实性的：建筑、驾驶卡车、农业耕作。

(2)调查研究性的：科学和学术研究。

(3)艺术性的：雕刻、表演和书法。

(4)社会性的：教育、宗教服务和社会性工作。

(5)开拓性的：销售、政治和金融。

(6)常规性的：会计、计算机技术、药理学。

构成工作环境的六大类可以用来描述雇员的个性定位，即：我们每个人都偏好于6种职业类型中的一类或多类。霍兰德基于自己对职业性向测试(Vocational Preference Test, VPT)的研究，一共发现了6种基本的职业性向。然后根据劳动者的心理素质和择业倾向，将劳动者划分为6种基本类型。

(1)实际性向。具有这种性向的人会被吸引去从事那些包含着体力活动并且需要一定的技巧、力量和协调性才能承担的职业。这些职业的例子有：森林工人、耕作工人以及农场主等等。

(2)调研性向。具有这种性向的人会被吸引去从事那些包含着较多认知活动

(思考、组织、理解等)的职业,而不是那些主要以感知活动(感觉、反应或人际沟通以及情感等)为主要内容的职业。这类职业的例子有:生物学家、化学家以及大学教授等等。

(3)艺术性向。具有这种性向的人会被吸引去从事那些包含着大量自我表现、艺术创造、情感表达以及个性化活动的职业。这类职业的例子有:艺术家、广告制作者以及音乐家等等。

(4)社会性向。具有这种性向的人会被吸引去从事那些包含着大量人际交往内容的职业,而不是那些包含着大量智力活动或体力活动的职业。这种职业的例子有:诊所的心理医生、外交工作者以及社会工作者等等。

(5)企业性向。具有这种性向的人会被吸引去从事那些包含着大量以影响他人为目的语言活动的职业。这类职业的例子有:管理人员、律师以及公共关系管理者等等。

(6)常规性向。具有这种性向的人会被吸引去从事那些包含着大量结构性的且规则较为固定的活动的职业,在这些职业中,雇员个人的需要往往要服从于组织的需要。这类职业的例子有:会计以及银行职员等等。

5.5.2 职业性向的类型与特征要求

不同的职业性向对劳动者的个性特征有不同的要求(参见表5-4)。

表5-4 劳动者类型与职业类型对应表

类型	劳动者特征	职业类型
实际型	①愿意使用工具从事操作性工作 ②动手能力强,做事手脚灵活,动作协调 ③偏好于具体任务,不善言辞,不善交际 性格:持久的、感觉迟钝的、不讲究的、谦逊的	主要指各类工程技术工作、农业工作。通常需要一定体力,需要运用工具或操作机器 主要职业:木工、电器技师、工程师、营养专家、建筑师、运动员、农场主、森林工人、公路巡逻员、园艺工人、城市规划人员、军官、机械操作、维修、安装工人、矿工、电工、司机、测绘员、描图员、农民、牧民、渔民等
调研型	①思想家而非实干家,抽象思维能力强,求知欲强,肯动脑,善思考,不愿动手 ②喜欢独立的和富有创造性的工作 ③知识渊博,有学识才能,不善于领导他人 性格:好奇的、个性内向、非流行大众化、变化缓慢的	主要指科学研究和科学实验工作 主要职业:生物学家、化学家、地理学家、数学家、医学技术人员、生理学家、物理学家、心理学家等自然科学和社会科学方面的研究与开发人员、专家;化学、冶金、电子、无线电、电视、飞机等方面的工程师、技术人员

续表

类型	劳动者特征	职业类型
艺术型	①讨厌结构，喜欢以各种艺术形式的创造来表现自己的才能，实现自身价值 ②具有特殊艺术才能和个性 ③有创造力、乐于创造新颖、与众不同的艺术成果，渴望表现自己的个性 性格：冷淡疏远的、有独创性的、非传统的	主要指各类艺术创作工作 主要职业：广告管理人员、艺术教师、艺术家、作家、广播员、室内装修人员、医疗绘图师、音乐家、摄影师 、公共关系专家，音乐、舞蹈、戏剧等方面的演员、艺术家、编导、教师；文学、艺术方面的评论员；广播节目的主持人、编辑、作者；绘画、书法；艺术、家具、珠宝等行业的设计师等
社会型	①乐于助人，喜欢从事为他人服务和教育工作 ②喜欢参与解决人们共同关心的社会问题，渴望发挥自己的社会作用 ③寻求亲近的人际关系，比较看重社会义务和社会道德 性格：缺乏灵活性的、亲切仁慈的	主要指各种直接为他人服务的工作，如医疗服务、教育服务、生活服务等 主要职业：公使、教师、学校管理人员、保育员、行政人员；医护人员、工作分析专家、社会工作人员、图书管理员、丧葬承办人、精神健康工作者；衣食住行服务行业的经理、管理人员和服务人员；福利人员、娱乐管理人员等
企业型	①追求权力、权威和物质财富，具有领导才能 ②喜欢竞争，敢冒风险 ③精力充沛、自信、善交际，口才好，做事巧妙 性格：善辩的、精力旺盛的、寻求娱乐、努力奋斗的	主要指那些组织与影响他人共同完成组织目标的工作 主要职业：综合性农业企业管理人员、房地产商、经理、企业家，政府官员、律师，金融家、零售商、人寿保险代理人、采购代理人，行业部门和单位的领导者、管理者等
常规型	①尊重权威，喜欢按计划办事，习惯接受他人指挥和领导，自己不谋求领导职务 ②不喜欢冒险和竞争，富有自我牺牲精神 ④工作踏实，忠诚可靠，偏爱那些规章制度明确的工作环境 性格：有责任心的、依赖性强、高效率、猜疑心重	主要指各类与文件档案、图书资料、统计报表相关的科室工作 主要职业：会计、出纳、银行职员、速记员、鉴定人、统计人员；打字员；办公室人员；秘书和文书；图书管理员；风险管理者，旅游、外贸职员，保管员，邮递员，审计人员，人事职员等等

霍兰德的职业性向理论，实质在于劳动者的职业性向与职业类型的适应。霍兰德认为，同一类型的劳动者与同一类型的职业互相结合，便达到适应状态，这样，劳动者找到了适宜的职业岗位，其才能与积极性才能得以发挥。依照霍兰德理论，劳动者职业性向类型与职业类型相关系数越大，两者适应程度越高；二者相关系数越小，相互适应程度就越低。为了直观地阐明自己的思想，霍兰德设计了一个平面六角形图（见图 5-2）。这个图的 6 个角分别代表 6 种职业类型和 6 种职业性向类型。6 种类型的劳动者与 6 种类型的职业相关联，在图形上以连线表示。连线距离越短，两种类型的人业相关系数就越大，适应程度就越高。当连线距离为 0，换言之，劳动者类型

与职业类型高度相关,统一在一个点上(即图中6个角顶端所示),表明某种类型劳动者从事相应类型职业,或者某类型职业由相应类型劳动者来担当,此种情况下,人业配置最相适宜,是最好的职业选择。

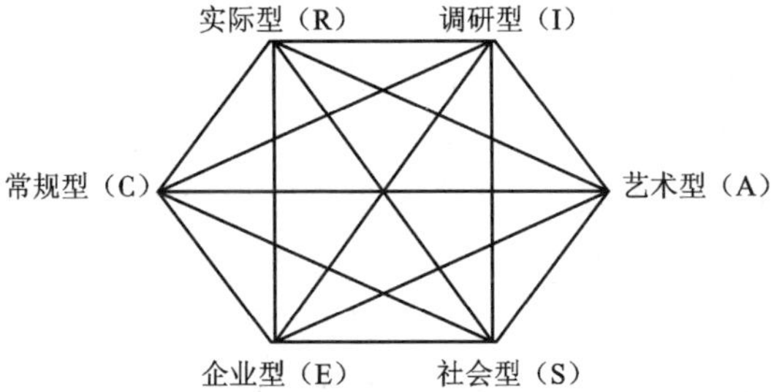

图 5-2 霍兰德的职业性向选择图

霍兰德模型中的6种职业性向并非完全独立。在一些性向之间,存在着重要的相关性。霍兰德等人(Holland,Whitney,Cole,& Richards,1969)的研究表明,各种定位之间的相关性程度存在差异。比如,现实性定位与常规性定位($r=0.36$)和调查研究性定位($r=0.46$)相关性较强,而与社会性定位($r=0.21$)弱相关。一般地,相关程度较高的职业性向是在六角形中相临近的两方面,那些极不相关的方面则位于六角形中较远的位置。模型的六角形状暗指,当人们无法在个人所偏好的部门找到合适工作时,往往在六角形相邻近的部门找到的工作比在与之位置较远的部门更能成为令人满意的选择。大多数人实际上都并非只有一种性向,如果他具有的两种职业性向是紧挨着,那么他将会很容易选定一种职业。然而,如果此人的职业性向是相互对立的(比如同时具有实际性向和社会性向的话),那么他在进行职业选择时将会面临较多的犹豫不决的情况,这是因为他的多种兴趣将驱使他在多种十分不同的职业之间进行选择。霍兰德认为,这些性向越相似或相容性越强,则一个人在选择职业时所面临的内在冲突和犹豫就会越少。

奥尼尔等人(O'Neil,Magoon,& Tracey,1978)进行了一项七年的跟踪研究,研究结果有力地支持了霍兰德模型预测的有效性。他们发现,被自我指导研究归类为调研型的男学生喜欢获得研究生学历,接受在调查研究性领域的教育,也更偏好在那些职业中就业,并为之制订计划。

个人可以根据职业性向测定结果的不同,选择相关的职业并制订相应的生涯规划。

5.6 职业锚分析

5.6.1 职业锚的含义

职业锚是由美国著名的职业指导专家埃德加·H. 施恩(Edgar H. Schein)教授

提出的。他认为,职业生涯发展实际上是一个持续不断的探索过程,在这一过程中,每个人都在根据自己的天资、能力、动机、需要、态度和价值观等慢慢地形成较为明晰的与职业有关的自我概念。随着一个人对自己越来越了解,这个人就会越来越明显地形成一个占主要地位的职业锚(career anchor)。

职业锚这一概念最初产生于施恩领导的美国麻省理工学院斯隆管理学院的专门小组,是从斯隆管理学院毕业生的职业生涯纵向研究中演绎成的(施恩,1968,1975)。1961—1963 年,斯隆研究院 44 名毕业生自愿形成了一个专门小组,配合和接受施恩教授所开展的关于个人职业发展和组织职业管理的研究与调查,施恩在他们毕业半年和1 年后分别进行了面谈,在他们毕业 5 年后进行了问卷调查,并在 1973 年请他们返回麻省理工学院,就他们演变中的职业和生活接受面谈和调查。施恩在对他们的跟踪调查和对许多公司、个人及团队的调查中,逐渐形成了自己关于职业定位的看法,并提出了职业锚概念。施恩认为,“设计这个概念是为了解释,当我们在更多的生活经验的基础上发展了更深入的自我洞察时,我们的生命中成长了更加稳定的部分”(施恩,1978),以便帮助工作者更好地进行职业定位。

那么究竟什么是职业锚呢?职业锚是在个人工作过程中依循着个人的需要、动机和价值观经过,不断搜索,所确定的长期职业贡献区或职业定位。通俗地说,职业锚就是当一个人不得不做出选择的时候,他无论如何都不会放弃的职业中的那种至关重要的东西或价值观。正如“职业锚”这一名词中“锚”的含义一样,职业锚实际上就是人们选择和发展自己的职业时所围绕的中心。一个人对自己的天资和能力、动机和需要以及态度和价值观有了清楚的了解之后,就会意识到自己的职业锚到底是什么。有些人也许一直都不知道自己的职业锚是什么,直到他们不得不作出某种重大选择的时候,比如到底是接受公司将自己晋升到总部的决定,还是辞去现职转而开办和经营自己的公司,正是在这一关口,一个人过去的所有工作经历、兴趣、资质、性向等等才会集合成一个富有意义的职业锚,这个职业锚会告诉此人,对他个人来说,到底什么东西是最重要的。

可见,职业锚是“自省的才干、动机和价值观的模式”,是自我意向的一个习得部分。具体而言,是个人进入职业生涯早期工作情境后,由习得的实际工作经验所决定,并在经验中与自省的才干、动机、需要和价值观相符合,逐渐发展出的更加清晰、全面的职业自我观以及达到自我满足和补偿的一种长期稳定的职业定位。

职业锚是个人和工作情境之间早期相互作用的产物,只有经过若干年的实际工作后才能被发现,职业锚核心内容的职业自我观由三部分内容组成:①自省的才干和能力,以各种作业环境中的实际成功为基础;②自省的动机和需要,以实际情境中的自我测试和自我诊断的机会以及他人的反馈为基础;③自省的态度和价值观,以自我与雇用组织和工作环境的准则和价值观之间的实际遭遇为基础。

要深入全面地理解职业锚的内涵概念,还要注意以下几方面。

(1)职业锚产生于早期职业生涯阶段,以雇员习得的工作经验为基础。个人在面临各种各样的实际工作生活情境之前，不可能真正地了解自己的能力、动机和价值观之间将如何相互作用以及在多大程度上适应所做的职业选择。只有在新雇员做了若干年，习得工作经验后，方能够选定自己稳定的长期贡献区。因此，新雇员的工作经验，产生、演变和发展了职业锚。在某种程度上说，职业锚是由雇员实际工作经验所决定的，而不只是取决于个人潜在的才干和动机。

（2）职业锚强调个人能力、动机和价值观三方面的相互作用与整合。职业锚是雇员自我观中的才干、动机、需要、价值观和态度等相互作用和逐步整合的结果，而不是只重视其中的某一方面。在实际工作中，新雇员重新审视自我，逐步明确个人的需要与价值观，明确自己的擅长所在及今后发展的重点，并且针对符合于个人需要与价值观的工作，自觉地改善、增强和发展自身的才干，经过这种整合，新雇员寻找到自己长期稳定的职业定位，达到了自我满足和补偿。

（3）职业锚是不可能根据各种测试提前进行预测的。职业锚是个人同工作环境互动作用的产物，由于实际工作的偶然性，职业锚是不可能根据各种测试出来的能力、才干或者动机、价值观等进行预测的，只有新雇员在工作实践中，依据自省的和已被证明的才干、动机、需要和价值观，经过多次确认和强化以后，才能找到自己的职业定位。

（4）职业锚不是固定不变的。虽然职业锚是个人稳定的职业贡献区和成长区，但这不意味着个人的职业锚是固定不变的。这是因为随着雇员职业工作的进一步发展以及个人生物社会生命周期和家庭生命周期的成长、变化，其本人在停止变化和发展。同时，职业锚本身也可能变化，雇员在职业生涯的中、后期可能会根据变化了的情况，重新选定自己的职业锚。因此，一个人的职业锚是在不断发生着变化的，它实际上是一个不断探索过程所产生的动态结果。

5.6.2 职业锚的类型

职业锚是自我意向习得部分，每个人有各自的动机、追求、需要和价值观，故所寻求的职业锚会有所不同。施恩根据自己对麻省理工学院毕业生的研究，提出了以下五种职业锚[①]：技术/功能能力型职业锚、管理能力型职业锚、创造型职业锚、安全/稳定型职业锚、自主/独立型职业锚。不同类型的职业锚，也就是不同类型的自我观模式。

5.6.2.1 技术/功能能力型职业锚

具有较强的技术/功能能力型职业锚的人往往不愿意选择那些带有一般管理性质的职业。相反，他们总是倾向于选择那些能够保证自己在既定的技术/功能领域中不断发展的职业。以技术/功能能力为锚位的雇员，有特有的工作追求、需要和价值观、晋升方式，主要表现出如下特征。

---

① Schein, E. H. (1990). Career anchors (2nd ed). San Diego, CA: Pfeiffer & Company.

(1)强调实际技术/功能等业务工作。技术/功能形职业锚的雇员热爱自己的专业技术/职能工作,注重个人在专业技能领域的进一步发展,喜欢面对挑战和独立开展工作,希望不受资源限制地开展自己认为正确的工作,一般多从事工程技术、营销、财务分析、系统分析、企业计划等工作。

(2)拒绝一般管理工作,但愿意在其技术/功能领域管理他人。追求技术、功能型锚位的雇员,一般不喜欢从事一般的管理工作,因为这将意味着他们放弃在技术/功能领域的成就,因而是一种不让他们施展技术才能的工种,故具有强烈抵制进入一般管理工作的念头。而对其技术/功能方面的职能管理并不拒绝,因为这是他们施展技能必不可少的,也是一种进步方式。

(3)追求在技术/功能能力区的成长和技能不断提高,其成功更多地取决于该区域专家的肯定和认可,以及承担该能力区日益增多的富有挑战性的工作。其成长和获得成功看重的主要不是等级地位的大幅度提升,而是其专业地位的提高和技术领域的扩大。

当然,职级提升对于抛锚于技术或职能能力区的雇员来讲,并非不重要。他们也追求向上发展,但是,不要求在区域外谋求发展,坚持在能力区内的提升。例如,一位年轻的以技术/功能能力区为锚位的财务分析员,希望能成为他所在公司的会计或审计员,所设想的或期望的顶峰是成为一家大公司的财务副总裁。

5.6.2.2 管理能力型职业锚

管理型职业锚与技术/功能型职业锚完全不同,他们表现出成为管理人员的强烈动机,“他们的职业经历使得他们相信自己具备被提升到那些一般管理性职位上去所需要的各种必要能力以及相关的价值倾向”,必须承担较高责任的管理职位是这些人的最终目标。管理型职业锚呈现如下特点。

(1)管理型职业锚的雇员追求承担一般管理性工作,且责任越大越好。他们倾心于全面管理,掌握更大权力,肩负更大责任。具体的技术/功能工作仅仅被看做是通向更高、更全面管理层的必经之路;他们在一个或几个技术/职能区工作,只是为了更好地培养和展现自己的能力,是掌握专职管理权之必需,他们追逐的最终目标是管理本身。

(2)管理型职业锚的雇员具有强有力的升迁动机和价值观,以提升、等级和收入作为衡量成功的标准。管理型职业锚的人权欲旺,升迁动机盛,追求并致力于提升,且随着等级的上升和所负责任与权力的加大,收入也随之提高。这是他成功的标志,也是其自我价值的实现。

(3)具有分析能力、人际沟通能力和情感能力的强强组合。分析能力是指在信息不完全以及不确定的情况下发现问题、分析问题和解决问题的能力。人际沟通能力是指在各种层次上影响、监督、领导、操纵以及控制他人的能力。情感能力是指在情感和人际危机面前只会受到激励而不会受其困扰和削弱的能力以及在较高的责任压力下不会变得无所作为的能力。在三种能力当中,情感能力可能是识别何种人将在高水平的管理角色中取得成功的最重要的能力。就三种能力而言,其他类型职业锚的人也都具有,甚至其中的一两个方面的能力比管理锚的人发展得更高。但是,他们没有这些能力的强强组合,而管理型职业锚的人具有三种能力的最佳组合,因而表现出卓越的管理才能。

(4)管理型职业锚的人对组织有很大的依赖性。他们要依赖组织提供工作岗位,获得更大的责任,展示高水平的管理能力。而且,管理型职业锚的人其认同感和成功感均来自于其所在的组织,其个人与组织的命运是紧紧相连;其个人在公司的职位、公司规模的大小、公司的活动域及其未来发展等组织因素对其个人来说都具有特别重要的意义。

5.6.2.3　创造型职业锚

创造型职业锚具有如下的特征。

(1)有强烈的创造需求和欲望。对于创造型职业锚的人来说发明创造是他们自我扩充的核心,也是他们工作的强大驱动力。他们具有一种以一贯之的追求,即建立或创造完全属于自己的成就。例如,创造出一种以自己姓名命名的公司或产品,创建一家自己的公司。

(2)意志坚定,勇于冒险。具有冒险精神是创造型职业锚具有的另一个非常明显的特征。立志抛锚于创造型的人,所具有的极强烈的创造欲使他们强烈要求标新立异、有所创造并做好了冒险的准备。因此,他们总是力图以坚韧不拔的精神、百折不挠的行动去赢得创造需要的实现。

(3)创造型锚同其他类型职业锚存在着一定程度的重叠。追求创造型锚的人要求有自主权、管理能力,能施展自己的特殊才干。但这些并不是他们的主动机和主价值观,创造才是他们的主要动机和价值观。

5.6.2.4　安全/稳定型职业锚

施恩的研究发现麻省理工学院还有一少部分毕业生极为重视长期的职业稳定和工作的保障性。这类雇员追求的就是安全/稳定型职业锚,这种职业锚具有如下特征。

(1)追求安全、稳定的职业前途,是这一类职业锚雇员的驱动力和价值观。其安全取向主要为两类:一类是追求职业安全,对他们而言安全意味着所依托的组织的安全性,主要是一个给定组织中的稳定的成员资格。他们可能优先选择到政府机关工作,因为政府公务员看来还是一种终身性的职业。因此,安全锚的人维持以工作安全、一笔体面的收入、有效退休方案、津贴等形式体现出的一种稳定的前途。另一类注重情感的安全稳定,觉得在一个熟悉的环境中维持一种稳定的、有保障的职业对他们来说是更为重要的,包括一种定居、使家庭稳定和使自己融入团队和社区的感情。因此,安全型职业锚的成功标准是:一种有效性的稳定、安全、整合良好合理的家庭和工作情境。

(2)对组织具有较强的依赖性。安全/稳定型职业锚的人,一般不愿意离开一个给定的组织，愿意让他们的雇主来决定他们去从事何种职业，倾向于根据雇主对他们提出的要求行事，不越雷池半步，他们相信不论自己具有什么样的个人抱负和能力，都仰赖组织来识别他们的需要和能力，相信组织会根据他们的情况作出可能的最佳安排。因而他们较其他人更容易接受组织。

(3)个人职业生涯的开发与发展往往会受到限制。安全型职业锚的人，对组织的依赖性强，个人缺乏职业生涯开发的驱动力和主动性，从而不利于自我职业生涯的发展。要求高度的感情安全，限制了他们作沿着等级维度的职业运动。如果经济危机迫使其所在组织裁员，安全型职业锚的雇员由于在开发个人职业方面缺乏训练，加之不能自主、顺从的个性，常常使他们处于被动的境地。

5.6.2.5 自主/独立型职业锚

施恩的研究还发现麻省理工学院的有些学生在选择职业时似乎被一种自己决定自己命运的需要所驱使着，他们希望摆脱那种因在大企业中工作而依赖别人的境况。这些毕业生中有许多人还有着强烈的技术或功能导向。然而，他们却不是到某一个企业中去追求这种职业导向，而是决定成为一位咨询专家，要么是自己独立工作，要么是作为一个相对较小的企业中的合伙人来工作。具有这种职业锚的其他一些人则成了工商管理方面的教授、自由撰稿人或小型零售公司的所有者等等。这种职业锚有如下的特点。

(1)追求自主/独立的人希望随心所欲安排自己的工作方式、工作习惯、时间进度和生活方式，追求能施展个人职业能力的工作环境，最大限度地摆脱组织的限制和约束。他们追求自由自在、不受约束或少受约束的工作生活环境。

(2)自主/独立型职业锚的人追求在工作中享有自身的自由，有较强的职业认同感，认为工作成果与自己的努力紧密相连。以自主、独立为锚位的人认为，组织生活太限制人，是非理性的，甚至侵犯个人私生活。因此，自主/独立型职业锚的人在选择职业时决不放弃自身的自由，而且视自主为第一需要。

(3)自主/独立型职业锚与其他类型的职业锚有明显的交叉。如自主/独立型职业锚的人可能同时是技术/功能能力型职业锚，或者同时是创造型职业锚。但追求技术/功能型职业锚的人，往往将其追求的职业也看做是一种向较高层面位置的过渡，他们很少为了自由的需要而放弃晋升的机会。自主/独立型的人与创造型的人也共同享有某些认知，如创造型的人(企业家)一旦成功，便也享有了自主权和自由。然而二者又不相同，企业家全力以赴要追求、创造和建立某种东西。因此，尽管追求的职业锚有交叉，但是，自主的需要较其他方面的需要(如技术职能能力展示，安全稳定或管理需要、创造需要)更强烈。

5.6.3 职业锚的作用

职业锚作为一个人的自省的才干、动机和价值观的模式，在个人的职业生涯与工作生命周期中，在组织的事业发展过程中，职业锚都发挥着如下重要的作用。

(1)有助于识别个人的职业抱负模式和职业成功标准。职业锚清楚地反映出了个人的职业追求与抱负。选定技术/功能能力型职业锚的雇员,其志向和抱负在于专业技术方面的事业有成,有所贡献。同时,根据职业锚还可以判断雇员达到职业成功的标准。职业成功并无统一固定标准,因人而异,因职业锚而不同。对于抛锚于管理型的雇员来讲,其职业成功在于升迁至更高的职位,获得更大的全面管理机会和更大的管理权力。而对于安全型职业锚的雇员来说,求得一个地位稳定和收入较高的工作,有着优雅的工作环境和轻松的工作节奏,便是其职业成功的标准。因此,编排经验,识别长期的贡献区,对一个人要求发挥作用的工作情境的性质提出标准,识别抱负模式和个人用以衡量自己的成功标准,是职业锚的重要功能之一。

(2)能够促进雇员预期心理契约的发展,有利于个人与组织稳固地相互接纳。按照施恩的观点,职业方向的选择、职业生涯的成功与职业锚都有着非常密切的关系,因此,职业生涯开发与管理的一项重要工作是帮助企业雇员确定职业锚,并通过这一过程密切组织与个人之间的关系。因为职业锚能准确地反映个人职业需要及其所追求的职业工作环境,反映个人的价值观与抱负。透过职业锚的建立过程,组织可以获得雇员个人正确信息的反馈,这样,组织才能有针对性地对雇员的职业生涯发展设置合理、有效、可行、顺畅的职业通道与职业阶梯;个人则通过组织有效的职业管理,自身的职业需要得以满足,从而深化了对组织的情感认同与职业归属。这样一个过程使组织与个人双方相互沟通、深化了解,从而达到深度而稳定的相互接纳。

(3)有助于增强个人职业技能和工作经验,提高工作效率和劳动生产率。职业锚是个人经过长期寻找所形成的职业工作的定位,是个人的长期贡献区。雇员的职业锚形成后,便会相对稳定地长期从事某项职业,这样必然能够增长工作经验;随着个人工作经验的丰富和积累,个人知识的扩张,其个人职业技能也将不断增强,从而能够明显地提高工作效率和劳动生产率,增加企业的效益。

(4)职业锚可为雇员中后期职业生涯发展奠定基础。职业锚是在具体工作经验之中习得的,能够清楚地反映当前这一雇员的价值观与才干,也能反映个人进入成年期的潜在需求和动机。雇员个人寻找职业锚并抛锚于某一职业工作的过程,实际上就是个人自我真正认知的过程,认识自己具有什么样的能力、才干,需要什么,职业价值观是什么,自己属于哪种职业锚类型。这同样也是把职业工作与完整的自我观相整合的过程,通过整合使自己找到了长期稳定的职业贡献区,从而也决定了成年期的主要生活和职业选择。所以,早期职业锚是中后期职业工作的基础,中后期的职业生涯发展与早期职业锚是密切联系在一起。

测试 1

职业价值观测试量表

本测试采用问卷形式,让受试者评定对代表不同价值追求的多种活动的好恶情况,依据应聘者的好恶程度来确定其主导的职业价值观类型。

本测试将人的职业价值观分为13种类型,各类型的基本含义如下。

利他主义:总是为他人着想,把直接为大众的幸福和利益尽一份力作为自己的追求。

审美主义:能不断地追求美的东西,得到美感的享受。

智力刺激:不断进行智力开发、动脑思考、学习和探索新事物,解决新问题。

成就动机:不断创新、不断取得成就、不断得到领导和同事的赞扬或不断实现自己想要做的事。

自主独立:能够充分发挥自己的独立性和主动性,按自己的方式、想法去做,不受他人干扰。

社会地位:所从事的工作在人们的心目中有较高的社会地位,从而使自己得到他人的重视与尊敬。

权力控制:获得对他人或某事的管理权,能指挥和调遣一定范围内的人或事物。

经济报酬:获得优厚的报酬,使自己有足够的财力去获得自己想要的东西,使生活过得较为富足。

社会交往:能和各种人交往,建立比较广泛的社会联系和关系,甚至能和知名人物结识。

安全稳定:希望不管自己能力怎样,在工作中要有一个安稳的局面,不会因为奖金、加资、调动工作或领导训斥等而经常提心吊胆、心烦意乱。

轻松舒适:希望将工作作为一种消遣、休息或享受的形式,追求比较舒适、轻松、自由、优越的工作条件和环境。

人际关系:希望一起工作的大多数同事和领导人品好,相处在一起感到愉快、自然。

追求新意:希望工作的内容经常变换,使工作和生活显得丰富多彩,不单调枯燥。

下面有52道题目,每个题目都有5个备选答案,请根据自己的实际情况或想法,在题目后面圈出相应字母,每题只能选择一个答案。通过测验,你可以大致了解自己的职业价值观念倾向。

A——非常重要

B——比较重要

C——一般

D——较不重要

E——很不重要

1. 你的工作必须经常解决新的问题。 A B C D E

2. 你的工作能为社会福利带来看得见的效果。A B C D E

3. 你的工作奖金很高。A B C D E

4. 你的工作内容经常变换。A B C D E

5. 你能在你的工作范围内自由发挥。A B C D E

6. 工作能使你的同学、朋友非常羡慕你。A B C D E

7. 工作带有艺术性。A B C D E

8. 你的工作能使人感觉到你是团体中的一份子。A B C D E

9. 不论你怎么干,总能和大多数人一样晋级和长工资。A B C D E

10. 你的工作使你有可能经常变换工作地点、场所或方式。A B C D E

11. 在工作中你能接触到各种不同的人。A B C D E

12. 你的工作上下班时间比较随便、自由。A B C D E

13. 你的工作使你不断获得成功的感觉。A B C D E

14. 你的工作赋予你高于别人的权力。A B C D E

15. 你在工作中能试行一些自己的新想法。A B C D E

16. 你在工作中不会因为身体或能力等因素,被人瞧不起。A B C D E

17. 你能从工作的成果中知道自己做得不错。A B C D E

18. 你的工作经常要外出参加各种集会和活动。A B C D E

19. 只要你干上这份工作,就不再被调到其他意想不到的单位和工种上去。A B C D E

20. 你的工作能使世界更美丽。A B C D E

21. 在工作中,不会有人常来打扰你。A B C D E

22. 只要努力,你的工资会高于其他同年龄的人,升级或长工资的可能性比干其他工作大得多。A B C D E

23. 你的工作是一项对智力的挑战。A B C D E

24. 你的工作要求你把一些事物管理得井井有条。A B C D E

25. 你的工作单位有舒适的休息室、更衣室、浴室及其他设备。A B C D E

26. 你的工作有可能结识各行各业的知名人物。A B C D E

27. 在你的工作中,能和同事建立良好的关系。A B C D E

28. 在别人眼中,你的工作是很重要的。A B C D E

29. 在工作中你经常接触到新鲜的事物。A B C D E

30. 你的工作使你能常常帮助别人。A B C D E

31. 你在单位中有可能经常变换工作。A B C D E

32. 你的作风使你被别人尊重。A B C D E

33. 同事和领导人品较好,相处比较随便。A B C D E

34. 你的工作会使许多人认识你。A B C D E

35. 你的工作场所很好,比如有适度的灯光,安静、清洁的工作环境,甚至恒温、恒湿等优越的条件。A B C D E

36. 在工作中,你为他人服务,使他人感到很满意,你自己也很高兴。A B C D E

37. 你的工作需要计划和组织别人的工作。A B C D E

38. 你的工作需要敏锐的思考。A B C D E

39. 你的工作可以使你获得较多的额外收入,比如:常发实物、常购买打折扣的商品、常发商品的提货券、有机会购买进口货等。A B C D E

40. 在工作中你是不受别人差遣的。A B C D E

41. 你的工作结果应该是一种艺术而不是一般的产品。A B C D E

42. 在工作中你不必担心会因为所做的事情领导不满意,而受到训斥或经济惩罚。A B C D E

43. 在你的工作中能和领导有融洽的关系。A B C D E

44. 你可以看见你努力工作的成果。A B C D E

45. 在工作中常常要你提出许多新的想法。A B C D E

46. 由于你的工作,经常有许多人来感谢你。A B C D E

47. 你的工作成果常常能得到上级、同事或社会的肯定。A B C D E

48. 在工作中,你可能做一个负责人,虽然可能只领导很少几个人,但你信奉"宁做兵头,不做将尾"的俗语。A B C D E

49. 你从事的那种工作经常在报刊、电视中被提到,因而在人们的心目中很有地位。A B C D E

50. 你的工作有数量可观的夜班费、加班费、保健费或营养费等。A B C D E

51. 你的工作比较轻松,精神上也不紧张。A B C D E

52. 你的工作需要和影视、戏剧、音乐、美术、文学等艺术打交道。A B C D E

上面的52道题分别代表13项工作价值观。每圈一个A得5分、B得4分、C得3分、D得2分、E得1分。请你根据表5-5中每一项前面的题号,计算一下每一项的得分总数,并把它填在每一项的得分栏上。然后在表格下面依次列出得分最高和最低的三项。

表5-5 职业价值观评价表

得分	题号	价值观	说明
	2,30,36,46	利他主义	工作的目的和价值在于直接为大众的幸福和利益尽一份力
	7,20,41,52	美感	工作的目的和价值在于能不断地追求美的东西,得到美感的享受
	1,23,38,45	智力刺激	工作的目的和价值在于不断进行智力的操作、动脑思考,学习以及探索新事物、解决新问题
	13,17,44,47	成就感	工作的目的和价值在于不断创新,不断取得成就,不断得到领导与同事的赞扬,不断实现自己想要做的事
	5,15,21,40	独立性	工作的目的和价值在于能充分发挥自己的独立性和主动性,按自己的方式、步调或想法去做,不受他人的干扰

续表

得分	题号	价值观	说明
	6,28,32,49	社会地位	工作的目的和价值在于所从事的工作在人们的心目中有较高的社会地位,从而使自己得到了人的重视与尊敬
	14,24,37,48	管理	工作的目的和价值在于获得对他人或某事物的管理支配权,能指挥和调遣一定范围内的人或事物
	3,22,39,50	经济报酬	工作的目的和价值在于获得优厚的报酬,使自己有足够的财力去获得自己想要的东西,使生活过得较为富足
	11,18,26,34	社会交际	工作的目的和价值在于能和各种人交往,建立比较广泛的社会联系和关系,甚至能和知名人物结识
	9,16,19,42	安全感	不管自己能力怎样,希望在工作中有一个安稳局面,不会因为奖金、长工资、调动工作或领导训斥等经常提心吊胆、心烦意乱
	12,25,35,51	舒适	希望能将工作作为一种消遣、休息或享受的形式,追求比较舒适、轻松、自由、优越的工作条件和环境
	8,27,33,43	人际关系	希望一起工作的大多数同事和领导人品较好,相处在一起感到愉快、自然,认为这就是很有价值的事,是一种极大的满足
	4,10,29,31	变异性	希望工作的内容应该经常变换,使工作和生活显得丰富多彩,不单调枯燥

得分较高的前三项是:1. ____________;2. ____________;3. ____________。

得分较低的前三项是:1. ____________;2. ____________;3. ____________。

从得分较高和较低的前三项中,可以大致看出你的价值倾向,在选择职业时就可以加以考虑。

测试 2

性格与职业选择测试量表

英国职业顾问处的心理学家们根据一项为期三年的研究,制订出了一套衡量个性特点的试题以求科学地解答每个人所能适应的工作。这种测试将现代职业分为四大类:人、程序与系统、交际与艺术、科学与工程,每一大类又可进一步分为若干项。回答以下问题,你可以根据个人情况选择是与否,据此判定自己的职业性格特征。

第一类:人

问题	是	否
1. 我在作出决定前常考虑别人的意见	A	C
2. 我愿意处理统计数据	C	A
3. 我总是毫不犹豫地帮助别人解决家庭问题	A	C
4. 我常常忘记东西放在哪儿	B	C
5. 我很少能通过讨论说服别人	C	B

6. 大多数人认为我可以忍辱负重	C	A
7. 在陌生人中我常感到不安	C	B
8. 我很少吹嘘自己的成就	A	C
9. 我对世事感到厌倦	B	C
10. 我参加一项活动的主要目的是取胜	C	A
11. 我容易被大多数人所动摇	C	B
12. 我作出选择后就会按照我的办法去做	C	A
13. 我的工作成就对我很重要	B	C
14. 我喜欢既需要大量体力又需要大量脑力的工作	A	C
15. 我常问自己的感受如何	A	C
16. 我相信那些使我心烦意乱的人自己心里清楚	C	B

得分(不计算答案C):

A 得分　　(　)照料人

B 得分　　(　)影响于人

A 和 B 总分　(　)人

第二类:程序与系统

问　　题	是	否
1. 我喜欢整洁	A	C
2. 我对大多数事情都能迅速作出结论	C	A
3. 受过检验和运用过的决议最值得遵循	A	C
4. 我对别人的问题不感兴趣	B	C
5. 我很少对别人的话提出疑问	C	B
6. 我并不总是能遵守时间	C	A
7. 我在各种社交场合下都感到坦然	C	B
8. 我做事总愿意先考虑后果	A	C
9. 在限定的时间内急迫地完成一件事很有趣	B	C
10. 我喜欢接受紧张的新任务	C	A
11. 我的论点通常可信	C	B
12. 我不善于查对细节	C	A
13. 明确、独到的见解对我是很重要的	B	C
14. 别人会约束我的自我表达	A	C
15. 我总是努力完成开始的事情	A	C
16. 大自然的美使我震惊	C	B

得分(不计算答案C):

A 得分　　(　)语言

B 得分　　(　)财经/数据处理

A和B总分 ( )程序与系统

第三类:交际与艺术

问题	是	否
1. 我喜欢在电视节目中扮演角色	A	C
2. 我有时难于表达自己的意思	C	A
3. 我觉得我能写短篇故事	A	C
4. 我能为新的设计提供蓝图	B	C
5. 关于艺术我所知甚少	C	B
6. 我愿意做实际事情,而不愿读书或写作	A	C
7. 我很少留意梳妆设计	C	B
8. 我喜欢同别人谈自己的见解	A	C
9. 我满脑子的独创思想	B	C
10. 我发现大多数小说很无聊	C	A
11. 我特别不具备创造力	C	B
12. 我是个实实在在的人	C	A
13. 我愿意将我的照片、图画给别人看	B	C
14. 我能设计有直观效果的东西	B	C
15. 我喜欢翻译外文	A	C
16. 不落俗套的人使我感到很不舒适	C	B

得分(不计算答案C):

A得分 ( )文学、语言、传导

B得分 ( )可视艺术与设计

A和B总分 ( )程序与系统

第四类:科学与工程

问题	是	否
1. 辩论中,我善于抓住别人的弱点	C	A
2. 我几乎总是自由地作出决定	C	A
3. 想个新主意对我来说不成问题	A	C
4. 我不善于令别人相信	B	C
5. 我喜欢事前将事情准备好	C	B
6. 抽象地想象有助于解决问题	C	A
7. 我不善于修修补补	C	B
8. 喜欢谈不可能发生的事	A	C
9. 别人对我的议论不会使我难受	B	C
10. 我主要是靠直觉和个人感情解决问题	C	A
11. 我办事有时半途而废	C	A

12. 我不隐藏自己的情绪	C	A
13. 我发现解决实际问题很容易	B	C
14. 传统方法通常是最好的	B	C
15. 我珍惜我的独立性	A	C
16. 我喜欢读古典文学作品	C	B

得分(不计算答案C):

A 得分　　( )研究

B 得分　　( )实际

A 和 B 总分　( )科学与工程

上面共有64个具体问题,每个问题后都有两个可供选择的答案,如果这个问题与你本人的情况相符,你将“是”栏中的字母画圈;如果不符,可将“否”栏中的字母画圈。最后按画圈的字母多少记分。要仔细阅读,每一条只选择一个答案。

问题都答完后,将你所选择的A与B的画图数量分别填入上述记分括号内。不要管所选定的C。C只表示你对某一类型工作缺乏兴趣,故不具体记分。

四类中,分别有4个总分。0~4分表明对某一类工作兴趣不大;5~12分表明居中;13分以上表明兴趣很浓。这四类中总分最高的,说明这一类型工作最适合你,能满足你的个性要求。

根据A和B的得分多少,可以进一步来确定职业范围的具体工作。

人:

在这一大类中如果A得分多于B,则说明你应该在医务工作、福利事业或教育事业中寻找职业,如医生、健康顾问、照相师、社会工作人员、教师或演说家。如果B得分多于A,那么你对治理、商业或者管理方面会感到得心应手,如军队、警察、监狱、安全警卫、贸易代理、市场管理、资本开发、广告经营或市场研究等工作。

程序与系统:

在这一大类中,如A得分多于B,表明你适合做行政管理、法律或宗教业工作,如办公室主任、人事管理、公司秘书、律师、职业秘书、图书馆员、档案员、书籍研究或记录员。如B得分多于A,那么你更适合做金融和资料处理工作,包括会计、银行、估价、保险统计、计算机程序和系统分析等工作。

交际与艺术:

在这一大类中,如A得分比B多,表明你适合做编辑、文学或语言工作,如记者、翻译、电台或电视台研究员、广告抄写员或公共事务管理员。如果B得分多于A,表明你更适合与做设计和可视艺术工作,例如图案设计、制图、建筑、内部设计、剧场设计、时装设计或摄影等工作。

科学与工程:

这一大类工作可分为研究和实际。如A得分多,适于前者;如B得分多,适于后者。但由于这类工作中的大部分职业既包含研究又有应用,所以不可能按照A或B

得分多少而作出更具体的规定。这类工作包括生物学家、物理学家、化学家、机械工程师和土木工程师等。

测试 3

个人职业性向的确定

结合职业性向理论,联系个人实际,利用下面所提供的霍兰德职业性向测验量表①,分析自己的职业性向,并在课堂讨论中作 10 分钟答辩,回答其合理与否。

附

霍兰德职业性向测验量表

本测验量表将帮助你发现和确定自己的职业兴趣和能力特长,从而更好地作出求职择业的决策。如果你已经考虑好或选择好了自己的职业,本测验将使您的这种考虑或选择具有理论基础,或向你展示其他合适的职业;如果你至今尚未确定职业方向,本测验将帮助你根据自己的情况选择一个恰当的职业目标。

本测验共有七个部分,每部分测验都没有时间限制,但请你尽快按要求完成。

第一部分　你心目中的理想职业(专业)

对于未来的职业(或升学进修的专业),你也得早有考虑,它可能很抽象、很朦胧,也可能很具体、很清晰。不论是哪种情况,现在都请你把自己最想干的 3 种工作或最想读的 3 种专业按顺序写下来。

1. ______________________________
2. ______________________________
3. ______________________________

第二部分　你所感兴趣的活动

下面列举了若干种活动,请就这些活动判断你的好恶。喜欢的,请在“是”栏里打√,不喜欢在“否”栏里打√。务请按顺序回答全部问题。

一、活动性:你喜欢从事下列活动吗?

R:现实型活动	是	否
1. 装配修理电器或玩具	______	______
2. 修理自行车	______	______
3. 用木头做东西	______	______
4. 开汽车或摩托车	______	______

① 量表引自卢荣远、唐宁玉、李凌编著:职业心理与职业指导,北京,人民教育出版社,1996。

5. 用机器做东西	______	______
6. 参加木工技术学习班	______	______
7. 参加制图描图学习班	______	______
8. 驾驶卡车或拖拉机	______	______
9. 参加机械和电气学习班	______	______
10. 装配修理机器	______	______

统计“是”一栏得分计______

A:艺术型活动	是	否
1. 素描/制图或绘画	______	______
2. 参加话剧戏曲	______	______
3. 设计家具布置室内	______	______
4. 练习乐器/参加乐队	______	______
5. 欣赏音乐或戏剧	______	______
6. 看小说/读剧本	______	______
7. 从事摄影创作	______	______
8. 写诗或吟诗	______	______
9. 进艺术(美术/音乐)培训班	______	______
10. 练习书法	______	______

统计“是”一栏得分计______

I:调查型活动	是	否
1. 读科技图书和杂志	______	______
2. 在实验室工作	______	______
3. 改良水果品种,培育新的水果	______	______
4. 调查了解土和金属等物质的成分	______	______
5. 研究自己选择的特殊问题	______	______
6. 解算术或数学游戏	______	______
7. 物理课	______	______
8. 化学课	______	______
9. 几何课	______	______
10. 生物课	______	______

统计“是”一栏得分计______

S:社会型活动	是	否
1. 学校或单位组织的正式活动	______	______
2. 参加某个社会团体或俱乐部活动	______	______
3. 帮助别人解决困难	______	______
4. 照顾儿童	______	______

5. 出席晚会、联欢会、茶话会 ______ ______
6. 和大家一起郊游 ______ ______
7. 想获得关于心理方面的知识 ______ ______
8. 参加讲座或辩论会 ______ ______
9. 观看或参加体育比赛和运动会 ______ ______
10. 结交新朋友 ______ ______

统计“是”一栏得分计______

E:企业型(事业型)活动 是 否

1. 说服鼓动他人 ______ ______
2. 卖东西 ______ ______
3. 谈论政治 ______ ______
4. 制订计划、参加会议 ______ ______
5. 以自己的意志影响别人的行为 ______ ______
6. 在社会团体中担任职务 ______ ______
7. 检查与评价别人的工作 ______ ______
8. 结交名流 ______ ______
9. 指导有某种目标的团体 ______ ______
10. 参与政治活动 ______ ______

统计“是”一栏得分计______

C:常规型(传统型)活动 是 否

1. 整理好桌面和房间 ______ ______
2. 抄写文件和信件 ______ ______
3. 为领导写报告或公务信函 ______ ______
4. 检查个人收支情况 ______ ______
5. 参加打字培训班 ______ ______
6. 参加算盘、文秘等实务培训 ______ ______
7. 参加商业会计培训班 ______ ______
8. 参加情报处理培训班 ______ ______
9. 整理信件、报告、记录等 ______ ______
10. 写商业贸易信 ______ ______

统计“是”一栏得分计______

第三部分 你所擅长或胜任的活动

下面列举了若干种活动,其中你能做或大概能做的事,请在“是”栏里打√,反之,在“否”栏里打√。请回答全部问题。

R:现实型能力 是 否

1. 能使用电锯、电钻和锉刀等木工工具 ______ ______

2. 知道万用表的使用方法 ______ ______
3. 能够修理自行车或其他机械 ______ ______
4. 能够使用电钻床、磨床或缝纫机 ______ ______
5. 能给家具和木制品刷漆 ______ ______
6. 能看建筑设计图 ______ ______
7. 能够修理简单的电气用品 ______ ______
8. 能修理家具 ______ ______
9. 能修收录机 ______ ______
10. 能简单地修理水管 ______ ______

统计“是”一栏得分计______

A:艺术型能力 是 否

1. 能演奏乐器 ______ ______
2. 能参加二部或四部合唱 ______ ______
3. 独唱或独奏 ______ ______
4. 扮演剧中角色 ______ ______
5. 能创作简单的乐曲 ______ ______
6. 会跳舞 ______ ______
7. 能绘画、素描或书法 ______ ______
8. 能雕刻、剪纸或泥塑 ______ ______
9. 能设计版报、服装或家具 ______ ______
10. 写得一手好文章 ______ ______

统计“是”一栏得分计______

I:调研型能力 是 否

1. 懂得真空管或晶体管的作用 ______ ______
2. 能够列举三种蛋白质多的食品 ______ ______
3. 理解铀的裂变 ______ ______
4. 能用计算尺、计算器、对数表 ______ ______
5. 会使用显微镜 ______ ______
6. 能找到三个星座 ______ ______
7. 能独立进行调查研究 ______ ______
8. 能解释简单的化学 ______ ______
9. 理解人造卫星为什么不落地 ______ ______
10. 经常参加学术会议 ______ ______

统计“是”一栏得分计______

S:社会型能力 是 否

1. 有向各种人说明解释的能力 ______ ______

	是	否
2. 常参加社会福利活动	______	______
3. 能和大家一起友好相处地工作	______	______
4. 善于与年长者相处	______	______
5. 会邀请人、招待人	______	______
6. 能简单易懂地教育儿童	______	______
7. 能安排会议等活动顺序	______	______
8. 善于体察人心和帮助他人	______	______
9. 帮助护理病人和伤员	______	______
10. 安排社团组织的各种事务	______	______

统计“是”一栏得分计______

E:企业型能力	是	否
1. 担任过学生干部并且干得不错	______	______
2. 工作上能指导和监督他人	______	______
3. 做事充满活力和热情	______	______
4. 有效地用自身的做法调动他人	______	______
5. 销售能力强	______	______
6. 曾作为俱乐部或社团的负责人	______	______
7. 向领导提出建议或反映意见	______	______
8. 有开创事业的能力	______	______
9. 知道怎样做能成为一个优秀的领导者	______	______
10. 健谈善辩	______	______

统计“是”一栏得分计______

C:常规型能力	是	否
1. 会熟练地打印中文	______	______
2. 会用外文打字机或复印机	______	______
3. 能快速记笔记和抄写文章	______	______
4. 善于整理保管文件和资料	______	______
5. 善于从事事务性的工作	______	______
6. 会用算盘	______	______
7. 能在短时间内分类和处理大量文件	______	______
8. 能使用计算机	______	______
9. 能搜集数据	______	______
10. 善于为自己或集体作财务预算表	______	______

统计“是”一栏得分计______

第四部分 你所喜欢的职业

下面列举了多种职业,请逐一认真地看,如果是你有兴趣的工作,请在“是”栏里打√;如果是你不太喜欢、不关心的工作,请在“否”栏里打√。请全部作答。

R:现实型职业 是 否

1. 飞机机械师 ______ ______
2. 野生动物专家 ______ ______
3. 汽车维修工 ______ ______
4. 木匠 ______ ______
5. 测量工程师 ______ ______
6. 无线电报务员 ______ ______
7. 园艺师 ______ ______
8. 长途公共汽车司机 ______ ______
9. 火车司机 ______ ______
10. 电工 ______ ______

统计“是”一栏得分计______

S:社会型职业 是 否

1. 街道、工会或妇联干部 ______ ______
2. 小学、中学教师 ______ ______
3. 精神病医生 ______ ______
4. 婚姻介绍所工作人员 ______ ______
5. 体育教练 ______ ______
6. 福利机构负责人 ______ ______
7. 心理咨询员 ______ ______
8. 共青团干部 ______ ______
9. 导游员 ______ ______
10. 国家机关工作人员 ______ ______

统计“是”一栏得分计______

I:调研型职业 是 否

1. 气象学或天文学者 ______ ______
2. 生物学者 ______ ______
3. 医学实验室的技术人员 ______ ______
4. 人类学者 ______ ______
5. 动物学者 ______ ______
6. 化学者 ______ ______
7. 数学者 ______ ______
8. 科学杂志的编辑或作家 ______ ______
9. 地质学者 ______ ______
10. 物理学者 ______ ______

统计“是”一栏得分计______

E:企业型职业	是	否
1. 厂长	______	______
2. 电视制片人	______	______
3. 公司经理	______	______
4. 销售员	______	______
5. 不动产推销员	______	______
6. 广告部长	______	______
7. 体育活动主办者	______	______
8. 销售部长	______	______
9. 个体工商业者	______	______
10. 企业管理咨询人员	______	______

统计“是”一栏得分计______

A:艺术型职业	是	否
1. 乐队指挥	______	______
2. 演奏家	______	______
3. 作家	______	______
4. 摄影家	______	______
5. 记者	______	______
6. 画家、书法家	______	______
7. 歌唱家	______	______
8. 作曲家	______	______
9. 电影电视剧演员	______	______
10. 节目主持人	______	______

统计“是”一栏得分计______

C:常规性职业	是	否
1. 会计师	______	______
2. 银行出纳员	______	______
3. 税收管理员	______	______
4. 计算机操作员	______	______
5. 簿记人员	______	______
6. 成本核算员	______	______
7. 文书档案管理员	______	______
8. 打字员	______	______
9. 法庭书记员	______	______
10. 人口普查登记员	______	______

统计“是”一栏得分计______

第五部分　你的能力类型简评

下面表A和B表是您在6个职业能力方面的自我评定表。你可以先与同龄者比较出自己在每一方面的能力,然后经斟酌后对自己的能力作一评价。请在表中适当的数字上画圈。数字越大表示你的能力越强。

注意,请勿全部在同样的数字上画圈,因为人的每项能力不可能完全一样。

表A

	R型	I型	A型	S型	E型	C型
	机械操作能力	科学研究能力	艺术创作能力	解释表达能力	商业洽谈能力	事务执行能力
高↑中↓低	7	7	7	7	7	7
	6	6	6	6	6	6
	5	5	5	5	5	5
	4	4	4	4	4	4
	3	3	3	3	3	3
	2	2	2	2	2	2
	1	1	1	1	1	1

表B

	R型	I型	A型	S型	E型	C型
	体力技能	数学技能	音乐技能	交际技能	领导技能	办公技能
高↑中↓低	7	7	7	7	7	7
	6	6	6	6	6	6
	5	5	5	5	5	5
	4	4	4	4	4	4
	3	3	3	3	3	3
	2	2	2	2	2	2
	1	1	1	1	1	1

第六部分　统计和确定你的职业倾向

请将第二部分至第五部分的全部测验分数按前面已统计好的6种职业倾向(R型、I型、A型、S型、E型和C型)得分填入下表,并作纵向累加。

测试	R型	I型	A型	S型	E型	C型
第一部分						
第二部分						

续表

测试	R型	I型	A型	S型	E型	C型
第三部分						
第四部分						
第五部分						
总分						

请将上表中的6种职业倾向总分按大小顺序依次从左到右排列：

____型、____型、____型、____型、____型、____型。

最高分←____你的职业倾向性得分____→最低分

第七部分　你所看重的东西——职业价值观

这一部分测验列出了人们在选择工作时通常会考虑的9种因素(见所附工作价值标准)。现在请你在其中选出重要的两项因素以及不重要的两项因素,并将序号填入下边相应空格上。

最重要：________　　次重要：________

最不重要：________　　次不重要：________

附

工作价值标准

工作价值标准

1. 工资高福利好
2. 工作环境(物质方面)舒适
3. 人际关系良好
4. 工作稳定有保障
5. 能提供较好的受教育机会
6. 有较高的社会地位
7. 工作不太紧张,外部压力少
8. 能充分发挥自己的能力特长
9. 社会需要与社会贡献大

以上全部测验完毕后,将你测验得分居第一位的职业类型找出来,判断一下自己适合的职业类型。职业兴趣代号与其相应的职业对照表如下。

R(现实型):木匠、农民、操作X光的技师、工程师、飞机机械师、鱼类和野生动物专家、自动化技师、机械工(车工、钳工等)、电工、无线电报务员、火车司机、长途公共汽车司机、机械制图员、修理机器、电器师。

I(调查型):气象学者、生物学者、天文学家、药剂师、动物学者、化学家、科学报刊编辑、地质学者、植物学者、物理学者、数学家、实验员、科研人员、科技工作者。

A(艺术型):室内装饰专家、图书管理专家、摄影师、音乐教师、作家、演员、记者、诗人、作曲家、编剧、雕刻家、漫画家。

S(社会型):社会学者、导游、福利机构工作者、咨询人员、社会工作者、社会科学教师、学校领导、精神病工作者、公共保健护士。

E(企业型):推销员、进货员、商品批发员、旅馆经理、饭店经理、广告宣传员、调度员、律师、政治家、零售商。

C(常规型):记账员、会计、银行出纳、法庭速记员、成本估算员、税务员、核算员、打字员、办公室职员、统计员、计算机操作员、秘书。

下面介绍与你3个代号的职业兴趣类型一致的职业,对照的方法如下:首先根据你的职业兴趣代号,找出相应的职业,例如你的职业兴趣代号是RIA,那么牙科技术人员、陶工等是适合你兴趣的职业。然后寻找与你职业兴趣代号相近的职业,如你的职业兴趣代号是RIA,那么,其他由这三个字母组合成的编号(如IRA、IAR、ARI等)对应的职业,也较适合你的兴趣。

RIA:牙科技术人员、陶工、建筑设计员、模型工、细木工、制作链条人员。

RIS:厨师、林务员、跳水员、潜水员、染色员、电器修理、眼镜制作、电工、纺织机器装配工、服务员、装玻璃工人、发电厂工人、焊接工。

RIE:建筑和桥梁工程、环境工程、航空工程、公路工程、电力工程、信号工程、电话工程、一般机械工程、自动工程、矿业工程、海洋工程、交通工程技术人员、制图员、家政经济人员、计量员、农民、农场工人、农业机器操作、清洁工、无线电修理、汽车修理、手表修理、管子工、线路装配工、工具仓库管理员。

RIC:船上工作人员、接待员、杂志保管员、牙医助手、制帽工、磨坊工、石匠、机器制造、机车(火车头)制造、农业机器装配、汽车装配工、缝纫机装配工、钟表装配和检验、电动器具装配、鞋匠、锁匠、货物检验员、电梯机修工、托儿所所长、钢琴调音员、装配工、印刷工、建筑钢铁工人、卡车司机。

RAI:手工雕刻、玻璃雕刻、制作模型人员、家具木工、制作皮革品、手工绣花、手工钩针编织、排字工人、印刷工人、图画雕刻、装订工。

RSE:消防员、交通巡警、警察、门卫、理发师、房间清洁工、屠夫、锻工、开凿工人、管道安装工、出租汽车驾驶员、货物搬运工、送报员、勘探员、娱乐场所的服务员、起卸机操作工、灭害虫者、电梯操作工、厨房助手。

RSI:纺织工、编织工、农业学校教师、某些职业课程教师(诸如艺术、商业、技术、工艺课程)、雨衣上胶工。

REC:抄水表员、保姆、实验室动物饲养员、动物管理员。

REI:轮船船长、航海领航员、大副、试管实验员。

RES:旅馆服务员、家畜饲养员、渔民、渔网修补工、水手长、收割机操作工、搬运行李工人、公园服务员、救生员、登山导游、火车工程技术员、建筑工人、铺轨工人。

RCI：测量员、勘测员、仪表操作者、农业工程技师、化学工程技师、民用工程技师、石油工程技师、资料室管理员、探矿工、煅烧工、烧窑工、矿工、保养工、磨床工、取样工、样品检验员、纺纱工、炮手、漂洗工、电焊工、锯木工、刨床工、制帽工、手工缝纫工、油漆工、染色工、按摩工、木匠、农民建筑工人、电影放映员、勘测员助手。

RCS：公共汽车驾驶员、一等水手、游泳池服务员、裁缝、建筑工人、石匠、烟囱修建工、混凝土工、电话修理工、爆炸手、邮递员、矿工、裱糊工人、纺纱工。

RCE：打井工、吊车驾驶员、农场工人、邮件分类员、铲车司机、拖拉机司机。

IAS：普通经济学家、农场经济学家、财政经济学家、国际贸易经济学家、实验心理学家、工程心理学家、心理学家、哲学家、内科医生、数学家。

IAR；人类学家、天文学家、化学家、物理学家、医学病理学家、动物标本剥制者、化石修复者、艺术品管理员。

ISE：营养学家、饮食顾问、火灾检查员、邮政服务检查员。

ISC：侦察员、电视播音室修理员、电视修理服务员、验尸室人员、编目录者、医学实验室技师、调查研究者。

ISR：水生生物学者、昆虫学者、微生物学家、配镜师、矫正视力者、细菌学家、牙科医生、骨科医生。

ISA：实验心理学家、普通心理学家、发展心理学家、教育心理学家、社会心理学家、临床心理学家、目录学家、皮肤病学家、神精病学家、妇产科医生、眼科医生、五官科医生、医学实验室技术专家、民航医务人员、护士。

IES：细菌学家、生理学家、化学专家、地质专家、地理物理学专家、纺织技术专家、医院药剂师、工业药剂师、药房营业员。

IEC：档案保管员、保险统计员。

ICR：质量检验技术员、地质学技师、工程师、法官、图书馆技术辅导员、计算机操作员、医院听诊员、家禽检查员。

IRA：地理学家、地质学家、水文学家、矿物学家、古生物学家、石油学家、地震学家、声学物理学家、原子和分子物理学家、电学和磁学物理学家、气象学家、设计审核员、人口统计学家、数学统计学家、外科医生、城市规划家、气象员。

IRS：流体物理学家、物理海洋学家、等离子体物理学家、农业科学家、动物学家、食品科学家、园艺学家、植物学家、细菌学家、解剖学家、动物病理学家、作物病理学家、药物学家、生物化学家、生物物理学家、细胞生物学家、临床化学家、遗传学家、分子生物学家、质量控制工程师、地理学家、兽医、放射治疗技师。

IRE：化验员、化学工程师、纺织工程师、食品技师、渔业技术专家、材料和测试工程师、电气工程师、土木工程师、航空工程师、行政官员、冶金专家、原子核工程师、陶瓷工程师、地质工程师、电力工程师、口腔科医生、牙科医生。

IRC：飞机领航员、飞行员、物理实验室技师、文献检查员、农业技术专家、动植物技术专家、生物技师、油管检查员、工商业规划者、矿藏安全检查员、纺织品检验员、照相机修理者、工程技术员、编计算机程序者、工具设计者、仪器维修工。

CRI:簿记员、会计、记时员、铸造机操作工、打字员、按键操作工、复印机操作工。

CRS:仓库保管员、档案管理员、缝纫工、讲述员、收款人。

CRE:标价员、实验室工作者、广告管理员、自动打字机操作员、电动机装配工、缝纫机操作工。

CIS:记账员、顾客服务员、报刊发行员、土地测量员、保险公司职员、会计师、估价员、邮政检查员、外贸检查员。

CIE:打字员、统计员、支票记录员、订货员、校对员、办公室工作人员。

CIR:校对员、工程职员、海底电报员、检修计划员、发报员。

CSE:接待员、通讯员、电话接线员、卖票员、旅馆服务员、私人职员、商学教师、旅游办事员。

CSR:运货代理商、铁路职员、交通检查员、办公室通信员。

CSA:秘书、图书管理员、办公室办事员。

CER:邮递员、数据处理员、航空邮件检查员。

CEI:推销员、经济分析家。

CES:银行会计、记账员、法定代表人秘书、速记员、法院报告人。

ECI:银行行长、审计员、信用管理员、地产管理员、商业管理员。

ECS:信用办事员、保险人员、各类进货员、海关服务经理、售货员、购买员、会计。

ERI:建筑物管理员、工业工程师、农场管理员、护士长、农业经营管理人员。

ERS:仓库管理员、房屋管理员、货栈监督管理员。

ERC:邮政局长、渔船船长、机械操作领班、木工领班、瓦工领班、驾驶员领班。

EIR:科学、技术和有关周期出版物的管理员。

EIC:专利代理人、鉴定人、运输服务检查员、安全检查员、废品收购人员。

EIS:警官、侦察员、交通检验员、安全咨询员、合同管理者,商人。

EAS:法官、律师、公证人。

EAR:展览室管理员、舞台管理员、播音员、训兽员。

ESC:理发师、裁判员、政府行政管理员、财政管理员、工程管理员、职业病防治、售货员、商业经理、办公室主任、人事负责人、调度员。

ESR:家具售货员、书店售货员、公共汽车驾驶员、日用品售货员、护士长、自然科学和工程的行政领导。

ESI:博物馆管理员、图书馆管理员、古迹管理员、饮食业经理、地区安全服务管理员、技术服务咨询者、超级市场管理员、零售商店店员、批发商、出租汽车服务站调度。

ESA:博物馆馆长、报刊管理员、音乐器材售货员、广告商售画营业员、导游、(轮船或班机上的)事务长、飞机上的服务员、船员、法官、律师。

ASE:戏剧导演、舞蹈教师、广告撰稿人、报刊专栏作者、演员、英语翻译。

ASI:音乐教师、乐器教师、美术教师、管弦乐指挥、合唱队指挥、歌星、演奏家、哲学家、作家、广告经理、时装模特。

AER:新闻摄影师、电视摄像师、艺术指导、录音指导、舞蹈演员、魔术师、木偶戏演员、骑士、跳水员。

AEI:音乐指挥、舞台指导、电影导演。

AES:流行歌手、舞蹈演员、电影导演、广播节目主持人、舞蹈教师、口技表演者、喜剧演员、模特。

AIS:画家、剧作家、编辑、评论家、时装艺术大师、新闻摄影师、男演员、文学作者。

AIE:花匠、皮衣设计师、工业产品设计师、剪影艺术家、复制雕刻品大师。

AIR:建筑师、画家、摄影师、绘图员、环境美化工、雕刻家,包装设计师、陶器设计师、绣花工、漫画工。

SEC:社会活动家、退伍军人服务官员、工商会事务代表、教育咨询者、宿舍管理员、旅馆经理、饮食服务管理员。

SER:体育教练、游泳指导。

SEI:大学校长、学院院长、医院行政管理员、历史学家、家政经济学家、职业学校教师、资料员。

SEA:娱乐活动管理员、国外服务办事员、社会服务助理、一般咨询者、宗教教育工作者。

SCE:部长助理、福利机构职员、生产协调人、环境卫生管理人员、戏院经理、餐馆经理、售票员。

SRI:外科医师助手、医院服务员。

SRE:体育教师、职业病治疗者、体育教练、专业运动员、房管员、儿童家庭教师、警察、引座员、传达员、保姆。

SRC:护理员、护理助理、医院勤杂工、理发师、学校儿童服务人员。

SIA:社会学家,心理咨询者,学校心理学家,政治科学家,大学或学院的系主任,大学或学院的教育学教师,大学农业教师,大学工程和建筑课程的教师,大学法律教师,大学数学、医学、物理、社会科学和生命科学的教师,研究生助教,成人教育教师。

SIE:营养学家、饮食学家、海关检查员、安全检查员、税务稽查员、校长。

SIC:描图员、兽医助手、诊所助理、体检检查员、监督缓刑犯的工作者、娱乐指导者、咨询人员、社会科学教师。

SIR:理疗员、救护队工作人员、手足病医生、职业病治疗助手。

SAC:理发师、指甲修剪师、包装艺术家、美容师、整容专家、发式设计师。

SAE:听觉病治疗者、演讲矫正者。

SAR:图书馆管理员、小学教师、幼儿园教师、学前儿童教师、中学教师、师范学院教师、盲人教师、智力障碍人的教师、聋哑人的教师、学校护士、牙科助理、飞行指导员。

测试4

个人职业锚的确定

为了帮助你确定自己的职业锚，可以找几张空白纸写下你对以下几个问题的答案。①

1. 你在高中时期主要对哪些领域比较感兴趣（如果有的话）？为什么会对这些领域感兴趣？你对这些领域的感受是怎样的？

2. 你在大学时期主要对哪些领域比较感兴趣？为什么会对这些领域感兴趣？你对这些领域的感受是怎样的？

3. 你毕业之后所从事的第一份工作是什么？你期望从这种工作中得到些什么？

4. 当你开始自己的职业生涯的时候，你抱负或长期目标是什么？这种抱负或长期目标是否曾经出现过变化？如果有，那么是在什么时候？为什么会变化？

5. 你第一次换工作或换公司的情况是怎样的？你指望下一个工作能给你带来什么？

6. 你后来换工作、换公司或换职业的情况是怎样的？你怎么会作出变动决定？你所追求的是什么？（请根据你每一次更换工作、公司或职业的情况来回答这几个问题。）

7. 当你回首自己的职业经历时，你觉得最让自己感到愉快的是哪些时候？你认为这些时候的什么东西最令自己感到愉快？

8. 当你回首自己的职业经历时，你觉得最让自己感到不愉快的是哪些时候？你认为这些时候的什么东西最令自己感到不愉快？

9. 你是否曾经拒绝过从事某种工作的机会或晋升机会？为什么？

10. 回答完这些问题后请你仔细检查自己的所有答案，并认真阅读关于五种职业锚（管理型、技术或功能型、安全型、创造型、自治与独立型）的描述。根据你对上述这些问题的回答，分别将每一种职业锚赋予从1～5之间的某一分数，其中1代表重要性最低，5代表重要性最高。

管理型——　　技术/功能型——　　安全型——

创造型——　　自主/独立型——

思考题

1. 简述自我分析的方法有哪些。在开展自我分析时应如何运用这些方法？

---

① 加里：《人力资源管理》，380页，北京，中国人民大学出版社，1999。

2. 简述职业价值的内涵,联系实际分析自己的职业价值观。
3. 职业性格与职业兴趣有哪些类型? 你认为自己属于哪种类型?
4. 联系实际分析自己的职业性向,并据此判定自己最喜欢的三种职业。
5. 联系实际,你认为应如何利用职业锚理论来指导自己的职业生涯发展?

参考资料

[1]王珍,等. 职业指导[M]. 北京:地质出版社. 1995.
[2]罗伊. 人才设计室[M]. 北京:新华出版社. 1998.
[3]卢荣远,唐宁玉,李凌,等. 职业心理与职业指导[M]. 北京:人民教育出版社,1996.
[4]吴国存. 企业职业管理与雇员发展[M]. 北京:经济管理出版社. 1999.
[5]罗双平. 职业生涯规划[M]. 北京:中国人事出版社,1999.
[6]俞文钊. 管理心理学[M]. 修订本. 甘肃人民出版社,1989.
[7]俞文钊. 领导心理学导论[M]. 北京:人民教育出版社,1993.
[8]张燕逸. 职业心理学[M]. 延吉:延边大学出版社,1990.
[9]缪克成. 青年职业指导[M]. 上海:华东师范大学出版社,1990.
[10]金一鸣. 中学的职业指导[M]. 杭州:浙江教育出版社,1991.
[11]肖鸣政. 职业技能鉴定的理论与方法[M]. 北京:中国经济出版社,1997.
[12]王云昌. 职业技能人才资源开发[M]. 郑州:黄河水利出版社,1998.
[13]张伟远. 西方职业指导的理论与模式[J]. 华东师范大学学报,教育版,1991(1).
[14]阚雅玲. 大学生职业价值观的确定[J]. 职业设计,2003(5 -9).
[15]V J Drapela, D C Washington. Guidance and Conselling Around the world. University Press of America, 1979.
[16]J O Critos. Career Conselling models, Methods, and materials, Newrork: MCGraw - -Hill Book. CO, 1981.
[17]E L Herr. Career Guidance and Conselling Through the Life Span, 3rd. ed, Scott. Foresamancom, 1988.

6

职业生涯目标的确定

本章学习要点

- 了解职业生涯目标的内涵与功能。
- 掌握职业生涯目标制订的基本方法与步骤。
- 掌握目标评估与目标分解的方法。
- 理解影响职业目标确定的影响因素，掌握相关分析方法。

案例导入

为什么工作总是不如意？

阿芳是学医的，拥有硕士学位，今年快30岁了，是一个很好相处的女士。她来职业指导中心咨询职业定位，在提供了全部测试资料后，她等了近一个月，一直未收到给她的《性格与天赋分析和职业定位报告》。有一天，我收到她的电子邮件，开头写道：盼望啊！盼望啊！——但没有一句责怪的话。尽管后来她才知道是由于她领会错了我的意思，原来我一直在等她的补充资料。从这件小事可以看出，她不轻易责怪别人，能替别人着想，很注意表达的方式，很容易相处。就是这样一个学历高、能力强、别人与她容易相处的人，工作却总是不如意。

阿芳毕业后分配到广州一家大医院的急诊室。与一般人不同的是，她很喜欢急诊室紧张而又忙碌的气氛，不断有新的病人进来，既要亲自对病人进行紧急处理，又要指挥护士照应，还要回答病人家属的咨询，甚至有时还要记费、收费等等，但她喜欢急诊室那种变化多、压力大、要求反应快并判断准的感觉。可是他们的工作时间长，工作环境很差,主任想什么时候来上班就什么时候来,对医生的劳苦很不关心。

所以阿芳离开了那家医院,去了一家大型的美资制药公司做销售。由于在上司面前,她是怎么想的就怎么说,导致上司不喜欢她。在这家公司她只做了9个月,做得很不开心。

又去了另一家外资制药公司。这次她学会了对上司察言观色,不轻易表露自己的态度和看法,凡事先顺着上司的意思,不去主动与上司较劲,因而取得了上司的信任。相处久后,逐渐发现上司找自己要客户的资料后,偷偷地向自己的客户卖药。这回她没有因此影响自己的情绪,学会了泰然处之,宁肯眼前吃点小亏。

对客户她以平和心对待,学着见人说人话,见鬼说鬼话,仔细观察客户的一言一行、工作环境,学着分析客户的性格特点、爱好和需求,并尽量以专业化的形象出现在客户面前,尽可能争取公司资源,满足客户需求。

虽然她不太合群,但对同事却能真诚相待,有难必帮,并利用自己的人生经验鼓励别人,与来来去去的同事结下了很好的交情。新同事初到,她带引其尽快进入状态,并为其出谋划策。上司离任,无人管理,仍按部就班安排好自己的工作,并尽可能以公司代表的身份访问客户,保持公司与重点客户的联络。新上司上任,她也无私相助。

在这家公司,她还是没有什么发展,没有得到提升。她在即将离开公司时,仍站好最后一班岗,没有计较公司的不当,做好交接工作。

来职业指导中心咨询时,她已在另一家制药公司工作,但她仍然没有看到发展的希望。阿芳给自己想过三个发展方向:作家、医科大学教授、医药界管理人员。

问题与讨论:

根据阿芳的情况你认为她工作多次失意的原因是什么?为什么?请你帮她作一下职业定位,并为她设计一条新的职业发展道路。

6.1 职业生涯目标制订的方法

6.1.1 职业生涯目标的内涵与功能

职业生涯目标的确定是职业生涯规划的核心内容之一。在深入地自我分析的基础上,在对自己有了全面深刻的了解之后,就需要对自己的职业生涯目标进行抉择了。职业生涯目标是人生总体目标在职业领域理想的具体化,是个人在期望的职业领域中未来某时点所要达到的具体成就。因此,目标抉择就是要明确自己想成为一个什么样的人,如:在行政管理职务上达到哪一级别,担任什么社会角色;在专业技术职务上成为哪一领域、哪一个级别的专家;等等。所以,目标是职业生涯发展的方向,是人生事业能否成功的重要条件。

国内调查表明,目前年轻人尚无制订科学的职业生涯规划者占80%以上,同时,大多数国内企业也还没有意识到为雇员作好职业生涯规划的重要性。中国入世之后，人才的竞争也日趋国际化，我们正面临前所未有的竞争压力。对于个人而言，职业生涯是人生中重要而又短暂的阶段，需要我们每个人去认真设计规划，其中人生总目标及各阶段、各层次的职业生涯目标设计是职业生涯开发与管理的核心。为什么许多人不愿意设定职业生涯目标呢？主要原因有四个方面。第一，不了解目标的重要性，从小没有人教导我们什么是目标，更不知道为什么要设定目标。第二，不知道如何设定目标，在我们的学校教育当中从来没有人教导我们如何设定目标，如何去达成目标。第三，因为害怕被别人拒绝和嘲笑，假如我们不设定目标，别人不了解我们的目标，我们就不会被别人批评、嘲笑。我们就可以免除害怕被拒绝的恐惧。第四，害怕自己会失败，一般而言成年人在生活上失败的最大原因就是对失败的恐惧感。总以为我不能，我不行，我可能会损失钱财、浪费时间，所以不敢做事情，最终导致我真的不能。

要充分认识职业生涯目标的意义及作用。在职业生涯目标抉择中，不少人不了解生涯目标的意义与作用，认为订立目标只是一种形式，没有目标照样可以工作和生活；有些人认为制订目标是很麻烦的事，不愿意为此煞费苦心。人生百年这么重要的事情如果没有个目标，把一生的命运完全交给别人主宰，自己盲目服从，就只是随波逐流地度此一生，岂不是遗憾终生吗？一个人要获得事业的成功，须按照人生成功的规律来制订行动的目标和规划。也就是说，一个未来的成功者，必定是一个目标意识很强的人。所谓"目标意识"，就是头脑中始终有清楚的目的，当一个目标实现以后，他又会盯住另一个目标，直到事业的成功。据研究发现，凡是在一生中称得上"成功"的人士，都有明确的奋斗目标；那些没有奋斗目标的人，都没有获得理想的成功。这也正验证了"杰出人士与平庸之辈最根本的差别在于有无人生目标"这一论断。当然在有奋斗目标的人中也有没有成功的。不过他们的不成功都另有原因：有的是由于目标失当；有的是行动不够，半途而废；有的是由于失误或遇到某种意外等。由此得出这样一条规律：有了目标未必一定成功，但若想成功必须要有明确目标。"志不立，天下无可成之事。"立志是人生的起跑点，职业生涯目标的设定是职业生涯规划的核心。离开了职业生涯目标的设立，就谈不上职业生涯的规划。"如果你不知道你要到哪儿去，那么通常你哪儿也去不了。"所以通俗地讲，职业生涯目标至少可以保证你总有地方可去，总有目标值得憧憬。

具体而言，职业生涯目标具有四个方面的作用。第一，可以给人的职业行为设定明确的方向，使人充分了解自己每一个行为所产生的效果。第二，参照目标，可以使自己知道什么是最重要的事情，有助于合理安排时间。第三，对比目标要求，能清晰地评估自己每一个行为的进展，正面检讨每一个行为的效率。第四，目标能使人们预先看到结果，稳定心情，从而产生持续的信心、热情与动力。19 世纪美国哲学家、诗人爱默生说："一心向着自己目标前进的人，整个世界都为他让路！"因此，有目标，才会有方向，才会产生激情与动力，才能保证最终获得成功。

6.1.2 职业生涯目标制订的基本方法与步骤

1. 职业生涯目标设定的基本步骤

职业生涯目标的设定一般需要经过六个步骤。

第一步:自我分析,认识自我,找出自己的特点和优势。在上一章中已详细介绍了有关内容。

第二步:对自己所处的内外环境进行分析,确定自己在内外环境中的位置及发展的潜力和机会。

第三步:确定人生目标。把目标具体、详细地写出来。

第四步:选择自己的生涯路线,决定向哪一方面发展。是从事行政管理工作,还是从事专业技术工作,还是从事其他的工作。

第五步:对于拟参加工作的人,可根据前面的分析结果选择适当的职业。对已参加工作的人,可根据前面分析的结果,检讨一下自己目前的职业,必要时可重新选择。

第六步:制订行动计划。按照目标的要求,制订详细的行动计划与措施。行动计划包括十年计划、五年计划、三年计划、明年计划、下月计划、明日计划。

2. 职业生涯目标设定的具体方法

职业生涯目标的设定可以通过如下方法与环节完成。

第一,发现愿望。在自我分析的基础上,冷静思考一下,想象你这一生最想得到的某些东西是什么,这些东西是你最想得到的,而不是因为你感到别人想让你得到的。

第二,坚定信念。必须绝对相信你有足够的能力达到目标。

第三,记录下来。把你的目标记录下来,不作纪录的目标不是目标仅仅是愿望或者空想。

第四,明确利益。想象你的目标达成后为你带来的喜悦、成就、收获和满足。你的这些利益必须具有鼓舞性,必须能给予你足够的动力。

第五,找到着眼点。对自己认识越清楚,你就越可以发现从什么地方入手去实现你的目标,去实现你的愿望。

第六,最后期限。明确目标达成的最后时间,一般而言,有切合实际的目标、详细的计划和不懈的坚持,80%的目标都会达成。

第七,理清障碍。扫除实现目标的障碍,包括内部的、外部的、你本身的或者是环境造成的。

第八,附加信息。根据实现目标的需要,按优先次序区分所需的信息、技能、能力、经验,以决定怎么去达成。

第九,明确可以从哪里得到帮助。现代人的成功绝不是单打独斗的结果,都需要团队和别人帮助,因此,想成功地完成某事,需要很多人的帮助。

第十,做计划。要达成目标,必须根据时间和优先次序写下你的活动计划。这些计划可以是初步的轮廓性的,不求计划是完美的。

第十一,可预见性。当你每达成一个目标或阶段性目标时都要庆祝一下并留下一个清晰的记忆,反复回忆达成目标时的喜悦和对未来充满的信心。

第十二,坚持。切记在实现目标的过程中,千万不要放弃。记住:托马斯爱迪生做了11 000次实验才发明了第一个碳丝电灯,所以,成功的前提是要经得起失败的打击。

最后要记住,对于目标要每天回忆,经常重写,经常重复你的目标。

3. 职业生涯目标的设定及依据

职业生涯目标的抉择是以自己的最佳才能、最优性格、最大兴趣、最有利的环境等条件为依据的。离开了自身的优势,设定的目标是很难实现的。

职业生涯目标的设定应从一生的发展写起,明确生涯发展的总目标;然后分别订出十年计划,五年、三年、一年计划,以及订出一月、一周、一日的计划。计划订好之后,再从一日、一周、一月计划实行下去,直至实现你的一年目标、三年目标、五年目标、十年目标。具体步骤如下。

第一,订出未来发展的总目标。今生今世,你想干什么?想成为什么样的人?想做哪一件或几件大事?想取得什么成就?想发挥自己哪一方面的优势与特长?想成为哪一专业的佼佼者?把这些问题确定后,职业生涯的总目标也就确定了。当然目标是建立在自我分析与内外环境分析基础上,否则目标就失去了意义。

第二,订出未来十年的大计。根据人生的总目标,想想今后十年,你希望自己成为什么样子?有什么样的事业?将有多少收入?进行哪些家庭固定资产投资?要过上什么样的生活?你的家庭与健康水平如何?你将获得什么样的社会地位?把它们仔细地想清楚,一条一条地计划,记录在案。

第三,订出未来五年计划。订出五年计划的目的,是将十年大计分阶段实施,并将计划进一步具体化、详细化,将目标进一步分解。

第四,订出未来三年计划。俗话说,五年计划看头三年。因此,你的三年计划,还要比五年计划更具体、更详细。

第五,订出明年计划。订出明年的计划以及实现计划的步骤、方法与时间表。务必要具体、切实可行。如果从现在开始制订目标,则应单独订出今年的计划。

第六,订出下月计划。下月计划应包括下月计划应做的工作应完成的任务、质和量方面的要求、财务上的收支、计划学习的新知识和有关信息、计划结识的新朋友等等。

第七,订出下周计划。下周计划的内容要非常具体、详细并数字化、切实可行,而且每周末提前计划好下周的计划。

第八,订出明日计划。明天计划要做哪几件事?哪几件事是最重要的非做不可的?把它们挑选出来,取最重要的3~5件事,按事情轻重缓急,按先后顺序排好队,明日按计划去做。

按照事情的轻重缓急去做事,可以避免"拣了芝麻、丢了西瓜",这对一个人提高办事效率是大有好处的。

4. 职业生涯目标的分解

在职业生涯总目标确定以后,如何将长远的总目标加以细化和落实,这就需要对目标进行分解。常用的目标分解方法为剥洋葱法。目标的分解过程就像剥洋葱一样,将大目标分解成若干个小目标,再将每个小目标分解成若干个更小的目标,一直分解下去,直到知道现在该干什么(参见图6-1、图6-2)。

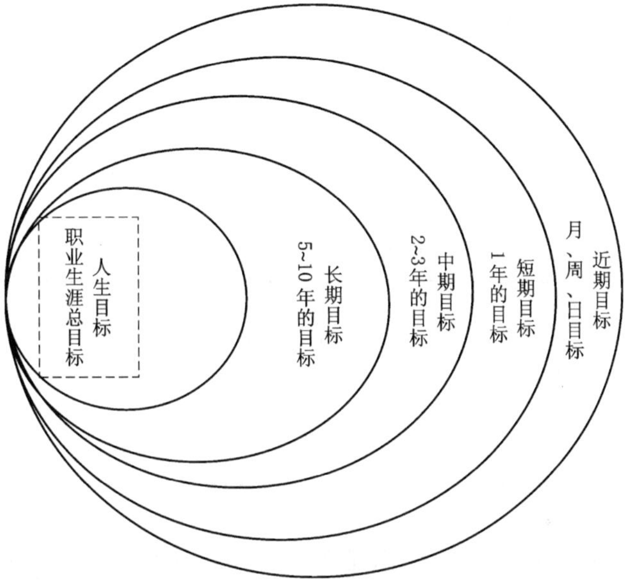

图6-1 职业生涯规划目标分解的剥洋葱图

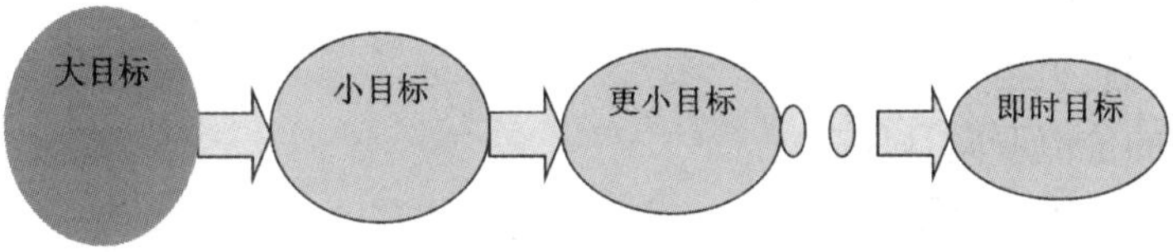

图6-2 职业生涯规划的目标分解图

职业生涯目标分解的原则有如下三个。

第一,小目标是实现大目标的条件。

第二,大目标是小目标的结果,大目标是由小目标构成的。

第三,小目标的实现之和一定是大目标的实现。

5. 职业生涯目标的评估

在职业生涯目标确定与实现过程中,往往会发现在某一时期或阶段,存在多个目标的情况。在职业生涯中,有许多值得追求的东西,但我们并没有那么多的时间和资源去做每一件事,我们就要在众多目标之中作出选择。目标的T字形评估法,正是用于多个案的深度分析对比,以帮助作正确选择目标的评估工具(参见表6-1、表6-2)。我们可以通过对不同目标方案优缺点的比较,最终根据趋利避害、有利于长远发展的原则确定适合的目标。

表6-1　A方案评估

缺点	优点
1.	1.
2.	2.
3.	3.
4.	4.
5.	5.

表6-2　B方案评估

缺点	优点
1.	1.
2.	2.
3.	3.
4.	4.
5.	5.

例如:是读研究生,还是马上工作;是换工作单位,还是在本单位等待机会。

使用T字形目标评估法,在进行目标取舍、抉择时应遵循的原则是:两害相权,取其轻;两利相权,取其重,长远利益重于眼前利益。

或许两个目标方案无好坏之分,这时应问自己以下三个问题。

第一,我到底想要什么?

第二,我的价值取向是什么?

第三,什么是第一重要的事情?

在回答了上述问题后若仍无答案,就应提醒自己是否有这两者以外的更好的选择。

6.2　制订职业生涯目标应注意的问题

制订职业生涯目标应注意以下问题。

6.2.1　要注重职业生涯发展环境的分析

在制订职业生涯规划时,对环境的分析是其重要环节,著名成功学专家陈安之将“环境”列为成功的十个关键因素之首。陈安之说:“我学会了一些有效的成功方法,不需要很久的时间改变生命，只需要接近一个成功的环境、成功的人。”成功会吸引成功，成功者能激发你成功的欲望，和成功的人在一起，人们会发现他们失败的次数比自己多，于是就会得到莫大的鼓励，面对困境不怕挫折。“成功有两条路可以走，第一是最快的，成功最快就是使用别人已经证明有效的方法；而最慢呢，就是自己摸索。”（安东尼·罗宾）因此，“使用别人的经验”（other people exprience - OPE，拿破仑·希尔）才能获得快速成功。只有了解环境、主动创造目标实现环境，才能理解“什么是真正的成功、如何能成功、通过何种方式缩短目标实现的时间和路径”，从而提高目标实现的概率。在目标设定时，进行环境分析主要包括三个方面。

（1）对组织环境的分析。对组织环境的分析，应是个人着重分析的部分，因为组织将是实现个人抱负的舞台，西方有句关于职业发展的名言：“你选择了一个组织，就是选择了一种生活。”特别是现代组织越来越强调组织文化建设，对雇员的适应生存能力要求越来越高。因而应对自己将跻身其中的组织的各个方面详细了解。在知己知彼的基础上，寻求具有相同价值观的组织，才是个人融入组织的最佳选择。组织环境分析有六个方面的内容，首先是组织特色分析，了解组织的风格与经营理念，以判定跟个人的价值观是否吻合，具体包括组织的规模、组织结构、组织文化、人员流动性等内容的分析。其次是组织经营战略分析，战略决定了组织未来的发展走势，也影响着个人的发展空间，具体包括组织发展战略、组织发展措施、组织的竞争实力、组织发展态势分析等。第三是人力资源状况评估，根据现状分析个人的发展机会，具体包括人力资源需求预测和组织的升迁政策、培训方法、招聘方式等等。第四是人力资源管理分析，包括人事管理方案、薪资报酬、福利措施、雇员关系等等。第五是组织工作环境与特性分析，包括组织是集权式管理还是授权式管理，组织氛围如何等。通过对组织环境的分析，了解、判定个人在组织的发展机会与空间。第六是组织人际关系分析，弄清个人职业发展过程中将同哪些人交往，其中哪些人将对自身发展起重要作用；工作中会遇到什么样的上下级、同事及竞争者，对自己会有什么样的影响，如何与他们相处等。

（2）对社会环境的分析。个人的发展与组织的发展都离不开一定的社会经济环境。社会环境为人的发展提供了条件和可能性。当前我国社会正处在快速转型期，作为即将步入社会的大学生和希望谋求职业发展的人士，应该善于把握社会发展脉搏。这就需要对社会大环境进行分析。社会环境的分析主要包括三个方面。一是社会政策分析，弄清社会上哪些是可以做的，哪些是不能的；哪些事是现在可以干的，哪些是将来有潜力的；当前社会热点职业门类分布及需求状况；所学专业在社会上的需求形势；自己所选择职业在目前与未来社会中的地位；自己所选择的单位在未来行业发展中的变化情况，在本行业中的地位、市场占有及发展趋势等。二是社会变迁与价值观念分析，了解当前社会、政治、经济发展趋势；社会发展对自身发展的影响；弄清信息化社会对生涯发展、人才成长、价值观等的影响。三是科技发展的趋势及其影响分析，包括知识积累和补充、理论更新、观念转变、思维变革等产生的影响。对这些社会发展大趋势问题的清醒认识,有助于把握职业社会需求,使自己的职业选择紧跟时代发展的步伐。

(3)对经济环境的分析。经济环境对人的生涯发展有着直接、重要的影响。这些影响包括三个方面:一经济发展的影响,将不断出现新行业,使机构增加、编制扩容、就业和晋升机会增加等等;二经济模式变化,市场经济的发展,知识经济的到来,对就业、发展、素质提出了更高要求;三经济全球化带来的经营策略的变化、经济法规的调整、对从业人员素质的要求使竞争压力增大等等,都会影响个人的生涯发展。

只有弄清了环境对职业发展的作用及影响,才能更好地进行职业目标定位。

6.2.2 要符合社会与组织的需要

职业生涯目标如同一种“产品”,这种“产品”有市场,才有“生产”的必要。故在确定职业生涯目标时,要考虑到内外环境的需要,特别是要考虑到社会与组织的需要。有需求,才有市场、才有位置。同时,目标必须是符合党和国家的方针政策,符合道德规范,不损害社会的利益,不会给任何人带来痛苦和损失的。这样的目标才能引导自己走上成功之路。否则,它将引导你走向邪路,走向失败之途,还将对国家和社会造成损失,也将毁掉自己的前途。

6.2.3 要适合自身的特点并建立在自身的优势之上

不同的人有不同的特点和优势。将目标建立在个人优势的基础上,就能左右逢源,处于主动有利的地位。要选择与自身长处相符或相近的目标。在目标选择时应注意以下两点。一是人之才能,各不相同。目标之选择不能偏离自身长处,否则便是自己跟自己过不去,自己为自己设置前进道路上的障碍。有的人选择目标违背以上原则而误入歧途,他们的失误不是单凭自己的爱好,就是盲目追逐世俗的热点。所谓凭自己的爱好,可以进行具体分析。倘若你的所爱正是你的所长,那么不在纠正之列;有的人所热爱的正是他所短缺的,这就很容易视“所爱”为“所长”,一下子步入误区而不能自拔。二是才能相近。所谓才能相近,指的是才能之间跨度不大,如写字与绘画,体育表演与杂技表演,写小说与写话剧,党的工作与团的工作,工业管理与商业管理,等等。但是,才能相近,也需要花费相当的气力才能做到相符。自己的才能长处与自己的目标方向一致起来了,才能长驱直入,事半功倍。

6.2.4 要高远但决不能好高骛远

一个人追求的目标越高,其才能就发展得越快,对社会越有益;所以不能根据现有能力制订目标。人不可能超过自己设定的目标,因此自我人生目标就是自己的发展水平的上限。但人的潜能又是巨大的,只要能不断挖掘,就能够取得了不起的成就。

俄国的大文豪高尔基说过:“我常常重复这一句话,一个人追求的目标越高,他的才能就发展得越快,对社会就越有益,我确信这也是一个真理。这个真理是由我的全部生活经验,即是我观察、阅读、比较和深思熟虑过的一切确定下来的。”人的生涯目标,应追求符合实际的远大目标。在与实际相符合的范围内,自我确定的目标越高,其发展前途也越大。“志存高远”,“存”者,存乎于心中也。这是说,当前的行动要立足于现实的大地上,心中要有符合实际的崇高而远大的抱负。如此,则前途无量。有了远大的目标,能起到激励作用,能促进学习,改进工作方法,为达到目标而发奋工作。所订目标如果仅限于自己能力范围之内,只求工作轻松省力,回避新的激励,结果就会使人陷于畏缩不前、消极保守的状态。

美国作家盖尔·希伊在撰写《开拓者们》一书时,曾通过一份内容十分广泛的“人生历程调查问卷”,间接地访问了6万多个各行各业的人士,他发现那些最成功和对自己生活最满意的人至少有两个共同的特点:一他们喜欢有更多的亲密朋友;二他们都致力于实现一个其实际能力所难于达到的目标。根据希伊的研究,这些开拓者们觉得他们的生活很有意义,而且比那些没有长远目标驱使其向前的人更会享受生活。可见,设定一个远大目标可以发挥人的更大潜能,目标越高远,人的进步越大。

当然,目标也不能过高。如果目标过高,则使人悬在幻想的高空,在现实生活中必然一事无成,目标就失去了意义。不切实际盲目地过分提高目标,也会因好高骛远而招致失败。同时,值得注意的是,目标不是理想、不是希望,而是理想与希望的具体化。理想是对未来事物的想象或希望,是一种崇高的精神境界,而目标是实的,是具体的。目标与理想的关系是目标指向理想,二者虽有关系,但不能相互替代。

6.2.5 目标幅度不宜过宽

在目标确定过程中,最好选择窄一点的领域,并把全部身心力量投进去,这样更容易获得成功。奋斗目标有高有低,专业面有宽有窄。在目标选择中,是宽一点好,还是窄一点好呢?一般来说,专业面越窄,所需的力量相对越少。换句话说,用相同的力量对不同的工作对象,专业面越窄的,其作用越大,成功的机会也越多。所以,职业生涯目标的专业面不要过宽。例如,某人想成为一名人力资源管理专家。此目标定得就太宽,因为人力资源管理包括招聘、薪酬、福利、培训、绩效考核等等许多领域,一个人的精力有限,要想成为人力资源管理各方面的专家,似乎有点不太现实。但如果你想成为一名薪酬专家,经过几年的努力,就有可能实现。

6.2.6 要注意长期目标与短期目标间的结合

职业生涯目标应长短结合。长期目标指明了发展的方向,可以鼓舞斗志,防止短期行为。短期目标是实现长期目标的保证,没有短期目标,也就不会有长期目标。特别是在职业生涯发展过程中,通过短期目标的达成,能体验到达成目标的成就感和乐趣,鼓舞自己为了取得更大的成就,而向更高的目标前进。长短结合更有利于生涯目标的实现。但是,只有短期目标,看不到远大的理想,也会影响奋斗的激励作用,还会使事业发展摇摆不定,甚至偏离发展方向。

需要指出的是,职业生涯规划中的职业目标同日常工作目标有很大差异。工作目标是个人在当前的工作岗位上想要完成的任务目标,可以是自设的,也可以是组织给定的。工作目标一般是较具体、同本职工作紧密相关并随时间而变化的短期目标。职业目标相对来说是较为抽象的长期目标，而且不一定完全同当前的工作有关。但是，职业目标的达成，尤其是计划在单一专业或组织内部提升的目标，同当前工作目标的选择及完成情况关系密切。可以说，选择适当的工作目标并很好地实现这些目标是最终达成职业目标的最佳途径。

6.2.7 目标要明确、具体并可以量化，同一时期的目标不要太多

目标越简明、越具体，就越容易实现，越能促进个人的发展。目标就像射击的靶子一样，清清楚楚地摆在那里。干什么，干到什么程度，要有明确具体的要求。比如，从事某一专业，到哪年，学习哪些知识，达到什么程度，都要明确、具体地确定下来。目标明确不仅指业务发展目标，而且与之相应的其他目标也要明确具体。比如，学习进修目标、思想目标、经济收益目标、身体锻炼目标等。这些目标也要有明确的要求。同时要做到互相配合、共同作用，促进个人的身心、生活和事业的全面发展。无论是什么目标都要有"时间"和"度"的要求。只有这两者完全结合，才能成为明确的目标。比如从事某一管理工作，在什么时间，达到什么能力，达到什么级别等。没有时间限制的目标是难以实现的，因此，目标要有明确的时间限制。

同一时期目标不宜过多，应相对集中。要实现人生目标，成就一番事业，须把目标集中到一个焦点上。集中一个目标，并不是说你不能设立多个目标，而是你可以把它们分开设置。具体说，就是一个时期一个目标，拉开时间差距，实现一个目标后，再实现另一个目标。美国的卡尔森从一个推销员而成为知名的企业家，他保持不断前进的动力，就是不断定下更为远大的目标。卡尔森有一个习惯，就是把生意的发展目标写在纸上。当他达到这个目标时就再换一张纸，再制订一项新的目标。他还把目标用广告牌竖立在公司的餐厅门前，使公司从业人员每天都能看得见，他是在用目标推动企业不断地向前发展。

6.2.8 要注意职业目标与家庭目标以及个人生活与健康目标的协调与结合

人生除了事业目标外，还有财富、婚姻、健康等问题。事业的成功，家庭与健康是基础和保障，并直接影响着人生事业的发展和生活质量。所以，财富、婚姻、健康也是人生的重要组成部分，在制订职业生涯目标时应加以考虑。人生立志创一番事业，物质基础是必要的，没有一定的物质基础，事业也难以得到发展。所以，在制订人生事业目标时，应适当地对个人收入问题加以规划，其规划的方法是：计划好自己所希望得到的数量，今年、明年、后年希望得到多少，可以把计划记录下来，写成文字，不要含糊不清。婚姻也是人生中一件大事，处理得好，有助于事业的发展，一生幸福；处理不好，不但影响事业的发展，而且终生痛苦。人人都希望健康、长寿，事业发展也离不开健康。许多人，年轻时用身体换金钱，年老时用金钱买健康。如果你渴望这辈子过得幸福，渴望健康长寿，那么希望你还是趁早把"健康"二字提到议事日程上来，从现在

起,把你的健康计划纳入规划目标。

值得注意的是,无论是你的事业目标,还是你的健康目标,一旦确定后,就要坚决执行。要明白:人的生命与成败掌握在自己手中。规划好你的人生,规划好你的发展,是你的义务、责任,也是你的权力,更是决定你一生伟大与平凡、成功与失败的关键。

阅读材料

怎样设定和达成你的目标

1. 目标设定

目标设定就是对你的生活进行控制。如果你不知道想要什么,又怎么知道你该怎么做?又怎么知道你是否接近或者达到了目标?摒弃大部分人都延续的路线,沿着人生道路前进而很少反抗,以为“在它之中做最好的”。确实,生命有它自己的安排,你必须遵从它。机会就是你可以比现在更好地控制你的命运。想想这些:因为你设定了目标,制订了行动方案并坚持下去,你取得了99%的成就。

2. 从想象开始

如果你想拥有一些东西,它们是什么?如果你可以是任何人,你会是谁?想象一下你和一个20年后的人交谈,他是怎么样的?他会怎么说、怎么想?会给你什么建议?再回想一下你童年时代的梦想吧,这不是无聊的行动。因为没有很好地考虑他们自己,许多人没有得到他们自己想要的。

3. 记录下来

记录下来看似简单,但它是你在认识自己的目标当中关键的一步。有人说目标和愿望的不同是因为目标是记录下来的,相信它!在纸上写下你的目标,这不但可以让你更明确地“看”到你的目标,而且可以使目标更容易操作、更容易集中、更容易区分优先次序和应用。

4. 平衡各种目标

不要让你自己仅局限于职业目标(每个人都梦想成功),在你生活的各个方面都应建立目标。用下面的字头(记住,在纸上),即物质的(家庭,财务,职业,社区服务)和精神的(宗教信仰、社会活动等)将相关目标表示出来。目标设定是一个巧妙地提醒你考虑你合适的领域和在你的生活中建立新的平衡的方法。

5. 实现目标

很不幸,决定什么是可达成的目标很难。以下的目标是不是不切实际呢:在五年内成为百万富翁,成为美国总统?居住在塔希提岛,成为宇宙独一无二的。只有你自己可以决定什么对你来说是切合实际的。但是要记住,建立过高的目标要优于建立过低的目标。

6. 使各种目标互相兼容

考虑一下：你确立了一个被晋升为公司高层管理人员的目标和一个每周工作不超过40个小时的目标，这些目标肯定是不兼容的。为什么？因为可以想象你的公司将会要求你在非正常工作时间内处理一些问题，参加计划制订，出席会议和出差。如果你想把更多的时间花在你的家庭上，想减少你的工作时间，最好考虑成为公司的首席执行官。这些目标是互相影响、互相结合的。

7. 使各种目标具体化和可度量化

例如，你想有好的阅读能力，这意味着什么？小说、传记、当前事件或者某些组合？多少本书？什么时候你想完成？假设一下，这也许听起来很有趣。但没有价值（下述第10点将会更合适）。经验之谈：如果你不能用数字或者数据量化你的目标，那目标就不够具体。

8. 将长期目标分解成短期的周目标

最后期限是一个有魔力的可以达到目标的方法。让你自己有很多的最后期限吧。写下你的周目标，如果你知道你五年后想怎么样，你同样会知道你今年该怎么做，这周该怎么做，去完成它吧。用第7点中的例子，如果你想在五年内读60本经典小说，你知道这周你得读《战争与和平》的第四章（好运），写下它们。这种切割和征服的游戏计划可以给你较小的、立刻的成就感。这可以使你有足够的动力坚持下去。

9. 经常检查你的目标

每日快速地检查是好的，千万不要忽视每周的目标检查制度。通过你已完成的计划，增加或者减少其他的。哪些你忽视了？哪些你迅速避免了？这时你可以清楚哪些你可以真正达到，哪些仅仅是纸上的梦想而已。修改或者放弃某些目标，放弃它们你将会感到好一些。然后重新考虑那些你很重视的，也会感觉很好，你就可以很好地安排你的生活了。

10. 将目标确立看成一个过程

每周当你通过你的主计划安排你的周计划时，你将会作一些调整。这是一个你发现什么对你最重要的自然结果。使调整自由些，记住：你对你目标调整同你达到目标同样重要。真实的目标给你建议，而不是对你个人发展的约束。顺便说一下，这是一个很好的保持你周计划表的方法。一个三孔的记事本是完美的，它记录了你迷人的一生的感想和雄心。

11. 坚持下去

你可自由地改变你的计划并不意味着你必须这样做。最关键的是坚持。如果你不放弃，有多少目标会失败呢？几乎很少！成功的人可以铲除或者绕过障碍，看不到纠正错误的次序。经验之谈：只有当目标对你失去意义时再修改它，千万不要仅仅因为它太高、太难或者你受到挫折而放弃它。

12. 从这一分钟开始

是的，从这一分钟。抓起你的记事本写下记录，把它放在底板下，让你的小孩提醒你……马上选定一个制订你的第一个目标的日期。从现在开始……

问题与思考：

联系个人实际，设定自己未来的目标。

思考题

1. 联系实际，制订自己未来3年的生涯发展目标，以半年为阶段定出未来3年每半年的阶段性目标，制订实现各阶段性目标的具体策略。

2. 简述职业生涯目标制订的方法与步骤。

3. 简述制订职业生涯目标应注意的问题与事项。

参考资料

[1]李睿. 青年职业生涯目标的抉择[J]. 中国青年研究，2003(8)：11-15.

[2]张国萍. 成功是目标使然——关于职业生涯开发与管理成功目标指数CSGI的研究[J]. 中国青年研究，2005(4)：31-37.

[3]罗双平. 职业生涯规划[M]. 北京：中国人事出版社，1999.

[4]吴国存. 企业职业管理与雇员发展[M]. 北京：经济管理出版社，1999.

[5]张再生. 职业生涯管理[M]. 北京：经济管理出版社，2002.

游戏

勇于承担责任

规则：

学员相隔一臂站成几排（视人数而定），主持人喊一时，向右转；喊二时，向左转；喊三时，向后转；喊四时，向前跨一步；喊五时，不动。

当有人做错时，做错的人要走出队列、站到大家面前先鞠一躬，举起右手高声说："对不起，我错了！"

问题与思考：

1. 做几个回合后，回答：这个游戏说明什么问题？

2. 面对错误时，大多数情况是没人承认自己犯了错误；少数情况是有人认为自己错了，但没有勇气承认，因为很难克服心理障碍；极少数情况有人站出来承认自己错了。承认错误后，你的感受如何？

7

职业选择与生涯路线的确定

本章学习要点

- 了解职业选择的内涵与功能。
- 掌握职业选择的基本理论、方法与步骤。
- 理解职业生涯路线的内涵，掌握生涯路线选择的要点。

案例导入

软件开发工程师的职业转换①

John每天早上一睁眼，心理上就沉甸甸的——又是难以忍受的一天！有上班的点，没下班的点。其实身体的疲惫倒没什么，更让他难受的是心理上的负担：工作的时候没有乐趣，也谈不上成就感，他也不知道这样的日子什么时候才是尽头。John已经记不起上次开心的笑是什么时候。他极不情愿地爬起来，硬着头皮出了家门。公司里有他不愿面对的上司和永远也做不完的工作。

John在大学学的是计算机软件专业。在学校的时候，他可是个活跃分子，还算个小名人呢，毕业后很自然地就在IT行业里混。几年下来，虽然也做了几个软件，但是一直对编程提不起兴趣，找不到兴奋点。虽说IT业不景气，可他手上的工作一点没少，只是荷包瘪了些，痛苦、郁闷多起来，他也想过跳槽，换一个行业，但是又觉得自己除了编程什么都不会，于是几次心里的骚动都被扼杀在摇篮里了。随着年龄的增

---

① 资料来源：http://www.ienjoyjob.com/anli/anli19.htm

大,John 的心理负担越来越重,从"小 John"现在都混成"John 哥"了,IT 可是个年轻人的行业,John 已经觉得身体有些熬不住了,并且 IT 业技术更新换代的速度给他越来越强的紧迫感——今后的职业生涯该怎么走?

在迷茫困惑中,John 找到了职业咨询中心,在测试和沟通之中职业顾问发现 John 有销售的天赋,John 也谈到曾经有一次偶然的机会,自己陪同市场部的同事给客户做演示的时候,发现自己的说服技巧很能打动客户,那次,客户几乎没有什么大的修改意见,就接受了他们的方案,为此他们还好好庆祝了一番。

职业规划师根据他的天赋和性格、兴趣,为他的职业生涯作出了新定位和规划并提出了一些具体的建议,即建议他转行做销售。John 几年来一直搞技术,从来没想过自己还可做销售,心中虽有些兴奋,但还是有些惴惴不安。不到一年的时间,John 已是中关村一家电子公司的销售总监。他在给职业规划师的 E-mail 中写道:我以前就像是搁浅的船在沙滩上被拉着走,现在就像是冲浪——感觉完全不同。

问题与讨论:

你如何评价 John 的职业转换?你认为在什么情况下应进行职业转换?

7.1 职业选择的内涵与方法

7.1.1 职业选择的内涵

舒马赫(E. F. Schumacher)在《小即是美》(Small is Beautiful)一书中指出,职业具有 3 个关键功能:"一是给人们提供一个发挥和提高自身才能的机会;二是通过和别人一起共事来克服自我中心的意识;三是提供生存所需的产品和服务。"而职业选择是实现上述三方面功能的前提。"男怕入错行、女怕嫁错郎",中国的这句古语与大哲学家罗素所言的"选择职业是人生大事,因为职业决定了一个人的未来……,选择职业,就是选择将来的自己"都道出了职业选择对人生的重要性。职业选择是一项非常复杂的工作,会受诸多因素的影响,特别是职业声望、职业分层、职业期望与职业成功等因素是决定人的职业价值观的重要因素,因而这些因素对职业选择也将产生重要影响。

职业选择是劳动者依照自己的职业期望和兴趣,凭借自身能力挑选职业,使自身能力素质与职业需求特征相符合的过程。对此,需要明确:①劳动者是职业选择主体,是择业行为能动的主导方面,各种职业则是被选择的客体。②职业选择受劳动者自身条件和职业要求的限制,不能任意进行。一方面劳动者不可能具有从事一切职业的能力与兴趣;另一方面各项职业由于有各自的劳动对象、手段、劳动条件和作业环境,对劳动者能力也有相应的特定要求。③职业选择是劳动者与职业岗位互相选择、相互适应的过程,一方面是劳动者作为主体主动择业的过程,同时又是职业选择劳动者的过程,这一过程在人们的职业生涯中可能会不只一次地发生。

7.1.2 职业选择的程序与方法

在职业生涯规划过程中,职业选择是一个非常重要的环节,选择什么样的职业必须是在深入地思考和冷静地分析的基础上作出的合理的决定。要合理地开展职业选择必须了解职业选择的基本程序与方法。一般而言,开展职业选择必须经过以下几个环节。

7.1.2.1 应聘前应对职业进行研究,分析职业发展潜力

在进行职业选择之前,对职业进行研究,找出一种发展潜力大、在未来若干年中有着较高的社会需求的职业,对未来的职业发展将产生重要的影响。

对职业进行研究可以有两种方式:一是到图书馆花上几天的时间进行有关书籍的阅读和分析。目前许多图书馆都有关于职业分类和职业标准的书籍,以及各类职位名称、工作分析的书籍和词典,通过这些工具书,你可以了解到每一种职位的名称、职责、工作环境、工作程序、工作内容,以及工作对人的兴趣、资质、身体条件、受教育程度等方面的要求。各类专业的人才网站也非常活跃,并提供了丰富的内容。二是浏览各类人才市场网站。目前国内人才与就业网站总数已超过150家,比较有影响的网站有:中国人才热线、中华英才网、中国北方人才市场、中国南方人才市场、北京人才市场、上海人才市场、中国人才盟网、广东省人才网络市场、南方人才网、西北人才网、中国太仓人才市场、人才之星、外企人才网、中国人才网、1688职业规划、中国招聘求职网、西安人才自由港 、上海日欣人才服务公司、镇江市人才服务中心 、湖南省人才市场、泰达人才、卓博人才信息网、21世纪人才网、自由工作交易网、中国成都人才市场、人才职业网等等;高校开办的各类就业网站,如天津大学学生就业指导中心、南开大学就业网、中国教育热线就业指南、全国高校毕业生就业信息网、北京高校毕业生就业信息网、电子科大就业人才网等。这些网站,不仅提供了各类用人信息和求职信息、就业政策、人才培训、人才测评、人事代理、就业新闻、就业指导等内容,而且还有各类职业发展方面的分析文章和预测,对各类职业的现状、需求、用人条件、工资待遇、未来变化都有比较详尽的介绍,这对于求职者分析职业来说,具有一定的帮助和指导意义。通过上述工作,确认哪些职业具有较大的发展潜力,并且相对于你个人的职业性向、技能、职业锚以及职业偏好而言具有良好的吻合性。

职业生涯选择与发展的成功不能靠运气,而要靠对未来发展趋势的清醒认识。这些趋势将迫使人们更新思维,发现事物的新模式,对显而易见的东西提出质疑,并最终有助于你走上成功的职业发展之路,对你的职业选择也会有重要的参考意义。

7.1.2.2 要判断职业价值,选择含金量高的职业

不同的职业其“含金量”差别很大,因此,要选择好的职业就要选择那些含金量高的工作。一般有四类工作具有较高含金量:第一类,渗透性较差的工作。由于垄断、保护政策等导致该类工作的行业壁垒一般很难打破。第二类,灵活性较大的工作。灵活性高对个人的知识、技能的要求随之也就很高。第三类,风险度较大的工作。高风险往往伴随着高回报和高收入。第四类,投入度较大的工作。投入度大的

职业对个人素质和能力的要求也高,相应带来的成就感与回报也就大。

7.1.2.3 要判断职业的现状及发展趋势

要寻求更好的职业发展前景和更大的发展空间,最好选择那些新兴的行业与产业,避免那些已经接近饱和和衰亡的夕阳产业。因此,在职业选择前要对职业的状况进行分析和判断,避免盲目跟风而入错行。

7.1.2.4 了解公司招聘的基本程序

不同的组织在人员招聘时所采取的措施和经过的程序不尽相同,就目前情况而言,一般都会包含如下几个环节:①发布招聘岗位信息;②接受申请信及简历;③开展初步性筛选;④对通过初选者进行笔试或其他测试;⑤对通过测试者进行初次面试与再次面试;⑥对面试合格者进行体检;⑦通过多种途径搜集应聘者佐证材料,以判定是否可以录用;⑧决定聘用,发录用通知。了解了公司的录用程序便于根据情况掌握时间、了解进程、判定自己的求职可能性并作相应安排和准备。

7.1.2.5 明确个人求职的基本程序

求职过程是一个连续的系统过程,只有明确了其基本程序,抓住了核心和要点,才能使求职过程紧张有序并取得理想的结果。个人的求职过程一般要经过五个核心环节。第一,选择目标职业。要根据自己的专业、性格与爱好、职业性向等,来选择和确定适合的目标职业。目标职业的数目应在 3 个以内,且具有一定的关联性。如果到求职前还不知道自己要从事什么职业,那他就只能是求职场上的"陪练"。第二,选择工作地点。一个人向往的工作地点应该是明确和具体的,因此,在求职前应该知道自己的目标职业在哪个或哪几个城市或地方。第三,了解企业的招聘流程及用人方式。不同的企业在这方面差别很大,如不了解就会使求职带有严重的盲目性,而增加失败的风险。第四,求职信与简历的准备。求职之前必须准备好相应的简历和求职信。第五,搜集招聘信息及投递简历、参加面试选拔等相关环节。对于求职者来说最重要的就是要确定目标职业和未来的职业生涯发展地区,并做好相关的心理准备与条件准备。

7.2 职业选择理论

7.2.1 帕森斯的职业—人匹配理论

职业—人匹配理论最早由美国波士顿大学的帕森斯教授提出,这是用于职业选择与职业指导的最经典性的理论之一。1909 年,帕森斯在其所著的《选择一个职业》一书中,明确阐明职业选择的三大要素和条件:①应该清楚地了解自己的态度、能力、兴趣、智谋、局限和其他特征;②应清楚地了解职业选择成功的条件,所需知识,在不同职业工作岗位上所占有的优势、不利和补偿、机会和前途;③上述两个条件的平衡。帕森斯的理论内涵即是在清楚认识、了解个人的主观条件和社会职业岗位需求条件的基础上,将主客观条件与社会职业岗位(对自己有一定可能性的)相对照,相匹配,最后选择一种职业需求与个人特长匹配相当的职业。

职业—人匹配，分为两种类型。①条件匹配。即所需专门技术和专业知识的职业与掌握该种特殊技能和专业知识的择业者相匹配，如脏、累、险劳动条件很差的职业，需要吃苦耐劳、体格健壮的劳动者与之相匹配。②特长匹配。即某些职业需要具有一定的特长，如具有敏感、易动感情、不守常规、有独创性、个性强、理想主义等人格特性的人，宜于从事审美性、自我情感表达的艺术创作类型的职业。

帕森斯的职业—人匹配论，作为职业选择的经典性原则，至今仍然正确、有效，并对职业生涯管理学、职业心理学的发展具有重要的指导意义。

7.2.2 佛隆的择业动机理论

美国心理学家佛隆(V. H. Vroom)在1964年出版的《工作和激励》一书中，提出了解释雇员行为激发程度的期望理论。期望理论的基本公式：

$$F = V \cdot E$$

式中，F为动机强度，指积极性的激发程度，表明个体为达到一定目标而努力的程度；V为效价，指个体对一定目标重要性的主观评价；E为期望值，指个体对实现目标可能性大小的估计，也就是目标实现的概率。

雇员个体行为动机的强度取决于效价大小和期望值的高低。效价越大，期望值越高，雇员行为动机越强烈，就是说为达到一定目标，他将付出更大努力。如果效价为零乃至负值，表明目标实现对个人毫无意义，甚至给个人带来负担，这种情况下，目标实现的可能性再大，个人也不会产生追逐目标的动机。如果目标实现的概率为零，那么无论目标实现意义多么重大，个人同样不会产生追求目标的动机。

佛隆将这一期望理论用来解释个人的职业选择行为，具体化为职业动机理论。该理论的应用，即个人如何进行职业选择，分为两个步骤。

第一步，确定择业动机。用公式表示即：

$$\text{择业动机} = \text{职业效价} \times \text{职业概率}$$

式中，择业动机表明择业者对目标职业的追求程度，或者对某项职业选择意向的大小；职业效价指择业者对某项职业价值的评价；职业概率是指择业者获得某项职业可能性的大小。

职业效价取决于：①择业者的职业价值观；②择业者对某项具体职业要素如兴趣、劳动条件、工资、职业声望等的评估。即：职业效价 = 职业价值观 × 职业要素评估。职业概率的大小通常取决于4个因素：①某项职业的社会需求量。在其他条件一定情况下，职业概率同职业需求量呈正相关。②择业者的竞争能力。即择业者自身工作能力和求职就业能力。竞争力越强，获得职业的可能性越大。③竞争系数。指谋求同一种职业的劳动者人数的多少。在其他条件一定的情况下，竞争系数越大，职业概率越小。④其他随机因素。因此，职业概率 = 职业需求量 × 竞争能力 × 竞争系数 × 随机性。

择业动机公式表明，对择业者来说，某项职业的效价越高，获取该项职业的可能性越大，那么，择业者选择该项职业的意向或者倾向越大；反之，某项职业对择业者而言其效价越低，获取此项职业的可能性越小，择业者选择这项职业的倾向也就越小。

第二步，比较择业动机，确定选择的职业。

择业者对其视野内的几种目标职业进行了价值评估和获取该项职业可能性的评价，在测定对几种职业的择业动机坚持上，横向进行择业动机比较。择业动机是对职业的全面评估，已经对多种择业影响因素进行了全面考虑与利弊得失的权衡，一般来讲，多以择业动机分值高的职业作为自己的选定结果。

为加深对择业动机理论的理解，现假设一个择业案例。在劳动者莱恩面前，有 A 与 B 两项职业，他对两项职业的效价和职业概率作了如下的评估（见表 7-1）。

表 7-1　劳动者莱恩的择业动机要素评估

职业要素	职业价值观 (1)	A 项职业要素评估 (2)	B 项职业要素评估 (3)	A 职业效价 (4)=(1)×(2)	B 职业效价 (5)=(1)×(3)
兴趣	4	6	7	24	28
工资	3	5	6	15	18
职业声望	2	4	5	8	10
劳动条件	1	3	4	3	4
效价合计				50	60
职业概率				0.8	0.5
职业动机				40	30

资料来源：转引自吴国存：《企业职业管理与雇员发展》，88 页，北京，经济管理出版社，1999。

莱恩首先对 A、B 两项职业做出价值判断，并对获取该两项职业的可能性进行了评估，那么，选择哪项职业呢？对于莱恩说来，B 项职业效价为 60，高于 A 项职业（50），但是，获取 A 职业的可能性大（职业概率 0.8），而欲谋取 B 项职业难度大（职业概率 0.5），需要付出较艰辛的努力。经过计算，得出：

对 A 职业择业动机 = 效价（A）· 职业概率（A）即 40 = 50 × 0.8

对 B 职业择业动机 = 效价（B）· 职业概率（B）即 30 = 60 × 0.5

经过权衡，结果对 A 职业择业动机（40）大于对 B 职业择业动机（30），于是，莱恩倾向于选择职业 A。

7.3　职业生涯路线的选择

生涯路线选择是指一个人选定职业后从什么方向上实现自己的职业目标，是向专业技术方向发展，还是向行政管理方向发展。发展方向不同，要求就不同。因此，在职业生涯规划时必须对此作出选择，以便安排今后的学习和工作，使其沿着生涯路线和预定的方向发展。要合理地安排自己的职业生涯路线就必须对组织的职业生涯发展阶梯设置有充分的了解,这样才便于选择个人的生涯路线。

7.3.1 职业生涯发展阶梯的内涵

职业生涯发展阶梯是组织为内部雇员设计的自我认知、成长和晋升的管理方案。职业生涯发展阶梯在帮助雇员了解自我的同时使组织掌握雇员的职业需要,以便排除障碍,帮助雇员满足需要。另外,职业生涯发展阶梯通过帮助雇员胜任工作,确立组织内晋升的不同条件和程序,对雇员职业生涯发展施加影响,使雇员的职业生涯发展目标和规划有利于满足组织的需要。职业生涯发展阶梯包括职业生涯阶梯模式、职业生涯阶梯设置以及职业策划与工作进展辅助活动等。其中职业生涯阶梯模式与职业生涯阶梯设计是职业生涯阶梯设计的核心内容,也是要研究的重点。

职业生涯阶梯是决定组织内部人员晋升的不同条件、方式和程序的政策组合。职业生涯阶梯可以显示出组织雇员晋升的方式、晋升机会的多少、如何争取晋升等,从而为那些渴望获得内部晋升的雇员指明努力方向,提供平等竞争的机制。职业生涯阶梯的内涵主要包括三方面。

(1)职业生涯阶梯的宽度。根据组织类型和工作需要的不同,职业生涯阶梯可宽可窄。要求雇员在多个职能部门、多个工作环境轮换工作的职业生涯阶梯是宽职业生涯阶梯,它适应对雇员高度综合能力的要求。要求雇员在有限个职能部门和工作环境中工作经历的职业生涯阶梯是窄职业生涯阶梯,它适应只要求雇员具备有限专业经验和能力的需要。

(2)职业生涯阶梯的速度。根据雇员能力和业绩的不同,职业生涯阶梯的设置可以有快慢之分,即快速梯和慢速梯。正常晋升和破格提升都应做到有政策依据。设置快速梯的前提是公司不会长久地将具备较高素质和能力的雇员安排在同其条件不相称的工作岗位上。事实上大量的大学毕业生的第一份工作都是基础性工作。显然组织有意日后安排更复杂更困难的工作给他们。可是由于背离了前提,新毕业生的流动率比别的职业人群要高,因此,职业生涯阶梯的建立可能导致招聘和晋升中的差别对待的障碍。

(3)职业生涯阶梯的长度。根据组织规模和工作复杂程度的需要不同,职业生涯阶梯可长可短。职业生涯阶梯中的等级在4级及以下的可称为短阶梯,在10级以上的可称为长阶梯,在5~10级之间的可称为中等长度的职业生涯阶梯。组织职业生涯阶梯的长短对雇员的发展和潜力的发挥具有重要影响。

职业策划是指组织在对雇员进行个人评估和确定未来职业发展策略时给予他们有效的援助,帮助雇员确认自身的能力、价值、目标和优劣势,并协助制订相应的职业生涯开发策略和职业发展路线的过程。职业策划一般由组织中具有专业知识的人力资源部门提供正规的帮助服务,以确保雇员评估在形式、时间、内容范围上的一致性和一定的准确性。组织可以利用收集到的职业策划结果,有针对性地安排雇员的职业生涯活动。通过职业策划满足雇员和组织的双重需要。

工作进展辅助活动是组织为帮助雇员胜任现职工作,顺利完成各项工作任务而提供的各种旨在提高雇员工作能力的辅助行为。工作进展辅助活动的方式灵活多样,具体可根据组织内部的工作性质、个人条件的不同而采取不同的方式。总体来说,工作进展辅助活动是以协助雇员在工作中成功积累工作经验和提高工作能力为目的的。

科学、清晰的职业生涯阶梯设置可以满足雇员长期职业生涯发展的需求,同时还可以满足组织高层次工作清晰化、专业化的需要。组织可以借此通过适当的招聘政策吸引和留用更多高素质的人才,保证组织发展有稳定可靠的人员保障,而且可以更好地得到组织政策和法律的保护。

7.3.2 职业生涯阶梯模式

职业生涯发展阶梯规划是现代人力资源管理的关键。组织为雇员建立科学合理的职业生涯发展阶梯,对调动他们的积极性与创造性,增加对组织的忠诚感,从而促进组织的永续发展,具有重要的意义。组织的人力资源管理要善于有效地把组织的目标与雇员个人的职业发展目标结合起来,努力为他们确立一条有所依循的、可感知的、充满成就感的职业生涯发展道路。有关职业生涯发展阶梯的研究,始于20世纪50年代的美欧等国。20世纪90年代中期,中国部分企业也开始导入并作这方面的尝试。但国内企业和组织,一方面由于没有系统的理论为指导,另一方面较少有可供借鉴的对象,有关雇员职业生涯发展阶梯设置的研究,还处于探索与试验阶段。因此,借鉴发达国家的经验,积极开展职业生涯阶梯设置问题的研究,对促进中国社会经济的发展具有重要意义。

根据当前国内外不同组织职业生涯阶梯设置的实践可以发现,目前职业生涯阶梯模式主要分三类,即单阶梯模式、双阶梯模式和多阶梯模式,下面分别加以介绍。

7.3.2.1 单阶梯模式

传统的组织或企业的职业生涯发展阶梯只有一种行政管理职位,其职业生涯阶梯一般为科员、副科长、科长、副处长、处长、副局长、局长等。为了提高技术人员的工作积极性,必须为其提供有效的提升等激励措施,在这种情况下,许多在本专业取得了突出业绩的技术人员被提升到管理职位上。尽管许多技术人员被提升后在管理岗位上取得了良好的业绩,但由于工作内容与环境的差异,以及能力要求的不同,也出现了许多适得其反的效果,对企业的高效运作和长远发展产生了不利影响。

由于自身的限制,目前单阶梯模式只在一些性质比较单一的组织中实行。

7.3.2.2 双阶梯模式

目前组织中实行最多的职业生涯阶梯模式是双阶梯模式。为摆脱传统组织职业生涯发展单阶梯即单一行政职位系列的弊端,许多企业和组织为雇员提供了两种职业生涯路线和阶梯:一是管理生涯阶梯,沿着这条道路可以通达高级管理职位;二是专业技术人员生涯阶梯,沿着这条道路可以通达高级技术职位。如海尔集团分别设置了管理职务和技术职务的培训和升迁轨道。在实行双阶梯模式的组织或企业中,雇员可以自由选择在专业技术阶梯上得到发展,或是在管理阶梯上得到发展。两个阶梯同一等级的管理人员和技术人员在地位上是平等的。下面就对一些实际采用双阶梯模式的企业案例作具体说明。

1. 微软公司的职业生涯阶梯

微软公司采用的是技术人员与管理人员的双阶梯职业生涯发展阶梯模式。作为科技型公司,微软公司非常重视其技术人员的职业生涯阶梯设置。

微软公司技术人员的职业生涯阶梯共分15级,低级向高级晋升,必须基于上级主管对该雇员的考评,考评每年有两次,一次主要确定能否晋级,另一次确定该年度此雇员奖金与股票的多寡。考评的主要内容是该开发人员完成所承担项目的工作的量与质,如软件编程的错误率多少,由高一级主管作1~5分的评定。连续三次评定为4分及以上的雇员可考虑晋级,而连续两次评定为3分或3分以下的雇员,被视为"没有进取心的"、"没有前途"的雇员,很可能被微软所淘汰。获取5分的雇员也很少,表明微软对人才的高标准要求。一般的硕士、博士毕业生可获得7~8级的职称,能够升至15级的雇员不多,一般要到临近退休时才可能实现①。

微软的技术职称等级体系,主要针对从事产品研究与开发人员(软件工程师)、产品测试人员和技术支持与服务人员三大类。这种研究开发人员的职业生涯阶梯模式,使雇员的工作压力很大,因此微软的研究人员是美国公司最勤奋的人员之一,由于考评对晋级与辞退特别是股票的数量,有着直接的影响,因此,研发人员的工作积极性很高。

微软公司的管理人员职称约分12级。技术人员与管理人员的双轨转换不十分明显,这与微软公司强技术背景有关。

2. 贝尔—阿尔卡特移动通讯有限公司的职业生涯阶梯

贝尔—阿尔卡特移动通讯有限公司的职业生涯阶梯是典型的双阶梯模式,公司设计出行政管理职位系列和专业技术职位系列,这一并行的职位系列制度,可以充分调动不同工作性质雇员的积极性,为其提供公平合理的发展机遇,以便激发其创造潜力②。

行政管理系列设7个级别,由低级到高级依次为初级职员、中级职员、高级职员、主任职员、三级经理、二级经理、一级经理。每一级的行政管理职位享受相应的待遇,如初级职员享受1~3级工资待遇、1等住房补贴待遇,而一级经理享受10级工资待遇、7级住房补贴待遇。申请行政管理职位的雇员主要包括:各级经理人员、市场研究人员、销售人员、财务人员、物资采购人员、质量监督人员、行政管理及支持人员等。各级阶梯人员在行政管理职位人员中所占的比例大约为:初级职员8%~10%,中级职员13%~15%,高级职员28%~32%,主任职员26%~34%,三级经理以上人员比例由公司根据发展战略确定。公司每年在年终考核结束后,根据公司总体规划并按

---

① 陈劲,徐笑君:《研究开发人员职业发展轨道与职称评定研究》,载《科研管理》,1999(3)。

② 杨永康等:《双阶梯制度》,载《中国人力资源开发》,2000(10)。

一定的比例,确定主任职员及其以下各级行政管理职位晋升比例和名额。三级经理由二级经理提议晋升,二级经理由总经理根据公司实际需要直接提名,报董事会批准后任命。

技术职位系列分为6个级别,由低级到高级依次为:职业技师、助理职业工程师、三级职业工程师、二级职业工程师、一级职业工程师、专家。各级专业技术职位也享受相应的待遇。如职业技师享受1~3级工资待遇、1等住房补贴,而专家享受8~9级工资待遇、6级住房补贴。申请专业技术职位的人员主要为工程部门技术人员、研究和发展部门技术人员以及其他部门的技术人员。各级专业技术职位人员所占的比例为:职业技师8%~10%,助理职业工程师13%~15%,三级职业工程师28%~32%,二级职业工程师26%~34%,一级职业工程师和专家的比例由公司根据发展战略确定。公司每年在年终考核后,根据公司总战略和一定比例,确定各级专业技术职位人员晋升比例和名额。

每年年末,部门经理在部门雇员个人申请的基础上,根据雇员年终考核结果,结合各级职位的基本要求,提议晋升各级职位的人选,报公司设立的"职位评审委员会"评审通过。公司对新聘用的应届毕业生在实习结束后根据有关标准和条件定职。对新聘用的有工作经验的行政管理或专业技术人员在试用期满后,根据具体情况并参照职位标准,确定其职位级别。

3. 波音公司的职业生涯阶梯模式

波音公司为科研人员提供了双阶梯职业生涯发展模式,其职业生涯阶梯分别为技术专家阶梯与技术管理阶梯。其中技术专家阶梯的职位分为高级主管工程师和科学家、技术副研究员、技术研究员。技术管理阶梯的职位分为技术督察、项目经理和技术执行主管。值得注意的是,这种双阶梯模式是在技术人员进入高层时才进行的,大学毕业生、初级和中级水平的技术人员暂无阶梯升迁可言。

波音公司技术专家阶梯的主要特色是设置了技术研究员制度。高级技术人员分为高级主管工程师、技术副研究员和技术研究员三级,为广大工程师提供了有吸引力的职业发展轨道。技术研究员选择的评价标准如下。

(1)技术知识与判断力(15%),技术行为或决策的效果(15%);

(2)创造性和创新精神(15%),技术管理和计划能力(10%);

(3)研究与完成项目能力(10%),技术领导能力(10%);

(4)技术传授和辅导能力(15%),建议和咨询能力(5%);

(5)沟通能力(5%)。

每级的晋升都有明确的要求。其中:高级主管工程师在评分中必须达到55分以上,并在波音公司工作3年以上,比例为工程师总数的25%;技术副研究员的评分为70分以上,在波音公司有5年的工作经验;评分在85分以上的技术副研究员可以考虑升为技术研究员。

7.3.2.3 多阶梯模式

由于双阶梯模式对专业技术人员职业生涯阶梯的定义太狭窄，为此，如将一个技术阶梯分成多个技术轨道时，双阶梯职业生涯发展模式也就变成了多阶梯职业生涯发展模式，同时也为专业技术人员的职业发展提供了更大的空间。例如，美国一家化工厂将技术轨道分成3种：研究轨道、技术服务和开发轨道、工艺工程轨道。深圳某高技术公司将技术人员的职业发展轨道分成6种：软件轨道、系统轨道、硬件轨道、测试轨道、工艺轨道与管理轨道，不同的轨道又分成8－10种不同的等级。下面以美国两家公司为具体案例，介绍一下职业生涯多阶梯模式。

1. 西部电子公司的职业生涯阶梯模式

西部电子公司为拓展专业技术人员的发展空间，为雇员设计了三类职业生涯发展阶梯：技术人员阶梯、技术带头人阶梯与技术管理人员阶梯，这是一种典型的职业生涯多阶梯模式。

在西部电子公司的职业生涯阶梯模式中，技术带头人是指有较强技术基础、能管理项目的雇员，进行项目资源的计划、协调与控制，并有预算能力，设立技术开发策略与产品开发方向，主要对技术人员的技术要求进行把关，而无直接管理技术人员的权力；而技术管理人员主要对项目的预算和人员的调动、升迁、考评负责。在技术三轨制中，技术人员分5个等级（技术一级、技术二级、技术三级、高级技术一级、高级技术二级），技术带头人分4个等级（一般技术带头人、高级技术带头人、技术主任、技术执行主管），技术管理人员也分4个等级（一般管理人员、高级管理人员、管理主任、管理执行主管）。

从西部电子公司的职业生涯阶梯安排来看，技术带头人等级与技术管理人员等级要高于技术人员等级，技术人员一般要到4级（高级技术一级）才有可能进入技术带头人和管理人员等级，而且这种职业的迁移要取决于公司的内在需要和该雇员所拥有的才能。

2. ESCA公司的职业生涯阶梯模式

ESCA公司主要特点是通过科研人员核心能力的考核，进行职业升迁和发展。人员核心能力包括公司价值、战略性组织管理技能、人际技能、思考与解决问题能力、沟通能力、执行能力、自我管理能力、关键的管理技能。

ESCA公司的职业生涯发展阶梯分为4种类型：技术人员阶梯、技术专家阶梯、行政管理阶梯和经理阶梯。其中，技术人员分6个等级，技术专家分7个等级，行政管理人员分7个等级，经理分3个等级。3级工程师的报酬等级与7级技术专家、4级行政管理人员、1级经理相当，4级工程师的报酬等级与2级经理相当，5级工程师的报酬等级与3级经理相当，如表7-2所示。企业主要从工作的复杂性、领导能力、决策能力、产业知识、公司知识和教育程度六方面对雇员进行考评，并根据考评结果决定其技术和管理的等级。

表 7-2 ESCA 公司技术人员职业阶梯模式与报酬等级表

报酬等级	技术人员	技术专家	行政管理人员	经理
工作范围	设计核心技术、系统软件和工业应用	针对各种各样的消费者,对产品、系统和服务进行定位、加强和供给	为企业经营运作收集、分析、沟通和管理信息与测量	管理对公司产生重要影响的领域,并提供领导
10	公司工程师			经理Ⅳ
9	工程师Ⅴ			经理Ⅲ
8	工程师Ⅳ			经理Ⅱ
7	工程师Ⅲ	技术专家Ⅶ	行政管理员Ⅳ	经理Ⅰ
6	工程师Ⅱ	技术专家Ⅵ	行政管理员Ⅲ	
5	工程师Ⅰ	技术专家Ⅴ	行政管理员Ⅱ	
4		技术专家Ⅳ	行政管理员Ⅰ	
3		技术专家Ⅲ	行政管理助理Ⅲ	
2		技术专家Ⅱ	行政管理助理Ⅱ	
1		技术专家Ⅰ	行政管理助理Ⅰ	

资料来源:陈劲,徐笑君:《研究开发人员职业发展轨道与职称评定研究》,载《科研管理》,1999 年(3)。

3. 保险公司的职业生涯发展阶梯

新华人寿保险股份有限公司为了给雇员一个有吸引力的发展空间,公司给雇员设计了管理、专业、事务、销售等"四条跑道"的职业发展计划。一名人力资源部的雇员进入公司后,最初的职务可能是人事专员,是"专业跑道"。随着时间的推移,该雇员在人事的跑道上逐渐上升,会成为资深专业人士。如果他觉得自己还有管理才能,可以向公司申请,公司经考核后可让他担任管理职位,即进入"管理跑道"。当他在管理职位上磨砺后,根据情况还有可能进入"销售跑道"进行学习磨练。该公司有自己的一套能力资格认证制度,四条跑道上每条都分为不同的级别,雇员在通过资格考核认证后可自由进行纵向延伸或横向转换。

7.3.3 职业生涯阶梯模式与职业生涯路线选择

生涯路线选择是人生发展的重要环节之一,在进行生涯路线选择时可以从三个方面考虑。一是个人希望向哪一条路线发展,主要考虑自己的价值、理想、成就动机,确定自己的目标取向;二是个人适合向哪一条路线发展,主要考虑自己的性格、特长、经历、学历等主观条件,确定自己的能力取向;三是个人能够向哪一条路线发展,主要考虑自身所处的社会环境、政治与经济环境、组织环境等,确定自己的机会取向。职业生涯路线选择的重点是对生涯选择要素进行系统分析,在对上述三方面的要素综合分析的基础上确定自己的生涯路线。

了解了不同公司的职业生涯阶梯设置模式,对于求职者职业生涯路线的选择而言具有重要意义。

首先,就一般情况而言,组织内部的生涯发展轨道越多,个人的发展机会就越多,对个人的发展就越有利,因此,在进行职业生涯路线选择时,要尽可能选择那些职业生涯阶梯较多的组织,并在选定的路线上尽快朝着目标前进。

其次,生涯路线的选择要综合考虑自己的专业背景、个人经历、知识能力等综合因素。学文科的学生一般会选择走行政管理路线,学理工科的学生一般会选择走专业技术路线。

第三,职业生涯路线不是固定不变的,可能在一定时期出现交叉与转换。如有些人先走专业技术路线,到一定程度后"学而优则仕",再走管理路线,许多专业技术人员都会走此路线。相反的路线转化也存在,特别是当人年轻的时候,认为自己有领导能力适合走"仕途",工作了几年发现自己很难适应行政管理工作,转过头来再考硕士生、博士生,再转换路线的人也很多。生涯路线的转换可以根据自身的情况与处境来决定。

职业生涯路线选定后,还要划出职业生涯路线图。典型的职业生涯路线图是一个 V 字形的图形。假定一个人 22 岁大学毕业参加工作,即 V 形图的起点是 22 岁。从起点向上发展,V 形图的左侧是行政管理路线,右侧是专业技术路线。按照年龄或时间将路线划分为若干部分,并将专业技术等级或行政职务等级分别标在路线图上,作为自己职业生涯的目标,参见图 7-1。当然,职业生涯路线也可能会出现交叉与转换,这可以根据自身的情况与规划划出相应的职业生涯路线图。

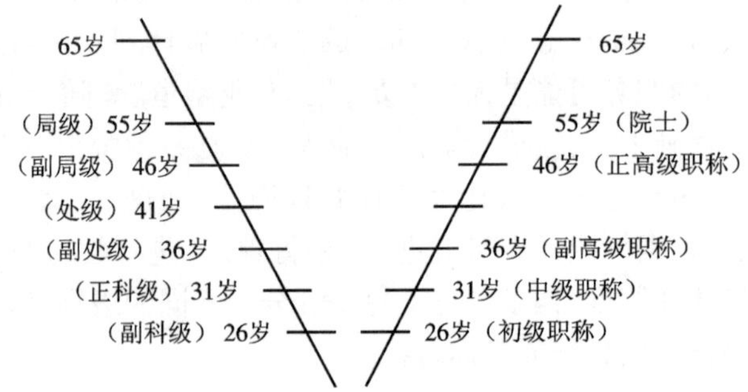

图 7-1 职业生涯路线图

当然,现在年轻人的职业生涯路线远远不只两种,经常会出现 S 形(螺旋上升型),W 形(横向转换、起伏型)等形态。这里主要为了说明人们在进行职业生涯道路选择时的思路,故没有描述职业生涯发展的曲折性。

阅读材料

职业转换的五种方法①

你也许会像很多人那样,发现职业生涯的转换是非常困难的,因为大家都认为这将是一个大的跳跃,不同于以往。但是,Careerjournal. com 发表文章指出,你可以采用五种方法,从小的步骤入手,积小胜为大胜,在没有损失很多金钱或给你的家庭带来困扰的情况下,实现你转换职业的心愿。这就是:构建实用技能,充电进入新领域,从事第二职业,在公司内部谋求新机会,进入新的职业发展领域。

(1)构建你的实用技能作为发展的基础。如果你掌握一些核心技能和知识,并擅长运用它们,就可以考虑把它们延伸到不同的行业和领域。

(2)回到学校进行充电。当你希望进入一个新的领域,而这个领域有别于你原有的知识背景,那么取得相应的新领域的教育证书将对你的职业生涯有所帮助。

(3)在两份工作中投入同样的精力。当你还在继续目前工作的时候,一份新的工作也同时开始了,也就是我们通常所说的第二职业。但这样做存在着风险,因为大多数公司对雇员从事第二职业并不赞同,你如果想保留现有工作,同时在业余时间做第二职业,就要当心不要让你的雇主对你的工作表现不满,产生反感。

(4)在公司内部谋求新的职业发展机会。这个方法适合于喜欢现在的公司,希望在公司内部开辟新的发展路径的雇员。你可以尝试在完成自己所负责工作的基础上,志愿去做一些份外的工作,而这些通常是其他同事不愿意做的。即使这项工作是短期的,你依然可以抓住机会进入一个新的领域,扩充你的技能,并获得晋升。

(5)开拓新的职业发展领域。这个方法适用于那些对现有工作已经非常厌倦的人。对他们来说,痛快地离开并进入一个新的领域可能是个机会。特别是对那些短期内没有经济、生活压力的人来说,更是如此。

问题与思考:

该材料有哪些借鉴意义?你认为应如何进行职业转换?

思考题

1. 简述职业选择的程序与方法。
2. 简述佛隆的择业动机理论。
3. 简述职业生涯阶梯的内涵与特点。
4. 简述职业生涯阶梯模式的种类及其对职业生涯路线选择的影响。

---

① 引自:http://www. careerjournal. com/jobhunting/change/20060105 - capell. html

参考资料

[1]刘远我. 职业总动员——择业、求职与就业指导[M]. 北京:经济管理出版社,2003.
[2]拜五四,赵海胜,李明,等.大学生职业选择与生涯规划[M]. 北京:化学工业出版社, 2005.
[3]罗双平.职业生涯规划[M].北京:中国人事出版社,1999.
[4]张再生.职业生涯管理[M]. 北京:经济管理出版社,2002.

8

求职测试与面试技巧

本章学习要点

- 了解求职测试的种类与特点。
- 掌握简历撰写的基本方法、内容与步骤。
- 理解求职信的内容与撰写要点。
- 掌握面试的种类、过程与面试技巧。

案例导入

微软面试的“车轮战术”①

微软面试应聘者,一般是面对面地进行,但有时候也会通过长途电话,考官和应聘者只是在电话线的两端交谈。每一个面试者要同微软公司的5~8个人面谈,有时可能达到10个人。每个考官的面试都是以“一对一”的方式进行。主考官都是相关领域的专家,每个人都有一套问题,且侧重点不同,问题的清单通常并未经过集体商量,但有4个问题是考官们共同关心的:①是否足够聪明?②是否有创新激情?③是否有团队精神?④专业基础怎样?

当应聘者起身离去后,每一个考官都会立即给其他考官发出电子邮件,说明对应聘者的满意度。评估均以4等列出:①强烈赞成聘用;②赞成聘用;③不能聘用;④绝

---

① 引自:http://bbs.chinahrd.net/articles/ArticleBrow.aspx? boardid=69&topicid=60293&posttable=BBS_Detail_1

对不能聘用。在几分钟后走进下一个考官的办公室，求职者根本不知道该考官已对先前的情况了如指掌。考官在嘴上说“接着谈谈”，其实是瞄准了“哪壶不开提哪壶”。所以，一个想进入微软工作的应试者会觉得是在攀高峰，越到后面难关越多。当然，有些应聘者只经历了两三个考官的面试，并未见到后面的“险峰”，但这并非吉兆，因为这两三个考官也许正在网上传递着同一句话：“此人没戏，别再耽误工夫了。”一般说来，应聘者见到的考官越多，被录用的希望也越大。

金秋10月，跨国公司一年一度的校园招聘计划开始启动。国庆长假，正是有志于通过校园招聘进入一流公司工作的应届毕业生进行自我修炼的好时光。四年前，T先生以普通大学应届毕业生的身份参加微软的校园招聘会，在6个小时内连闯9关（1道笔试、8道面试关），最后顺利进入微软公司。他的闯关经历和心得体会，很值得新一届毕业生在国庆长假中仔细回味、以资借鉴……

下面是T先生参加微软面试的经历和感受。

宣讲会：我被挤到讲台旁

我高中读的是市重点中学，高考时发挥失常，考进一所普通大学。但我没有气馁，立志在毕业后进入一流公司工作。在校期间，我年年获校级奖学金，英语成绩也比较突出，曾获全国大学生英语竞赛三等奖，托福考出600分。

手上已有2家外企的Offer，但我还是把目光瞄向了微软——之前我考出了在当时含金量较高的MCSE微软认证系统工程师证书。

2000年6月，在学校公告栏上看到微软亚洲技术中心将于本月某日在复旦大学举行校园招聘会的消息后，我即作了应聘的准备。因为我经常参加各种高水平的竞赛和考试并且屡屡取得佳绩，所以自信心十足，丝毫不觉得自己比重点大学学生逊色。当天下午，当我赶到复旦大学第一教学楼时，召开宣讲会的大教室里已是人山人海，我只能挤进教室门口。

下午2点，宣讲会正式开始。先由微软人事经理作介绍，接着是2名微软雇员代表现身说法，最后是当时担任亚洲技术中心总经理的唐骏作英语演讲。宣讲会开始后，还有很多人在不断地挤进来，我被后来的人从门边挤到了讲台边，离正在台上演讲的唐骏只有几步之遥，可以近距离地看清他的神态举止。唐骏演讲时风度翩翩、口若悬河，现场反响相当强烈。下午4点，宣讲会结束。

笔试第1关：想早点出去呼吸新鲜空气

我填报了技术支持的职位———考虑自己的专业是自动控制，做研发没有优势，而自己的性格外向、热情，喜欢和人沟通、打交道。

第1关是笔试，考卷共有六七张纸，分为数学、逻辑、计算机基础知识和高科技动态4个部分，大部分是填空题，还有一些问答题，没有选择题。数学、逻辑、计算机基础知识考的是理论基础；高科技动态中有很多关于微软近期推出哪些新产品的题目，因事先我已上微软网站浏览过，心中有数，答题时也很顺利。

一个半小时考试时间，我一小时十五分钟就答完交卷，交卷速度排在前3名。交卷较快的原因除答题顺利外，还因为教室里考生太多，空气有点混浊，想早点出去呼吸新鲜空气。

监考老师让我到隔壁教室等待，5 分钟后他阅完试卷，让我拿着试卷、报名表和简历上楼去其他教室参加面试。他没有告诉我笔试成绩，但我想第一关应该是顺利通过了。

面试前 4 关：肚子早已咕咕叫了

接下去我接受由微软工程师担任面试官的四轮面试。几位微软工程师在教室里坐成一排，应聘者也是一字排开，每对面试官和应聘者之间相隔一段距离，相互之间没有干扰。

这四轮面试主要考技术问题，每轮各有侧重。第一轮侧重 WindowsMe 和 WindowsNt 方面的问题，第二轮侧重 Office 方面的问题，第三轮侧重网络安全方面的问题，第四轮侧重软件编程技巧问题。每轮一般问 6 ~ 7 个问题，全部都是口答，没有让我用笔写或上机操作。

这些问题对我而言都不是很难，均能很快回答。4 位面试官对我的反应能力表示满意。

虽然每轮面试只有 10 分钟时间，但四轮面试还是拖了很长时间——应聘者源源不断地进来，面试官应接不暇，大部分时间处在等待下一轮面试的状态中。

四轮技术面试结束时，已是晚上 7 点多钟，肚子早已咕咕叫了。走出教室时，一股诱人的香味强烈地吸引了我：门口一张大课桌上，放着一大堆肯德基汉堡包——是面试官的晚餐。我回头看面试官，只见他们个个正襟危坐、目不斜视，正在认真地进行面试，没有人顾得上用餐。这一幕场景我至今难忘。

面试 6、7 关："你见过的最大的影子是什么？"

三口两口吃完自备"干粮"后，我又精神抖擞地投入第 6、第 7 轮面试。把守第 6、第 7 道面试关的是 2 位部门经理级的面试官。

第 6 轮面试官先请我作自我介绍和自我评价。我镇定自若地表示："我渴望进入微软迎接挑战！虽然不是名牌大学出身，但我将以我的工作能力证明自己一点不比他们逊色……"我突出了自己的优势：英语出色，性格开朗外向，沟通能力强，很适合做技术支持工作。他静静地听，有时打断我的话头问几句。自我介绍完后，他问了一些类似智力测验的问题。"你见过的最大的影子是什么？"他问。我不假思索地回答："我见到的最大的影子是黑夜。"他追问："为什么？"我解释："因为黑夜是地球的影子。"他想了想，颌首表示认可。

第 7 轮面试官不断地发问。我没有工作经历，他主要问我获奖和考试的情况。

"托福 600 分，成绩不错。考托福是不是准备出国留学？"他问。"考托福的目的是考察自己的英语水平，不是为了出国留学。"我回答。他又问："你为什么热衷于参加各种竞赛和考试？"我表示："我想通过竞赛和考试取得好成绩，证明自己的能力，确立自信心。"

这两轮面试主要考察的是应聘者的表达能力、反应能力和沟通能力。2位面试官认可了我的表现,我又过关了。

面试第8关:我们都是张德培的Fans

这一轮面试是最轻松的。面试官是一位金发碧眼的美国人,面试以英语进行。谈话内容从工作、学习到生活、志趣。他曾问我:"How do you define success?(你如何定义成功?)"以考察我的眼界和心胸。还问我:"Tell me what's the favorite strength do you have? Why?(告诉我你最喜欢自己身上什么优点且为什么?)"我的回答是"激情!"正好符合微软提倡的精神。他还扮做被激怒的客户,而我则模拟成工程师尽力予以安抚。聊起网球时,他提到了张德培,原来他和我一样都是张德培的Fans,对此他显得相当开心。

美式口语发音纯正,和面试官交流没有障碍,美国人微笑着频频点头,这一关又过啦。

最后一关:"用3分钟向我推销这部手机"

我来到另一幢大楼的四层,走到一间房门紧闭的屋子前轻轻敲门。里面传来"请进"声,我推门而入,见唐骏正坐在桌子后面,我走过去在他面前坐下。

唐骏开始发问。他的问题分为两类,一类是技术问题,另一类则主要考察应聘者各方面能力。我在回答中突出了自己是有工作激情的,也有很强的沟通能力。问题一个接一个,我回答得很快,自我感觉良好。

突然,唐骏拿起桌上的手机递给我,说:"你就当我是客户,用3分钟向我推销这部手机。"我略一思索,拿起手机说:"先生您好!这是一款新推出的摩托罗拉×××型手机,它有很多新功能可以弥补您现在用的手机的不足……"用2分钟左右"表演"完后,我又简明扼要地说明这样推销的原因:"关键是要向客户展现出这款手机的特性,客观地说明它比客户现在使用的手机多了哪些功能……"

面试中,唐骏的表情很平静,从他脸上看不出他对我回答的反应。提问结束了,唐骏问我:"你想不想知道结果?"我说:"当然想啊!"唐骏笑着表示:"恭喜你被微软录取了。我会给你股票。你的月薪是×千元人民币。"

听到这个结果我非常惊喜,月薪之高也出乎我的意料。唐骏在报名表上签下大名,然后语气坚决地说:"我的签名具有法律效力!"

告别时我说了句:"谢谢您,唐老师。"出门后才想起:应该称呼他为唐总啊。

能进入最后一关的应聘者实际上已基本被录用了。唐骏主要是想通过观察应聘者的言行举止,考察其综合素质,包括应变能力、有无市场意识等。

最后一关历时20分钟,离开唐骏那儿一看时间,已是晚上10点了。从下午4点开始,连续作战6个小时,终于闯过9道雄关,顺利进入日思夜想的微软。

过来人言:自信心最重要

我认为自信心最重要。面试中我忘记自己是普通大学毕业生,只有一个信念:我是一流的,一定能进入一流公司。心情平静,没有紧张和不安,面对唐骏时也一样。

还有其他原因如下。

(1)英语出色发音纯正,答题反应快,态度积极主动,充分表现自我,符合美国公司口味。

(2)我考出的是某个操作系统的 MCSE 证书,微软正需要懂这个操作系统的技术支持。

(3)外向、开朗的性格符合微软对技术支持的要求,“运动型”而不是“书斋型”的外形也易博得面试官好感。

(4)连续6小时作战状态良好,证明体力好、精力充沛,符合外企工作强度大的要求。

T先生的经历证明:普通大学毕业生,只要有能力、有自信,一样可以进入一流大公司。

问题与讨论:

你如何评价微软面试的车轮战术?T先生的面试经历对你有哪些启示?

8.1 求职测试及其种类与特点

求职测试是绝大多数企业和单位在人员招聘过程中都会采取的手段和方法。求职测试是用人单位为了从个人处获得关于其特殊兴趣、特征、知识、能力或者行为的信息而设计的一种客观的和标准化的测量方法。一般说来,筛选测试对那些蓝领工人和文职人员更适合,而对于管理和人事工作方面的岗位适用性就差一些,但从目前的情况来看,求职测试使用的范围越来越广,测试种类和方法也越来越多样化。

8.1.1 求职测试的内涵

求职测试是以招聘职业岗位任职资格所要求的知识与技能标准为依据,招聘方采取科学的手段对求职者是否具有某种技能及其水平等级进行考察与核定的一种活动。求职测试对个人的职业选择与组织岗位人员的配置都有重要影响。作为组织人力资源管理的一项重要内容,求职测试应注意三个方面的问题。

8.1.1.1 标准化

标准化是指求职测试要由主观经验性向客观化、科学化方向发展,由笼统随意的评判向具体统一化方向发展。标准化的实质在于求职测试过程的统一性。首先是测试的内容与标准要保持一致,如不一致,测试的结果就缺乏比较的基础。因此,每个应聘者各种测试的内容与标准都必须由组织人力资源管理部门统一制订。其次,测试的方法与程序应规范化。对于每个应聘者,测试的方法与程序都应有一个基本的规定与指导。第三,测定结果的解释应该标准化。要尽可能建立各个职业与职位的参照标准,并采用统一的术语、符号与格式加以解释。

8.1.1.2 规范化

规范化是指求职测试要由临时性需要向制度化、经常化方向发展,由“人治”向

"法治"方向发展。规范化是提高求职测试信度与效度的保证。

8.1.1.3 导向化

导向化是指求职测试要由终结性技能考核向过程性技能培养调控化方向发展，由"标准核定"向"培训指导"化方向发展。长期以来求职测试被看做一种对求职者技能水平的分等划类。实际上这只是求职测试的一个方面。从人才资源开发的角度来看，求职测试应发挥它对广大求职者提高自我技能的导向性作用，激励与引导每个求职者改善和提高现有的职业能力。

8.1.2 求职测试的原则

为使求职测试活动更具客观性，更有利于组织人才的选拔，求职测试活动应遵循如下几条原则。

8.1.2.1 客观公正原则

客观公正原则是指在制订求职测试方案、建立测定标准体系以及开展测试活动时，都必须符合职业能力测定实际及其能力形成的客观规律。从职业能力的实际表现出发，严格按照测定标准，实事求是、公平合理地确定测定结果，不能过高评价，也不能过低评价，更不能歪曲。客观公正原则是求职测试操作中的首要原则，也是最重要、最基本的原则，是保证测试结果准确可信的首要前提。只有客观公正，测试才能发挥应有的作用，才能为聘用决策提供可靠的依据。

8.1.2.2 专项测试与综合测试相结合的原则

专项测试是指仅对求职者职业能力的某一项目或指标进行系统而深入的测定。求职测试的内容是对求职者的各种技能的测试，是外延广泛、内涵复杂的综合体。从操作上来说，专项测试有助于保证测定结果的准确性。但从性质上来说，综合测试有助于把握测定对象的实质。专项测试是进行综合测试的基础，是提高综合测试效度的手段。综合测试是专项测试的发展，只有进行综合测试才能使专项测试的价值得以体现。因此，在实际测试中，专项测试与综合测试二者缺一不可，相互结合起来，才能取得求职测试的最佳效果。

8.1.2.3 定性测试与定量测试相结合的原则

定性测试是指对求职者的职业胜任能力的内涵与性质作出评定，是一种"质"的判定，是建立在观察印象上的经验判断与模糊判断。

定量测试是指对求职者的职业胜任能力的外延作出多与少的判定，是一种"量"的鉴定，是建立在测评数量上的客观判断与准确判断。

求职者的职业胜任能力是一内涵丰富、外延广泛的复杂综合体，如果我们对之仅作以经验和印象为凭据的定性测试，纵然可能取得某些效果，但难免带有主观性与片面性。因此，控制主观性、提高科学性的有效办法是借助量化考评的手段，通过定性与定量的结合提高测试的客观性、准确性与可靠性。

8.1.2.4 静态测试与动态测试相结合的原则

静态测试与动态测试相结合的原则要求我们对求职者，既要测定当前的职业能力水平，又要考虑过去及今后的变化情况；既要测定求职者在稳定状态下的职业能力水平，又要测定其在动态状态下的表现。

静态测试与动态测试相结合原则，是依据职业能力变化与稳定相统一的特点而确定的。静态测试是考察求职者在特定时间与空间中的现实状态，侧重于同一时空条件下的横向比较。动态测试则是从历史与发展的角度来考察求职者的全部行为，注重同一内容的纵向变化与比较，以判定其变化趋势和发展潜力。但是，这种测定不利于横向比较。因此，只有做到“动”、“静”结合才能取得最佳的测试效果。

8.1.3 求职测试的种类与基本方法

求职测试的方法有多种，不同的单位在进行人员招聘时会采用不同的测试方法或方法组合。下面介绍几种常用的求职测试方法（王云昌等，1998）。

8.1.3.1 教育考试法（educational examination）

教育考试法，西方又称教育测验法（education test），即通过名词解释、填空、多项选择、搭配、简答、计算、证明、论述、分析、比较等心智与书写行为，回答有关教学问题，主考者根据被试者的回答来评判其水平。

本法优点是适用于大规模统一考试，客观性、可比性强。缺点是只适用于书面性的理论知识的考察。

8.1.3.2 心理测量法（psychological measurement）

常见的心理测量法是通过量表把心理行为转化为与表现可以比较与运算的数量形式。根据单位、参照系数及计量的数学性质，量表可以划分为类别量表、级别量表、距离量表、比率量表与模糊量表等不同形式。

8.1.3.3 面试

面试是一种经过精心设计，在特定场景下以面对面的交谈与观察为主要手段，由表及里对职业能力进行鉴定的一种方式。与其他职业能力的测定方式相比，面试具有内容的灵活性、信息的复合性、交流的直接互动性、判断的直觉性等特点。有关面试的具体方法与技巧将在下一节中详细讨论。

8.1.3.4 现场观察

在职业能力活动中，大多数操作能力测定都需要到现场观察，这样才最为直接与真实。但现场观察的情景如果缺乏代表性，那就会欺骗测定者的眼睛。所以，测定情景的选择与设计必须具有一定的代表性。

此外，有些特殊的与潜在的职业能力，可能在日常的工作中很难出现，或不许出现，那么这时候现场观察也就不行了。例如消防队员灭火技能、刑警擒拿杀人犯技能等，就需要进行情景模拟。

8.1.3.5 情景模拟

情景模拟是指有目的地制造一种情景，观察求职者在这种情景下的工作过程与工作结果，据此对有关职业能力作出测定。情景模拟的关键在于设计。

8.1.3.6 作品分析与背景分析

对于不适应上述五种方法的,例如服装设计、酿酒、建筑作业等,因为具有隐蔽、复杂、持续时间长、经验性强或难以用语言表述等特点,则采用作品分析与背景分析的方法。作品分析是指测定者通过对求职者的工作产品进行有关分析,对其中所体现出的职业能力作出测定的一种方法,这是因为工作产品实际就是工作者技能的物化形式,能通过产品分析对相应的职业技能作出恰当的评定。

背景分析是指测定者从求职者的学习经历、工作经历与成长经历中寻找有关证据与测定消息,对职业能力进行测定的一种方法。例如管理者的管理技能、教师的教学技能、营销人员的销售技能等经验性技能,均可以通过背景分析作出大致的鉴定。

两者相比,背景分析是从能力形成输入状态进行测定,作品分析则是从能力物化的输出状态进行测定。如果两者相互结合使用,则可以取得相当满意的效果。

8.1.3.7 知识水平鉴定

知识的测定一般采用教育考试与面试的方法进行。目前在我国的知识测定中最常用的是教育考试形式。在试卷的设计上,建议从三个不同层次入手。

1. 记忆

记忆是人脑对过去经历过的事物的反映。个体经历过的事物,都可在经过识记后保留于头脑中,并在一定条件下得到恢复。因此记忆过程包括识记、保持、再认及重现几个环节。

知识作为个体一种有意识的认知活动的成果,人们会用记忆去保持、去再现。保持得越多,再现得越多,说明记忆量多;保持的越清楚,越正确,说明人的知识越正确。因此,对于记忆测评,可从记忆的广度、准确性与持久性等方面进行衡量。

记忆广度,又叫记忆范围,是指对某方面知识所能正确复现的数量。记忆的准确性,是指对某方面知识的再现没有任何歪曲、遗漏和附会。记忆的持久性,是指对某方面知识保持时间的长短。

从记忆层次鉴定知识,有两种基本方式:一是回忆法;二是再认法。回忆法,又叫复现法。它要求求职者把他所具有的知识以某种方式再现出来。如背诵或卷答等口头与书面形式,表演示范形式或事物再现形式。再认法,它要求求职者把特定的知识与其他的知识相区别。挑选、辨认、分类等均属于再认形式。能回忆的知识一定能再认,而能再认的知识不一定能回忆。

2. 理解

理解是人认识事物的联系和关系,进而揭露其本质和规律的一种思维活动。知识的理解在不同的场合具有不同的形式。

运用已学过的知识分析尚未遇到过的事物的能力,是衡量理解的标志。因此,理解根据广度、深度和复杂程度的不同,可分为三种不同的水平:①直接理解;②类同理解;③迁移理解。直接理解是指只要熟悉了知识点就能理解;类同理解是指材料内容不同但关系结构相同的理解;迁移理解是材料内容不同、关系结构也不同的理解。

3. 应用

应用是运用知识概念分析新情境、解决新问题的活动。从理论上来说应用具有知觉、思维与操作三个层次。但笔试测定中的应用只涉及两个层次，这就是知觉水平上的应用与思维水平上的应用。知觉水平上的应用方式主要是辨别与归类。思维水平上的应用则不同于知觉水平上的应用，它要求人们重新组织已有的知识概念，包括分析、评价和综合性思维活动，才能解决所遇到的新问题。

从应用层次上测评知识，有三种方式：第一种是要求求职者机械地“套用”，把已有知识直接套用到问题上；第二种是要求求职者正确地“运用”，在理解的基础上正确应用已有的知识；第三种则是要求求职者创造性地发挥“活用”，打破现有的知识模式，解决新出现的问题。

8.1.3.8 心智能力测试

心智能力测定包括职业能力的各种心理形式。例如美容美发师与服务对象的交往心理、计算机录入员的心理反应速度、零售商品人员的心理计算能力等。下面介绍几种心智技能测试时可供选择的工具。

1. 智力测验

智力具有抽象性与隐蔽性的特点，难以把握。有必要了解一些智力测验，以便于我们开发与选择合适的智力测验工具，提示职业能力测定的水平。

军队 α 量表与军队 β 量表。这是 1917 年 M. R. 叶克斯等组织专家为军队测定人员智力而编制的一种智力量表。α 量表有 8 个分测验：①指使测验（即照会行使测验）；②算术测验；③理解测验；④对比测验；⑤写句重组测验；⑥增补数字测验；⑦类推测验；⑧常识测验。

β 量表由 7 个分测验组成：①迷津；②立体分析测验；③X-O 测验（类似增补数字序列测验）；④译码测验；⑤数目校对测验（475…473…5821…5831，前者相同，后者不同，要求考生指明）⑥画补缺测验；⑦几何形分析测验。

军队 α 量表、β 量表原为鉴别军人潜力而编制，也适用于企业职工智力评估。

2. 其他可以借鉴的智力测验

(1) 威斯曼人员分类测验（PCT）。这是一种对使用数法概念的口头推论能力和熟练程度的个体智力测验，它强调的是难度而不是速度。

(2) 基本成就测验（FAS）。在这种测验中，包括语言与数字两方面的能力测验，从小学到高中毕业生智力水平不等。测验的内容与职工日常的职业工作相关。

(3) 高级人员测验（APT）。这种测验是为大学毕业生职业能力测定而设计的。美国几家大公司的试验结果表明，这种测验对在高级行政岗位和技能岗位的候选人中测定较高的语言能力有作用。

3. 能力测验

能力测验内容较多，现以事例方式介绍有关文职人员能力与机械能力两种测验。

文职人员能力测验如下。

文职人员在这里指工作地点在办公室而主要从事创造力要求较低工作的脑力劳动者。例如会计员、簿记员、出纳员、秘书、干事等。

可用于文职人员职业能力鉴定的测验有以下几种。

明尼苏达办事员测验。这是一种关于核对数目与名称的速度和准确度的测验。由于它是感觉性的速度和准确度测验,因此也运用于检查、包装、捆扎工作职业能力的测定。

一般办事员测验。这种测验主要针对办公室工作的三种重要工作能力:书写能力,即核对和按某种要求(例如笔画顺序)排列的速度和准确度;数字能力,即对有关数字运算、推理和差错的发现能力;语言能力,即书写、阅读、理解、语法、词汇与写作的能力。

简短雇用测验(SET)。这种测验中包括3种基本测验:单词知识或词汇表,是一种简短的智力测验;数字能力,即测验计算的速度与准确度;办事的速度与准确度,被测者必须确定和核实按发音字母排列的名单表,并把与姓名有关的金额读出,最后译成电码,这种测验适合于对银行职员的能力测定。

机械能力测验,包括感觉和动作能力、空间关系的知觉、学习机械事物的能力以及理解机械关系的能力等。而每一种能力,可能同其他一些变量有不同程度的相关。

(1)明尼苏达拼版测验:它是测验空间能力倾向的最好测验。测验中,求职者将被给予的各种切割成的各部分拼起来,会得到一个什么形状的图样。然后从5个图样中把正确的图样挑选出来。

(2)贝内特理解测验:本测验着重大量日常生活中的机械原理的了解,利用图画来表示这些机械原理,每幅图都有一个简短的问题要求回答。

本测验在军队和民用企业中都得到了广泛应用。在二战中,这个测验被证实是飞行员成功与否的最好测验。应该提到,能力倾向测验中的机械推理测验与贝内特机械理解测验非常相似,可以认为是参考的另一种形式。

4. 职业倾向测验

事实表明,职业能力的大小及其发展,不仅仅是个能力本身的问题,它与任职者对职业的倾向与兴趣有很大关系。因此在职业能力测定中应重视对职业兴趣的测定。职业兴趣的测定,目前有以下几种测验可供选择。

(1)爱丁堡职业倾向问卷。这是英国心理学家瑞文1963年研制的,能够比较客观地衡量被测者的职业倾向。

(2)男性职业兴趣问卷表。这份问卷提供了一个男人的职业兴趣在50种不同职业中成功的比率。还对男性—女性职业水平(抱负水平指示器)和兴趣—成熟给予记分。

(3)库德职业偏好记录。这个调查表被设计用来衡量10种广阔工作区域的兴趣:机械的、计算的、科学的、劝导性的、艺术性的、文学的、音乐的、社会服务的、办公室的和室外工作的。

(4)明尼苏达职业兴趣问卷表。这是一种以经验为指南设计的问卷,用来测验男人与男孩在职业上的兴趣。对21种职业的衡量得分表明了应试人表示兴趣与被雇用在不同的熟练和半熟练岗位上的男人所表示的兴趣之间的类似程度。

8.2 面试成功的前提之一——准备一份高水平的简历

简历是为了用来找工作,因此,用心制作是必要的。在国外,学生毕业后往往还参加专门的求职培训班,除了关于求职方面的培训,还需另外投入约20小时的时间练习简历的写作,这种投入也说明了简历撰写的困难。可见,制作一份高水平的简历需要投入一定的时间和精力。

8.2.1 简历撰写前的准备

8.2.1.1 了解简历的功能

求职简历就是将你自己的学习、工作经历、工作成绩、胜任能力及性格特点等信息简要地列举出来以供招聘方了解。受篇幅的限制,简历应该列举的是最能反映你优点及能力的经历。做好简历是求职成功的第一步。找工作最开始竞争的是简历!因为你到任何一个招聘单位要做的第一件事情就是要投递简历,而简历就是那些单位了解你的第一扇窗口。因此简历就成了你和单位沟通的第一通道,往往也是招聘人员了解你的第一个途径。适度地引起用人单位对你的兴趣才是最重要的。实际上,招聘单位希望求职者的简历或求职信能提供足够的信息,使他们能给予你面试机会,对你作更进一步的了解。如果求职者了解到这一点,并能提供出用人单位最关注的相关信息,那么就能引起招聘者的充分注意。因此,制作一份好的简历,可以让你在众多求职简历中脱颖而出,给招聘人员留下深刻的印象,然后决定给你面试通知,可以说简历是帮助你求职的敲门砖。

8.2.1.2 了解应聘公司及职位的情况

好的简历应该能以清晰的语言向招聘单位说明两个问题,一是你对公司的工作要求有充分的了解;二是你对个人才能有充分的自信,你能胜任所申请的工作。所以,在简历撰写之前,你必须为此作充分的准备。这些准备包括如下内容。

(1)充分了解公司情况。许多人认为求职者将来是要到一具体部门工作,而不是在整个公司工作,因此他们需要集中精力于具体工作,没有必要了解更多关于公司的情况,他们为了尽快完成简历,都努力研究自身情况。这恰恰是他们的简历缺乏亲和力的原因。成功的推销员推销产品的时候,从来不会只说产品本身的优点,而是要说明产品是如何适合购买者。在人才市场上推销自己,同样需要了解雇主的需求,这是非常重要的。了解未来雇主的兴趣与问题会使你在撰写简历时充分考虑未来雇主的兴趣与问题,并在这方面充分展示自己。连“贵公司是生产什么产品的?”这样简单的问题都回答不了的应聘者是不可能找到雇主的。大多数公司的信息资料都是很丰富的，你可以通过图书馆、杂志或互联网来查询。

(2)针对职位制作简历。对于不同的职位，招聘单位的侧重点是不同的，一定要根据应聘职位来制作简历，才能有的放矢，充分发挥简历的作用。不要为了省事只制作一份简历，然后把它大量复印投递。在制作简历时如果能对照招聘岗位的要求来对应说明个人的情况，那无疑最切合用人单位的要求。因此，简历能否引起招聘方的注意，关键取决于对应聘职位的认识。招聘人员都明确了解招聘的职位要求，他只会注意那些看起来切合职位要求的简历。因此，在准备写作阶段，研究自身情况与职位的需要、盘点你的才能"库存"并使其与职场需要联系起来才是最重要的。

8.2.2 简历的内容与格式

8.2.2.1 简历应涵盖的内容

简历并没有固定的格式，内容也没有统一的要求。一般而言，简历的内容可以分为两个基本部分：一是个人信息，包括个人基本资料、学历、兴趣爱好等；二是招聘者所要了解的信息，包括工作经历、能力与专业特长、技术水平等与求职岗位相关的内容。具体包括如下四部分内容。

(1)个人基本资料。包括姓名、性别、出生年月、民族、出生地、政治面貌、信仰、身高、视力、健康状况等等。这些内容一般要书写在简历最前面。简历一般要附有照片，照片要尽量拍得专业一点，背景应该使用中性的颜色，照片给人的第一印象很重要。联系方式写一个最容易找到你的就行。

(2)教育背景，也可以是教育与培训背景。用人单位主要通过学习经历来了解应聘者的知识及专业能力水平，学历一般要写得比较详细。

(3)工作与实习经历。主要用来表现应聘者的工作能力，所以要突出与所求职位相关的工作经历。

(4)兴趣、爱好、特长与性格等其他相关内容。如果社会工作经历较少，为能表现你的个性，可加写兴趣，以展示你的品德、修养或社会能力及与人合作精神，性格特点与工作性质关系密切，所以用词要贴切。特长一般是一些人无我有的东西，以体现个人水平。所撰写的这些内容要注意其与岗位要求的相关性。兴趣爱好不能随便写，以免在面试时不能经受考验甚至出现纰漏。

8.2.2.2 简历材料的组织方法

比较典型的简历材料的组织方法有时间顺序法、个人才能或工作经历法、个人能力与业绩法、求职信/简历混合法四种，有些时候可以将这四种方法混合使用。

(1)时间顺序法。这是最常用的简历材料内容组织样式，因为这种样式最易于组织简历内容，这种样式不会有太大的风险，求职者认为这种样式类似于个人历史，而且是重要的历史。事实上，招聘方对求职者的个人历史感兴趣，是因为他们自己不用再费力对求职者的个人简历细加考察，但他们真正需要的还是求职者通过个人历史的表达获得了何种经验或能力。不适合采用这种方法的情况有：工作经历很多，有过不同行业的工作经历，欲变换职业时，个人历史可能会引起误解时。

(2)个人才能或工作经历法。这种简历通常会按照个人才能或经历法来组织材料。这种样式的简历可以较好地克服求职者工作经历中发生的降职或失业等问题所带来的负面影响,使求职者可以根据能力类型等要素来组织材料,这样事情发生的顺序就不会对简历总体造成影响,比较适合职场新手或寻找实习机会或打算转换行业者。

(3)能力与业绩法简历。这是一种特别适合职业变换者和有工作经验的求职者的简历样式。这种样式的简历对某一具体职位的针对性很强,如果求职者想突出体现自己在某一具体领域内经过培养而获得的能力,通常可以有效地使用这种简历样式。因此也适用于在某一领域具有丰富经验的求职者。使用能力与业绩法简历,求职者可以直接说明他们能提供与所申请工作要求相关的能力,然后通过一定的个人业绩来证明这些能力。这些能力通常是共性的,是在与目标职位不同的技术领域内培养出来的。

(4)求职信/简历混合法。通常适用于:你确实具有某一领域的专长、你没有什么工作经验、你有过失业的经历、你知道简历递送具体对象的姓名等情况。采用求职信/简历混合法简历,首先需要对目标公司进行深入的调查,了解其发展需求,这样你才能根据这些需求有的放矢地说明你的才能。

对个人简历而言,没有唯一正确的样式,简历只要能使阅览者易于理解,能清晰、快速、准确地描述个人情况并能使阅览者留下好印象就可以。

8.2.2.3 突出简历关键词

针对许多企业只接受电子版或网上提交简历的情况,在简历制作中要注意突出简历关键词。以便使你的简历在招聘者的电脑筛选中脱颖而出。这类简历关键词的选取有6个技巧。①善于使用招聘广告提供的信息。求职者可以从职位招聘广告中发现关键词,特别是不同公司类似的职位说明中的行业行话,可以帮助你确认关键词。②掌握一些经典关键词。尽管许多关键词带有行业特征,但也有一些词是通用的,包括沟通技巧、解决问题的能力、团队工作、领导力等等。③用关键词证明自己的价值。你需要用一些关键词说明你的工作技巧和工作素质,如提高生产率、增加生产总值;当面试酒店职位时,表示“丰富的公关经验”的关键词可以让你从竞争者中脱颖而出。④使用动词。通常电脑在搜索关键词时用名词,但动词的作用也非常重要,比如你拥有出色的沟通技巧,用“领导团队”、“团队建设”比“与团队一起工作”更吸引招聘者的目光。⑤准备文本格式的简历。如果你提交的简历不能被扫描软件识别的话,那么你在简历中使用的关键词也毫无作用。提交一份HTML的简历,电脑比较容易读懂,但使用扫描软件的招聘者更喜欢用文本格式,因为这种格式更容易被数据库处理。

8.2.2.4 简历的版式

简历的版式应该以方便阅读为原则。从简历的内容安排上来看,内容的摆放要尽量做到:①将最重要的信息记录在简历首页的顶部:如你的联系方式、关键性的词句、工作目标、工作业绩及近几年的工作经验等。②将一些不是很重要的信息放在简历第二页,比如曾经从事过的其他工作,兴趣、爱好,精通的小语种等特长。③把关键性语句尽量放在靠近顶部的地方,如可以按照专业技术能力、执行与拓展能力、组织与创新等顺序排列。

在排版时,少量使用字体的变化可以增加简历的活泼性,简历的版面不宜太复杂、花哨,以避免字体可能吸引读者太多的目光。斜体字可能会降低阅读速度,一般不会对简历的表达效果有太大的帮助。加粗字体是很有帮助的,但使用得不要太多。加粗字体的目的是为了强调某项内容,说明其是某一段或某一行文字中最重要的。但是要记住,加粗字体应该用于你所从事的工作,特别是与所申请工作有关的事情。使用一些特殊符号如"●、□、★"等来排序可以增强文字表现的效果,但同一篇简历中不宜采用三种以上的特殊符号,那会给人眼花缭乱的感觉。清晰的表格能起到将内容分割开来的视觉效果,从而使你的简历清晰化。但过多、过细的表格会引起阅读疲劳,反而起到不好的效果。

一份个人简历撰写出来以后,还应该认真检查一下,看是否符合以下要求:

①根据不同的职位量体裁衣,积极表现出自己的优点、专业特长;

②表达应尽量清楚、明确,简洁有序,重点突出,最佳篇幅是1~2页;

③注重语言技巧,表述力求突出个性,避免平庸;

④用词妥当,无虚假内容,通俗易懂,言语诚恳,自信,适当自谦;

⑤版面清晰,纸张干净,语法准确,避免书写和语法的错误;

⑥不要使用专业术语和缩略语,以免负责首次筛选的招聘人员不理解。

简历初稿起草完毕后,放置一边至少24小时,而后再继续检查、修改,直到你自己查不出任何错误或瑕疵。最后,让一个了解你的人进行最终审阅。

8.2.3 撰写简历应注意的问题

8.2.3.1 不要完全照搬简历模板

随着信息化技术的发展,人们很容易就可以从互联网上查找到各式各样的撰写简历的模版。参考现成的模版是有益的,但全盘照搬则是无助于提高简历质量的。范本是一个基本框架,善于利用并加以发挥,能帮助你迅速组织出一份条理清楚的简历来。从网上复制一个模板,花半个小时制作出来的简历,然后用它投递给用人单位,可以说这是一种漫不经心的做法。如对自己的职业负责,应该从找工作的时候就开始具有这种负责的态度。

8.2.3.2 避免使用华丽的语言与花哨的方式

"无所不能"≠竞争力。有些人在做简历时喜欢把自己吹得天花乱坠,这让人颇为反感。简历的真实性是人事经理一致的要求。在求职者书写个人简历时,千万不要有虚假成分,例如夸大自己的能力、优点或工作经验等。有些人认为"夸大"事实对于获得工作机会是必需的,否则就可能与机会失之交臂。他们告诉自己,只要获得工作机会,就会以工作成绩来证明自己。他们认为冒这种说谎的风险是值得的。但无论如何应该记住,很多就业机会都是从诚实开始的。从另一个角度来说,夸大自己能力的简历可能使招聘人员推荐你参加更高的职位的面试,从而使你失去本来可以获得的工作机会。经验丰富的人事经理很容易通过求职者简历的措辞判断求职者是否中肯而踏实。一旦让人感觉到简历语句浮夸,人事经理往往会不露声色地把求职者的简历淘汰出局。另外,很多求职者的简历堆砌大量抒情的语言和形容词而导致内容空洞。实际上,过于花哨的简历在某种程度上是不自信的体现。要记住"深情款款"≠亲和力。"给我一个机会,我会还你一个惊喜","让我们风雨同舟"……如此表白果真能让用人单位动容?"无谓的抒情显得多余,还是实在一点的好。"这是大部分用人单位的忠告。

8.2.3.3 要突出重点,注意细节

简历要注意简练,避免啰唆。"长篇累牍"≠吸引力。常见的简历情况是"博士生一张纸,硕士生几页纸,本科生一叠纸,专科生一摞纸",其实招聘人员看每份履历所用时间不超过1分钟。因此,应聘者应该了解招聘者的招聘重点,看重的地方,然后突出你这方面的能力或特点。所谓的重点,就是2~3点,1、2、3、4、5罗列下来的不是重点,能让阅读的人留下印象的就是2~3点,太多项会超出人的记忆限制。提炼并突出这几点,能更容易给人留下清晰的印象。因此,不要堆砌太多的内容,不要把许多无关紧要的内容都罗列出来。删除那些无用的东西,比如你的兴趣、爱好等。许多人会在简历中概括他们的兴趣,比如踢足球、阅读、徒步旅行和滑雪等等。其实,这些只有在它们与目标工作有关联的时候才可以加入。除非你知道招聘的单位正在组建一支足球队,而你恰好是学校足球队的前锋,否则就不用将这一爱好写上。

较之业务,招聘者更看重素质;较之能力,招聘者更看重态度。素质和态度往往从简历的细节处体现出来,所以大部分招聘者会特别重视细节,往往一个错别字就会导致简历被淘汰到垃圾箱里,你可能没意识到这是个错别字,但他认为这是不认真的态度。所以一定要仔细斟酌,把细节落到实处。

8.2.3.4 格式恰当,精心编排打印

简历的好坏,关键在于这份简历给人的印象如何,因此,必须对写好的简历进行必要的加工,对它进行编排打印。简历的版式编排要美观大方,让人阅读起来一目了然。版式的效果好,简历翻开来给人第一印象就会特别好,这样招聘者会用心阅读下去。很多招聘人员反映,每次招聘都会收到一些组织很差的简历,格式杂乱无章,条理不清楚。甚至在简历中出现跳字、文字高低不平、用改正液涂改的痕迹。招聘者也相信,简历不一定能体现出一个人的能力水平,但是因为收到的简历太多,这样的简历,只能淘汰。

如果邮寄简历的话,信封书写是很关键的窗口,既可以体现你手写体的书法,也可以看出你对用人单位的诚意。

8.3 面试成功的前提之二——准备好你的求职信

8.3.1 求职信是求职成功的基本要件

许多人在求职过程中都存在着一大疑惑,即需不需要写一份求职信？有相当一部分求职者在求职时,忽略了求职信对于成功求职的重要作用,认为制作一份出色的简历才是最重要的。其实,简历有简历的功能,求职信有求职信的作用。在通常情况下,二者相互配合才更容易保障求职成功。一般说来,简历的着眼点在于自己,强调自己有什么。求职信的着眼点在于对方,强调将给对方带来什么。求职信的作用就在于告诉对方录用自己将会得到哪些益处,从而引起对方的注意、重视和好感,以期在成百上千的应征者中脱颖而出。

在西方,求职信和简历是一样重要的。而在我国,虽然有的雇主不要求写求职信,有的猎头顾问或是企业招聘人员也没时间仔细阅读求职信,但求职信的作用还是不容小看。近期中华英才网上的一份网上调查显示:“人事经理,您对求职信的关注程度如何?”34%参与调查的人事经理表示非常重视求职信,54%的人事经理表示将求职信作为重要参考,只有11%的人事经理是根本不看求职信。可见,写好求职信对求职成功具有重要影响。

8.3.2 求职信应包含的内容

求职信又叫“封面信”、“盖信”,有两种基本类型:一是求职信附简历的传统形式;二是求职信与简历合二为一,这种信要写好有一定的难度,但处理得当更受欢迎。

求职信行文以商业信函为标准,措辞用语要正规。每段围绕一个重点展开,段落切忌冗长,点到即止,唯如此才会条理清晰、重点突出。

求职信主要是用来表明对工作的兴趣,说明申请工作的原因、你对公司的了解情况或者你想得到何种回报。因此,要体现个人特色。一份标准的求职信应包括如下内容:开头部分如果知道招聘负责人姓甚名谁、是男是女,可以直接称呼;如果不知性别或连姓氏、职位也搞不清楚时,最好称“尊敬的负责人”,切忌因妄加推断而弄巧成拙。

正文一般涉及三方面的内容:①写求职信的理由:从何处得悉招聘信息,你的申请目的,加入企业的原因,你要申请什么职位;②作自我介绍,说明你为什么适合申请的职位,提出你能为未来雇主做些什么,而不是他们为你做什么,如介绍自己的品行、工作作风和敬业精神;③简明突出你的相关实力,即为什么你比别人更适合这个位置,强调你所受过的培训及你的经历、技能和成就;④感谢对方花时间阅读自己的材料并提出面谈请求。你可以建议如何进一步联络,留下可以随时联系到你的电话或地址。也可以告诉对方自己将在何时打电话询问、材料是否安全抵达和安排时间面试事宜。另外,求职信中不宜提出薪资要求。如果对方要求对薪资作出说明,可以告知“薪资待遇可以面议”。

常用的结语有“此致、敬礼”、“顺致商祺”之类。然后是自己的签名。字迹要便于辨认。签名下是自己的附言，告诉对方自己的简历等材料随信附上。求职信篇幅在切中要点、达到最佳效果的前提下，应尽可能简短。求职信长度视情况通常 1～6 段不等。配简历时，以一页为宜；不配简历时，尽可能控制在两页以内。

8.3.3 网上求职信的制作

制作网上求职信要注意以下几点：①使用 A4 白纸，因为彩纸会降低电脑对字迹的分辨率；②除非用人单位特别要求，不要用手写和斜体，以电脑设计打印为宜；③注意设定页边距离，使文本宽度在 16 cm 左右，这样求职信看起来不会错误换行；④慎用竖线，多余的竖线会被电脑识别为“1”；⑤避免使用图表，目前仍有些电脑对图表不予识别，以免信息丢失；⑥为便于扫描，每条信息之间间隔要清楚，最好每条信息都独立成行；⑦不要折叠，以免因折痕较多而造成扫描困难；⑧如果一定要让自己的求职信在形式上与众不同，可拟个画龙点睛的标题，也可以用一些星号、特殊字母、加号等分隔内容，这些符号不会像版式符号那样被转换成不可识别的记号，还可以在关键语句下加点、改变重要文字部分的颜色等。

另外，通过网上发送求职信和简历时还要注意三点：①不要使用下划线。下划线与字迹相连易造成误会、如 France 会被看成 Erance。使用横线时，注意横线与邻行的字要拉开距离。②充分利用 E-mail 的暗送功能。可以把用人单位的 E-mail 地址剪贴在暗送栏里，一个 E-mail 发给好几家。③大家争相上网发送求职信和简历，反而导致成功率降低，因此，可以将求职信和简历放到网站的数据库里。

8.3.4 撰写求职信的注意事项

（1）求职信要短，但一定要引人入胜，记住你只有几秒钟吸引你的读者继续看下去。在求职信中要重点突出你的背景材料中与未来雇主最有关系的内容。通常招聘人员对与其企业有关的信息是最敏感的，所以要把你与企业和职位之间最重要的信息表达清楚。因此，求职信的篇幅应控制在半页纸以内。

（2）言简意赅，切忌面面俱到。求职信的功用只是为你争取一个参加面试的机会，你不要以为凭一封求职信就可以找到一份你满意的工作，而且这种错误的心态会使你写的求职信啰啰唆唆。招聘人员工作量很大，时间宝贵，求职信过长会使其效度大大降低。1992 哈佛人力资源研究所的一份测试报告的数据证明了这一点，即一封求职信如果内容超过 400 个单词，则其效度只有 25%，即阅读者只会留下其中 1/4 内容的印象。

（3）不宜有文字上的错讹。一份好的求职信不仅能体现你清晰的思路和良好的表达能力，还能考察出你的性格特征和职业化程度。所以一定要注意措辞和语言，写完之后要通读几篇，精雕细琢，切忌有错字、别字、病句及文理欠通顺的现象发生。否则，就可能使求职信“黯然无光”或是带来更为负面的影响。

(4)切忌吹嘘。最糟糕的事情莫过于将求职信写得“太虚伪”，充斥太多溢美之词。招聘者从求职信中看到的不只是一个人的经历，还有品格。

(5)针对性和个性化让你的求职信从数百封的信件中“脱颖而出”。不少人事经理反映，现在求职信中最常见的问题是“千人一面”。这种千篇一律、没有任何针对性的求职信，招聘人员看得太多了。此时，针对性就成为求职信奏效与否的“生命线”。另外，个性化也很重要。有的求职信没有任何豪言壮语，也没有使用任何华丽的词汇，却使人读来觉得亲切、自然、实实在在。

(6)在求职信正式发送之前，给身边的人看一下。这也是求职信撰写中一个重要技巧，目的是避免歧义的产生，让求职信更好地传达出你所要传达的信息。

8.3.5 求职信的范例

示例一

尊敬的负责人：

您好！

在我考虑职业生涯进一步发展的时候，我注意到了贵公司的招聘信息。在投递我的简历之前，我通过报纸、互联网等大众媒体对贵公司的情况、业绩和发展规划作了一定了解，并通过一些业内朋友的介绍，我感觉贵公司应该是我发展的更好平台。简历中是我的个人基本情况，请您阅读，我在某些方面的经验恰好是贵公司招聘要求中特别看重的。如您认为我能符合贵公司的初步要求，请致电通知我，我的电话是022－888XX888。

此致

敬礼

张山东

2007年3月26日

示例二

尊敬的经理：

您好！

我对贵公司客户服务经理职位感兴趣。我以前的教育背景和丰富的经验可以使我很好地发挥作用以符合贵公司的要求，同时拓宽了我的职业生涯道路。

我是一个顾客导向的、独立的、做事主动的人，可以很快地适应新的环境。这可以从我六年的工作经历中得到证明。我有和不同层次的人交往的能力，同时，在快节奏的环境中可以很好地处理压力，这使我确信我可以对贵公司作出积极的贡献。

如果能有机会和您讨论一下我在贵公司的生涯机会，我将不胜感激。谢谢您花时间来看我的申请，企盼您的回信。我的电话是13XX2288888。

顺致商祺

希拉里

2007年3月26日

8.4 面试的过程与技巧

8.4.1 面试的内涵与形式

8.4.1.1 面试的内涵与特点

面试是一种在特定的场景下，经过精心设计，通过主考官与应聘者双方面对面地观察、交谈等双向沟通方式，了解应聘者素质、特征、能力状况及求职动机等的人员甄选方法。与其他求职测试方法相比，面试具有内容的灵活性、信息的复合性、交流的直接互动性、判断的直觉性等特点。当然，伴随着计算机网络和通讯技术的发展，也出现了"网络面试"、"远程面试"等方式。

8.4.1.2 面试的主要形式

面试的形式多种多样，不同公司、不同岗位的招聘采取的面试形式往往不同，常见的面试形式主要有以下几种。

1. 单独面试与集体面试

单独面试是指主考官个别地与应聘者单独面谈。这是最普遍、最基本的一种面试方式。单独面试的优点是能提供一个面对面的机会，让面试双方较深入地交流。单独面试又有两种类型。一是只有一个主考官并由他负责整个面试过程。这种面试大多在较小规模的公司招聘较低职位人员采用。二是由多位主考官参加整个面试过程，但每次均只与一位应聘者交谈。大多数公司面试都属于这种形式。

集体面试也叫小组面试，是指多位应聘者同时面对面试考官的情况。在集体面试中通常要求应聘者作小组讨论，相互协作解决某一问题，或者让应聘者轮流担任领导主持会议、发表演说、抢答问题等。这种面试方法主要用于考察应聘者的人际沟通能力、洞察与把握环境的能力、领导能力等。

无领导者的小组讨论是最常见的一种集体面试法。在不指定召集人、主考官也不直接参与的情况下，应聘者自由讨论主考官给定的讨论题目，这一题目一般取自于拟任工作岗位的专业需要，或是现实生活中的热点问题，具有很强的岗位特殊性、情景逼真性和典型性。讨论中，众考官坐在离应聘者一定距离的地方，不参加提问或讨论，通过观察、倾听为应聘者进行评分。

2. 一次性面试与分阶段面试

一次性面试是指用人单位对应聘者的面试集中于一次进行。在一次性面试中，面试考官的阵容一般都比较"强大"，通常由用人单位人事部门负责人、业务部门负责人及人事测评专家等组成。在一次面试情况下，应聘者是否能面试过关，甚至是否被最终录用，就取决于这一次面试表现。面对这类面试，应聘者必须集其所长，认真准备，全力以赴。

分阶段面试又可分为两种类型，一种叫"依序面试"，一种叫"逐步面试"。

依序面试一般分为初试、复试与综合评定三步。初试的目的在于从众多应聘者中筛选出较好的人选。初试一般由用人单位的人事部门主持，主要考察应聘者的仪表风度、工作态度、上进心、进取精神等基本素质，将明显不合格者予以淘汰。初试合格者则进入复试，复试一般由用人部门主管主持，以考察应聘者的专业知识和业务技能为主，衡量应聘者对拟任工作岗位是否合适。复试结束后再由人事部门会同用人部门综合评定每位应聘者的成绩，确定最终合格人选。

逐步面试一般是由用人单位的主管领导、中层、基层主管以及一般工作人员组成面试小组，按照小组成员的层次，由低到高的顺序，依次对应聘者进行面试。面试的内容依层次各有侧重，低层一般以考察专业及业务知识为主，中层以考察能力为主，高层则实施全面考察与最终把关，实行逐层淘汰筛选，越来越严。应聘者要对各层面试的要求做到心中有数，力争稳扎稳打、步步为营，在每个层次的面试中都留下好印象，这样才能保证最终面试成功。

3. 结构化面试与非结构化面试

结构化面试包括三个方面的含义：一是面试程序的结构化。在面试的起始阶段、核心阶段、收尾阶段，主考官要做些什么、注意什么、要达到什么目的，事前都会相应策划，并针对所有应聘者采用同样的程序。二是面试试题的结构化。在面试过程中，主考官要考察应聘者哪些方面的素质，围绕这些考察角度主要提哪些问题，在什么时候提出，怎样提，在面试前都已确定，并按照既定问题提问。三是面试结果评判的结构化。从哪些角度来评判应聘者的面试表现，等级如何区分，甚至如何打分等，在面试前都有相应规定，并在众考官间统一尺度，以便得出较为客观的结论。目前，正规的面试一般都为结构化面试。

非结构化面试是指面试的程序、所提出的问题与结论的判定都是非常“随意的”，而不是固定的。这样可以因人而异关注应聘者的不同特点。在非结构化面试中关于面试过程的把握、面试中要提出的问题、面试的评分角度与面试结果的处理办法等，主考官事前并没有统一的准备与系统设计。非结构化面试颇类似于人们日常非正式的交谈。除非面试主考官的个人素质极高，否则很难保证非结构化面试的效果。目前，真正非结构化的面试越来越少，并逐步成为结构化面试的补充。

4. 常规面试与情景面试

常规面试就是日常见到的主考官和应聘者面对面以问答形式为主的面试。在这种面试条件下，主考官处于积极主动的位置，应聘者应是被动应答的姿态。主考官提出问题，应聘者根据主考官的提问作出回答，展示自己的知识、能力和经验。主考官根据应聘者对问题的回答以及应聘者的仪表仪态、身体语言、在面试过程中的情绪反应等对应聘者的综合素质状况作出评价。

情景面试突破了常规面试主考官和应聘者那种一问一答的模式，往往设置了特定情境，引入了无领导者的小组讨论、公文处理、角色扮演、演讲、答辩、危机处理、案例分析等人员甄选中的情景模拟方法。情景面试是面试形式发展的新趋势。在这种面试形式下，面试的具体方式灵活多样，面试的模拟性、逼真性强，应聘者的才华能得到更充分、更全面的展现,主考官对应聘者的素质也能作出更全面、更深入、更准确的评价。

5. 无履历面试与压力面试

无履历面试是指在面试前和面试过程中,主考官和招聘企业不看应聘者的履历,只根据面试的情况来判定应聘者的能力即可雇用。无履历面试录用人员的标准是真才实学,而不是学历。面试时不让面试人员知道应聘者的学历、毕业的大学名称。面试人员只问应聘者为什么对本企业感兴趣、今后有什么具体打算,重点考核应聘者的专业知识、反映能力和实力。不让面试人员知道应聘者的学历和出身大学,就是为了改变那种先入为主的考核方法,能够比较客观地考核应聘者的实力。日本、韩国的一些公司大胆改革企业人事制度,其中一条重要的措施是实行"无履历招聘"。即在面试前根本不去了解应聘者的任何背景材料,只对应聘者进行语言能力、判断能力和社会常识等方面的测试,初选合格后再进行了解,必要时甚至派人与应聘者共同生活一段时间,进行实地考察,合格者方予录用。

压力面试(stress interview)是指在有意制造的紧张气氛中提出一连串刁钻、古怪甚至羞辱性的问题,穷追不舍,直至求职者无法回答,以此观察求职者对压力的承受能力和应变能力。有些考官会先提一个不甚友好的问题,或者劈头浇你一盆冷水,让你在委屈和激愤中露出本色。在招聘者看来,击溃你的心理防线,才能筛选出有心理承受能力的智者,找到能面对压力的新鲜血液。要想在压力面试中胜出,冷静、睿智和快速反应能力能帮你绕开陷阱,奋战到底。

在实际操作过程中,不同的企业会根据自己的需求选择适当的组合形式。

8.4.2 面试的程序与考核要点

8.4.2.1 面试的程序

不同的单位对面试过程的设计会有所不同,有的单位会非常正规,有的单位则相对比较随意,但一般来说,面试可以分为以下四个阶段。

第一阶段:准备阶段。主要是以一般性的社交话题进行交谈,例如主考官会问类似"从宿舍到这里远不远"、"今天天气很好,是吗"这样的问题,目的是使应聘人员能比较自然地进入面试情景之中,以便消除应聘者紧张的心情,建立一种和谐、友善的面试气氛。这时就不需要详细地对所问问题进行一一解答,可利用这个机会熟悉面试环境和考官。作为应聘者要记住:必须面带微笑,直直地盯住对方的眼睛,礼貌地与他(她)握手,同时显得兴致勃勃、信心百倍。

第二阶段:引入阶段。社交性的话题结束后,应聘者的情绪逐渐稳定下来,开始进入第二阶段,这阶段主要围绕其履历情况提出问题,给应聘者一次真正发言的机会。例如主考官会问类似"请用简短的语言介绍一下你自己"、"在大学期间所学的主要课程有哪些"、"谈谈你在学期间最大的收获是什么"等问题。毕业生在面试前就应对类似的问题进行准备,回答时要有针对性。

第三阶段:正题阶段。进入面谈的实质性正题,主要是从广泛的话题来了解应聘者不同侧面的心理特点、行为特征、能力素质等，因此，提问的范围也较广，主要是为了针对应聘者的特点获取评价信息，提问的方式也各有不同。这一阶段主要的任务是互相了解情况，加深印象。主考官要对你作出三种估价：你的性格是否适合这项工作；如果你成为他们的一员，能否有什么贡献；如果主考官决定聘用你，你是否可以为他争光。你必须让主考官觉得你热情、友好，使他相信你完全符合这三个条件。

第四阶段：结束阶段。主考官在该问的问题都问完后，会以类似"我们的问题都问完了，请问你对我们有没有什么问题要问"这样的话题进入结束阶段，这时应聘者可提出一些自己想提问的问题，可以就如果被公司录用可能会接受的培训、工作的主要职责等问题进行提问，看看自己是否真正喜欢它们。另外，你还可以从主考官那里找出线索，了解他们到底需要什么样的人。这一阶段要特别表现出你对该工作的兴趣，并可以提出"下一步怎么办"，"我有希望被录用吗"等问题。这样做的好处是增加他们对你的兴趣，提高你中选的可能性。

面试过程中，应聘者要善于觉察主考人暗示面试结束的种种迹象，如：他开始整理纸张或不再继续提问等。这时，你就该知道面试就要结束了，你该向主考人表示感谢了。

面试的时间长短因具体情况而异，一般而言，一个规范的面试，需要 40 ~ 60 分钟的时间确认与回答问题，其中准备阶段需要 3 ~ 5 分钟，引入阶段需要 5 ~ 10 分钟，正题阶段需要 27 ~ 35 分钟，结束阶段需要 5 ~ 10 分钟。

8.4.2.2 面试的考核内容及关键因素

尽管面试可以对应聘者的素质和能力进行多方面的测试，但在实践中，用面试方法对应聘者进行测评的内容主要集中在 10 个方面。

1. 举止仪表与语言表达能力

举止仪表是指应聘者的外在的穿着打扮和言行举止表现，包括体型、外貌、气色、衣着举止、精神状态等。像国家公务员、教师、公关人员、企业经理人员等职位，对仪表风度的要求较高。研究表明，仪表端正、衣着整洁、举止文明的人，一般做事有规律，注意自我约束，责任心强。因此，面试时可以根据职业的特点考察应聘者穿着打扮是否得体、言语举止是否符合一般的礼节、是否有多余的动作等。

语言表达能力是指应聘者在面试中是否能够针对不同的听众采用不同的方式、风格将自己的思想、观点、意见或建议准确顺畅地用语言表达出来，并试图让听众接受的能力。考察的具体内容包括表达的逻辑性、准确性、感染力、说服力、流畅性以及语言的分寸、口齿、音质、音色、音量、音调等。

2. 综合分析能力

综合是指人们进行思维活动时将事物的各个部分或各种特征联合为整体。分析则是在头脑中将事物的整体分解为部分。综合和分析在思维活动中起着重要作用，是思维的智力操作的重要组成部分。面试中，综合分析能力主要考察应聘者是否能对主考官提出的问题通过分析抓住本质，并且说理透彻、分析全面、条理清晰。具体是能否对事物从宏观方面进行总体考虑；能否对事物从微观方面对其各个组成部分予以考虑；能否注意到整体与部分之间的相互关系及各部分之间的有机协调组合。

3. 专业知识与工作实践经验

专业知识考核主要是考察应聘者掌握专业知识的深度和广度，其专业知识是否符合所要录用职位的要求，作为对专业知识笔试的补充。面试对专业知识的考察更具灵活性和深度，所提问题也更接近空缺岗位对专业知识的需求。实践经验的考察一般根据应聘者的个人简历或求职登记表的内容，作相关的提问；查询应聘者有关背景及过去工作的情况，以补充、证实其所具有的实践经验。通过工作经历与实践经验的了解，还可以考察应聘者的责任感、主动性、思维能力、口头表达能力及遇事的理智状况等。

4. 计划、组织、协调能力

这是指应聘者对自己、他人、部门的活动作出计划、排出日程、调配资源，并对冲突各方的利益根据一定的标准进行协调的能力。主要考察应聘者能否根据部门目标，预见未来的要求、机会和不利因素，并作出计划；能否看清相互依赖的冲突各方之间的关系；能否根据现实需要和长远效果作出适当选择；能否及时作出决策并相应调配和安置人、财、物等有关资源。

5. 求职动机与拟任职位的匹配性

求职动机是指在一定需要的刺激下，直接推动个体进行求职活动以达到求职目的的内部心理活动；个人的求职目的与拟任职位所提供的条件相一致时，个体胜任该职位工作并稳定地从事该工作的可能性较大。面试中可以通过了解应聘者为何希望来本单位工作，对哪类工作最感兴趣，在工作中追求什么，来判断本单位所能提供的职位或工作条件等能否满足其工作要求和期望。具体可以考察：应聘者的现实性需要（如解决住房、户口、专业对口等）与岗位情况；兴趣与岗位情况；成就动机（认知需要、自我提高、自我实现、服务他人的需要以及得到锻炼等）与岗位情况；对组织文化的认同等要素。

6. 反应能力与应变能力

反应能力是指应聘者对主考官所提问题的理解是否准确贴切，回答的迅速性、准确性等。应变能力是指在有压力的情景下，应聘者是否能够迅速而灵活地转变思考和解决问题的角度，随机应变，触类旁通，作出正确的判断和处理。主要考察应聘者对于突发问题和在有压力状况下是否情绪稳定、思维敏捷、考虑问题周到、回答恰当，对于意外事情的处理是否得当、妥贴等。

7. 人际交往能力

这是指应聘者建立和维护自己与他人、团体的关系的能力。这些关系是有目的的、与工作相关的，包括与他人的沟通以及组织中的服从、合作、协调、指导、监督活动。在面试中，通过询问应聘者经常参与哪些社团活动，喜欢同哪种类型的人打交道，在各种社交活动中的倾向和与人相处的技巧等来了解。具体可以考察：人际合作的主动性、对组织中权属关系的意识、人际间的适应性以及信息交流、处理人际关系的原则性与灵活性等。

8. 自我控制能力与情绪稳定性

这是指在受到较强刺激或处于不利的情景中，能否保持情绪的稳定并能有效地约束自己的行为反应，自我控制能力对于公务员及企业的管理人员显得尤为重要。一方面，在遇到上级批评指责、工作有压力或是个人利益受到冲击时，能够克制、容忍、理智地对待，不致因情绪波动而影响工作；另一方面工作要有耐心和韧劲。面试时可以根据应聘者对一定问题的反应，预测其日常生活中的表现。具体可以考察：在较强的刺激情景中，表情和言语是否自然；在受到有意挑战甚至有意羞辱的场合，能否保持冷静；为了长远或更高目标，能否抑制自己当前的欲望等。

9. 工作态度与进取心

主要考察应聘者对过去学习、工作的态度，对现报考职位的态度以及是否有进取心。在过去学习或工作中态度不认真，做事态度无所谓的人，在新的工作岗位也很难说能勤勤恳恳、认真负责。进取心强烈的人，一般都确立事业上的奋斗目标并为之而积极努力，这表现在努力把现有的工作做好，且不安于现状，工作中常有创新。上进心不强的人，一般都是安于现状、无所事事，不求有功、但求能敷衍了事，因此对什么事都不热心。

10. 业余兴趣与爱好

应聘者休闲时间喜欢从事哪些运动、阅读哪些书籍以及喜欢什么样的电视节目、有什么样的嗜好等，这些兴趣与爱好对录用后的工作安排常有参考价值。

8.4.3 面试的准备

作为应聘者在面试之前必须提前做好相关准备，才能在面试中给主考官留下好的印象并最终获得面试成功。面试的准备分为三个方面。

8.4.3.1 面试前的准备

具体可以从如下三个方面入手。

1. 形象

第一印象非常重要，选择一套比较保守一点的适合你所应聘的职位的衣服，确保所有的搭配能够反映出你是一个负责任和有能力的人。对于服装要提前计划，不要在应聘的那一天才决定你要穿哪套衣服，要提前作决定以确保每件衣服都干净、整洁并保养得很好。

2. 态度

在面试中紧张是正常的，但良好的计划可以减缓这种紧张情绪，以有能力和职业化的形象出现将会形成自信的氛围。另外准备好面试过程中的种种细节：确保你知道面试的准确时间、地址、位置和场所；提前决定你将以何种交通方式到达面试点；确保在面试前 15 分钟到达。

3. 职位

在面试前要努力学习和了解你要应聘的企业和职位情况，包括该职位的职责范围、能力要求等信息。当应聘时，提前准备，回忆一下你的应聘职位所在的部门或者单位的信息。与主管/经理联系一下，商量能否在面试之前到办公地点看看。另外，最好能够获得一本该职位描述的复印件、工作手册、政策等等。

8.4.3.2 面试当天的准备

1. 面试前

计划好你的准备时间和起步时间，以确保能够在约定的面试开始时间之前15分钟到达，这样能让你在面试前有时间放松一下自己，到达后记着向接待人员报告你的到来，并提前安排这天剩余的其他时间和事情，以确保在面试中不出现让你分神的事情。

2. 面试中

当互相介绍完之后，记住要和每个面试官握手，同时直接看着他们，重复他们的名字，记住他们。

仔细聆听每一道问题，不要在问题问完时才考虑如何回答。如有必要，在便笺上记下问题的关键点。继续聆听直到面试官结束谈话。如果你不清楚或者不确定问题的内容，请面试官重复一次。你可以将不确定的问题忽略过去留在最后。

不要让自己着急，但要注意面试时间、面试过程，在回答问题之前记住停顿一下，确保你要说的话是你已经考虑好了的话。

面试结束时记住要向主考官致谢并告别。

3. 面试后

其他应聘者还没有面试完之前，不要讨论面试问题。面试的结果可能需要一段时间主考人员才会通知你，要耐心等待。

8.4.3.3 面试感谢信

在面试结束后、面试结果尚未公布前，应聘者要记住给面试主考官写面试感谢信，以表达对他们的谢意和对该职位的关心。下面是一封面试感谢信的示例。

亲爱的人事经理先生：

我很感谢您今天早上花时间对我进行面试。我应聘的职位是东方海岸有限公司的办公室职员。

在了解了贵公司的目标和该职位的责任后，我对它很感兴趣。我相信我以前参加的培训和工作经验，加上我自己积极的工作态度，可以使我对贵公司作出积极的贡献。

我期待着您的回信。

此致

敬礼

王林顿

2007 年 3 月 28 日

8.4.4 面试问题及回答技巧

8.4.4.1 面试问题的基本种类与作用

根据企业招聘过程中实际出现的面试题目来看,主要包括以下几种性质的试题。

(1)背景性问题。主要考察应聘者的基本情况,并收集下一步提问的话题。

(2)意愿性问题。主要考察应聘者的求职动机以及与所要应聘的职位的匹配性。

(3)行为性问题。主要考察应聘者在相关事件中体现出来的计划、组织和协调能力,人际交往能力,以及相关的工作经验和自我认知能力。同时往往还考察应聘者的价值观等问题,而且常常会要求应聘者举出具体事例加以说明。

(4)情境性问题。往往是设置一个具体的情景,考察应聘者的应变能力以及在具体情况下解决问题的能力。

(5)智能性问题。往往是通过对一些社会热点问题的回答,考察应聘者的综合分析能力。

(6)思辨性问题。综合考察应聘者分析问题、解决问题的能力。

在实践中,面试中提出的每个问题都应有客观存在的特定作用与目的。表 8-1 是一个实例。

表 8-1 面试提问的不同作用分析

作用	问 题
放松	你喜欢喝点东西吗?你到过什么地方游览?
普通	当……时,你的责任是什么?
信息	关于……,你能详细谈谈吗?
证实	你认为他做得对吗?你赞成他的哪种处理办法吗?
询问原因与理由	你能告诉我你为什么采用那种特殊的动作吗?为什么你在倒酒时要在杯子里加点冰?
询问观点与想法	你认为此产品怎样?你肯定或相信评委们有歧视吗?

8.4.4.2 面试问题的提问方式

在面试中,主考官为获得应聘者不同方面的信息,如行为特征、心理特点、能力素质等,往往会采取不同的提问方式。面试中常用的提问方式有以下几种。

1. 连串式提问

即主考官向面试者提出一连串相关的问题,要求应聘者逐个回答。这种提问方式主要是考察面试者的反应能力、思维的逻辑性和条理性。

例如:“你在过去的学习或工作中出现过什么重大失误?如果有,是什么?从这件事本身你吸取的教训是什么?如果今后再遇到此类情况,你会如何处理?”

回答这类问题，首先要保持镇静，不要被一连串的问题吓住，要听清主考官问了哪些问题，这些问题一般都是相关的，要回答后一个问题必须以前一个问题的回答为基础，这就更要求应聘者听清题目及其顺序，逐一回答。

2. 开放式提问

这是指提出的问题，应聘者不能使用简单的"是"或"不是"来回答，而必须另加解释才能回答圆满。这类提问的目的是为了从应聘者那里获得大量丰富的信息，并且鼓励应聘者回答问题，避免被动。面试的提问一般都用开放式的提问，以便引出应聘者的思路，考察其真实水平。

常见的开放式问题，如"你在大学期间从事过哪些社会工作？""什么原因促使你在二年内换了三次工作？"等等。提问方式常用"如何………""为什么……""哪个……"等。

回答这类问题，应聘者应该开阔思路，对主考官提出的问题尽量给予圆满的回答，同时要注意做到条理清晰、逻辑性强、说理透彻、充分展现各方面的能力。这样才能让主考官尽可能多地了解自己，这是一个被录用的前提条件，如果应聘者不能被主考官所了解，就根本谈不上被录用。

3. 非引导式提问

对于非引导式提问，应聘者可以充分发挥，尽量说出自己心中的感受、意见、看法和评论。这样的问题既没有"特定"的回答方式，也没有"特定"的答案。

例如，主考官问："请你谈一谈担任学生干部时的经验。"这就是"非引导式"谈话。主考官提出问题之后，便可静静地聆听对方的叙述，而不必再有其他的表示。与引导式谈话相比，非引导式谈话中，应聘者可以尽量多说，该说什么就说什么，因此可以提供丰富的资料。应聘者的阅历、经验、语言表达能力、分析概括能力都得到了充分的展现，这样有利于主考官作出客观的评价。

4. 封闭式提问

这是一种可以得到具体回答的问题。这类问题比较简单、常规，涉及范围较小。关于下面的一些情况常用封闭式提问：工作经历、学历、家庭状况、个性与追求等。

对于这类问题，应聘者一般不需要像回答开放式问题那样有充分发挥的余地，因为这类问题一般都有具体而明确的回答，应聘者只要根据自己的实际情况加以回答即可。

5. 引导式提问

引导式提问中，一方问的是特定的问题，另一方只能作特定的回答。主考官问一句，应聘者答一句。这类问题主要用于征询应聘者的某些意向，需要一些较为肯定的回答。

例如，主考官问"你担任分厂经理期间，该分厂有多少人？主要生产什么产品？"这就是典型的引导式提问，应聘者只要回答一个数字，说出产品名称即可，而不必发表其他任何解释。

6. 清单式提问

这类提问中,主考官除了提出问题外,还给出几种不同的可供选择的答案,目的是鼓励应聘者从多种角度来看这个问题,并提出了思考问题的参考角度。比如:“你所在的企业中最主要的问题是什么? 营业额小、缺勤、产品质量差还是其他?”这样就为应聘者提供了思考问题的参考,使问题易于回答,不至于让应聘者错误理解主考官意图,不至于让应聘者的回答离题太远。

7. 假设式提问

在这种提问中,主考官为应聘者假设一种情况,让应聘者在这种情况下作出反应,回答提出的问题,进而来考察应聘者的应变能力、解决问题的能力、思维能力。如:“如果你是那个肇事的司机,你会怎样处理?”“如果你是办公室主任,你将如何处置这个秘书?”回答这些问题,应聘者首先应该把自己置身于主考官为其设定的一个特定环境,然后用这个环境中的人的身份来思考主考官的提问,所以这种提问要求应聘者具备一定的想象能力。

8. 压迫式提问

在面试过程中,有些情况下,主考官会故意制造一种紧张的气氛,给应聘者一定压力,通过观察应聘者在有压力情况下的反应,来测定其反应能力、自制力、情绪稳定性等等。

例如:“这次公务员考试,很多人都托了关系,听说你也走后门了。”“从你的专业来看,你似乎不适合这项工作,你认为呢?”“这个问题你没有给我们满意的答复,你被录用的可能性很小。”只要你明白了这是主考官故意对你施加压力,就能够迅速调整自己的心态,泰然地应付主考官的提问。切记,千万不能面对主考官的“刁难”而发怒,甚至指责主考官。

9. 重复式提问

这是指主考官向应聘者反馈信息,以检验其是否是对方真正意图,或检验自己得到的信息是否准确。例如:“你是说……”“根据我的理解,你的意思是……”对于这类问题,应聘者可以给出“是”或“不是”的简单回答。如果主考官有误解,应聘者应该再说明一遍。

10. 确认式提问

确认式提问表达出主考官对应聘者提供的信息的关心和理解,目的在于鼓励应聘者继续与之进行交流。比如,“我明白了,这很有趣”之类的话。对于这类问题,应聘者可以不直接作出反应,按原来的话题继续往下讲。

11. 投射式提问

这是让应聘者在特定条件下对各种模糊情况作出反应。这种方式又可以分两种:一是图片描述式,对应聘者展示各种图片,然后让他们说出个人的反应。由于这些图片形象朦胧,主体模糊,应聘者对图片的感受、想象和反应各有差异,任何描绘都可能,这样可以从应聘者的描述中,分析出人格特征。二是句子完成式,是指呈现给应聘者仅有句首而没有句尾的句子，让应聘者按照自己的感觉、思维来完成整个句子。例如："我们希望……""我不相信……""我最难容忍的是……""对于陌生人，我通常的态度是……"。由于应聘者的心理素质各有差异，因此完成的句子也彼此不同，通过对应聘者所完成的句子进行分析，可以了解到应聘者的一些心理特征。

12. 案例分析式提问

这种提问方式是给应聘者提供一个案例，要求应聘者对案例进行分析判断，进而测定应聘者的思考、分析和解决问题的能力等等。案例的内容和题材很多，可以根据不同的职位加以选择。

8.4.4.3 面试中常见的问题及回答方式

1. 谈优点

这类题目主要是了解应聘者对自身的客观认识程度及对岗位的要求。"你的优点是什么？请谈谈你的主要优点。你的三个较其他应聘者为优的特点是什么？您准备如何发挥你的个人才能？""你对自己最满意的地方是哪里"与"请作一下自我介绍"意义是相同的，不光是说话内容，连礼貌也都会列入评分项目内，最好把朋友等周围的人对自己的看法也加进去。特别要注意的是，在这里不要光顾空说自己的优点，要加上事实，并结合应聘岗位来谈，这样更具有说服力。

2. 谈弱点或缺点

这类问题的主要目的是掌握求职者的自省能力及个性特征直至品格。"你最大的缺点是什么？谈谈你的三个主要缺点？较其他应聘者你的几个弱点是什么？你遇到过的最大失败是什么？"等等。

这是一个请你自投罗网的问题。回答这类问题时一定要小心谨慎，建议应聘者以以下三种方式巧妙地回答这个问题。一是将讨论集中于你是如何逐渐提高自己的。不要急于把你现在的缺点告诉面试官，可以先跟他谈谈你过去在工作方面有个什么缺点，然后你是如何克服它的。这样做是为了向对方证明你是一个乐于自我提高的人。例如你说："当初我总是在日常文字记录中出现工作疏忽，经理发现后向我解释了这种行为可能引起的潜在问题。我将经理的话记在心上，我认为我留存下来的文档资料是目前同事当中最好的之一。"这种回答的另一益处是：你在承认弱点的同时也表明了你的优点——你接受别人批评并且积极纠正你的不当之处。二是谈谈你当前应聘的这个工作会如何帮助你进一步拓宽自己的技能。不管你有多棒，你总有需要提高的地方，而这份工作也许能提高你在特定方面的技能。如："我以前从没经手过这类大型项目，但凭我从事其他六个项目的经验，我认为只需几天的时间我就能掌握应有的技能。"这样的回答就把问题的重点从弱点转向容易克服困难。三是向对方描述某人曾给你的一个有价值的建议以及你是如何在其帮助下改进自己的工作的。同样，这是为了证明你是一个乐于学习、追求成长的人。

3. 谈你自己适合干什么

这类问题的主要目的是探测应聘者对个人意向的把握程度、自我认知能力以及对应聘岗位的认知程度。常见的如:“你最喜爱的工作是什么?你的兴趣是什么?从您的背景看最适合自己的工作类型是什么?你为什么会应聘这个岗位?如果你可以自由选择,你会选择什么样的工作?”等等。

这时,应该根据自己的理想、价值观、兴趣爱好、能力、性格、体质等特点,正确认识自己的优势和劣势、自己的与众不同和发展潜力,明确自己的想法、期望、品德、行为等方面的特征。而像那种“我不知道自己适合干什么,只知道自己希望从事这份工作”、“我选择这个工作是因为我原来做过”、“我干什么都行,什么都感兴趣”之类的回答是不合适的,给人以不着边际或没有独立主张的印象。

4. 谈未来的规划

这类问题的主要目的是为了了解你的抱负、认知与实干精神等。这是下列问题的有趣翻版:“你在今后的五年中要达到什么职位?”“你如何规划自己未来的事业?”。回答这类问题应该先说明你要发展或进取的专业方向,并表明你脚踏实地的工作态度。“我的事业计划是勇于进取,所做的事情必须是能够将我的精力与专业知识融入我所在行业与我的工作单位所需要的地方。因此,我希望在今后几年中成为一名内行的专业人士,很清楚地理解自己的单位、行业、最大的挑战以及机会之所在。到那时,我未来的发展目标应该会清晰地显露出来。”类似于这样的回答会使你远远地高于你的同龄人。

5. 你有什么问题要问吗

一般在面试最后,主考官都会让应聘者提几个问题,此时如果你没有问题可问,招聘单位会认为你对自己不负责任,进而认为将来你对工作也不会负责任。所以提问是很重要的,如何提问题,这里向你提供几种选择。

例如:为什么这项工作目前是个空缺?工作的地点在哪儿?单位进行哪方面的培训?在将来的几年中谁将是单位的主要竞争者?有书面的岗位职责吗?绩效评估多长时间进行一次?他们遵循的是何种模式?

8.4.4.4 面试问题的回答策略

回答面试问题是一门语言艺术,而掌握这门艺术离不开策略与技巧。在回答面试问题过程中常用的策略与技巧有以下几种。

1. 具体实例法

为了向招聘者描述一个“与众不同”的你,进而获得应聘成功,你的回答:不要概述,要展示——用事实来说明你所具有的能力、素质、技能,你的信仰、优缺点、好恶,以及你如何处理人际关系、如何解决问题、如何胜任新工作等。你可以通过“事实”、“相关细节”、“举例”、“轶事”、“具体做法陈述”等等,让对方了解你。这样做,你才可能使自己变成一个“个性突出”、“富有情趣”、“充满活力”的活生生的人——一个很容易被招聘者从众多的毫无特色的候选人中记住的人。

要做到灵活运用“具体实例法”,首先要具体问题具体对待。例如,在回答“你最不喜欢什么样的人”时,可采用抽象概述:“我不喜欢那些只谈论自己的人;那些损人利己的人;那些口是心非的人;那些斤斤计较的人;那些不能控制自己的人。这样的回答简洁有力。其次,即使采用"具体实例法",也不能一味地偏重"实例"而忽视其他。如在回答个人第一个长处时,可用"实例"来充分描述以增强感染力;而谈到第二个优点时,则可借用"朋友们"的评价来"画龙点睛"。尽管前后"说法"迥异,却相得益彰。

2. 突出个性法

"个性鲜明"的回答往往容易给人留下深刻印象。怎样回答才会突出个性呢?首先就应该用事实来说话。其次,要实事求是,怎么想(做)就怎么说(当然,一些敏感性问题需有适度的分寸)。例如,当你被问到:"你喜欢出差吗?"你可以直率地回答:"坦率说,我不喜欢。因为从一地到另一地推销商品并不是一件惬意的事。但我知道,出差是商业活动的一个重要部分,也是推销员的主要工作之一。所以说,我不会在意出差的艰辛,反而会以此为荣。因为我非常喜欢推销工作,我想这一点更重要。"又如,主持面试的经理问你:"如果我们接受你,你会干多久呢?"如果你这样回答:"没人愿意把一生中最宝贵而有限的时光花在不停地寻找工作当中;也不会有人甘愿把他(她)所喜爱的东西轻易放弃。就拿这份工作来说,如果它能使我学以致用,更多地发挥我的潜力,而我也能从中获得更多的新知识与技能,并且也能得到相应的回报;那么我没有理由不专心致志地对待我所热爱的工作。"那么你所表现出的机敏、坦诚与个性一定是招聘者最为欣赏的。因此,真实的思想与坦率的语言就是"个性突出"的最佳体现。

3. 审时度势法

面谈中的审时度势法主要表现在以下两个方面:①掌握好回答问题时的时间,做到心中有数,有的放矢,在有限的面谈时间里,要得体、有效地"展示"自己,不要漫无边际或反复陈述,过多地拖延时间。②一种无奈的眼神、一个会意的微笑、一种下意识的看表动作,演绎出的都是招聘者不同的心态。在对答中要学会破译出对方的心理,从而迅速准确地调整自己的对策,必要时"投其所好"或"草草收场"都不失为一种应急之策。

4. 扬长避短法

在某单位应聘部门招聘面谈中曾经有这样一段对话。问:"你不认为你做这项工作太年轻了吗?" 答:"我快 23 岁了。事实上,下个月我就 23 周岁了。尽管我没有相关的工作经历,但我却有整整两年领导学校学生会的工作经验。2005 年初,我被推选为该年度的学生会主席,之后又连任一年。您可以想象,管理组织 1 000 多名学生,并非易事,没有一定的管理才能和领导艺术,是无法胜任的。所以,我认为,年龄固然能说明一定的问题,但个人素质和能力更为重要。因为这是一个部门经理所不可缺少的。"这是一种典型的扬长避短式的回答。回答者极力宣扬个人的长处,并把自己的长处同应聘的工作有机地结合起来,意在变不利为有利。

但面试时如果真的遇到自己不懂的问题,或勉为其难的事情时,你要勇敢地承认:“我不会”,同时作出必要而合理的解释。尽管你没有“扬长避短”,但是你的诚实、坦率却能为你化短为“长”。

5. 虚实并用法

孙子在其《孙子兵法》中的“虚实篇”里曾经专门论述过军事活动中的“虚”与“实”。在战斗中,敌我双方为了隐藏各自真实的作战意图,往往采取一些虚虚实实的做法 ——“虚中有实,实中有虚”,以此来麻痹对方,达到出奇制胜的目的。尽管面谈中的回答并非敌我斗智,但是,有效而适度地运用“虚”与“实”,常常会起到强化自身价值和赢得对方好感的作用。

当问到“你的工作动力是什么?”时,有这样一类以“虚”带“实”式的回答可以参考。如“我的动力主要来源于以下几个方面:首先是工作本身,即我是否对该工作感兴趣,是否能发挥自己的特长,是否能胜任,是否能学到新知识和技能,以及是否能得到进一步的自我发展。其次是自我价值的承认问题,即我是否能够得到别人的信任与尊重,是否有进一步晋升的机会。最后是结果,即我是否能够得到较高的工资和待遇等。”面谈是求职应聘中的一个重要环节。而在面谈中招聘者最希望看到的是一个“真实”而“全面”的你。显然,诚实是最好的策略。所以说,“虚”在现实中一定要运用得当:虚要虚得合理,而且虚中要有实。切不可乱用“虚”招,否则弄巧成拙。

8.4.5 面试应注意的问题

面试中应聘者应注意以下几个问题:

(1)注意自己的服装和仪表,使其符合职业特征的要求;

(2)态度要不亢不卑,多使用积极、正面的词语;

(3)不要羞于提问,要表现出对企业和岗位的关心;

(4)不要在首次面试时急于主动涉及薪酬;

(5)诚实回答问题,不要寻找问题的标准答案;

(6)多进行目光的交流;

(7)随身携带必需物品,如笔、计算器等,包内装放要整洁,拿取方便。

此外,应聘者还要注意面试中常见的几种效应,提前作好准备。

(1)首因效应。首因效应是指人们根据最初获得的信息所形成的印象不易改变,甚至会左右对后来获得的新信息的解释。因此在日常交往过程中,尤其是与别人的初次交往时,一定要注意给别人留下美好的印象。面试中的首因效应也普遍存在,主考官也往往会根据应聘者最初的印象去判断一个人。例如:某招聘单位通过自荐材料将毕业生小马列入了预选名单,实际上这位毕业生各方面确实不错,可在面试时由于他的穿着过于新潮,给主考官一种华而不实的第一印象,结果被淘汰出局。虽然考官的“印象”标准不一样,但总体来说“印象”标准是一致的,这就是:开朗、精神饱满、信心十足、坦诚、机敏、干练的人会给人留下良好的第一印象。因此,应聘者在参加面试时,要注意“首因效应”的影响,尽可能给主考官留下良好的第一印象。

(2)近因效应。近因效应与首因效应相反,是指人们交往中最近、最后的印象,往往是最强烈的，可以冲淡在此之前产生的各种因素，这就是近因效应。有一次面试，面试要结束时，主考官告诉应聘者可以走了，可当应聘者要离开考场时，主考官又叫住他，对他说，你已回答了我们所提出的问题，评委觉得不太满意，你对此怎么看？其实，主考官作出这么一种设置，是对应聘者的最后一考，想借此考察一下应聘者的心理素质和临场应变能力。如果这一道题回答得精彩，大可弥补此前面试中的缺憾；如果回答得不好，可能会由于这最后的关键性试题而使应聘者前功尽弃。

(3)鲶鱼效应。鲶鱼效应源于这样一个典故：挪威人爱吃沙丁鱼，可上市的沙丁鱼只有一位老渔民捕的鱼是活的。其奥秘在于：他在捕来的沙丁鱼中掺了少量的鲶鱼，沙丁鱼以为鲶鱼会吃掉它们，所以沙丁鱼一直快速游动，保持兴奋状态，活蹦乱跳的，所以能卖出高价。“鲶鱼效应”在人才学中泛指与众不同的人、能给群体和企业带来活力的人，这样的人最受欢迎。面试时，特别是在集体面试的时候，考官非常注意观察每一个人的表现，最有活力、最有创意的应聘者会最受青睐。所以，在轮到你发表意见时，要力求主旨明确，观点鲜明，论证有力，力争脱颖而出。那种“某某前面所说的，我完全赞同”之类的随声附和，只能替别人作宣传，会被考官认为是没有主见、缺乏独到的见解，最终只能得到被淘汰的厄运。

(4)晕轮效应。晕轮原指月亮被光环笼罩时产生的模糊不清的现象。晕轮效应是一种普遍存在的心理现象，即对一个人进行评价时，往往会因对他的某一品质特征的强烈、清晰的感知，而掩盖了其他方面的品质。应聘者在求职应聘中，如果能够巧妙地运用这种晕轮效应，把自身的优势充分地展现出来，一定会给主考官留下深刻的印象，赢得对方的赏识，取得面试的成功。比如，一位毕业生在应聘时，当被问及英语水平高低时，她便用英语熟练地与考官交谈起来，从而引起招聘者的极大兴趣，当场便与她拍板“成交”。在运用这一效应时要注意的是，不能刻意制造“光环”效果，那样做的后果只会适得其反。

(5)顺序效应。面试主考官在对多名应聘者依次进行评定时，往往会受面试顺序的影响，而不能客观评定应聘者的情况。例如，一个考官在面试了三个很不理想的应聘者之后，第四位应聘者即使很一般，考官也会对他有比前三位好得多的印象，从而决定录用。反之，如果一位考官连续面试了三位很理想的应聘者，即使第四个应聘者水平一般，考官也会认为他比实际的水平还要差，从而对第四位应聘者不予考虑。

测试

普林斯顿创造力测评①

测评说明：在测试下列问题时，你必须用最忠实而又最快速的口气回答“是”或

① 阎观澜，张玉波：《职场起步》，304～305页，北京，机械工业出版社，2005。

“否”,不能模棱两可,更不能用猜测的口气回答。

(1)我的兴趣总比别人发生得慢。

(2)我有相当的审美能力。

(3)有时我对事情过于热心。

(4)我喜欢客观而又有理性的人。

(5)“天才”与成功无关。

(6)我喜欢有强烈个性的人。

(7)我很注重别人对我的看法和议论。

(8)我喜欢一个人独自深思熟虑。

(9)我从不害怕时间紧促、困难重重。

(10)我很自信。

(11)我认为既然提出问题,就要彻底解决。

(12)对我来说,作家使用生僻的词只是为了自我表现。

(13)我尊重现实,不去想那些预言中的事情。

(14)我喜欢埋头苦干。

(15)我喜欢收藏家的性格。

(16)我的意见常常令别人厌恶。

(17)无聊之时正是我某个主意产生之时。

(18)我坚决反对无的放矢。

(19)我对工作不带有任何的私欲。

(20)我总喜欢去研究一些别人认为很难的事情。

测评标准:

每题选“是”得 4 分,选“否”不计分,最后将总分相加。

测评分析:

60~80 分是个富有创造力的人,大约只有 0.7% 的人能达到这个水平。

40~59 分是比较富有创造力的人,达到这个水平的人有 70% 左右。

0~39 分是创造力很低的人,处于这一水平的人有 30% 左右。

思考题

1. 课堂面试练习:

将学生分组,每组 6~8 人;再将小组成员分为:面人(面试主考官)、面霸(应聘者)、观察员三部分;然后轮流进行模拟面试练习。

练习结束后以小组为单位分头总结与汇报:①面试中主考官常提出的问题有哪些?你该如何回答?②你们小组有哪些经典的问答?

2. 简述求职测试的种类及其特点。

3. 简述简历撰写的基本方法及应注意的问题。
4. 简述求职信应包含哪些内容,撰写的要点有哪些。
5. 简述面试的种类与过程以及应掌握哪些面试技巧。

参考资料

[1]廖泉文.招聘与录用[M].北京:中国人民大学出版社,2002.
[2]李如海,姚裕群.行政职业能力测验全真模拟试题[M].北京:国家行政学院出版社,2005.
[3](美)华特丝,欧康纳,林恩·欧康纳,等.求职圣经[M].北京:机械工业出版社,2005.
[4]王丽平,谢文辉.面试宝典——30 位求职者名企面试攻略[M].北京:中国时代经济出版社,2007.

9

职业生涯策略的制订

本章学习要点

- 了解职业生涯目标的内涵与功能。
- 掌握职业生涯目标制订的基本方法与步骤。
- 掌握目标评估与目标分解的方法。
- 理解影响职业目标确定的因素，掌握相关分析方法。

案例导入

别让房子奴役了你的工作①

“工作奴”是一个由“房奴”派生而出的新名词。买房每月还贷款数占到收入四成以上的人被称为“房奴”；“房奴们”在职场上也开始渐渐丧失了冒险精神。为了确保每月有稳定的收入可以还房贷，他们害怕降薪、跳槽、失业，进而使职业生涯发展陷入困顿。

职业生涯发展受诸多因素的影响，但在职业生涯发展的早期，买房不应成为个人职业发展的阻碍和负担，所以积蓄不多打算贷款买房者，尤其要注重职业生涯规划和买房投资理财规划两者的结合。

“房奴”故事：再也不敢轻易辞工

每个月的房屋贷款还有水电费、物管费，就像金刚箍一样牢牢套住了她。

① 广州日报，gzdaily. dayoo. com，2006年7月31日。

“我的新房除了一张床和桌子、做饭需要的锅碗瓢盆以外，什么电器都没买。”马小姐说起近一年时间的“房奴”生活，显得十分无奈。

2004 年，刚大学毕业两年的马小姐来到东莞，在一家公司从事平面设计工作，月薪 2 500 元。不久后，她拿出工作两年多来的所有积蓄，首付近三万元买下了一套小户型的精装房，房贷期 15 年，月还贷 1 400 多元。她当时想，工资省着点花，总比租房强，找机会再换份收入高点的工作。

然而，马小姐没多久就发现，跳槽远不是她想得那么简单，在东莞有一定工作经验的平面设计师，收入一般在 2 000 ~ 2 500 元之间，在部分大型企业或知名广告公司可以达到 3 000 元以上，但对资历各方面要求较高。以马小姐目前的情况，要在短期内找到一份收入有大幅提升的工作显然比较困难。

马小姐一直抱着“骑驴找马”的心态，对当前的工作不但没有了兴趣，甚至充满了厌烦的情绪。这种消极疲惫的状态被老板掌握，随后老板将她调到公司的另一部门任职，虽然工资没有太大的变动，但是工作变得更加繁琐和忙碌。

即便如此，马小姐也不敢再像以前那样随着自己的性子，辞了工再慢慢找合适的工作了，因为每个月的房屋贷款还有水电费、物管费，就像金刚箍一样牢牢套住了她。

因为房子他们变成了“工作奴”

事实上，如今有着和马小姐类似经历的人不在少数，本该属于年轻人的潇洒岁月，几乎因为房屋贷款而变得负重难行。他们不但拼命加班工作，而且在公司总是谨小慎微，降薪、失业成为他们最大的恐惧，他们甚至不敢轻易跳槽，因为一旦出现职业空当期，对他们造成的压力则更加沉重。

很少有人会把买房和个人职业规划结合起来，往往在没有认清自己所处的职业阶段的情况下，为了追求一种安定感，以买房来确立人生方向的这类人群，最容易成为“房奴”一族。这一群体在不断妥协中以求稳定，经常会错过一些晋升、跳槽的良机，房贷压力在一定程度上限制了职业发展，在不知不觉中，这些人也由“房奴”变成了“工作奴”。

职业发展方向尚不清晰、随时可能跳槽甚至不知道自己如何走好下一步的人，匆忙买房的风险会比较大。因此，买房要和职业发展规划相结合。

那么究竟在什么样的职业发展阶段买房才合适，如何处理买房和职业发展两者的关系呢？根据职业生涯理论；25 岁之前是职业探索期，不稳定因素居多；25 ~ 30 岁是职业建立期，在工作中不断调整自己的职业定位；30 岁以后，职业发展基本形成，具有一定的事业和经济基础。对于一些职业发展方向尚不清晰、随时可能跳槽甚至不知道自己下一步往哪里走的人，若匆忙作出买房决定，风险将会比较大。

因此，建议尚未买房的青年人，不妨先制订一份详细的个人职业生涯发展规划，在此基础上确定一个事业发展方向清晰、综合状态较为平稳的时期再买房，如果在未来几年有跳槽计划，也可以根据职业规划提前进行资金储备，由此规避将来因失业或跳槽带来无力还贷的风险。

对于已经买了房,而且开始因不堪房贷压力而出现“工作奴症状”的人群,此时应该对此作一个评估,以事业发展作为立足点,考虑清楚买房究竟是为了什么。房子只能作为事业发展的一个副产品,而不该成为束缚职业发展的绊脚石,如果它让你的生活质量下降、职业生涯发展受牵制,不妨选择出租房屋的方法转移压力。

问题与讨论:

如何评价“房奴”与“工作奴”? 买房应如何结合个人的职业生涯规划?

9.1 职业生涯策略的内涵与制订方法

9.1.1 职业生涯策略的内涵与意义

职业生涯策略是指个人为争取职业生涯目标的实现,对自己的生涯活动进行安排与调控所采取的各种行动和个人资源配置措施。制订职业生涯策略既要决定“应该做什么”,也要决定“不能做什么”,还要包括个人资源配置计划。具体而言,职业生涯策略包括:①工作策略即为达到工作目标,计划采取哪些措施提高工作效率;通过这些努力实现个人在工作中的良好表现与业绩。②学习与培训策略,即在业务素质方面,计划采取哪些措施提高业务能力;在潜能开发方面,计划采取什么方法开发潜能等;还包括超出现实工作之外的一些前瞻性的准备,如参加业余的付费进修班学习,掌握一些额外的技能或专业知识(如进修第二外语,攻读 MBA 及 MPA 学位)等;参加公司的教育、培训与轮岗,参加业余时间的课程学习,掌握新的技能与知识等。③人际关系策略,即如何在职业领域构建人际关系网络,为未来的发展寻找更广泛的支持与合作空间。④工作家庭平衡策略,即为平衡职业目标与生活目标、家庭目标等而作出的种种努力与安排。这些都是职业目标实现所需要的策略,这些策略之间存在着相互影响与协作的关系,共同形成职业生涯策略体系,综合影响一个人的职业生涯发展与目标实现状况。

职业生涯策略是职业生涯目标实现的保证。生涯目标的实现,行动是关键的环节。没有为达成目标而采取的行动,目标就不能达成,也就谈不上事业的成功。这里所指的行动,是指生涯发展策略行动,即为落实目标所采取的具体措施,包括工作、训练、教育、轮岗等方面的措施。

在职业生涯中,人们可能要面临求职、跳槽、升迁、辞职、业务变更等各种事情,也可能会遭遇求职失败、人事难题、职业定位、职业忌讳、劳动法规等诸多问题。因此,如何选择恰当的时机、把握行动策略是职业生涯规划实施的要害。

制订切实可行的生涯策略有利于个人在生涯活动中高效率掌握知识、培养技能,使职业生涯过程成为一个积极的、主动的、高效的求索和建构过程;制订合理的生涯策略有利于适应现代社会信息增加、生存空间急需拓展的状况,符合终身学习的理念,从而奠定个人全面发展与可持续发展的基础。在个人的职业生涯发展中,良好的生涯策略可以使人们在复杂的职场与社会环境中减少盲目性和不确定性,集中资源以提升效率,同时,有助于认识与发现职业发展的规律,有条理、系统化地安排职业生涯活动,理性地解决与面对职业发展中的问题。因此,制订合理可行的职业生涯策略具有十分重要的意义。

9.1.2 职业生涯策略制订的原则与方法

9.1.2.1 职业生涯策略制订的原则

职业生涯策略是为实现职业生涯目标服务的,因此,职业生涯策略的制订应遵循以下原则。

(1)符合个人的职业价值观要求和职业规范的要求,如果做违背个人价值观的事情会给自己带来痛苦,做违背职业规范和社会规范的事情,会受到组织与社会的制约,最终会影响个人的发展。

(2)充分发挥个人优势,扬长避短。

(3)有前瞻性,要预测到未来社会、经济、政策、市场等诸多方面的重大变化的影响,考虑相应对策,从而使策略具有相当的适应性。

(4)生涯策略要具体明确,具有可操作性,这样才便于落实和定期检查落实的情况。

(5)有持久性、一贯性和严肃性。除非遇到不可抗力事件或未预料到的严重事件的影响,一般不要对发展策略进行频繁修改或调整。

9.1.2.2 职业生涯策略制订的方法

职业生涯策略制订的方法应包含如下三方面内容。

(1)策略目标,即制订该策略要达到的目标。根据职业目标的不同以及阶段性目标差异,可以制订不同的策略目标。

(2)具体策略方案,即为达到策略目标所要采取的具体行动、需要动用的资源以及方案要素间的协调方式与配合步骤。

(3)行动计划与时间安排,即具体行动的时间安排与资源配置方案,包括阶段性目标、阶段性行动方案等内容。

在策略制订的过程中要注意,远期目标的策略可以相对宏观梗概一些,但实现近期目标的措施要更具体,要有详尽的计划并可操作。

9.1.2.3 职业生涯策略制订的步骤

职业生涯策略包含着十分丰富的内容,制订职业生涯策略一般可以经过以下几个步骤来完成。

(1)制订切实可行的个人培训计划,不断提高个人能力。个人素质与能力是职业生涯发展的基础,素质的改善和能力的提升,对职业生涯发展具有重要促进作用。个人培训计划的具体制订方法将在后面有关章节中详细加以介绍。

(2)制订工作改善计划,努力提高工作业绩。良好的业绩是个人生涯发展的操作平台,俗话说,有为才能有位,只有取得优异的成绩才能获得良好的发展。工作改善计划的具体制订方法将在后面的章节中加以介绍。

(3)积极构建职业社会资本,不断提升职业影响力。职业社会资本是影响职业生涯发展的重要因素,丰富的社会资本是促进职业生涯成功的重要保证。社会资本构建的具体方法将在后面的章节中详细加以介绍。

(4)选择适当的职业生涯发展模式。职业生涯发展模式有多种,不同模式各具特色,选择适当的模式对促进个人职业生涯成功具有重要影响。

9.1.2.4 职业生涯发展的典型模式

下面是几种职业生涯发展的成功模式,值得参考与借鉴。

1. 刘学钦式:挑战新环境,尝试新人生

刘学钦,1954 年 11 月 19 日出生于台湾新竹,台湾交通大学管理科学系毕业。

1979 年 7 月至 1981 年 8 月在台湾 SONY 公司做企划。

1981 年 9 月跳槽至宏基,在宏基科技做销售工程师、组长、副课长、课长,并于 1994 年 9 月至目前,任宏基电脑中国总部、宏基讯息总经理。

1994 年,当宏基征求刘学钦是否愿意到北京任宏基中国总部总经理的时候,刘学钦很爽快地答应下来。他说:“我根本不需要去了解北京是怎样的,国内市场怎样,北京的厕所干净不干净,吃的东西习惯不习惯,这些对我来说都不重要,最重要的是,我需要一个新的环境。”

当年,刘学软在 SONY 公司办事时,是在百里挑一的竞争中进入该公司做企划人员的。SONY 公司是一家很有名气的公司,但在 SONY 的两年是刘学钦感到失望的两年。“我觉得这个公司没有前途,因为家电行业已经比较趋向没落,公司的成长性也已经没有了。”刘学钦无法忍受中等待遇,而且要当上一个基层的主管至少要排队等上七八年的境况。

刘学钦曾说:“如果有机会尝试不同的环境,迎接不同的挑战,对个人而讲,是一件好事。成或败,不重要,只要你有这样一段历程,你曾经为之奋斗过,在这段历程和这段奋斗中,你用过心,你努力过,你投入过,就于心无愧了。”

刘学软把“喜新”和“厌旧”的判别归结为“一念之差”。刘学钦在交大上学时的一个学长在宏基公司工作,他正巧在这时要招人。刘学钦说:“那时候,只有四五十人的公司,我对计算机也不懂。我只是直觉地感到,电脑应有前途,至少比家电有前途。”

虽然刘学钦从 SONY 到宏基的结果是失去了女友。他的女友包括女友的家人都说:SONY 是很大的公司,很知名的公司,能够到这种公司很不容易,为什么不呆下去,却跑到一家连听都没听说过的公司?如果真要结婚的话,不是要饿肚子吗?不晓得今后能不能养活家?但刘学钦认为,人生要多姿多彩一点,这便是一种人生选择,谁能知道这样一种选择会带来什么后果,但这便是一种追求,一种超越。

2. 王文京式:重新定位,走向创业

王文京,1964 年 12 月 15 日出生于江西上饶市。

1979 年 9 月 ~1983 年 7 月在江西财经大学读书。

1983 年 ~ 1988 年在国务院机关事务管理局财务司工作。

1988 年从机关辞职，创办用友公司，现为用友总裁。

王文京 10 年所取得的成就，连他自己当初也没想到。但在 10 年前，王文京已经想到并决定一定要从国家机关的高墙里走出来。

王文京以辞职的方式离开了国务院机关事务管理局。王文京在机关干了 5 年，而且干得很不错，很受领导赏识，是单位的"红人"，被选为先进工作者，在全体干部大会上作过先进事迹报告，如果在机关发展可能会有很好的前途。但王文京时值 24 岁，正值年盛力强之时，于是，决定到实业界去，到经济生活的第一线去发展。在 1985 年，王文京意识到办企业才是他个人的长远计划。他已经意识到：计划经济中机关会是最好的单位，但在市场经济中，企业则是主体，年轻人的去向应是企业。

王文京回忆说："辞职创办企业是自觉的选择，不是别人把我推到办企业这条路上来的。我当时离开机关并没有觉得有什么可惜的，也没有感受到创业有多大的风险。"王文京的动机应是其判断到财务软件的美好前景，而且自己认为市场经济中在企业更能实现其个人价值追求。于是，他毅然决定离开机关，走向市场。

王文京也认为，公司只是一个载体，辞职最主要的是要换一种发展的方式，而且他认为办企业是一个创造的过程，个人可发挥的余地很大。而且，办企业可以团结一大批人，共同干事，感觉较好。

从王文京的人生模式中，我们可以发现，个人的条件在变化，同时，社会的条件也在变化。个人的追求也会受到时代精神的影响，王文京的选择反映了当时社会的普遍价值追求：下海去创办企业，走向市场。当然，同时也反映了王文京的善于把握机遇和超乎一般人的勇气，更有一种不图安逸生活的决心。而当王文京把用友办成一个极为优秀的民营企业时，也证明了王文京职业生涯的抉择是正确的，该跳槽的时候就得跳。

3. 求伯君式：发觉希望，激发潜能

求伯君，1964 年 11 月 26 日出生于浙江新昌县。

1984 年毕业于中国人民解放军国防科技大学，后分配到河北省徐水县石油部物探局的一个仪器厂。

1986 年，从仪器厂辞职，加盟北京四通公司；1987 年，调深圳四通公司；1988 年加入香港金山公司，在深圳从事软件开发。

1989 年转向珠海，成功开发国内第一套文字处理软件 WPS。

1994 年，在珠海成立珠海金山电脑公司，自任董事长兼总经理。

11 年前，促使求伯君走出河北省徐水县的是一个人生的机遇，这一偶然的事件却促使了求伯君走向深圳。当时，求伯君和一位来自深圳大学的女实习生谈上恋爱，并于 1986 年 10 月去了一趟深圳。求伯君把此次深圳之行称为此生遇上的第二次不可错过的机遇。

求伯君是这样说的："我突然发现深圳的世界真漂亮，什么都新鲜。在深圳，我第一次听到‘时间就是金钱,效率就是生命’。我喜欢这种快节奏。”万分激动的求伯君决定立刻从原单位辞职。他想:“单位不让辞职,我也管不上许多,为了尽快出去,户口、档案全抛在脑后,不要这些又怎么样!管他三七二十一,先出去再说。”

此次远走,标志着求伯君人生道路上另一个新的时代的到来。随后自己创办金山电脑公司,自任董事长兼总经理,这些成就与求伯君呆在徐水县再发展10年应该是不可同日而语的。在人生的道路上,也许我们的一些决定并非是一种稳定的追求,往往是一种偶然的机遇,当你发现了,当你把握住,往往生命的火花便会不断地被激发出来。而且,思想的转变也会随之而至,并一步一步地促进你去走向成熟,走向成功。

4. 铃木式:就业创业两手抓

1950年11月,铃木出生于东京都府中市,是家中三个小孩中的老大。

铃木从小就对于不感兴趣的事物完全不闻不问,是别人心目中的问题儿童。而且,铃木对于读书更是完全提不起兴趣,不过,铃木却非常热衷于自己的兴趣,上中学的时候,为了买观察天全星座的望远镜,铃木还不辞辛苦地送报赚钱。一直到了高中联考,他才临时抱佛脚用功念书,考上一所高级中学。然而,铃木一点也不想念大学,因此升上高三时,他就开始思考毕业之后要找什么样的工作。“轮船维修员的工作应该很有趣!”但是,要想当一名轮船维修员必须先上维修方面的专门学校才行,不用功的铃木硬着头皮去考,果然落榜。就这样,铃木在未找到任何工作的情况下高中毕业。

但是无论如何,铃木还是得找工作。有一天,铃木从报纸上的求职栏看到一份英语磁带业务推销员的工作,于是,作为自己的第一份职业,铃木投入全新的动力和兴趣去工作,但是进去之后,才发现这家公司是采用提成制而不实行底薪制,完全得靠自己的实力,卖多少算多少,卖不出去就只好喝西北风。而铃木向来是口才不佳,卖了一个月的英语会话磁带,只卖出一套,而且还是卖给朋友的。他苦干了3个月得到的报酬不能养活自己。离开那家公司之后,铃木感到自己的无能,完全对自己失去了信心。

“我可能是一个不懂得赚钱的人。”没事干的铃木,每天都泡在无望的日子里,度过了3个月流浪的生活。

就在10月份,一个转机终于降临到空虚无聊的铃木身上,铃木从报纸上看到专门办滑雪旅游的旅行社的征人启事。

“可以四处旅行又能赚钱,这正是我梦寐以求的工作!”

铃木兴冲冲地参加了面试,当旅行社决定录用铃木之后,铃木高兴了好一阵子。然而好景不长,从进公司的第二年开始,铃木身边便发生了许多“令人无法理解”的事情。

首先是学历的重要性。铃木有一次和有专科文凭的社员对看薪资明细表,结果发现那个比自己晚一年进来的“师弟”竟然比自己多拿100元的薪水。“岂有此理!”

铃木实在是受不了。再怎么说,自己对公司的付出绝对比那个师弟多,而且在业务方面的业绩也比他好。但公司竟然以学历高低作为待遇高低的标准。还有公司的人际关系更是令不善交际的铃木感到失望,这使铃木对上班族的生活失去了信心,于是开始思考自己的未来。

“干脆去做生意!”这么一想,他马上展开了行动。铃木先去买了300多本教人如何做生意的书,开始为自己的创业作准备。铃木开始学会存钱,凑足资金之后,就一边上班,一边开始做生意。铃木最先投资的生意是代顾客制作“大头照印章”。但顾客的反应并不如预期的那么强烈,铃木虽然投入了大量资金,结果却只做了一二个月便收场了。这时的积蓄已花完了,该怎么办?铃木又陷入了困境之中。此时铃木遇上了高中的老友,从而改变了铃木的一生命运。在经历了多次失败之后,铃木的投资变得成熟和慎重了。在同学会上,铃木遇到了一位上过大学的同学,互相寒暄之后,铃木得知这个同学开了一家补习班,一个月便可赚40万元左右!铃木从这个同学创办补习班的过程中终于明白了市场供需法则的重要性。铃木也开始对这个同学感兴趣,两个人聊得很愉快,也很投机,双方都萌生一起做生意的念头。几天后,他们相约在一起谈生意。该做什么生意好呢?他们顺手翻看手边的杂志讨论着。那天刚好翻到一篇介绍新兴行业的报道,即电脑软件出租。的确,这当时还是个较为新鲜的事情,于是铃木和朋友开始了市场调查,得到的结论是:市场潜力极大,竞争对手几乎没有。他们于是开始建立一家电脑软件出租公司。发传单,贴海报,铃木张罗着自己的新事业,开始了自己的成功历程。后来,铃木的生意越做越兴旺,成为一家拥有100多间连锁店的大公司。

铃木的创业史充满着探索和周折,在失败中寻找成功,在不断的跳跃中得到升级。作为一位白手起家的职业者而言,最重要的是一种创业精神和一种坚忍不拔的毅力,以至于不断地去创造、不断地挖潜自己的潜能,一旦机会出现,自己抓住了机遇,便会是一位出色的创业者。

下面是几种职业生涯发展的失败模式,其教训值得深思。

1. 汤姆式:未经三思,贸然行动

汤姆在某家出版社任执行编辑,该出版社的客户还算乐观,经营业绩也算可以,而且其上司也还算是一个很不错的老板,对待雇员还是很重视的,但是就是在薪酬上差一点。汤姆所处的职位还算是可以的,他本人所不满的是薪酬问题,恰逢此时有一家新成立的出版机构正在高薪聘请职员。汤姆此时未经思考,匆忙地递交了个人简历,把心一横准备跳槽。而这家新公司刚刚成立,也的确需要这样一个有工作经验的人去担任执行编辑,于是便将汤姆抢走了。

新公司本来要在月内出版一本杂志,汤姆雄心壮志地想一展所长,但结果是该公司因为在资金上出现一些问题,于是,出版杂志的计划被无限期地搁置了,汤姆此时才意识到自己的跳槽是如此的冲动,在未经充分决策下便作出跳槽决定,结果一到新公司便被浇了一盆冷水,现在才发觉有点后悔当初为何不留在原来的岗位上。在后来，由于该新公司的领导缺乏战略眼光，没有抓住市场需求，使得新公司业绩空空，而汤姆的执行编辑也变成一个空闲的职位。最后，不得不另求新发展，辞掉新公司的职位。

从汤姆式的职业生涯中我们不难发现，不可凭冲动行事，不可急功近利，认为自己的追求就一定可以实现。殊不知，一朝判断失误，在职业生涯中会造成许多不良影响，自己原单位的关系和熟悉的环境会丧失，自己在原单位的影响力会消逝，一切都须从头开始，丧失的将是时间的成本和关系的成本。

2. 郑虹式：做一行，厌一行

郑虹是一位聪明有为的职业者，而且天赋很高，对不同的行业都有很好的发展潜力，但郑虹的发展轨迹并不与其聪明才智和勤奋努力成正比。原来，郑虹是一位"跳槽专家"。在短短的10年时间连续跨越了四个行业，而且每个行业都有一定的发展程度，但最终都不能在每一个行业中充分发挥其天赋潜能。

毕业于名牌大学的郑虹学的是机械设计，作为一位优秀的工科生，郑虹开始了机械设计的研究，在一家大型国有企业中从事机械自动化设计。郑虹的设计能力是十分优秀的，一到单位，便提出了一个改良方案，并付诸实施，使得该单位的产品的性能得到了改善，产品竞争力大大提高。由此，郑虹在短短一个月内便被该单位的雇员称为"设计大师之种子"。本来，像这样的专业知识和天赋，再加上自己的努力，郑虹应该会在该领域内大有前途，而且可以发展至职业生涯之顶峰的。但郑虹却觉得工科生死气沉沉，自己的设计成果也只是属于职务发明创造，而且，在这一领域不会赚到许多钱，于是，便开始参加起律师资格考试。时值律考热潮，郑虹的确是一位学习高手，在转向法律学习半年内就完成了律考，取得了律师资格，并加入了一家律师事务所，成为一位实习律师，又在二年之后成为一个执业律师。郑虹在律师业上的表现也是较为优秀的，他的推理能力和口头表达能力得以充分发挥，在办理案件时的严谨作风也使之大有特色，经过一年的执业，他被评为优秀律师。

但这时，郑虹却又陷入了"沉思"，律师界的无序是一种现实，自己虽然收入丰厚，但是当成为优秀律师后，在律师界还有什么可图的呢？于是决定放弃律师这一诱人的职业，考取了某所名牌大学的MBA学位，走向职业经理的生涯。这里，按理应是一种安定的开始，但郑虹的转变能力是如此的强，在读完MBA之后，担任了一家家电行业的开发研究总经理职位，着手于绿色家电的研究。在其下属中，有二十几位高级优秀的科技人才，但凭借着自己的经历和丰富的知识结构，郑虹的领导地位开始凸现出来。在一年的经历中，郑虹领导二十几位高级科技开发人才成功地完成了一项新产品的开发，并投向市场，最终使该公司业绩大大提高。而郑虹此时却又意识到，自己只不过是在打工，并不能成为真正的老板，于是决定自己注册成立一家产品公司，在职业生涯上开始了再一次升华，自己开始创办公司，自己担任产品开发人，也当董事，也当经理人。当公司成立之后，郑虹才发现，产业的竞争是如此激烈，而且变化的速度非其所能追赶上的。但公司已经成立，没有新产品如何去竞争，如何去发展呢？

郑虹没有办法,只好将公司卖掉,另寻生路了。

本来,像郑虹这样才能十足的人,只要在自己从事领域里不断努力,最终都会有辉煌的成就,但郑虹却是一味变换,致使自己的精力和时间都花在更替不同的知识和不同的领域上,结果只会是平平淡淡,一事未成。

9.2 职业生涯策略体系

要保证职业生涯规划的实现,职业生涯策略必须系统完善并构成一个相互配合、相互支持的完整体系。职业生涯策略体系包括:①工作策略;②学习与培训策略;③人际关系策略;④工作家庭平衡策略等内容。这里仅就工作策略与学习培训策略的内容及制订方法加以简单介绍,其他策略的内容与构建方法将在后面的章节中加以介绍。

9.2.1 工作策略

要在工作中展现与众不同的能力与业绩,必须学会提高工作效率,做好个人绩效管理。其重点是做好以下两个方面的事情。

9.2.1.1 做好时间管理,提高工作效率

人生的每一件事情都跟时间有关。要提高工作效率,就要掌握好时间,利用好时间,管理好时间。掌握时间的最好方法就是先从避免时间的浪费做起。帕金森定律(Parkinson's Law)指出,工作会自动地膨胀占满你所有可用的时间。时间管理隐含着你可以为一项任务安排过多的时间,如果你给自己安排了充裕的时间从事一项工作,你会放慢你的节奏以便用掉所有分配的时间。

因此,要提高工作效率必须合理地安排时间,养成珍惜时间、高效生活的好习惯。为此,必须注意三个方面的问题。

一是要高效率地利用时间,用自己效率最好的时间段来做最重要的事情。一天中人们效率最好的时间段一般是上午 9 ~ 11 点和下午 1 ~ 4 点;一周效率最高的时间一般是周二到周四;而一生中工作、创业的最佳时间段则是在 25 ~ 45 岁。因此,掌握了时间的自然规律,调整好个人的生物钟,就能在工作中取得事半功倍的效果。

二是要合理地配置时间。配置时间的关键是 20: 80 定律,即用你 80% 的时间来做 20% 最重要的事情。因此你一定要了解,对你来说,哪些事情是最重要的,是最有生产力的。根据事情的重要程度和对时间要求的紧迫程度来安排时间是一个基本的原则。紧迫性是指必须立即处理的事情;重要性则与目标有关,凡是有价值、有利于实现个人目标的事就是重要的事情。据此可以分为四类

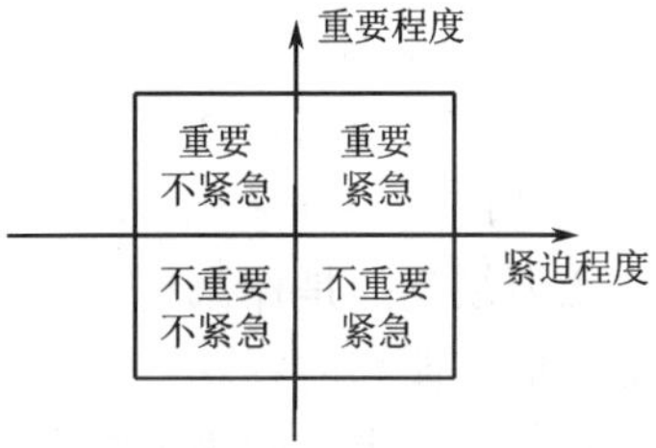

图 9-1 时间配置矩阵

(参见图9-1):重要且紧急的事情,如老板紧急交办的工作、家人意外生病住院等;重要但不紧急的事情,如准备明年考研、年底举行婚礼等;紧急但不重要的事情,如接电话、处理突发事件;不紧急也不重要的事情,如看电视、上网聊天等。对于每周的活动可以根据重要性和紧迫性分为四种类型:重要且紧急的事情要快办、办好;紧急但不重要的事情要高效率地处理掉;重要但不紧急的事情要好好准备,做到胸有成竹;不紧急也不重要的事情可以缓一缓,或者当做一种调剂。

三是要切实合理地安排时间、安排计划,克服懒惰心理和逃避压力的潜意识。一般情况下,人们总是先做那些容易做、能快速处理的事情,而对许多有难度、有挑战的工作放到明天,这样逃避压力的后果往往十分严重。因此,要根据自己的目标,判断事情的轻重缓急,并能克服自身的惰性,养成迎难而上、要事第一的习惯,就能不断提高自己的工作效率,成为时间的主人和生活的主宰。

9.2.1.2 明确绩效目标,改善个人绩效

要实现个人的生涯发展目标,良好的工作业绩是基础。因此,做好个人绩效管理工作非常重要。具体可以从三个方面着手。

一是在工作中建立明确的个人业绩目标。业绩目标要符合公司(组织)的需要、(超额)满足岗位的需要,并对个人有一定的挑战性。绩效目标的制订要符合SMART原则:绩效目标必须是具体的(specific);目标必须是可以衡量的(measurable);目标必须是可以达到的(attainable);目标必须和其他目标具有相关性(relevant);目标必须具有明确的截止期限(time-based)。

二是结合工作与目标要求主动改善工作。根据工作的实践需要和变化,不断提出工作完善措施和计划,争取保质保量超额完成工作任务。

三是在工作中乐于助人,在确保个人绩效目标实现的前提下,尽力帮助别人,提高团队绩效和部门绩效。

9.2.2 学习与培训策略

9.2.2.1 明确培训需求

要提高工作效率,获得职业生涯的发展,参加教育培训是一个非常重要的途径和措施。但如何参加培训、参加哪些培训、什么时间参加学习培训等问题就变得非常重要。许多人非常好学,参加了很多培训项目,拿了很多证书,由于跟自己的职业目标无关,不但无助于自己的发展,反而浪费了时间、精力和金钱。个人培训需求的确定要考虑以下几个问题并以此作为决定培训与否的基础。①组织或部门的目标是什么?②达成这些目标,个人的工作或责任是什么?具体行为有哪些?完成这些行为时个人所缺乏的是什么?是技术、知识还是态度?对这些问题的回答有助于了解培训需求的本质和内容。

具体培训内容的确定则需要根据与绩效有直接关系的现象来判定。一般说来,培训需求的确定应从以下几点来论证。

(1)个人行为或工作绩效与组织要求是否存在差异。行为或工作绩效差异是指

实际行为或工作绩效和计划的行为或工作绩效的差异。可以从单位生产、单位成本、安全记录、能力测验、态度调查、工作绩效评估等指标，了解个人的行为、态度及工作绩效与组织目标之间的差异。如有差异存在，就说明有培训的必要。

(2)根据个人的绩效差距，进一步确定培训内容。具体可以从岗位对个人的工作态度和工作技能的要求，对个人进行橱窗分析。橱窗分析是把个人工作技能和工作态度划分成四个区域(参见图9-2)。第一区，工作态度好，岗位知识和技能符合要求。第二区，工作态度不好，岗位知识和技能符合要求。第三区，工作态度不好，岗位知识和技能不符合要求。第四区，工作态度好，岗位知识和技能不符合要求。

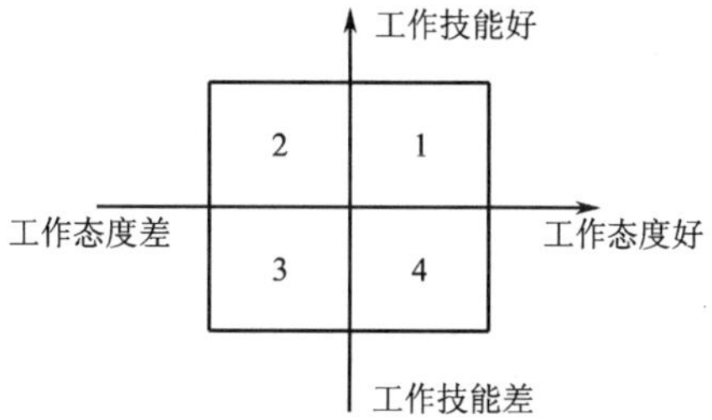

图9-2 培训需求的橱窗分析

如果自己处在第一区，说明自己已经是(或者很快会成为)公司的骨干雇员。这时应根据本年度或未来几年的职业发展目标与现有能力的差距来确定培训需求。

如果自己处在第二区，说明自己的岗位知识和技能已经符合了公司的要求，但需要解决工作态度问题。可以通过参加公司的常规性培训适应组织文化，增加对组织的归属感，以改变工作态度。

如果自己不幸落在了第三区，就说明自己从态度到技能都难以胜任公司的要求，已很难在组织里继续存在下去。因此，学习新技能、进行转岗培训就变得非常重要。

如果自己处在第四区，说明自己的岗位技能差距较大，要明确自己的知识和技能差距具体有哪些，并有针对性地开展培训。

(3)培训需求的确定还可以从自己最感兴趣的知识、与上司沟通上的难题等方面确定和寻找。

9.2.2.2 进行知识与能力的超前储备

众所周知，知识和能力的形成需要时间，很难期望自己在一夜之间或很短的时间内补充上学历的差距和能力的不足。因此，根据职业生涯目标和阶段性目标的要求，超前地进行知识学习和能力的培养是十分必要和明智的做法。根据职业生涯阶段的不同，我们所需要的知识和技能也不相同。一般而言，作为一名优秀的雇员和管理者应具备三种能力：概念能力、人际能力与技术能力。概念能力即抽象和决策能力，是指综观全局、洞察自身与环境相互影响之复杂性的能力。具体包括理解事物的相互关联性从而找出关键影响因素的能力、确定和协调各方面关系的能力、权衡不同方案优劣和内在问题的能力。人际能力指与处理人事关系有关的技能，即理解、激励他人并与他人共事的能力。技术能力指使用某一专业领域内有关的工作程序、技术和知识完成组织任务的能力。在职业生涯的早期，当你处在较低的职位和管理层次的时候，需要的技能以专业技术能力和实际岗位工作能力为主，对概念能力的要求较低，这时能力培养的重点应该是业务能力和人际关系能力。随着职业生涯的发展，处在中层管理层面时，对概念能力的要求增强，对技术能力的要求相对降低，这时能力培养的重点应是领导能力与沟通能力。而当处在高层管理职位时，对技术能力的要求进一步降低，而对概念能力的要求更高，这时能力培养的重点应是决策能力与协调能力。在职业生涯发展的任何时期，处在任何一个管理层次，都要与人打交道，因此，要获得职业生涯的发展必须有很强的人际关系能力。

9.2.2.3 养成终身学习的习惯

伴随着知识经济的来临和信息化社会的发展，对于个人而言，学习不再是年轻人的事情或人生某一阶段的任务，而是生活的重要内容和一种基本的生活方式。社会的进步与发展，使知识的半衰期不断缩短，知识更新速度加快，因此，要想在社会发展与变革的过程中处在有利的位置，就必须使自己的学习速度赶上或者超过社会变化的速度，否则，就会出现不适应、不懂、赶不上的状况，从而使自己处于劣势和不利的位置上，进而影响了自己的工作业绩和信心，因此，要实现职业生涯发展的目标，保持积极的竞争优势，就必须持续开展学习，养成终身学习的习惯。

9.2.3 职业生涯策略体系的内在关系

职业生涯策略体系之间应相互协调与配合，共同达到促进个人发展、实现生涯目标的目的。

要实现策略内容的协调与配合必须注意三个方面的问题。一是目标的一致性。各种策略的内容虽各有侧重点，但最终目标都是一致的、共同的，都是为了个人职业生涯的发展。二是策略的互动性。四种生涯策略之间存在着相互促进与相互影响的关系，良好的人际关系，有助于个人获得更多的培训机会与发展空间，良好的培训对于促进个人人际能力的提升以及工作绩效的改善具有重要帮助，而工作家庭平衡既是做好工作、学习以及发展良好人际关系的基础与前提，也是其最终目的。三是策略的价值均衡性与价值差异性。各种职业生涯策略对于促进职业生涯发展而言，其重要性和价值是均衡的，是同等重要的；但对于不同的个体而言，由于其自身价值观的差异，从而会对不同策略有不同的重视程度和不同的排序，如有人看重人际关系，有人看重学习培训，有人看重工作业绩等等。需要强调指出的是策略体系的各要素不可偏废，否则会最终影响人的发展。

阅读材料

21 世纪最需要的 7 种人才素质[①]

21 世纪是一个信息共享、平等竞争和不断变化的时代，如何根据时代的需要不

---

① 李开复：《Google 黑板报》，2006 年 9 月 1 日。

断塑造自己是一件非常重要的事情。下面是我理解的21世纪最需要的7种人才。

1. 创新实践者——What matters is not innovation , but useful innovation

21世纪的创新必须实时、实践。互联网的存在,使每个公司的步伐都非常快。所以在这个21世纪,光做一个创新者是不够的,更要做一个创新实践者。只是为了创新而创新是没有意义的,要做有用的创新才是有意义的。

记得我在SCI公司的时候,曾经犯过的一个最大的错误就是只想到创新,没有想到实践。我们做了一个非常酷的三维浏览器,今天可能都还没有人在使用。当时,我们每次演示的时候,观众的下巴都会掉下来,说:哇,怎么会做这么酷的一个东西!但是我们忘记了这么酷的东西却是没有市场的。最后结果是相当的失败,让我也有了一个很惨痛的教训,尤其是当我看到一百多名雇员失去他们工作的时候,让我下了决心,要做创新实践者。

我们虽然要创新,但不是为了创新而创新,而是为了做有用的事情而创新。我们如果回顾历史,可以看到许多成功的人才,他们有些创新,有些实践,有些左脑发达,有些右脑发达。但是那些真正对世界有重大贡献的人,我认为他们不仅是创新者,也是实践者,比如说爱迪生、比尔盖茨、Larry 和 Sergey,都是很好的例子。一个真正的创新实践者每一次在创新的时候都忘不了实践,在实践的时候也忘不了创新,这样的人,我想是21世纪不可缺少的人才。

2. 跨领域合成者——What matters is not analysis but synthesis

以计算机为例,如果你是学计算机的,又对心理学感兴趣,这样一个跨学科的合成,你可能对用户界面测试会有一些贡献。所以,很多新的领域的产生,都是靠过去的两种学科所交叉碰撞出来的,这是一个很好的机会。如果把一门学科学得太深了,可能会去钻牛角尖,反而失去创新实践的机会。真正重要的不是 analysis,不是要分析得很深,而是 synthesis,怎么样有合成的机会。

对于大学生读好你的专业是有必要的,但是同时要考虑是否还有别的什么专业是你有兴趣的。这两个专业最新的思想能不能结合起来,做一些既有创意又可以实践的东西,这可能是最有成长空间的一些机会。

3. 高情商合作者——EQ is 9 times more important than IQ

这句话来自 Daniel Goleman 的《EQ》这本书。他作了一个研究,找了几千个企业的领导者。他研究的问题是,什么因素让这些非常优秀的领导者和普通的领导者有所区别。他研究的结论是:最重要的差别不在于IQ,而是比IQ更重要9倍的EQ,即情商。

情商包括了怎样与人合作,包括了对自己的一种自觉,包括了对自己的一种管理,也包括了和别人团结合作以及社交的一些能力。EQ的重要性在21世纪是非常显著的,因为在21世纪,我们需要全球的合作,需要跨领域的合成。所以,过去也许在很多的环境里面,你作为一个孤僻自傲的天才会得到很大的重视,但是这个情况现在已经大大地改变了。如果他是一个孤僻自傲、不能合作甚至引起团队无法工作的人,那么他对这个团队反而是一个负面的效果。

对各位同学的建议是,在你可以抓住的每一个机会里,多参与社团工作,多建立一些与人合作的基础,无论是在上课,还是参与社团项目,或是暑期工作的机会。让自己除了读书之外,做一个能够与人团结、与人合作、客观、尊敬别人、聆听别人的一个高情商的学生。

4. 高效能沟通者——The man who can think and does not know how to express what he thinks is at the level of him who cannot think

一个人如果有思想但是不能表达自己,他其实就是一个没有思想的人,这句话其实相当有道理。很多理工科的同学以前可能认为只要有思想就够了,不过这句话告诉我们,你只有思想但不能沟通,其实你是没有思想的。所以沟通能力是非常需要学习的。

我可以给同学们几个很好的建议。你沟通的时候一定要理解你的听众,你要知道你的听众在想什么,听众从你的讲话中能得到什么好处,即 What's in it for you。还有要注意说话的方式,不要用说教,而应该采取引导的方式。当你与别人沟通的时候,你要先想好你要传达的 Message 是什么,用听众能够接受的方式表达出来。

5. 热爱工作者——If you find a job you love , you will never work a day in your life

"知之者不如好之者,好之者不如乐之者"。如果你能够做一个你非常热爱的工作,那么你可能在睡觉、洗澡、吃饭时都在想你的工作。你可能就会更有热情去做你的工作。你不认为你的工作是一个枯燥的事情,而是可以享受的事情。

如果你能找到你的最爱,你的一生都会过得比较快乐。所以,如果你们还没找到你们的最爱,我的建议是保持一颗好奇的心,多去尝试不同的事情。最后能够找到你爱的事情,你就能发挥你的潜力,成为 21 世纪需要的热爱工作者。

6. 积极主动者——In a few hundred years , the most important event those historians will see is that for the first time , people will have a choice. They will have to manage themselves

这句话是 Peter Drucker 说的。他说几百年之后,历史学家回顾今天,他们会说这个世纪里最重要的事情,不是互联网,而是人有了选择。有了选择就要积极主动,然后需要管理自己。这是最重要的一点,这也就是我们从工业社会转变到现在的信息社会所发生的最重要的事情。一个积极主动者他对自己的一切一定要负责,因为如果你自己不在乎,没有别人会比你更在乎,没有人会比你更知道你想做什么。

积极主动者并不只是积极地等待机会,他还需要积极地把握机会,为自己创造机会。这点可能是中国的学生、中国的雇员最需要常常提醒自己的地方。前一阵我们在中国招了三十多个雇员,工作了三四个月。有一天我们在聚会,他们就问我说:开复,你对我们这三十个刚开始的关门弟子有什么建议没有?我的回答是:从技术方面,从对公司的理想、价值观认同以及努力方面,我都非常非常满意。但是,如果必须要讲一点的话,为了你们未来可以做得更好,我希望你们未来能够更加积极主动,要提出你们的想法。

7. 乐观向上者——The glass is half full or half empty depending on whether you're pouring in or out

这句话来自美国的一个喜剧演员 Bill Cosby,他是这么说的,我们常说一杯水是一半满的还是一半空的,其实要看你是继续把水注进杯子里,还是把水从杯子里面倒出去。如果你在继续注水的话,你会期望着水位上升;如果你在倒水的话,你会想到很快杯子就会空掉了。其实这告诉我们的是一个人的思想,是一个乐观的人,还是一个悲观的人。如果你是一个乐观向上的人,你会总告诉自己未来会更好。其实在21世纪,还有很多其他的理由要做一个乐观向上的人。因为21世纪是一个更实时善变的环境,我们尝试的事情会碰到很多很多的失败。我们都听到说 Google 很酷,有一个20%的 Project,每一个人都有20%的时间做自己想做的事情。但是,如果我们作一个统计,我想一定会发现,这个20%自己想做的 Project 绝大多数一定是失败的。如果你没有一个良好的心态,不能客观地说我学到了一个 Lesson 有助于我做下一个项目时,那你很快就会处于一个非常沮丧的心态。所以,Google 公司不但不惩罚失败,还鼓励每个人客观地从失败中爬起来。我们要有一种心态,要认为挫折不是一种惩罚,而是一个学习的机会。

当我回顾我一生的职业生涯时,我想我学到最多的绝对不是来源于我的成功,而是我在读博士的时候被评为最坏的老师,在一个公司做了一个很酷的技术却没有用,反而导致公司被卖掉、雇员失业等等失败的经历,让我学到了很多,超过了我在语音识别或者其他领域所取得的成就。所以一定要把握每一个失败的时机,让自己过渡好每一个痛苦的时期。然后要能有正面的思想,要站起来,要正视自己的错误,能够从错误中学习。

最后我作一个总结:在21世纪里面,我们需要认真读书的同学,但是我们更需要创新实践的人才。我们需要每一科的专才,但是我们更需要跨领域合成者。我们需要高智商的人,但是更需要高情商的人。我们需要每一个学生能够高效能地理解,但是未来更需要你们高效能地沟通。毕业后,当然要找一个热门的工作,但是更重要的是你要热爱你的工作。不要再继续做一个只会被动听话的学生,而要做一个积极主动的学生。不要只是做一个小心翼翼的人,而要做一个乐观向上的人。

问题与思考:

你认为自己具备了这7种素质中的哪几种,应如何培养这些素质?

思考题

1. 简述职业生涯策略的内涵与意义。
2. 简述职业生涯策略制订的原则与方法。
3. 简述职业生涯策略体系的构成要素及具体内容。

参考资料

[1]张再生.职业生涯开发与管理[M].天津:南开大学出版社,2003.
[2]邱义城.策略圣经[M].北京:中国商务出版社,2004.
[3]赵海滨.你的一生要有一个计划[M].北京:民主与建设出版社,2005.
[4]柳建营,许德宽,郭宝亮,等.职业生涯规划与指导[M].北京:北京工业大学出版社,2004.

10

职业生涯规划的反馈与修正

本章学习要点

- 了解职业生涯反馈与修正的内涵与意义。
- 掌握职业生涯反馈与修正的方法与内容。
- 理解反馈与修正过程中应注意的问题。

案例导入

跳槽跳槽，越跳越糟

现任某大型连锁超市华中区网络技术主管的小曹，手下带着二十多个网络技术人员，做事能干，为人上进，深得上司赏识。可就在去年春节之前的相当长一段时间，他还在为找一份合适的工作发愁呢！

小曹毕业于首都某知名高校计算机专业，大学四年期间打下了很好的软、硬件技术基础。毕业后，小曹在一家提供计算机系统维护服务的公司找到了工作。工作两年间，小曹觉得自己在公司里面混得不那么得心应手。尤其令小曹窝火的是，老板总是爱对自己开空头支票。一次老板又爽约之后，一气之下，小曹辞掉了这第一份工作。

辞职后小曹广递简历，立即投入到新工作的寻觅中。不久，他在一家外资网络技术公司的一个下属办事处找到了工作，还是负责客户单位计算机软、硬件系统的维护。办事处规模小，办公室也就三四个人，工作环境轻松多了，公司的各项规章、制度也比较正规。一开始，小曹对新工作感到很满意。可是，工作了一年多以后，小曹又开始对他的工作状态感到焦虑和不安起来。由于公司一直以办事处的形式存在,客户较少,平时接触的技术问题也比较有限,小曹在技术上几乎没什么进步。眼看着自己在公司的技术提升和晋升空间都已达到了一个短时间之内不可能得到突破的瓶颈,再呆下去除了混口饭吃以外纯属浪费时间,思前想后,经过再三考虑,小曹决定:必须得跳!换份更有前途的工作。

汲取前一次跳槽的经验和教训,这一次小曹对以后的职业发展作了一番思考,进一步完善了简历。经过酝酿和准备之后,小曹辞去了他的第二份工作。

原本踌躇满志、意在必得,可令小曹没想到的是,尽管自己跳槽事先已经作了准备,但这次跳槽似乎更加困难。辞职近三个月,新工作竟一无所获。精神上的压力及生活所迫,小曹放弃了之前对新工作的一些思考,找了份计算机相关产品销售的工作,甚至与自己曾经所掌握的知识都不十分对口,和以往的工作经历也缺乏一个较好的延续性。自然,小曹对自己的新工作是不满意的。如此苦闷了几个月,转眼间到了春节,眼看别人开心地迎接新春,而自己却苦闷不堪,小曹终于在春节期间向生涯职业规划咨询机构提出了寻求帮助的请求。

问题与讨论:

你认为小曹应如何修正其未来的生涯发展道路?如何走出现在的困境?

10.1 反馈与修正的内涵与意义

10.1.1 反馈与修正的内涵

在人生的发展历程中,由于社会环境的巨大变化和一些不确定因素的存在,会使我们的实际和原来制订的职业生涯目标与规划有所偏差,这时需要对职业生涯目标与规划进行评估和作出适当的调整,以更好地符合自身发展和社会发展的需要。职业生涯规划的评估与反馈过程是个人对自己不断认识的过程,也是对社会不断认识的过程,是使职业生涯规划更加有效的有力手段。因此,职业生涯的反馈与修正就是在生涯规划实施的过程中根据实际状况,通过职场信息反馈,相继调整、修正生涯目标,反省策略方案的可行度、契合度和成功概率,使之适应职场现状的要求,并为下一阶段生涯规划的实施提供参考与依据的过程。职业的重新选择、目标实现的时限调整、职业路线的设定以及目标本身的修正,都属于反馈与修正范畴。

10.1.2 反馈与修正的必要性

在制订职业生涯规划时,由于对自身及外界环境都不十分了解,最初确定的职业生涯目标往往都是比较模糊或抽象的,有时甚至是错误的。经过一段时间的工作以后,有意识地回顾自己的言行得失,可以检验自己的职业定位与职业方向是否合适,从而为自己找到合适的发展方向。目前我们常听到"先就业,再择业"的说法。许多年轻人由于不了解自己也抱着这种想法,随便找了个单位就工作了。工作一段时间之后才发现自己并不喜欢也不胜任这项工作。这是因为，抱着“先就业，后择业”思想的人，很可能导致盲目地为了找一份工作而找工作，缺乏理性的选择和思考，更谈不上长远的规划，这样做的后果往往是人职不匹配，直接后果就是我们经常看到的频繁换工作，三五年后仍然业绩平平，结果耽误了职业发展的宝贵时间。因此，对这部分人来说，生涯规划的反馈与修正就变得更加重要。

在职业生涯规划实施和运行的时候，由于每个人的自身条件和外部环境不一样，对未来目标的设定也有区别，并且不可能对未来外部情况了如指掌，对自己的一些潜在能力也可能了解不够深入，这就需要在实施中不断根据反馈进行规划修正，使之更符合当时的客观环境。并要充分认识与了解相关的环境，评估环境因素对自己职业生涯发展的影响，分析环境条件的特点、发展变化情况，把握环境因素的优势与限制，结合本专业、本行业的地位、形势以及发展趋势，对生涯目标与策略等进行取舍与调整。

因此，通过职业生涯规划的反馈与修正过程，可以自觉地总结经验和教训，评估职业生涯规划，修正对自我的认知。通过反馈与修正，可以纠正最终职业目标与分阶段职业目标的偏差，保证职业生涯规划的行之有效。同时，通过评估与修正还可以极大地增强自信心，从而促进生涯目标的实现。

总之，反馈与修正是职业生涯规划的重要环节，也是保障生涯规划能否实施的关键环节，只有通过反馈与修正，才能保证目标的合理性和措施的有效性，也才能最终促使生涯目标的实现。

10.2 反馈与修正的方法与内容

10.2.1 反馈与修正的方法

在职业生涯规划实施的过程中，通过反馈与修正评判一个人的职业生涯规划是否有效，一般可以从三个方面入手：一是 PDCA 循环法；二是检查落实者是否具有目的意识和问题意识，即对目标及风险的意识和管理；三是目标管理法(MBO)。

10.2.1.1 PDCA 循环法

PDCA 循环又叫戴明循环，它最初是全面质量管理遵循的科学程序，但目前已经被引入到许多管理活动领域。对职业生涯进行管理，同样应该遵循 PDCA 的循环体系，即整个过程可以分为规划、实施、检讨与改善四个步骤。不同的步骤间紧密相连，形成封闭的循环链条。当一个 PDCA 循环完成时，下一个 PDCA 循环又会开始，从而为职业生涯管理提供一个长期的、持续的支持与反馈活动。

职业生涯规划的实施与评估离不开 PDCA 的循环。PDCA 即是计划(Plan)、实施(Do)、检查(Check)、行动(Action)的首字母组合。

• P－Plan，计划，根据生涯目标的要求，制订科学的计划。一个人在开始一段新的职业生涯前，最重要的事情就是明白自己究竟想要什么。是否有保障的生活？

是否有良好的学习机会？是否有显赫的名声？是否有新鲜的感觉？是长期经营一份事业还是积累财富准备日后创业？等等。当你明白自己真正想要的目标时，你就要为这个目标定下时间表，告诉自己一年之后应该做得怎样？两年以后做得怎样？并尽可能把目标进一步划小，把时间分得更精确。这样可以让你知道接下来该干点什么，没有目标的人只能是虚度时光，到头来一事无成。

为提高工作效率，对于某一项具体的工作任务也必须有明确的工作计划。如：工作需要做到什么程度，应尽可能用数字表示；工作所需的时间、资金、人员等，也就是成本有哪些；工作期限，即工作何时开始，何时结束，各阶段要完成什么任务；所有参与此项工作的人有哪些，主要负责人是谁，参与者如何分工等等。

• D－Do，执行，实施计划。这一步对于刚刚就业的社会新鲜人来说不是问题，但却是处于事业、职业徘徊期的人最难迈出的一步。有无数人每天会产生无数的想法要改变自己的生活状态，羡慕别人的成功，又不停地对自己说，要是我在他那个位置上也会怎样怎样。需要指出的是，只有规划，没有行动是永远达不到彼岸的。不惧风险、排除风险、立即行动才能使你拥有理想中的工作和生活。

• C－Check，反馈，检查计划实施的结果与目标是否一致。每个有志于掌握自己命运的人，在工作了一个阶段过后，都应该反省一下自己今天所做到的与自己的理想还有多远。如果以其他人做参照的话，也可以了解一下自己的选择和努力是否让自己满意。俗话说："不怕不识货，就怕货比货。"拿现在的自己和过去的自己、拿自己和别人、拿现状和理想作个比较，虽然这好像攀比，会有嫉妒、痛苦，也会有得意、自足，但这种"吾日三省吾身"的环节，通过不断的"自检"及时发现问题、解决问题，是走向进步不可缺少的反省过程。

• A－Action，行动，即纠正错误，调整方向，在对以往行动的结果进行检验的基础上，对方案进行修正完善后再执行。当反省之后，你会得出一些结论。结论可能让你满意，可能让你失望，但生活一直在继续，你不能总期望着志得意满。但不管怎样，机会仍然掌握在你自己的手中，你可以"百尺竿头，更进一步"，也可以"柳暗花明又一村"。总之要把你获得的经验和教训，带到下一个"PDCA"循环中去。

案例

假设你计划本周六请两位朋友到你家吃饭，约好时间是中午12：00，目标是四菜一汤。为此，你需要①8：10去早市买菜；②备好做菜的工具；③10：40开始做菜。你决定所有的工作由你自己独立操作。如果不出现意外，你的目标就会实现。假设你由于临时紧急任务周五晚上加班至凌晨3：40，所以，周六你11：10才起床。无论如何，你不可能执行原计划。从现实来考虑，你可以有以下的选择：①打电话请朋友晚一点儿来；②叫外卖；③你家里有黄瓜、花生米，再出去买几瓶啤酒，来两个凉菜；④跟朋友说，对不起，下一次再献丑。如果你选择方案①，那么，你改变了目标的时间范围；如果是方案②，你改变了成本的投入；如果是方案③则改变了目标的实现度；如果是方案④则改变了目标的实现时间。在这个例子中，你周五晚上加班，就是导致你修改计划的因素。

每个人的职业生涯都是一个时间长达几十年的马拉松比赛，考验的是人的韧性和耐力。只要你有足够的坚持，不断地改进和提升，就一定能够拥有属于你自己的理想职业、幸福生活。所以说，生命不息，“PDCA”不止。PDCA 循环过程可以使职业生涯管理向良性循环的方向发展，通过实施并熟练运用，一定能在工作中不断提高效率，更加有效地驾驭工作，从而使自己无懈可击、远离惰性，成就不平凡的职业生涯。

10.2.1.2 目的意识和问题意识

为保证工作的顺利进行和职业生涯目标的实现，职业工作者还必须具备明确的目的意识、问题意识，这也是评判其工作方法是否有效的重要标准。

目的意识就是行为主体对行动目的的认知。我们经常会看到某些人所做的很多事情与最终目标没有多大关系。这样的人工作可能很卖力，但是在衡量一个雇员的工作业绩时，要看其目标的实现程度与其投入成本的比较，而不是只看他的工作量。

问题意识即风险管理，其核心在于：对现阶段工作可能出现的问题具有心理准备，并对可能出现的问题制订相应的防范措施。必须具备问题意识的前提基于以下两个方面的原因：①你收集的资料不可能完全准确、齐全、客观。此外，判断本身就是一个主观行为，有可能存在偏差。②事物总是在发展变化之中，有些突发因素不是出现在你制订计划之前，而是在你实施计划时影响目标的实现。

当前的职场环境也使具备问题意识变得十分必要。职场竞争日益激烈，生涯机会来之不易，而且市场千变万化，如果没有问题意识，可能就要付出沉重的代价。“墨菲”定理指出：凡是可能出现的问题一定会出现。而且事物的发展有其必然性。如果具备问题意识，也许就能够预先发现问题，并预测它的严重性，以便及时修正计划。

案例

大门的锁不牢靠，用力一推，门就开了；用力一拉，门还不一定能关上。知道有这个问题，但没有意识到它的严重性，直到有一天，你回家时发现小偷光顾贵宅了。一般而言，人们都有这样的惰性，知道某个问题有可能发生，但总是抱着侥幸的心理，这种心理现象，我们称之为不具有问题意识。职业人的素质之一就是敏感，易于感知外在环境的变化，并且在做决策时，总会考虑到风险的存在，因此职业人要具有问题意识。职业道德是公司在招聘雇员时应该重视的问题，如果没有对新雇员进行此项考核，那么，有一天，也许会发现公司的机密外泄了。

10.2.1.3 目标管理法(MBO)

目标管理法是美国著名管理学大师彼得·德鲁克(Peter Druker)于 1954 年提出的，从此成为美国和欧洲广为采用的管理方式。德鲁克认为：每一项工作都必须为达到一定的目标而展开，评价一个雇员或管理者是否称职，就要看其对目标的贡献或实现程度。在职业生涯管理中，同样需要采用目标管理法对人生目标与阶段性目标进行管理，以确保自己的行动朝着目标方向努力并实现目标。通过目标管理，可以最大限度地激发个人实现人生目标所必须的两项基本素质:①自我超越,即永远要有主动达成甚至超越目标的自我要求;②能够创造一个环境,促使自己和身边的人追求卓越并积极寻找解决问题的方法与途径。因此,生涯发展的目标管理能够启发自觉,激发个人的积极性,具有明显的激励作用。

"职业生涯发展目标管理"主要包括4个方面的内容。

(1)设定目标(set objective),目标的内容要兼顾结果与过程。根据个人当前的岗位职责和人生整体目标,设定目标方案。根据组织结构和职责分工,明确目标责任者和协调关系;配置相应的资源,支持目标的实现。编制目标记录卡片,绘制出目标图。

(2)要自己动手,制订工作计划(business plan),强调自主、自治和自觉。其中最重要的内容就是设计阶段性目标(mile stone),提出达成阶段目标的策略和方法。一个不能对终极目标进行阶段性分解、不能自己选择工作方法的人,是难以有所发展的。

(3)定期进行"进展总结(review progress)"。个人要定期对目标实施状况进行检查,分析现状预期与目标的差距,找到弥补差距、完成目标的具体措施。当出现意外、不可预测事件严重影响目标实现时,也可以通过一定方式修改原定的目标方案。

(4)在目标任务终止期,进行总体性的生涯发展绩效评估(career performance evaluation),如果没有达成目标,要检讨原因;如果超出预期,或者达成了当初看上去难以完成的目标,则要分析成功的原因,并与别人分享经验。分享成功经验(the best practice sharing)是激励自己和帮助他人的一种有效实践。并在此基础上讨论下一阶段目标,开始新循环。如果目标没有完成,就分析原因、总结教训,切忌指责别人和丧失信心。

10.2.2 反馈与修正的内容

在职业生涯实施过程中,反馈与修正是伴随其全过程的。反馈与修正的内容包括:①自我条件重新剖析,即在实践的基础上,重新认识自己、分析自己,找到自己的优势与不足;②生涯机会重新评估,即结合现实的组织环境和社会、经济环境,分析自己未来发展的空间及可能性;③职业生涯目标修正,即根据实际情况,重新思考与确定自己的人生与职业发展目标,使其更加适合自己的情况,更加有利于自己的发展;④调整生涯发展策略,即根据新的情况和目标,重新制订和调整生涯发展策略,强化自己的优势,弥补自己的不足;⑤落实生涯规划修订,积极落实新的生涯规划方案,进入一个新的规划、实施、修正与反馈期。

10.3 反馈与修正过程中应注意的问题

在职业生涯发展的反馈与修正期,作为一个"职场新鲜人"可能会遇到意想不到的发展机遇,也可能会遇到难以想象的困难局面,甚至是跳槽、失业等各种状况,只有树立正确的态度,才能进行正确的反馈与修正,也才能保证生涯线路朝着正确的目标前进。在职业生涯发展的反馈与修正期,需特别注意以下几个方面的问题。

10.3.1 信心百倍,抵制诱惑

在职业生涯的反馈与修正阶段,个人既可能面临各种诱惑,也可能面临各种失败和挫折,因此,增强目标意识、坚持人生目标、学会抵制各种诱惑、对未来充满必胜的信心是十分重要的。台湾著名企业家、台基电的董事长张忠谋,写过一篇文章名为《常想一二》,很有哲理。文中说:他有个朋友请他提几个字挂在墙上。张忠谋就跟他说,我的字写得不好,但是我可随便帮你写几个字。然后他就写了"常想一二"这四个字。他朋友不解,什么叫"常想一二"呢?张忠谋就告诉他说,你没有听过吗,我们都说人生不如意之事十有八九,我要告诉你常想剩下的那些一二比较如意的事情。张忠谋说他从小就看了很多大人物的传记,发现了一个规律,凡是成功者都是受苦受难的。然后他们的生命几乎就是人生不如意事十有八九的真实写照。但是这些人之所以能够成功,就是因为他们保持了正面的思考,通过"常想一二",他们能够超越苦难。苦难对他们来说反而成了生命中最好的养料,为他们未来的成功做了良好的铺垫。

所以这些成功者在面对职业发展中的苦难时的坚持、乐观和勇气是最重要的。人生的如意或不如意,更重要的不是取决于人生的机遇而是思想的瞬间。所以,人生的真正品质取决于你有没有"常想一二"这种乐观的思维方式。

10.3.2 培养应变能力和创新意识

职业内容的不断更新和新型职业的不断产生决定了现代职业对人的素质提出了更高的要求。新资源的开发、新技术的发明与应用、生产工具的革新、生产组织的改革和管理水平的提高,要求人们不仅要具备更高的科学技术知识和操作技能,而且要打破旧的传统观念,解放思想,开阔思路,树立时间观念、效率观念和合作观念,摒弃"一次选择定终身"的传统的职业选择观,适时地调整自己与外界的关系,不断地提高自己的职业素质,以适应不断发展的职业要求。

创新能力是职场新人应重点培养的一种能力和必备的素质。开拓创新能力的实质是一种综合能力,它是各种智力因素和能力品质在新的层面上融为一体而形成的一种合力。社会的进步需要创新,市场需要能解决问题的人才。著名物理学家温柏格说过:"不要安于书本上给你的答案,要去尝试发现与书本上不同的东西,这种素质可能比智力更重要,往往是最好的学生和次好的学生的分水岭。"

终生学习是应变能力的培养和创新意识的形成的保障。当今社会发展日新月异,知识更新速度不断加快,职场工作者如果不在工作中注意更新知识,就难以适应社会发展的需要。因此,在工作中不断地学习,接受继续教育,吸收新知识,掌握新技术,保持和增强自身的优势,增进个人的职业适应性,是实现生涯发展目标必备的素质。

10.3.3 提高身心健康水平,培养良好的职业品格

现代社会充满了竞争,现代科技的高速发展造就了一个紧张的社会环境,这种环境给人类社会带来了巨大的心理压力。加上工作的繁重,从而导致人们精力不足、体质较弱和许多心理疾病的发病率提高。一个身体孱弱、心境烦闷、情绪低落的人不可能有勃勃的兴致及充沛的精力去胜任自己的工作,适应激烈竞争的职业世界。因此,提高身心健康水平是现代社会对职业人的基本要求。

职业道德是人们从事职业活动必须遵守的基本准则和规范,直接影响着人们的工作态度、工作热情和行为方式。树立正确的职业理想、职业价值观,具有忠于职守、献身事业的乐业和敬业精神,在职业活动中,无私、正直、勤奋、诚实、守信、坚定、勇敢等优秀职业品质,是人们在工作上做出成绩的必要条件。

良好的职业品格也是处理好各种人际关系所不可缺少的。比如,一个对别人热情友好、乐于助人的人能得到同事的好感;一个具有强烈事业心和责任感的人能得到领导的赏识;一个谦虚好学、踏实肯干的人能得到师长的赞扬。但很难想象,一个不讲奉献、自私自利、贪图安逸的人,能得到领导、同事的青睐。

10.3.4 学会在顺境中发展和在逆境中奋起

顺境就是在职业生涯中因个人特点与职业环境相吻合而具有的良好工作情景。顺境和逆境是辨证和互逆的动态过程。也就是说,随着环境和时间等条件的变化,顺境可能转变为逆境,反之亦然。因此,要做到在逆境中振作精神、奋力拼搏并积极寻找新的突破口,在顺境中认真分析自己仍然存在的潜在不足,并抱着积极的态度努力挖潜改造。切忌在顺境中妄自菲薄,夜郎自大。

在顺境中常出现以下几个方面的问题,值得注意。

(1)目中无人,自以为是。在人生道路中,由于一切都太顺利,比如从小学一直上到大学,没有留过级,就很可能会瞧不起那些留过级、落过榜的人;因其行为从来没有受到过检验或者挑战,常把错误的东西当成正确的东西来对待,往往听不进别人善意的劝告,总以为自己的想法是正确的。

(2)喜好奉承。因为在学业、事业上一直很顺利,也就很少有人指出其身上的缺点和不足。特别是一些当了一官半职的人,总认为自己能一路升迁,是由于自己的能力和有众多的人拥护。因而他们喜好奉承,听不进不对自己心思的话。这样使其最终在奉承中迷失了方向。

(3)忧患意识差。人无远虑,必有近忧。由于其生活道路一直很顺利,自己的一切来得容易,因而很难体验到身处逆境的人所体验到的那种艰难感。从而也不会做太多的“假如明天我失业了”等这样的假设,更不会为这些假设作素质上的准备。

(4)缺乏同情心。一个人如果长期生活在优越的生活环境之中,或者他所追求的一切都是那么顺利地得到了,那么就很少体验到困难、不如意是什么滋味,考大学不被录取是什么心情。正因为他们缺少这种体验,所以对别人的挫折、对别人遭受的

歧视和人生打击就很难产生心灵上的共鸣。

(5)难以自律。“人往高处走,水往低处流。”这话本来不错,可对于一些在人生路上没有受过多大挫折、经过多大打击的人,想的更多的是发更大的财、当更大的官。这些人往往会因为顺利而忘记了发财和升官应该遵循的原则。

(6)满足现状,不思进取。把一时的顺利看成一生的顺利,这样容易消磨创新的意志。在顺境中常想到逆境的人,才能使其在顺境中成长,在逆境中不乱。

对于身处逆境中的人来说,在逆境中奋起应注意以下几个问题。

(1)要保持正常的心态。人的一生不可能是一帆风顺,逆境往往对人的锻炼更大。由于人在逆境中心情一般不好,所以处在逆境中的人一定要注意保持正常的心态,这样才能正确地分析、处理问题。切不可造成一种偏激或灰心丧气的心态,这对正确决策和走出困境是十分不利的。

(2) 要认真反思,寻找出路。人不可能不犯错误,可怕的是重复地去犯同样的错误。不管是谁给自己造成目前的这种不利的处境,摆脱困境却是最主要的。反思是摆脱困境需要做的第一步,要科学地审视问题,找出出现问题的原因和解决问题的方案。

10.3.5 选好“跳槽”时机,正确对待“跳槽”

“人往高处走”,想通过跳槽谋得一个理想的工作岗位是职业生涯发展中的正常现象。但跳槽应小心稳重,切莫轻率。轻率跳槽可能会造成经济受损失,心理受压力,事业受挫折,最直接的麻烦是导致失业。导致“跳槽”的原因很多,主要有:①只为了增加一点工资,就贸然辞职走人;②与领导、同事闹意见赌气一走了之;③见异思迁,总希望得到工作舒服而工资优厚的单位,因此一次次跳槽,也一次次地失望;④盲目随大流,看见本单位有些人跳槽出去或者有的单位有不少人跳槽进去,很是羡慕,也就盲目随大流地跳来跳去。需要指出的是,盲目的“跳槽”,往往适得其反,因此,三思而后行,选择恰当的跳槽时机非常重要。一般而言,一个人从提出辞呈到完全离开公司,大概都要两个星期以上的时间。就业规则上所规定的时间,多半是一个月左右。因此,先考虑自己的工作性质,然后在自己的工作告一段落的时候,向公司递出辞呈,如此才不失为明智之举。跳槽要为公司留出一个缓冲期,来重新指派接替你的人。不要以为辞职是自己的事情,就轻率地依照自己的方便决定离职日期。虽然辞职是依据个人去留的意愿,不能丝毫勉强,但是在辞职的过程中,必须以较客观的态度考虑对方的立场。尽量以和为贵,不要伤了大家的和气。

10.3.6 正确选择岗位成才和自主创业

立足岗位、谋求发展、实现岗位成才是大多数人的选择。要实现岗位成才的目标,必须注意以下问题。①要选择自己喜爱的工作,珍惜工作机会。社会的发展,给人们提供了越来越多的自由选择职业的机会。无论通过什么渠道找到了一份适合自己的工作,都要珍惜自己的选择,努力工作,不断培养自己的兴趣,尽力把工作做好。

②注重积累工作经验和资历。第一份工作可以给你很实际的工作经验，为你职业生涯的开发打下基础。假如你的工作是按部就班，重复单调的，可以使你体会到就业的气氛，锻炼你的耐性；假如你的工作是富有挑战性的，可以使你感受到竞争的气氛，锻炼你应变的能力。资历往往能发挥意想不到的作用。如果你曾在比较著名的机关、公司工作过，那么这对你无疑是一次宝贵的经历。别人会认为你受过训练或工作经验比较丰富。③重视岗位培训和知识的更新。公司对新录用的职员一般都要进行一番培训，这也许是你第一份工作所获得的最重要的东西。知识的更新是每个职场工作者都必须认真思考的问题。转变思维方式，培养综合分析问题和解决问题的能力以及终身学习的能力，是岗位成才必须具备的素质。

自主创业是近年来逐步兴起的一股热潮。自主创业是指大学毕业生在工作若干年后或在毕业时不向社会寻求工作，而是自己创立公司、开办企业等个人色彩较浓、个体行为较强的创业活动。自主创业不仅要求个人能结合专业特长，根据市场前景和社会需要搞出自己的创新成果，而且要直接面向市场，面向社会，把研究成果转化为产业，创造出可观的经济效益。它也包括那些发现市场商机，抓住机遇创办自己的经济实体，以商业经营创造出社会价值的行为。自主创业要注意以下问题。①尽量涉及自己熟悉的专业。俗话说“隔行如隔山”，自主创业项目的选择要优先考虑自己所学、所从事的专业和自己的知识结构，做到知己知彼，这样可避免走很多的弯路，缩短自己成功的距离。②选择市场对路的产品和朝阳行业。市场经济条件下，市场具有最终的决定权，产品没有销路，企业就面临着亏损和倒闭，所以市场调查是必须重点对待的，这对你的决策将起到关键的作用。涉及的是朝阳产业还是夕阳产业，这对一个公司、企业有着战略的意义。因为朝阳产业将对今后企业的发展壮大提供良好的环境和外界发展空间。③量力而行，多种形式。创业初期，人力、财力及社会各种关系都有限，切不可贪大求洋，脱离实际，要有从小做起的准备，一方面资金有一个积累的过程，另一方面也可以积累一些经验。④要有百折不挠的决心和承受失败的能力。创业失败是正常的现象，必须有失败的心理准备，否则，将会对身心产生重大不利影响。

因此，对于职场人士而言，是选择岗位成才还是自主创业，必须进行理性的分析，切不可赶时髦、随大流、草率决策，否则将对职业生涯的发展产生严重的不利影响。

测试

处世能力测试①

下面每一个问题设计了一种具体的社会生活情景，并且列出了四个备选方案。

---

① 阎观潮，张玉波：《职场起步》，132～136页，北京，机械工业出版社，2005。

请你设身处地地考虑一下，如果你面临这种情境，你的表现将与哪一个方案更符合，请把它前面的字母代号圈出来。注意，要用事实判断，不要用价值判断。

(1)在聚餐会上，如果你与多数同桌的人素不相识，你怎么办?

A. 显得心神不定，左顾右盼。

B. 静听别人的谈话。

C. 只与相识的人高谈阔论。

D. 神态自如地参与大家的谈论。

(2)觉得自己与协同工作的人在性格和想法方面合不来，你怎么办?

A. 委曲求全，尽量凑合下去。

B. 故意找事由，与他吵架，迫使领导解决。

C. 向领导汇报他的短处，要求领导调离他。

D. 尽量谅解，实在不行，向领导如实说明，等候机会解决。

(3)在公共汽车上，你无意踩别人一脚，别人对你骂个不停，你怎么办?

A. 只当没听见，任他去骂。

B. 与他对骂，不惜大吵一架。

C. 推说别人挤了自己才踩到他的，不应该怪罪自己。

D. 请他原谅，同时提醒他骂人是不文明的。

(4)在影剧院看电影时，你的邻座旁若无人地讲话，使你感到讨厌，你怎么办?

A. 希望别人能出面向他们提意见或他们自己停止。

B. 严厉地指责他们。

C. 叫服务员来制止他们。

D. 有礼貌地请他们别讲话。

(5)你辛苦地干完工作，自以为干得很不错，不料领导很不满意，你怎么办?

A. 不作声地听领导埋怨，但心中十分委屈。

B. 拂袖而去，认为自己不应受埋怨。

C. 解释说因客观条件限制，自己无法做得更好。

D. 注意自己做得不够的地方，以便今后改正。

(6)你买了一架崭新的照相机，自己还未用过，但有朋友向你借，你怎么办?

A. 给他，但是满腹牢骚。

B. 脸色很难看，使得朋友不得不改口。

C. 骗他说已经借给别人了。

D. 告诉他自己要试拍一下，检查了照相机的性能后再借给他。

(7)当你正埋头干一件急事时，一位朋友上门来找你倾诉苦恼，你怎么办?

A. 放下手中工作，耐心倾听。

B. 很不耐烦，流露出不想听的神态。

C. 似听非听，脑子里还在想自己的事情。

D. 向他解释，同他另约时间。

(8)在你知道了别人的一些隐私之后，你怎么办？

A. 觉得好奇，但绝不去传给其他人听。

B. 忍不住，会很快告诉其他人。

C. 当其他人谈起的时候，也会附和着一起谈。

D. 根本没有想要让其他人也都知道。

(9)星期天，你忙了一整天，把房间全部打扫干净，你的爱人下班回家后，却指责你没及时烧晚饭，你怎么办？

A. 心里很气，但仍勉强地去烧饭。

B. 发脾气，骂爱人自私，要爱人自己去烧饭。

C. 气得当晚不吃饭。

D. 向爱人解释，然后邀请爱人一起出去吃饭。

(10)当你搬到一个新的住处，周围邻居都不认识，显得较冷淡，你怎么办？

A. 尽量避免与邻居交往。

B. 故意显出自己是很强硬的，让人家有种敬畏感。

C. 视邻居以后对自己的态度再行事。

D. 主动与邻居打招呼，表现出友好的姿态。

(11)如果有人经常要麻烦你做一些事，你却很忙，你怎么办？

A. 尽量避开他。

B. 告诉他很忙，不要再来麻烦了。

C. 敷衍他。

D. 尽自己能力帮助，有困难时则向他说明情况。

(12)一位朋友向你借了几元钱，但后来没还，好像不记得这回事了，你怎么办？

A. 今后再也不借钱给他。

B. 提醒他曾借过钱。

C. 向他借同等数额的钱，作为抵消。

D. 就当没这回事。

(13)在餐馆你买了一份饭菜，但发现味道太咸，你怎么办？

A. 向同桌人发牢骚。

B. 粗鲁地责骂厨师无能。

C. 默默地吃下去。

D. 平静地问服务员，能否变淡些，如不能，则吃不下去。

(14)一位热情的售货员为了使你买到满意东西，向你介绍了这些东西，但你都不满意，你怎么办？

A. 买一件你并不想买的东西。

B. 说这些商品质量不好，是卖不掉的商品。

C. 向他道歉,说是朋友托买的东西,一定要朋友满意的才能买。

D. 说一声谢谢,然后离去。

计分与评价:

统计你所圈各个字母的次数,找出自己选择次数最多的字母代号。

如果你选择答案A的次数最多,说明你的处世态度过于消极,凡事与世无争,实际上心中并不一定服气,对任何有争论性的事,你都不愿意表态,希望他人作决定或承担责任。但人们了解你的时候,也许会同情你,但以后又会产生反感。

如果你选择答案B的次数最多,说明你的处世能力较差,不善于待人接物,往往属于好斗型,遇不顺心的事容易暴跳如雷,甚至粗鲁地骂人。表面看来,你颇能占上风,其实得不到他人对你的尊重,结果是使人们憎恶你或害怕和疏远你。

如果你选择答案C的次数最多,说明你具有一定的处事所需要的克制力,能把怨气或不满情绪隐藏起来,比前面两种人更善于处理人与人之间的关系,只是有时为人不够真诚坦率,结果是使人们感到你有时表现得比较虚伪或不能完全理解你。

如果你选择答案D的次数最多,说明你有积极而理智的处事态度,遇事表现出较强的克制能力。尊重他人,对人诚恳坦率。不喜欢虚假和装模作样。结果是人们尊重你,愿意和你交往,建立友情关系。

思考题

1. 简述职业生涯反馈与修正的内涵与意义。
2. 职业生涯反馈与修正的方法有哪些?具体修正内容是什么?
3. 职业生涯反馈与修正过程中应注意哪些问题?

参考资料

[1]张再生.职业生涯开发与管理[M].天津:南开大学出版社,2003.

[2]邱义城.策略圣经[M].北京:中国商务出版社,2004.

[3]赵海滨.你的一生要有一个计划[M].北京:民主与建设出版社,2005.

[4]柳建营,许德宽,郭宝亮,等.职业生涯规划与指导[M].北京:北京工业大学出版社,2004.

11

职业生涯开发

本章学习要点

- 了解职业生涯开发的内涵与意义。
- 掌握自我要素开发的方法与内容。
- 掌握社会资本构建的途径与方法
- 了解个人职业生涯开发与规划的整合技巧

案例导入

福特汽车公司中层领导的职业生涯开发①

1. 背景

20世纪80年代，福特公司在组织结构上进行了一系列重大改革。这些变革包括对各级雇员的放权，鼓励他们参与，同时认识到雇员发展是组织事业成功的根本。在公司改革的初期阶段，改革的重点主要集中在高级管理层和基层人员。此时，中层管理人员提醒公司的领导者，他们也需要改革，以适应剧烈变化的工作环境。因为在实施这一变革之前，中层管理人员一般遵令行事，工作墨守成规，缺乏创造性和主动性。从事雇员职业生涯开发工作的管理人员被认为是多余者，人们普遍持"问题上交"的态度。中层管理人员的状况直接影响着公司改革的成败与方向，加强中层管

---

① 该案例根据 Thomas G. Gutteridge & Zandy B. Leibowitz & Jane E. Shore, ORGANIZATIONAL CAREER DEVELOPMENT, Jossey-Bass Publishers, San Francisico, 1994, P174－178 有关内容编译而成。

理人员的职业生涯开发变得越来越重要。

因此,为期一年的为满足中层管理人员需求而进行设计和推广的开发计划开始了,并将其命名为“领导层培训与开发”(Leadership Education and Development – LEAD),该计划旨在面向全公司3 000名中级管理人员进行开发和放权工作,其中包括海外人员。

这一“领导层培训与开发”计划于1988年年底启动,截止到1992年中期,已有2 400人参加了这一项目。管理人员占用工作时间参加“领导层培训与开发”项目。各个部门为此支付费用,最高管理层每年对此进行一次审批。

2. 开发系统的组成部分与实施过程

起初,公司成立了一个包括公司最高层决策者在内的顾问委员会。该委员会通过专题小组和雇员态度调查研究公司内部的需求,同时针对其他公司如何进行在职教育开展广泛的调研。调查发现,几乎没有人重视中层管理人员,尽管他们代表着管理人员的主体。更有甚者,几乎没有任何项目包含了对领导层和管理层的研究。上述发现突显出福特公司开发符合自己具体情况之计划的必要性。

然而,针对“领导层培训与开发”计划,上述委员会在意见上出现了重大分歧。公司的部分领导人认为无此必要,抑或对需要的内容他们的意见南辕北辙。许多人担心占用的时间与资源太多。甚至委员会的一些成员不相信确有此计划的必要。最后,执行顾问委员会进行了需求评估和基准评价的工作,有几件事情转变了人们的上述看法。

(1)专题小组邀请顾问委员会成员与本部门的中层管理人员面谈。各专题小组一致认为需要有这样一个计划,他们的要求是如此强烈,以致终于使先前持怀疑态度的委员会成员对此充满了信心和热情。

(2)雇员态度调查表明,中层管理人员的不满之一在于培训,而且这种不满越来越强烈。

(3)公司领导进行了若干次深入的一对一交谈,这些会晤帮助持怀疑态度的人认识到本项目的价值。

在该计划被获得认可之后,顾问委员会把重点放在了寻找一个能解决领导层和管理层在企业生活中的困境的理论模型上。同时他们注意寻找一种可以与福特公司一起开展该计划的教学体制。

最后选中了由罗伯特·奎恩设计的竞争价值观模型,因为它为分析公司的困境和矛盾提供了一个实用的框架,而不是简单地提出一个解决方案。具体而言,它为公司的发展提供了具体的岗位用途,而这恰恰是顾问委员会所希望的又一个重要内容。在6个月的时间内,福特公司与密西根大学合作,共同开发、创办和开展了“领导层培训与开发”项目的教学。

在每一期“领导层培训与开发”活动中,大约50名参加者进行为期五天的集训,地点一般是在密西根大学的“在职教育中心”。每一个班级的教学由一名大学教师和福特公司的一名高级决策人共同进行。人员的构成设计考虑到代表各个职能部门情况,同时也包括来自同一职能单位的人员。跨职能部门的培训班大约由7个人组成,他们完成实验性的练习,有时也与本职能领域的其他人会谈。

这5天的核心课程覆盖如下领域:个人学习风格、中层管理人员在福特公司中的作用、竞争价值观模型、以顾客为中心、质量问题、系统化思维、改革和持续改进、人事领导与职能领导以及行动的规划。这一周活动的重点是团队精神,将人员从一次“接力赛跑”队员转变为“一支橄榄球队”队员。虽然该计划的目标在于唤醒人们的意识和理解,但是它的主要好处也针对在本职岗位上的应用。

经过6~8个月的间隔,学员重新聚到一起进行为期3天的追踪课程。他们讨论自己对“领导层培训与开发”概念的应用及各自未来的计划。在这些计划中,他们交流和吸收彼此的成绩、挫折和心得。

由于教学工作取得了良好的人才开发效果,所以在职学员轮换参加。企业与高等学府非同寻常地联合培养人才,对于这两个单位来说都是一种新的教学经验。其结果是一种双赢的形势:公司受益于大学的研究实力和广阔的分析视野,而大学则得益于与福特公司实际工作人员的合作。

3. 成果与评估

“领导层培训与开发”项目的宗旨是采用成人教育的原则。它强调放权给学员,使他们可以反思自己的学习,利用在实习中掌握的技术,将所学内容应用到实际工作之中,而且进行深入的跟踪学习。这一过程在设计上是可以重复的,因此管理人员可以将自己所学到的东西应用到自己的下属身上,以此放权给自己的工作团队。

这一项目的成功已经在几个方面得到充分的证明。不仅项目本身受到不懈的支持,而且有充分的证据证明管理人员已经参加了“领导层培训与开发”的后继项目,即那些直接改进公司的工作、为公司大幅度节省财政开支的项目。这些项目直接支持福特公司的业务目标,其范围远远超出管理人员的日常职责。

高级管理人员在私下与项目的参加者进行了面谈,征求他们对本项目的坦率反馈意见。此外,密西根大学与福特公司合作,开展追踪调查,同时还开发出一项衡量放权程度的措施。“领导层培训与开发”计划已经建立起一个巨大的数据库,密西根大学将利用它对各种工作环境问题进行深入的研究。总之,这一项目充分证明它是一次放权给管理人员进行卓有成效工作的革命,中层管理人员据此获得了新的职业生涯发展机会和空间。

问题与讨论:

1. 你认为福特汽车公司的上述“领导层培训与开发”计划有哪些借鉴意义?

2. 联系实际,你认为组织如何才能做好管理人员的职业生涯开发工作?

11.1 个人素质与职业素质的提升

11.1.1 职业生涯开发的内涵与意义

11.1.1.1 内涵

随着社会经济的快速发展和知识经济的来临，各类职业对从业者的思想素质、生理与心理素质、技术素质以及各种知识与能力的要求越来越高，职业竞争也越来越剧烈，进行职业生涯开发，不仅是组织发展的重要任务，也是雇员自身实现其职业生涯发展目标的重要手段和措施。

职业生涯开发是指一切通过传授知识、转变观念或提高技能的手段，来改善当前或未来工作绩效、发展与职业生涯目标相应的潜在职业能力的过程。职业生涯开发以人自身为开发对象，工作重点是提高从事职业所要求的伦理观念、知识技能水平等。个人职业生涯开发是指为了获得或改进个人与工作有关的知识、技能、动机、态度、行为等因素，以利于提高其工作绩效、实现其职业生涯目标的各种有计划、有系统的努力。个人职业生涯开发的内容和形式多种多样，在下文中将主要从个人要素开发和社会资本开发两个方面加以介绍。

职业生涯开发的根本目的是为了人的全面发展。国际 21 世纪教育委员会在 1991 年向联合国教科文组织提交的 21 世纪教育与学习的报告中指出："人的全面发展即身心、智力、敏感性、审美意识、个人责任感、精神价值等方面的发展。"①关于人的全面发展的概念，可以归纳为人的生理发育、心理人格完善、知识能力增进等方面能得到较为满意的结果，并在事业上有所成就。

11.1.1.2 意义

个人职业生涯开发的意义主要表现在以下几个方面。

1. 职业生涯开发可以提高个人的思想素质和决策能力

从业者要做好本职工作，必须有一定的思想水平和决策水平，否则就很难正确地理解和贯彻组织的各项方针和政策，就不可能正确地认识和处理工作中所出现的各种复杂的新问题。因此，通过各种职业生涯开发活动提高个人的思想素质以及其思维的广度和深度，掌握决策的基本原理，如决策的程序、原则与方法等等，以培养其意志自觉性和果断性，从而提高其职业决策素质和能力，促进其职业生涯发展。

2. 职业生涯开发可以提高个人的创造性

创造性思维对个人的职业生涯发展具有十分重要的作用，只有具有较高的创造性思维水平、思路灵活，提出新的设想、新的观念，才能不受传统思维和习惯的束缚。因此，有必要通过职业生涯开发提高个人的创造性思维能力。当然创造性思维能力

---

① 雅克·德洛尔等：《教育——财富蕴藏其中》，联合国教科文组织总部中文科译，85 页，北京，教育科学出版社，1996。

的培养，一方面是个人平时要注意自身创造性思维的训练，进行思维流畅性的练习，养成独立思考的习惯；另一方面，组织要提供创造性思维的社会环境，鼓励雇员畅所欲言，勇于思索和辩论。

3. 职业生涯开发可以提高个人的科学文化和专业技术知识水平

现代职业的从业者只有掌握丰富的现代科学文化知识和必要的专业技术知识，才能适应社会与职业发展的需要。特别是随着知识经济的来临，知识的半衰期越来越短，知识更新的步伐越来越快，不断学习和掌握新的科学文化知识和专业知识更为重要和必要，否则就会落伍。个人职业生涯开发活动通过各类教育和培训手段，正好能满足从业者科学知识和专业知识的需求，从而能够更好地实现职业发展的目标。

4. 职业生涯开发可以提高个人的生产技能和工作成效

职业生涯开发活动与从业者的生产技能和工作成效有着非常密切的关系。许多研究都表明，雇员的工作积极性和工作成效，在很大程度上取决于其所接受的培训和所掌握的专业知识与技能。职业生涯开发活动，通过各种学习和培训，不仅可以改善雇员的工作态度，提高雇员的工作积极性，而且可以提高从业者的生产技能和劳动生产率，因而，可以改善雇员的工作业绩，为进一步的职业发展做准备。

11.1.2 自我要素开发

11.1.2.1 能力的开发

能力不是抽象的素质，它关系着职业角色的表现与职业生涯发展。事业发展和高度能力之间，有着不容置疑的关联。能力开发对于个人的职业发展具有极为重要的意义。美国管理协会(AMA)对企业的工作场所调查表明，在提供反馈的公司中：有345家公司(占34.3%)进行基本技能测试；有89%的公司表明拒绝雇用缺乏基本技能的求职人员；有3%左右的公司表明须根据现有雇员的读写能力测试成绩并决定他们的晋升，根据求职者读写能力测试程序决定录用或淘汰(加里·德斯勒，1999)。可见能力水平对于雇员的招聘、晋升等职业生涯活动具有重要影响。

能力是衡量一个人能否胜任某项任务的主观条件，是个人综合素质与本领的表现，是发挥出来的潜力。一般而言，能力包含三个方面的内容，即基础能力、业务能力和素质能力。基础能力包括知识(基础知识、专业知识、实务知识)、技能和技巧。业务能力包括理解力、判断力、应用力、规划力、开发力、表达力、交涉力、协调力、指导力、监督力、统帅力等。素质能力包括智力素质、体力素质、性格个性、态度、自我观等。

知识是指胜任本职工作所需要的基础知识、业务知识和理论水平。技能技巧是指完成本职工作所需要的技术、技巧、业务熟练程度、经验。理解、判断、决断能力是指充分认识职务的意义和价值，根据有关情况和外部条件分析问题，判断原因，选用适当的方法、手段的能力。应用、规划、开发能力是指在充分认识职务意义和价值，根据有关情况和外部条件分析的基础上，具有预见性，通过调查、研究、推理思考，总结归纳具体对策、方法的能力。表达、交涉、协调能力是指为顺利完成任务，正确地说明解释自己的看法、意见，说服他人与自己协助配合，同时为维持良好的同事关系的能力。指导、监督能力是按照部下、后辈的能力和适应性适当分配任务，并在工作中予以指导帮助，同时启发其集体观念和劳动热情的能力。

在职业生涯中无论扮演任何职业角色都要有一些特定的能力。在一个公平的社会里，人们之所以获得新角色，是因为他们已经具备必要的能力，或者因为，有权决定别人职业发展的人，相信他们能够获得这些能力。因此，有针对性地进行自我能力开发对个人职业生涯发展具有决定性影响。

凡是希望职业生涯有所进展的人，都要做到以下三方面：

①如果可能，要有胜任新工作的能力；

②向"挑选人"证明你具有必要的能力；

③能够迅速取得新能力。

在职业生涯发展中具备相关的能力最为重要。凡利用不正当手段或裙带关系，拓展事业都是很危险的，因为大家不会一直忽略你缺乏必要能力的事实。发展能力是一项长期计划，这是需要多年辛勤工作的事，因为一暴十寒是不会有什么收获的。不断地提高素质和能力是必要的，此外还要偶尔作出能让你获得新能力的大决定。特别是在关键性的事业变动时，新能力的获得特别重要。人们有时候会发现，目前的职位和向往的职位之间，有着明显不能跨越的鸿沟。如果存在这种情况，就必须去寻找连接的桥梁，而能力就是桥梁，它能使人跨越至他们想去的地方。

对于以事业为主的人而言，生命中主要的转折点有：中学至大学（教育程度）；大学生至工作（投入的领域）；工作至精通专业（专门化过程）；精通专业至权力（高位）；权力至最高限度（停止增长）；最高限度至退休（生活形态的选择及衰退）。

在遇到每一生命转折点之际，人们都面临新的困难和机会，而这些困难和机会与自己以前经历过的任何事都不相似。每一个转折点都代表个人发展的一次挑战，所以预先替未来的转折点做好准备是件紧要的事。职业往往限定了它们的从业者，由于这个理由，新能力的获得很困难，尤其是需要发展技术的能力更是如此。也就是说，我们必须终生不断学习和发展新的能力。改变也许每五年或十年一次，而且是无法逃避的，虽然有的人可能忽略或有意回避下一个转折点，但是生物年龄的逻辑和事业焦点的意外变化却是无情的。

11.1.2.2 态度的开发

良好的思维方式可以让你拥有正确的处事态度，而这种态度是个人职业生涯成功的关键①。态度其实是你的一切，它是你每天对生活所作的回应。作家罗本森（Adam Robinson）指出："态度是一个人的信仰、想象、期望和价值的总和。它决定了事物在个人眼中的意义，也决定了人们处理事情的方式。"态度令人们成功。每个人都会经历各种艰难，然而乐观的积极态度会让他们重新崛起。

---

① Tom Bay and David Macpherson：《转变态度，迈向成功》，载《世界职业经理人文摘》，2000 年 7 月。

态度决定着一切，良好的态度是一种责任的体现。作为一个人，要承担许多责任。在处理问题时，有责任使自己表现得富有创造性；在教育下属时，有责任表现得令他人敬畏。同时，也对自己的态度负有责任。下面几点对责任作了很好的总结：①不是你身边发生的事情决定你的成败，而是你对这些事情作出的反应。②你用什么样的目光去看待你周围的世界，那么，这个世界就如你所视。你可以是牺牲者、志愿者，也可以是胜利者。③除非你拥抱变革、把握变革，否则你将成为变革的奴隶。④人们身上最大的局限其实都是自己给自己设定的。⑤应该学会设计周围的环境，而不是让周围的环境设计你。

态度会影响你的行为。如果你带着积极的期望，那么你就会表现得慷慨、乐助、决断英明且富有创造性；如果是消极的，在处理问题时，你就会显得乏力、软弱、缺少突破，因为这时你的情感非常脆弱并缺乏安全感。因此，必须学会正确处理头脑中的想法，学会用一种有益而不是有碍你职业发展的方式去思维。下面介绍几种培养正确态度的方法。

1. 选择自己的态度

你应该确定什么态度是你所希望拥有的。比如，你也许原本想给下属更多的爱护，但表现出来的却是挑剔，这就违背了你的初衷。尽管态度决定着一个人发挥其潜势的程度，但只有将态度付诸行动以后才会实现。选择了一种特定的态度，也就建立了你自己未来的位置。因此，你必须知道自己现在的位置，明确自己有哪些思想及情感上的问题。然后选定合适的目标来改变自己的态度。确定目标是态度变化的必要因素，因此要首先确定目标，分析自己目前的状况以及未来的发展方向，这样才能更好地促进态度的转变。

2. 做记录

你可以每天将日记写在笔记本上或软盘上。第一天，先描述你的目标，你希望转变的原因及将如何进行转变。每天增加你如何表现新态度的具体例子。如果在转变过程中犯了一些错误，同样也记录下来，将这些错误列出来，然后把注意力集中在如何成功转变态度上。需要注意的是，你的目标是逐渐提高自己，而不是马上变得完美起来。

3. 付出时间

改变需要花费时间。你要计划在培养某种特殊的态度上花费至少 21 天的时间，而且，从现在开始，下决心将转变态度的工作贯穿你的一生。如果你是一个园丁，就会知道其中的原因：尽管你每年都努力工作，但花园中仍然会滋生杂草。你会将这些杂草拔掉，因为你知道如果不拔掉它们，来年这些杂草就会大量繁殖并排挤花园中的其他植被。同样道理，应该经常剔除错误的态度，留出空间给正确的态度。

4. 自我审视

作家硕庄(John Tschohl)这样解释自我审视的重要性："不要指望从别人那里得到足够的赞美，可以用来武装自己和维持自尊，然后激动地把工作干得更好。"你要学会赞美自己,不断地自我肯定是成功所必要的。

不幸的是,我们总是在审视自己时不自觉地选择自我否定。这种自我否定是与生俱来的。要对付这种情况,有三种方法可以帮助你。

首先,想象你与别人交谈时,如果对方否定你,你会如何反应。其实,这种反应决定了自我评价时采用的方式。如果你在自我审视时,觉得自己只有在花钱方面做得还算过得去,那么你就列出自己在其他方面做得好的例子,以此来说明自己在其他方面做得也不错。

第二个技巧,是与自己争论。不要将任何否定自己的言论都当做事实,将事实与无稽之谈分开能帮助你更准确地评价自己。要学会像保护你最好的朋友一样保护你自己。

第三,不要随便确定失败或拒绝,应该去思考引起问题的可能原因。如果一个雇员见到你时没有打招呼,不要以为是因为讨厌你而不愿理睬,而应想他是因为要赶快回复一个传呼而顾不上与你打招呼。你要尽量去考虑最小的消极因素而不是最大的。你要告诫自我,让积极的方式占上风。

11.1.2.3 职业资本的开发

职业资本是一个人选择职业、发展自我、运作金钱和创造财富等能力的总和,它是在与生俱来的先天基础上,通过后天的社会生活和教育改造而逐步形成的,主要包括职业素质、职业技能和职业阅历等多个方面。

职业素质主要涉及一个人的气质、性格特质、智商、职业兴趣等多个方面。不同的工作需要有不同的智力水平、气质和人格。而个人的气质和人格特质又决定了一个人所适宜从事的工作、价值观和开拓冒险精神的大小。二者需要在动态中相互适应与变化。职业技能是在职业素质基础上,通过后天的职业教育和训练形成的从事某种职业的能力和本领。寸有所长,尺有所短,用人之长是职业匹配的基本要求。未来的职业生涯能否取得杰出成就,与一个人最初是否选择适合自身特点的工作有密切关系。职业阅历是从事某种相关工作的资历,并在从事这种工作中所积累的经验和教训等实战技能。这是当代社会人们择业的一个重要筹码。在同等条件下,企业一般优先聘用有工作经验的熟手,而不是初出茅庐的“嫩姜”。

因此,一个人只有自身拥有雄厚的职业资本,才能获得更大的择业自由,获得更多的就业机会和职业生涯发展与成功的机会。

职业资本的保值增值是没有终结的人生课题,提高职业资本的附加值,可以从以下几个方面做起。

(1)努力汲取知识营养。这不仅是指接受系统的学校教育,更是指在离开学校后的自我修炼。知识是知识经济社会最重要的生产要素,不掌握最新的职业知识,就无法为企业、为社会和国家作出更多的贡献。没有一个老板喜欢不学习的雇员。靠经验和感觉去处理问题的时代已经一去不返,持续的学习和知识更新已成为必然。活到老,学到老,进行终身学习,已成为现代职业发展的必然要求。

(2)树立效率观念,强调功效。在今天这个瞬息万变的时代,没有效率就谈不上竞争,提高工作效率,才能降低成本(生产成本与机会成本)。"苦劳"是传统美德,但市场经济不相信也不承认"苦劳"。"不要告诉我你工作时间有多长,告诉我你的成绩在哪里。"这是现代企业的用人标准。因此,一个人除了应该讲求勤奋、诚实之外,还要注重效率和实绩。提高效率、合理规划与利用时间是实现职业生涯成功的重要措施。

(3)高瞻远瞩,树立国际化观念。站得高才能看得远,随着全球化与国际化步伐的加快,没有国际化的思路,没有广博的知识与先进观念就不能称为现代人,特别是外语、计算机和涉外法律等与外商打交道的工具和知识更是必不可少。因此,职业生涯的开发与发展,必须从全球化的角度进行思考,按照国际人才标准要求自己,并从全球的角度进行职业定位。

(4)脚踏实地,积极参与。职业生涯能力的培养需要从小事着手,从大处着眼,现代社会不欢迎那些"一屋不扫"而想"扫天下"的空想家。在职业生涯发展过程中要积极地参与各项开发活动,这不仅可以锻炼能力,更可以扩大和传播思想,更新观念,从而能够更好地促进个人的发展。

11.2 社会资本的构建

11.2.1 社会资本的内涵与功能

社会资本是指处于一个共同体之内的个人或组织,通过与内部、外部对象的长期交往、合作、互利形成的一系列认同关系,以及由此而积淀下来的历史传统、价值理念、信仰和行为方式。

随着社会的进步与发展,影响人类发展的因素将逐渐由物资资本向人力资本转化,资本的智能化是知识经济发展的必然结果。人力资本的无限性、稳定性与普惠性使其成为现代社会经济发展中的真正资本与首要财富。

社会资本作为影响个人行动能力以及生活质量的重要资源,在任何经济体制下都有着重要的作用。特别是在我国社会经济转型期,社会资本作为沟通个人和制度的中间物,能够提供个人与制度的缓冲,影响制度的开放性,造成不平等竞争。如职业知名度和职业信用度等都是非常重要的社会资本。一个在某种行业、某个领域有影响力的人,无论在哪个角落里,都会有人去请他出马。相反,一个人尽管满腹经纶,但是无人知晓,就像一块埋在沙里的金子,无人发现他的闪光之处,他也没办法为个人和社会创造财富。同样,职业信用度也是一笔宝贵的个人无形资产和社会资本,在同样遭受一种毁灭性的打击下,信用度良好的人可以很快获得别人的帮助而东山再起,相反,那些信用较差甚至以骗为生的人则会遭到灭顶之灾。因此,在个人的职业生涯发展中积极开发与利用社会资本,注重个人形象传播和个人公关等社会资本,对促进个人职业生涯发展具有重要意义。

11.2.2 社会资本构建的途径

职业社会资本的开发可以从多方进行，主要可以从如下几个方面入手：①得体的服饰与举止；②对权力关系的把握；③争取领导的注意；④人际关系的处理；⑤掌握构建职业人际关系网的技巧。

11.2.2.1 服饰与仪表

很多人都认为，许多优秀的管理人员在能力和工作绩效上存在的差距并不大，往往一些外在形象和个人风格上的细微差别决定了他们的升迁和最终的职位。服饰与仪表虽然是外在的东西，却能反映一个人的职业特点和内在修养。因而对个人的职业生涯发展有时会起到非常重要的作用。注重职业形象的雇员往往选择那些更能体现权力的颜色（如灰色或勃艮第红色）；而避免穿“4P”的服装（带格花呢的 plaids、伸缩尼龙的 polyester、带褶皱的 pleats 以及尖领的 pointed collars）。他们标准的站立、胳膊的自然下垂、双足分开成军人姿势以及面部表情准确到位，通常显示出积极向上的情绪，适时地流露不满。

11.2.2.2 对权力关系的把握

一般情况下，领导都喜欢通过一定的方式表达自己的权威和权力，聪明的雇员和管理人员总是善于把握这点，并依此规范自身的行为，显示出对领导权威的尊重，达到升迁的目的。如：领导的座位总要高于来访者或下属；领导总是背光而坐，来访者或下属则必须面向领导，向光而坐；领导在接见来访者或下属之前总要让其等一段时间；领导总是将烟灰缸放于刚好够不着的地方，来访者必须稍微欠身将烟灰弹入烟灰缸内等。他们常常用这种细微的方式表达自己的权力。那么，如果明白了这一点，并据此行动，对那些致力于往上爬的雇员将有很大的帮助。

11.2.2.3 争取领导的注意

要想升迁，一个很重要的问题是怎样获取上司和领导的重视。在军队，不主动要求任务，一切听从指挥是一个基本的原则，而在公司或企业则不同，管理人员必须主动地争取任务，这样才能获得与上司与领导接触的机会。晋升迅速的雇员总是争取那些相对短期而且能够很快显示绩效的工作任务，这样，他们才能够更多地被赏识和重视。

不仅仅在工作范畴，在社交领域也需要注意保持与领导的接触，获得他们的重视。致力于晋升的雇员应该参加那些领导喜欢的运动，或者去那些上司常去的餐厅用餐，以增加和领导的接触并获得注意。在处理与老板的人际关系上应该注意三点：①注意加深和老板的关系；②熟识老板私人及公务生活的喜好；③不对因投老板所好而获得的职位升迁感到受之有愧。

11.2.2.4 人际关系的处理

要获得职业生涯的成功，就要注意利用负责任、勤于做事、注意仪表来为成功铺路，并时刻以成功为念，避免想到失败。同时，还要注意经营人际关系，因为良好的人际关系是达到晋升目的的重要手段和途径。

一项对五年内连升3级以上的人"关于个人交际在其晋升中所扮演角色"的调查表明，大家一致认为，私人关系非常重要，私人关系是机会来源，因此，关系要广泛，一如学童搜集邮票，利用它们去获得信息、协助"关系力量"；但是，若有意利用别人则有时会有相反的效果。掌权的人对于自己被作为他人实现自我扩充的工具，会很反感，他们不希望被操纵——不管操纵得多巧妙。因此，凡是想利用友谊的人，最后都可能发现友谊受损，结果反而无利可图。

人际关系确实可以作为事业发展的工具，但这需要上级自动予以协助才有最佳效果。正如一位被调查对象所说："我一直觉得，让别人来认同比我自己去推销好得多，我相信好好做事的功效。大家都不是傻子，周围的人都晓得必须要看表面底下所隐藏的真面目。我尽量坦白，同时努力表现。我知道我此种做法，表面上不是在推销自己，但事实上却是在进行推销。"另一位被调查对象也表示了另一个不宜有意操纵别人的理由。并说："你或许需要借狡猾手段去获取一项新职务，但保持一项工作却是另一回事。我看过太多借旁门左道晋升的人，后来都又被排挤掉。所以，最好以你自己的表现来让人选择；正如不真实的广告或许可以卖出产品，但使用者不久便会知道自己买的是蹩脚货一样。"

这种"公平交易"的晋升方法依据的原则是：诚实与坦白会有回报。因为"坦然、诚实及直率，助长了我的自信；我在表现真正的自己。真诚无形中给了我力量。"因此，公平交易所以能成为晋升最有效的策略，并不足为奇。成功的人际关系有一条原则，就是"互惠"，也就是"给"与"取"一定要平衡。寻求职业生涯发展的人希望得利，因此就必须想想自己能给予别人什么？否则别人凭什么要帮助你呢？

因此，在处理职业发展领域的人际关系时要注意以下几方面的问题（王志强，1998）。

（1）要让自己受欢迎。获得良好的人际关系、争取信任和友谊最有效的方法是替别人解决问题——减轻别人的痛苦，特别是去寻找那些导致某些有权者困扰的问题。同时还要注意，别太拘谨和倔强，切记最高大的树虽因强风而弯曲，但风过之后却仍然保持直立。当然不同的机构可以采用不同的方法。总之，要注意使自己合乎未来上司的品味，即使你有意见时，也不要表示出强烈的反对，因为老板总不喜欢座椅下有芒刺。

（2）要表明自己的晋升愿望。要获得晋升，一方面要找出在你之上的那些职位需要些什么能力，塑造自己去吻合那些需要，但同时不要损及你的品格；另一方面表明你准备晋升和变动也是很重要的。要设法使自己进入本公司或其他著名机构所保留的、准候选人的基本名单中，这对个人的职业生涯发展会非常有帮助。同时，还要积极培养继任人员，以使自己的晋升或调动成为可能，但要留意勿使自己完全变成多余的人。因此，时间的把握很重要，既要为自己铺好路，又要让人觉得缺你不可，这样你就可以等待成功带来的益处了。

（3）要建立合理的心理契约，并坦诚地自我表现。追求晋升时个人会比较容易受伤，因为可能会被别人利用。因此，在你进公司时先订个良好的合约，一份完善的合约，会详细说明你的位置和责任。正如影片剪辑玛丽所说的那样："我是自由影片剪辑，也就是说我替有影片要剪接的人按日、按月或按年工作。我已经学到一点，当接受一个新工作时，我要弄清楚我需要的设备、我的工作水准以及我在制作部门中的地位。我不愿受一个刚刚受训5周、一切还不稳定的牛津毕业生指挥，即使他自认为是大卫的化身也一样。我知道如何去做好我的工作，我尽量用一切方法表现自己，使每个人都知道我的位置。"因此，知道自己的位置和责任是很重要的。

对于追求职业生涯发展的人来说，所面对的一个最重要问题是"如何晋升?"有的人决定循前人走过的道路；有的人冒险走以前很少人走的荒僻路径；但很多人则选择渡河方式——好像软木塞般被潮流推涌着。每一种行动方法都会有所进展，但是它们却取决于个人对客观世界的不同看法。保守的人喜欢既成的道路，他们把世界看做是一个有组织的地方；急进的人看世界则不断有变动及进化，只有敢于冒险的人才会赢；而乐天者则喜欢轻松的方式，他们把世界看做是尽善尽美的。保守、急进和乐天的人，都可以为他们的行为方式找到支持证据。当然，这三种态度在某些状况下各有其效——保守派能在可预测的官僚体系中建立稳固的事业；急进派能在市场取向的小机构中得胜；而乐天派则听凭机遇的出现。但无论你是何种性格的人，积极进取、坦诚自我表现，都是获得良好的人际关系的重要举措。

11.2.2.5 构建职业人际关系网的技巧

职业生涯成功在很大程度上取决于你拥有多大的权力和影响力，而与恰当的人建立稳固的人际关系对此至为关键。

几年前，组织都是由自我独立的单元构成的。在这些单元中每个人都职责分明。分工程度、次序及内部程序都是规定好的，任何被指派的人都很了解这一切。今天的组织已截然不同。等级森严、分工明确、次序井然的组织结构已经被可变的、有机的和充满活力的架构所代替。

这种新的架构能够快速响应组织不断变化的需求。人们不再把各层面的工作定义为一些毫无人情味、纯技术性的工作。企业评判雇员业绩的依据，是他们对变革的适应能力、反应能力和应变能力。他们的成功取决于如何编织他们的关系网络。

在打造关系网的过程中，目前你已经认识的人是很重要的。目前的联络网是铺造你未来关系网的原料。他们都有自己的熟人，而他们所熟识的人又有自己的熟人。

成功建立关系网的关键是和适当的人建立稳固的关系。良好的人际关系能拓宽你生活的视野，让你了解周围所发生的一切，并提高你倾听和交流的能力。构建职业人际关系网应注意以下几个方面的技巧①。

1. 构建稳固的内部圈

当你对职业人际关系有所意识，并开始选择可以助你一臂之力的人时，你可能不

① David Rye:《巧织成功关系网》，载《世界职业经理人文摘》，2001年2月。

得不卸掉一些关系网中的额外包袱。其中或许包括那些相识已久但对你的职业生涯无所裨益的人。维持对你无甚益处的老关系只会意味着时间的浪费。

良好、稳固、有力的人际关系的核心必须由10个左右你能靠得住的人组成。这首选的10人可以包括你的朋友、家庭成员和那些在你职业生涯中彼此联系紧密的人。他们构成你的影响力内圈,因为他们能让你发挥所长,而且彼此都希望对方成功。这里不存在勾心斗角的威胁,他们不会在背后说你坏话,会从心底为你着想。你与他们的相处会愉快而融洽。

当双方建立了稳固关系时,彼此会激发出强大能量。他们会激发对方的创造力,使彼此的灵感达到至美境界。为什么将你的影响力内圈人数限定为10人呢?因为强有力的关系需要你一个月至少维护一次,所以10人或许已用尽你所能有的时间。

还有就是,你应该同可以作为你10人强力关系圈后备力量的至少15人保持联系。假定你的一位主要关系退休或移民国外,最好的替补就是你的后备军。事实上,只要你能每月定期和他们联系,无论是通过电话、传真、聚会、电子邮件或信件,这个团体的人数都可以超过15人。

2. 为人要慷慨大方

在试图与你建立关系时,人们总会问你是做什么的。如果你的回答平淡似水,比如只是一句"我是IBM的一名经理",你就失去了一个与对方交流的机会。比较得体的回答是:"我在IBM负责一个小组的管理工作,主要为我们的军事侦察卫星开发监视软件。我也喜欢骑马,常常打网球,并且热爱写书。"在不到15秒的时间里,你不仅使你的回答增添了色彩,也为对方提供了几个话题,说不定其中就有对方感兴趣的。当他这样回答:"哦,你打网球?我也喜欢"时,你们就开始打造关系了。

建造关系网络必须遵守的规则,不是"别人能为我做什么?",而是"我能为别人做什么?"在回答别人的问题时,不妨再接着问一下,"我能为你做些什么?"

保持联络是成功建立关系网络的另一关键。《纽约时报》记者问美国总统克林顿,他是如何保持自己的政治关系网的。当时他回答道:"每天晚上睡觉前,我会在一张卡片上列出我当天联系过的每一个人,注明重要细节、时间、会晤地点和其他一些相关信息,然后添加到秘书为我建立的关系网数据库中。这些年来朋友们帮了我不少。"

要与关系网络中的每个人保持积极联系,唯一的方式就是创造性地运用你的日程表。记下那些对你的关系特别重要的日子,比如生日或周年庆祝等。打电话给他们,至少给他们寄张卡,让他们知道你心中想着他们。

3. 掌握人际关系的维护技巧

观察他们在组织中的变化也同样重要。当你的关系网成员升职或调到新的组织去时,祝贺他们。同时,也让他们知道你个人的情况。去度假之前,打电话问问他们有什么需要。

当他们落入低谷时,打电话给他们。不论你关系网中谁遇到麻烦时,立即与他通话,并主动提供帮助。这是表现支持的最好方式。

富有建设性地利用你的商务旅行。如果你旅行的地点正好邻近你的某位关系成员,不要忘记提议和他共进午餐或晚餐。

出席对你很重要的关系网成员的社交活动,不论是升职派对,还是其女儿的婚礼等。如果你不去,他们也会知道的,所以要去露露面。

至少每三个月变动一下你的关系网。要多提类似“为什么要保留这个关系?”的问题。如果你不定期更新或增加新人,你的关系网络就会陈旧。

为你的关系网络和组织提供信息,时刻关注对网络成员有用的信息,应定期将你收到的信息与他们分享,这是很关键的。

优秀的关系网络是双向的。如果你仅仅是个接受者,无论什么网络都会疏远你。搭建关系网络时,要做得好像你的职业生涯和个人生活都离不开它似的,因为事实上的确如此。

4. 建立职业关系网须避免的七种错误

如果你认为建立关系网仅凭个人魅力和漂亮外表就可大功告成,那就错了。受人喜欢固然很棒,但更重要的是别人需要你。因此,你可别犯类似以下的错误。

(1)关系网络成员不要个个都像你。应多样化,要吸收持不同意见的人。这样你就能从不同的意见中有所收获。

(2)不要以为你有资本从中发号施令。在关系网络中,谁也不在乎你是业中最强大公司的董事长、行政总裁,还是主席,关系网络中人人平等。

(3)不要小气。当某位关系帮了大忙时,请他吃一顿饭回敬对方,小小的付出往往令你得到意想不到的回报。

(4)回复电话。当你不在时,某位关系给你留言了。如果你希望继续保持联系,就应尽快回复电话。

(5)不可低估私人接触的价值。在英语中两个最有力的词仍然是“谢谢”和“请”,在中国也不例外。

(6)不要敷衍。他们问你问题,你不知道答案时,应当诚实相告。如果你知道谁能回答,主动推荐或帮对方去询问。

(7)学会区分消息和流言。无论是在你的职业生涯还是私人生活中,决不能给流言留有任何地步。它对提高你的思想和生活毫无益处。

11.3 个人职业生涯开发与规划的整合与调适

在个人职业生涯发展过程中,职业生涯开发与职业生涯规划之间有着非常密切的关系,开发是为了保证规划目标的实现,规划则是对包括开发、生涯发展目标、步骤以及其他措施的一种安排,开发与规划只有经过不断的整合与调适,相辅相成,才能更好地促进职业生涯目标的实现。

雇员要想作出最为有效的职业生涯规划,并与职业生涯开发紧密结合,应该特别注意以下十个核心要素与抉择要点(Feldman,1998)。当然,帮助与指导人们进行职业生涯规划的人力资源开发专业人员也应该充分考虑这些要点。

11.3.1 技能和要求

人们在初次选择自己的职业以及之后的整个职业生涯中,都必须考虑自己的技能特长和个人的职业爱好与要求。否则,作出的职业选择很容易导致对现职工作的不如意,从长期来说,还会造成对职业道路的失望。况且,人的技能和要求会随着时间的推移发生变化,人们有必要据此不断重新思考当初的职业选择,并在合适的条件下开发新的职业技能,培养新的职业爱好,作出必要的职业变动,实现职业生涯开发与未来职业技能要求的统一。

11.3.2 机会成本

在工作中,人们必须学习与本职工作相关的知识和技能,而这需要花费大量的时间和精力,因此,这势必影响到个人的生活,形成职业生涯开发或职业成功的机会成本。在每一职业阶段,人们必须认真考虑这种成本,为了个人或家庭生活,权衡能够放弃哪些晋升的机会;或者为了职业上的发展,能够放弃哪些个人生活。如果这个问题不能很好地解决,则人们作出的职业开发与发展选择都将很不稳定,容易走向极端,顾此失彼,不能很好地协调家庭、朋友和同事之间的关系,让人总有一种矛盾的心理,工作和生活都感到不愉快。

11.3.3 工作和家庭的协调

虽然许多人希望"工作和家庭互不相干",但现实是:工作和家庭总是难以分割的,就像许多人所说的那样:人们有时拒绝承认上班和下班后作出的决策相互影响。他们希望上班和下班完全分离开来,他们需要获得某种"自由"。可是,他们马上发现,这是不可能的,人们的生存空间已经是一个联系越来越紧密的整体,而且这种联系在不断增多而不是减少。那些不能理解或者不能接受这一事实的人,将会无所适从。因此,在职业生涯开发与规划中注意工作、学习与家庭的协调十分重要。

关于工作和家庭如何相互统一和协调,贝伦(Bailyn,1978)提出了自己的观点,他认为一对夫妇至少可以通过4种方式减少家庭对工作的影响:①采取延期生孩子或者雇请保姆等方法来减少家庭对工作的影响;②夫妇之间恰当地分工,轮流将精力投入工作和家庭;③夫妇从事同样的职业或选择同一个单位,相互促进;④夫妇双方从事不相干的工作,各自追求自己的事业。不管怎么样,无论采取哪种方式,人们都有必要根据情况认真思考工作和家庭之间的关系。而且,随着工作挑战性的加强以及家庭结构的变化,有待于探索工作和家庭之间新的协调方式。后面将设专门的章节来讨论这一问题。

11.3.4 业绩与职业成功

工作业绩在职业成功中所起的作用是职业生涯开发与规划要考虑的又一要素。

在每一职业阶段，那些被认为工作业绩突出的雇员通常承担更具挑战性的工作，接受更多的培训以及得到公司领导更多的重视。那些教导人们如何“轻轻松松升职”的方法对人们的职业生涯开发与规划产生了非常不良的影响。它使人们将主要的精力放在了那些外在形象和社会关系的处理上，而忽略了事情的关键，即长远来说，那些真正业绩突出的优秀雇员升职比那些平庸的雇员更快。因此，在职业生涯规划中，任何雇员都必须思考这个重要的问题：“我怎样做才能提高我的工作绩效和工作技能？”而不仅是“我怎样才能升职？”因为过多地考虑升职的问题往往使人们偏离了职业生涯开发与成功的轨道(Feldman,1985)。

11.3.5 发展和稳定

在每一职业阶段，人们必须作出的一个基本的决策是选择职业生涯发展还是保持现状。“明哲保身”的策略被证明，在短期它可能给人带来一定的满足，但从长期来说，它不是一种有效的职业生涯规划方法。

通常，发展意味着压力，发展需要不断进行新的知识与技能的开发，从而引起人们的不安，而且可能给个人和家庭生活带来波动。而保持现状则刚好相反，可是要做到这点并不容易。通常，组织希望雇员要么力争上游，要么离开。试图终生维持一种工作几乎不可能了，特别是对于那些刚进入中年的人来说，做到这一点更加困难。因此，只有持续不断地进行职业生涯的开发，才有可能保持职业生涯的发展与稳定。

11.3.6 机遇与职业

毫无疑问，机遇在职业的发展中起着很重要的作用(Jencks,1972)。然而，机遇靠人们自己把握，他们可以创造机遇，也可能使机遇从身边溜走。更多的社会交往、积极地参与民间和行业组织能扩展一个人的社会关系网等社会资本的开发，可以带来潜在的机遇。过于封闭则会使一个人的社交圈越来越窄。积极地表达自己的愿望并努力地争取一些特别的工作任务，能使一个人得到更多的机会，而消极等待和隐藏愿望与抱负则刚好相反。因此，如果说一些瞬间的机遇给人带来了机会，那么，有计划地创造机遇则是自身的责任，也是自身所能做到的。

11.3.7 独立和连续的职业抉择

在作出职业决定之前，人们有必要知道：每一个职业抉择都在很大程度上会制约以后的职业选择机会。例如，假定某人决定在学校就某个领域继续深造，那么这个决定就一定程度上使得他以后在别的领域深造成为不可能，因为，一方面财力耗竭，另一方面，当初呆在学校做学生的热情已经消失。因此，在做职业生涯开发与工作的选择时，人们不能仅仅考虑眼前，还应该考虑当前的决定对将来选择机会可能造成的影响。

11.3.8 职业陷阱及避免

现实中，许多人陷入职业陷阱而丧失了许多升迁及职业成功的机会。比如，有些雇员被组织误导，相信自己不适合变换工作、技术不能转换或能力不足以在别处找到好的工作(Lewicki,1981)。组织采取这种策略并不一定就是出于恶意,也许是因为它们不想失去优秀的雇员或者它们确实认为这些雇员不能适应别的工作。但组织的这种误导作用确实使雇员陷入了一个不能变动职业的陷阱。还有,当雇员在面临两难抉择,如是否为更大的职业挑战而牺牲目前稳定的保障、是否为更多的升迁机会而牺牲目前更高的薪酬待遇等时,不知所措。在这种情况下,他们往往主观地自我暗示:目前的工作处于“没有退路”的状况,并以此自我安慰自己的决定。

卡尔博特(Culbert,1974)为此提出了一个避开职业生涯规划陷阱的一般观点。他认为,人们有必要认识到,在组织中,个人需求和组织需求在很大程度上是冲突的,最终人们还得靠自己为所作出的职业选择负责。不管组织在职业开发上花费多少时间和金钱,组织为个人设计的职业计划与个人自己的追求总会有不一致的时候。

11.3.9 准确的信息

在个人职业生涯开发与规划中,获取对当前形势、潜在机会、可能的成功和失败以及雇主情况等的准确信息非常重要。但是由于职业选择通常在时间上有限,因此人们有时根据头脑中固有的观念作出判断,而不是在认真搜集并分析客观资料后作出决定。实际上,在每一职业阶段,作出良好的职业抉择不但需要关于客观环境的精确的信息资料,还需要对自我进行深刻的分析。扩展信息的搜集面,对其进行认真的分析并系统地对自身主观和旧有的一些观念提出疑问,将使职业生涯规划与开发更为有效。

11.3.10 单一职业和多种职业

在人们的职业生涯中,从事单一的职业还是多种职业是进行职业生涯开发与规划要考虑的一个首要问题。这直接决定着人们将从事什么样的工作、为此必须进行什么样的培训以及怎样设计自己的家庭和社会生活等。然而,在一个相当长的时期从事单一的职业,这种可能性已经越来越小了。科技以及商业环境急剧的变化,使得工作内容和组织本身的性质在很短的几年内就会发生很大的变化。因此,选择单一的一种传统工作的职业生涯规划已经很困难,几乎不可能,因此为未来的多种职业选择进行职业生涯的开发将变得越来越重要。

阅读材料

本性羞涩如何才能侃侃而谈①

布伦达·格雷(Brenda Gray)是伦敦的一位电子商务咨询顾问,她很热爱自己的工作,也知道自己擅长此道。但有一部分的工作内容却使得她神经高度紧张:参加商业活动,与潜在客户闲谈。

---

① Mick Cope:《社会资本照亮前程》,载《世界经理人》,2004(8)。

"我很害羞,这对我来说是件苦差事。"格雷如是说到。作为一名高级战略策划师,她常常必须参加商业活动以招徕潜在客户。

许多企业的经理人虽然在自己的工作上所向披靡、信心十足,但却宁愿被拽到董事会面前接受询问,也不愿在鸡尾酒会面对满屋子的陌生人。但是身处今日竞争激烈之市场,不会与人谈话可能会酿成致命大错!

"天生羞涩的代价太高了——职业场上不善言辞则寸步难行。"职业演讲家苏珊·罗恩(Susan Roane)说。

这么说来,如果你生性腼腆,应该如何与他人交谈?请参阅如下指导原则。

• 参加商业活动之前做一些准备工作。上网了解一些你可能遇见的人员所在行业的相关信息,找出你们的共同点,阅读一些报纸寻找话题。

Viant公司的格雷常常阅读伦敦的一些小报,以获取许多轻松的话料。"如果我谈论一些奇闻趣事,人们通常会降低戒备心,这样就比较容易切入业务主题。"格雷说道,"对我而言,这样比直入业务主题感觉更加舒服"。

• 准备一份"电梯演说词"。电梯演说即自我介绍,必须足够简练,可以"乘电梯从一层到八层的瞬间说完"。"你应当告诉别人你的工作内容,能给他们产生什么效益。"某咨询公司的董事萨拉·霍兹(Sara Holtz)说道。

在霍兹指导之后,一位律师的电梯演说大有改观。原来她只会说一句"我是一个债券融资律师"就打住了,让双方都无话可说。现在,她的自我介绍变成了:"我与护养院和医院合作,帮助他们寻找便宜的长期资金。"霍兹说:"显然,这样的话语更容易吸引人们继续交谈。"

• 转向笑声阵阵的交谈群体。"如果群体成员笑声阵阵,欢乐无穷,那可能说明他们正在进行的交谈并不是私秘性的交谈。"罗恩说道。站在外围静静倾听,直到发现存有一个能够让你参与的机会或者有人邀请你加入。

问题与思考:

你能否侃侃而谈,你认为如何才能侃侃而谈?

阅读材料

获得晋升的策略①

介绍这部分材料的主要目的是使读者感觉到组织机构内部是有经理人员为了升级而采取各种策略性行为的。

1. 工作表现胜过竞争

职业上晋升是与一个人的良好绩效有联系的。正如一本供妇女阅读的事业管理

---

① [美]安德鲁J.杜布林:《获得晋升的策略》,载《企业管理》2000(11)。

的书中所说的那样：

除了最有病态性的政治组织外，工作的胜任能力和才能仍是人们取得事业上成功的首要因素。如果不首先考虑他(她)在专业上的胜任能力，其他任何侈谈人们成功的议论都是属于空想的。一个人在大的组织机构中得到提拔前，未来的那位上司会反问："他(她)为你干得有多好?"即使一个人擅长于搞办公室策略(包括与当权者打交道在内)，也得显示胜任工作的能力，以便取得重任。在我所知道的女人中，在成为经理之前，没有一个不是精通某项专业的，不管是计算机编程、簿记、写作、编辑、护理或焊接。

2. 工作的流动性

一个人想要爬上最高职位，最有可能实现这个目标的途径是经常变换工作，从一个部门到另外一个部门，或从一个公司到另一个公司。耶宁斯(Jennings)感到经理人员的流动类型是有系统的，能够形成流通学的这门科学。耶宁斯研究的中心课题为"流动性体系"(mobile hi erarch)，即一个人不靠裙带或婚姻关系从底层爬到最高层，没有人帮助他，也没有人反对他。自然的逐级提拔是指罕见的个人，在一个公司内靠自己努力逐级从底层爬到高层。因而一个21岁的人员经过培训后进入大通银行工作，到了47岁成为该行的首席执行副总裁，这就是自然的逐级提拔。常见的是，今天的经理人员必须计划自己的行动，要从一个公司跳到另一个公司，以达到他所要求的晋升。按照赫顿(Higdon)的说法，"在现今的董事会里，守旧的老实人可能被善于更换工作的狡猾的人所智胜或被挫败。人们制订了各种指导准则以帮助经理人员确定，什么时候他该更换工作岗位。

格里森(Richard EGlesson)搞出了一套里程碑办法来帮助经理人员决定，他的事业进程是否满意。第一阶段里程碑是在25岁时——如果他仍是个执行者，那就是最大年龄了。到30岁时，往上爬的人已爬到了第一级的主管职位。到35岁时，他应爬过第二级的主管职位——担任地区销售经理的职位。爬到属于企业一层的职位(如销售总经理或科研主任)应在四十岁左右。到了45岁，成功的主管人员应成为负责某个职能部门的副总裁。到45岁时，经管人事的人应成为企业一级的人事主任，如果他是破例的。根据格里森所划的里程碑，到了50岁应达到总裁一级。

如果一个人要想真正成为"流动性体系"者，耶宁斯描绘出一个经理人员必须经历的各个阶段。这些阶段也可理解为在企业内用它来判断一个人的进步的准则。第一阶段是技术水平(个人执行者)，如作为一个推销员、工程师、科学家、会计师和人事专家。第二阶段是管理水平，从监督个人执行者(通过管理经理人员进行监督)开始，一直到最后负责公司或企业的某个部门。第三阶段是主管人员一级，由总裁、他的直属参谋和直接下级组成。上述所有职位，有的是直线职位，有的是参谋职位。

按照耶宁斯的里程碑，一位流动性特大的经理人员通过第一阶段要花两年时间，第二阶段要11年，第三阶段则在8年以内。总裁的平均年龄为47岁。

格里森认为，一个计划爬上组织高层的职业男人，其薪金应该是每七年加一倍。

因而,一位物理学家,1960 年进入国际商用机器公司工作,每年挣 9 000 美元,1979 年担任中层经理人员时每年收入为 36 000 美元,1981 年作为总经理,每年收入为 72 000 美元。

当人们发现,某个经理人员未达到准则中的某些指标时,该怎么办呢? 按策略作出的回答是,他(她)在工作更换时必须谨慎小心,直到取得前进中的职业契机。耶宁斯赞同这样的想法,流动性经理人员对大多数职位应有 80 至 20 的指向,即任何职位中 20% 是工作,80% 是学问或知识。如果流动性经理人员掌握了 20%,再转去干另一个工作,学识曲线就不断提高。流动性经理人员也担心在任何一个管理工作上所呆的时间不超过 36 个月。在这段时间内未得提拔,这对有野心的经理人员是个暗示,让他开始另找一个新的职位。

尤里斯提出一种保持工作流动性的做法,"战略上自我把位"就是把自己放在一个有相当潜在报酬以便发展的工作环境。对于构成一种可以成长的环境具有敏感性,这是十分重要的。尤里斯引用尤金·托普的话来说明这个问题。托普是一家纺织公司领取高薪的总经理,他说:

当我是个推销员时,听说公司打算搞一种合成纤维的新产品。我就在背后活动,使自己调到将搞新产品的那个部门去工作。当该部门开始发展时,我就登上了宝座。

还有一种自我把位的战略是力争调到一个过去许多高级经理人员曾呆过并得到提拔的部门去工作,例如,就本作者所知,许多最高管理阶层的职位都不是由负责人事部门、质量管理或服务部门的经理们来担任的。相反,制造、销售、财务和工程部门通常是主管人才的来源。流动的经理仔细研究所在公司或工业部门提升人员的独特形式。当然,例外和个别差别总是有的。但是精明的经理至少避免出现这样的情况:涉及提升的机会时,对人的某种专长抱有自然的偏见。

3. 协助上司取得成功

任何下级能起的一重大作用是协助他(她)的直接上司更有效地完成其上级的工作职能。一个下级如能协助其上司取得成功,就是一个好的下级。如果下级给直接上级带来问题,上级对这个下级的评价就是负的。在任何阶梯组织中,想负更大责任的向上爬的人必须接受这种策略的基本前提。在任何组织中,调动或提升必须经过上司批准才能实现。

关键的下级是耶宁斯提出的一个称号,这是为出色地完成一件关键性任务的人提出的,任务完成得好坏决定着上级的绩效。假定说,社区对一家企业施加压力,要求向团体公款基金慷慨捐款。该公司指派一名下级执行这个任务,他不仅完成而且超过公司捐助的配额。总裁就把他看做是关键的下级。执行这一职务的行政助理应该协助他(她)的上司在这项沉重而困难的工作中取胜。如果不完成所确定的慈善捐款配额,那就使得该公司在这个社区内成为一个不光彩的形象。

关键的下级有两种:补足和增补。补足的关键是下级协助上司克服缺点和弱点。如果你的直接上级在分析和编制预算时有困难,而你在这方面又有大量的专门知识,这样，你就可补足他(她)的技能。如果你的上司有制订预算的能力，而你希望在这方面发挥他的力量，那么你就成了增补的关键下级了。

策略上精明的下级人员尽一切力量来保证其直接上级取得成功。如果这些努力都失败时，这个下级该怎么办呢？如果你的上司已爬到了这组织内的最高一层，未到退休不会离开，你应该对他采取什么战略呢？战略家的意见是：你要另找一个新的职位。

下级职员积极要求调动工作，这将引起人们对现任经理的领导能力的疑问。因而离开一个部门的打算，在直接上级看来会降低一个人的身份或地位。大的复杂的组织中许多成员最好是先看好一个新的职位，然后再要求调动。那么，新部门的经理可能要求这个处境困难的人调到他的那个部门去工作。

公开地和私下地对你的上司提供感情上的支持，也与帮助上司取得成功的做法有密切联系。尽管目前许多地方在人际关系方面具有开诚布公的积极气氛，上级被下级揭露出什么问题时总感到不太舒服，下级与上级有意见分歧时，下级要是考虑到与上司所建立起的声誉，可私下和上级设法消除分歧。

有意讨好，拍上司的马屁，看来已过时，太赤裸裸而且也太天真了，但研究结果表明这些手法仍是有效的。“组织行为研究所(OBI)的相互作用：管理心理学通讯”对“拍马屁”的一些研究成果做了报道，这些研究是由两位工业心理学家基普尼斯博士(Dr. Kipnis)和范德维尔博士(Dr. Vanderveer)进行的。他们说，教师们常常进来与系主任或行政助理闲聊，并向他的上司表示友好，在争取成功的竞赛中当以微弱之差取胜。

拍马屁最可能取得有效结果，人们对这样情况进行了研究。对经理人员的研究是按三种情况进行的，这三种情况的共同点是下级都想讨好其上司。在一些人中，这些工人和举止文雅但不称职的职员形成对照；在另一些人中，拍马屁者与一批能干但常惹是生非的人共事；再有一些人是由吹牛拍马的人组成，加上一些不称职的态度中立的职工。

研究结果表明，当持有敌视态度或不同意见的工人在场时，上级总是喜欢那些拍马屁者。如果在一批无能的持中立态度的人当中，拍马屁者也就不灵了。基普尼斯和范德维尔认为：

一个怀有敌意、难以对付的工人，一旦在场，对奖励权的使用是有影响的。不仅对听话的工人工资增加得更多，而且在怀有敌意的工人面前，对听话的工人的绩效也予以更好的评价。

“组织行为研究所的相互作用”的编者引用例子说明因奉承顶头上级而自己得到晋升的结果。他们举出以下典型的事例。

……我们回忆起一个服务机构，其中总负责人和一小批主管人员一同工作，这些人中大部分是有创造力和不受条件约束的。他们想到的就说出来，那个领导者常被牵涉到摩擦致损的对抗中。他自豪地说，他喜欢那样，这是做出真正独创性努力的手段。它(对抗)打扰他吗？不——“我是不容易受伤害的。”

这一批人中有一个人不一样。他是一心一意地顺从的,他赞扬上司、投合上司到了这样的程度:那种情况成为老笑话了。那笑话里也有领导人的份儿。对他的易激动的下级,他挖苦地评论着巴结、奉承者的行为。

这个服务公司被一个大公司吞并了,当局突然宣布改组。瞧,巴结、奉承者大事巴结、奉承,他被安置在较易摩擦但不易轻信的同事之上。领导者的解释毫无力量,谈不上有什么合理之处。

怎么？基普尼斯和范德维尔两位博士也评论了他们所看到的类似的行为:“一种可能是:……领导者对于不听话的工人所抱的敌对态度感到不安,感到自己受了威胁。”不管一个经理人员怎样拒绝承认这个事实,甚至对他自己也加以否认,不一致之处可以看做是一种威胁。在一种有威胁性的情景中,领导者会对那个经常温顺、奉承的人推崇备至……。“当有一个直接向领导者的决策进行挑战的饶舌者在场时,那么,一个顺从的人就成为领导者所最最欣赏的人了。”

4. 找一个推荐人

要政治手腕,要获得成功,最根本的是要能在本单位找一个比你职位高而且有影响的人,由他替你出面推荐晋升。推荐人必须在升级之前找到。有抱负的组织成员找出合适的推荐人,这个过程,耶宁斯称之为见面和了解。首先,必须有和上级会见的机会。组织中有些工作只限在某一部门内进行,如宇航公司的一个青年,可能整天在绘图板上工作,他与管理当局的接触只限于他的直接上级。

正如劳伦斯·彼得和雷蒙·霍尔所建议的,推荐人有时也称之为赞助人。根据他们的解释,赞助人能把一个人往上拉,升到组织的高处。有讽刺意义的是,这些作者指出:由别人推荐往上爬要比靠自己力量往前推有效得多。后者包括努力工作、胜任工作和自我发展。当然,赞助人必须受到鼓励才能帮被推荐人从事专业。即使被推荐者为单位中的关键尖子,赞助人也不断地加以推荐。如果失去一位推荐人,那就可能使一个人一落千丈,得不到晋升的机会。

5. 采用书面评功摆好

别人对一个人的积极评价,特别是以书面形式写成,总会使某些人看了以后对那个人发生好感。10亿美元公司的销售部门中的这种做法叫做保管英雄档案。往上爬的人故意为别人努力干一些简单的事情,希望别人写一封感谢信以示答谢。然后,这些感谢信就到了英雄档案里去,这就用来加强这个人升迁的凭证。这种做法当然与过去收集“致有关人士”的信件做法相似,这种信件也是对某人因出色完成工作任务而给予的表扬。

适应势力范围是另一种书面评功摆好的表现。拥有大批人马的一种想法基础是一个部门的大小是与贡献联系着的,不管是否需要这么多人来完成部门任务。就是说,机构大,贡献也大。上级领导对贡献大的经理人员首先考虑给予承担更大责任的职务。最高领导认为机构部门的规模和所作的贡献是密切联系在一起的,因而就鼓励人们去扩建自己的势力范围。

扩建自己势力范围的人总认为他的提拔是与其工作部门的规模大小直接成正比的。同样,他所在部门所需的预算越大,他的职能给人的印象也就越深。预算规模和人数要比对组织目标起了多大作用更易于写成文件。

问题与思考:

你是否认同上述观点?你认为如何才能获得晋升?

思考题

1. 简述职业生涯开发的内涵与意义。

2. 联系实际,分析个人职业生涯开发中如何处理自我要素开发与社会资本开发之间的关系。

3. 简述自我要素开发的方法与内容。

4. 联系实际,分析社会资本构建的途径与方法。

参考资料

[1]张再生. 职业生涯开发与管理[M]. 天津:南开大学出版社,2003.

[2]窦胜功. 智商·情商·测试[M]. 沈阳:辽海出版社,2001.

[3]赵海滨. 你的一生要有一个计划[M]. 北京:民主与建设出版社,2005.

[4]柳建营,许德宽,郭宝亮,等. 职业生涯规划与指导[M]. 北京:北京工业大学出版社,2004.

游戏

微微点头的作用

概述:

两人一对分组做游戏,一人说,另一人听。聆听者通过不时地微微点头,竭力想让说话者说一个特定的句子。需要计时器和耐心。

规则:

将参与者分组。每一小组中,一人是说话者,另一人是聆听者。

每个聆听者写下一个目标句子即一个他想让说话者说的句子,诸如“福特制造了一种漂亮的车”或者“我喜欢有蘑菇的比萨饼”。

说话者的任务是就任何事情和人说几分钟,从聆听者那里寻求反馈。聆听者的任务是通过积极地作出反应——微微点头,让说话者逐渐接近目标。除此之外,不能有其他形式的反馈。

当聆听者感到说话者已经达到或非常接近目标句子的时候，聆听者就举起手，向他的伙伴说明，任务已经结束了。

给每组5分钟的时间完成目标句子。

问题与思考：完成游戏后，你的感受如何？

12

职业生涯周期管理

本章学习要点

- 了解职业生涯周期管理的内涵与功能。
- 理解个人组织化的含义,掌握职业生涯早期阶段面临的主要问题与管理对策。
- 了解职业生涯中期危机的表现,掌握克服职业生涯中期危机的策略。
- 理解退休计划的内涵,了解职业生涯后期阶段的个人特征与职业生涯管理任务。

案例导入

你35岁了还跳槽吗?

35岁的胡杰,大学一毕业就在一家著名的国营企业工作至今。如今,事业已经有了一定的基础,虽然不是经理、老板,可也算是部门的骨干了。说钱嘛,至少比起别人来不会少,养家糊口之后还有剩余;生活嘛,稳定又清闲。不过工作已经十几年的他,事业上始终没有太大的突破,当初的工作热情也随着岁月的流逝而消失了。而新进的年轻人则学历更高、工作又积极,公司都把他们作为"重点培养对象",一位以前比他年轻的下属,现在甚至还成为他的上司。看着昔日的同学和一些年轻人一个个都成了老板、经理人,胡杰的心里很不是滋味,总想换一个新的工作环境试试自己的能力。

最近,朋友开设的公司希望他过去帮忙,工资当然比过去高了不少,但是要面对的压力和挑战也自然增加了。对于胡杰而言,选择跳槽,不仅意味着要面对新的工作、新的行业,同时也意味着是一种冒险——在近不惑之年的时候放弃原来的工作和原有的生活方式,35 岁的他对于自己这样的年龄能否经受得起"折腾"心里也是没有底,而选择留在原单位,可能就会这样默默无闻下去。

问题与讨论:

你认为胡杰该如何选择?你 35 岁了还跳槽吗?

12.1 职业生涯周期管理

12.1.1 职业生涯周期管理内涵

职业生涯管理作为个人和组织的一种长期、动态的管理过程,将贯穿于雇员职业生涯发展的全过程和组织发展的全过程。每一个组织成员在职业生涯的不同阶段及组织发展的不同阶段,由于其发展特征、发展任务以及应注意的问题都是不同的,每一阶段都有各自的特点、各自的目标和各自的发展重点,因此,对每一个发展阶段的管理也应有所不同。由于决定职业生涯的主客观条件的变化,组织成员的职业生涯规划和发展也会发生相应变化,职业生涯管理的侧重点也应有所不同,以适应外部环境的变化。因此,按照雇员职业生涯发展的不同阶段和时期,对其所面临的职业生涯管理问题和任务进行研究和探讨具有十分重要的意义。

根据职业生涯发展阶段理论,从雇员个人的角度而言,其职业生涯发展阶段可分为职业生涯早期阶段、职业生涯中期阶段和职业生涯后期阶段等不同的时期。在不同的时期由于雇员个人生命特征和职业生涯特征的不同,其所面临的职业生涯发展问题与任务也各不相同。因此,不同阶段的职业生涯管理任务也存在着明显的差别。根据个人职业生涯的不同阶段开展职业生涯管理工作具有重要意义和作用。

12.1.2 职业生涯周期管理功能

职业生涯周期管理可以增强组织和个人职业生涯管理措施的针对性。职业生涯管理是从组织的角度出发,根据组织发展对职业的需要,对组织及雇员个人的职业生涯进行设计、规划、执行、评估、反馈和修正的一个综合性过程。在雇员职业生涯发展的不同时期,组织提供的用于帮助和促进雇员职业活动与职业发展的内容和行为应具有明显区别。早期管理应避免出现现实失望,中期管理则要避免中期危机,不同时期管理的内容差别很大。只有根据不同时期不同情况提供有针对性的管理和服务,才能更好地促进雇员的发展。

职业生涯周期管理可以增强组织和个人职业生涯管理工作的具体性。针对不同职业生涯时期的雇员,采取具体有效的措施,才能真正解决雇员职业生涯发展中的问题。对于处在职业生涯早期的雇员如何使其尽快融入组织,对于处在职业生涯中期的雇员如何使其避免职业生涯危机,对于处在职业生涯晚期的雇员如何安排好其退休计划等等，每一项工作都非常具体。各项具体的工作，对解决雇员职业生涯发展中的问题都非常重要。

职业生涯周期管理可以增强组织和个人职业生涯管理任务的明确性。职业生涯管理是组织与雇员个人双方的责任。组织和雇员都必须承担相应的责任，双方共同努力才能完成对职业生涯的管理。在不同的职业生涯周期，管理工作必须满足个人与组织的双重需要，通过雇员和组织的共同努力与合作，使每个雇员的生涯目标与组织发展目标相一致，使雇员的发展与组织的发展相吻合。因此，职业生涯周期管理的形式多种多样，涉及的内容十分广泛。因此，一套系统的、有效的职业生涯周期管理制度和体系要涉及企业管理与雇员发展的诸多方面，是一个庞大的系统工程。

12.2 现实冲击与职业生涯早期阶段管理

职业生涯早期阶段是指一个人由学校进入组织并在组织内逐步"组织化"、为组织所接纳的过程。这一阶段一般发生在20～30岁之间，是一个人由学校走向社会、由学生变成雇员、由单身生活变成家庭生活的过程，一系列角色和身份的变化，必然要求经历一个适应过程。在这一阶段，个人的组织化以及个人与组织的相互接纳是个人和组织共同面临的重要的职业生涯管理任务。

12.2.1 个人的组织化

所谓个人组织化是指应聘者接受雇用并进入组织后，由一个自由人向组织人转化所经历的一个不断发展变化的过程，它包括向新雇员灌输组织及其部门所期望的工作态度、规范、价值观和行为模式等。个人组织化的途径是组织创造条件和氛围，使新雇员学会在该组织中如何工作、如何与他人相处、如何充当好个人在组织中的角色，接受组织文化并逐渐融入组织的过程。在职业生涯早期阶段组织化过程中，新雇员和组织都有各自的管理任务，也需要解决一些容易产生的问题。

12.2.1.1 职业生涯早期阶段的个人特征

人的总体生命空间是由三个生命周期组成的：生物社会生命周期、职业生涯周期、家庭生命周期。人的生物社会生命周期贯穿人的一生，职业生涯周期则从20岁左右开始至60岁（或更长）结束，家庭生命周期则从25岁左右开始贯穿人的后半生。在职业生涯早期阶段，雇员个人年龄正值青年时期，无论从个人生物周期、社会家庭周期还是从生命空间周期来看，其任务都较为单纯、简单，个人的主要任务：一是进入组织，学会工作；二是学会独立开展工作，并寻找职业锚；三是完成向成年人的过渡。这一时期，其突出的个人心理特征表现在以下几方面。

（1）进取心强，具有积极向上、争强好胜的心态。进取心是一种积极的推动力量，这种心理状态能促使雇员不断上进，以求发展。但由于年轻气盛，难免表现出浮躁和冲动，表现在职业工作上"这山望着那山高"，很少检查自己主观上的不足，经常高估自己，低估他人；工作一旦出现失误就怨天尤人，强调客观；在自己工作的团队中,由于个人争强好胜易造成对他人不服气、不认输,很可能危及人际关系的和谐。由于尚处在职业生涯初期,因而对职业锚的选择犹豫不决或者常变动。

(2)职业竞争力不断增强,希望能做出一番轰轰烈烈的事业。对于初就业的青年人来说,精力最旺盛,充满朝气,初生牛犊不怕虎,具有远大的职业理想和抱负,成功的心理要求强烈。随着工作时间的延长,他们逐步提高工作能力,积累工作经验,熟悉工作情境,对职业成功的信心不断增加,所以踌躇满志,决心做出一番事业,不枉此生。

(3)开始组建家庭,逐步提高调适家庭关系的能力,承担家庭责任。职业生涯初期,常常是雇员处于由单身向初组家庭或有第一个子女过渡的时期,这一时期的家庭问题相对较少、任务较轻。但由于雇员开始成家或有了第一个小孩,不可避免地要处理同配偶的关系,担当抚育子女的任务。但有时家庭和事业难免会发生冲突。家庭的责任使雇员自我意识逐渐削弱,家庭观念增强,逐步学会与配偶相处,开始具有了养家的动机和责任心。

在职业生涯早期阶段,个人尚是职业新手,一切还在学习、探索之中。而这一阶段的心智特征将对其职业生涯发展产生重要影响。

12.2.1.2 职业生涯早期阶段的主要问题

在职业生涯早期的个人组织化阶段,新雇员对组织尚不十分了解,与上司、同事群体之间尚不熟悉,处在相互适应期,由于未能觉察彼此的需要、适应组织的特点,可能会引起某些矛盾和问题。这一时期常见的问题主要有如下几方面。

1. 现实冲击

在一个人的职业生涯中,初次进入企业时的组织化阶段是雇员最需要企业将他们的职业生涯发展情况加以考虑的时期,正是在这一时期,雇员们被招募、雇用并第一次被分派工作和认识上司。对于新雇员来说,在这一时期,他必须建立一种自信的感觉,必须学会与第一个上司以及同事们相处;必须学会接受责任,然而最重要的还是对自己的才能、需要以及价值观是否与最初的职业目标相吻合进行审视和判断。实际上对于新雇员来说,这是一个现实测试时期,在这一时期中,他们最初的期望或目标第一次面对组织生活的现实,并且第一次与自己的能力和需要面对面碰在一起。因此,现实冲击和失望是常发生的事。

现实冲击(reality shock)是指由新雇员对其工作所怀有的期望与工作实际情况之间的差异所引起的新雇员的心理冲击。现实冲击是通常发生于一个人开始职业生涯的最初时期的一种阶段性结果,在这一时期,新雇员的较高工作期望所面对的却是枯燥无味和毫无挑战性的工作现实。对于许多第一次参加工作的人来说,这可能是一个比较痛苦的时期,因为他们天真的期望将第一次面对现实生活的冲击。比如,年轻的 MBA 们可能满怀希望去寻找第一份富有挑战性的、激动人心的工作,他们希望这种工作能为他们发挥自己在学校所学得的新技术、证明自己的能力以及获得提升提供大量的机会。然而,在现实社会中,他们常常会苦恼地发现,自己被委派到一种并不重要的低风险工作岗位上，在这里，"刚刚开始工作的时候就根本不会遇到任何麻烦"，然而却遇到更严酷的现实，马上陷入错综复杂的部门间冲突和政治斗争，或者是遇到一位使人感到沮丧的上司，这个上司可能既不值得你为之工作，而且其本人也从未受过任何关于如何成为新雇员的良师益友的技能方面的特殊培训，而这种技能在监督指导新雇员时恰恰是十分重要的①。

2. 新雇员难以得到第一任上司的信任和重用

新雇员刚刚进入组织，对组织的人员和环境都不了解，组织对其也缺乏深入的了解，因此，很难立即取信于自己的第一任上司。在这种情况下，上司往往会认为只有等到新雇员真正了解公司运作的真实情况之后，才可以让其承担重要工作的，因此最初交给新雇员的往往是过于容易或者很乏味的工作。当然，在新雇员进入组织后的最初数周内采取这种做法是完全可以理解的，但是，如果数月、一年甚至更长时间都持这样不信任的态度，就会大大压抑新雇员的工作积极性和才能的发挥，并将直接影响到其未来的职业生涯发展。

3. 组织成员往往会对新雇员心存偏见或嫉妒

由于年龄与时代的差别，代沟在新老雇员之间是不可避免的东西。因而组织中的老雇员常常会对新雇员抱有某种偏见或成见，认为新雇员幼稚单纯、好高骛远、书生意气、经验不足、自视清高等等，这种成见很可能有其合理的、符合事实的地方，但同时又具有很大的片面性。正是由于这种成见，使得上司或许多老雇员不能善待新雇员，他们常常制造些"让他老实些"，"叫他尝尝工作的滋味"等很不友好、刺伤人心的舆论，或者故意给新雇员的工作出些难题等，以此来迫使其就范。

另一种情况是，当有新雇员进入组织时，会引起他的上司和老雇员的某种不快。他们感觉新雇员是个威胁，因为新雇员常常比他们有更好的教育和较高的起薪，因此，他们不知不觉地总想表明新雇员没有什么了不起，于是便压给他一项十分艰难的任务，以证明新雇员并不称职等等。

上述问题的存在，有时会对组织和雇员的职业生涯发展造成严重的消极后果。因此，认识组织化的任务、学习组织化的方法，对处于职业生涯早期阶段的雇员具有重要意义。

12.2.1.3 组织化的任务与方法

1. 掌握职业技能，学会如何工作

承担职业任务，做好本职工作，是雇员的基本任务和重要责任。对于新雇员来说，第一步就是要掌握职业岗位技能、学会如何在组织中开展工作。在这一过程中，要注意如下三个方面的问题。

(1)弄清岗位职责，明确工作任务。新雇员在进入组织承担一定的职业工作时，要与组织建立一份完善的合约，以说明你的岗位和职责。如果没有书面的合约，则需

① Richard Bolles: What Color Is Your Parachute, Berkeley, CA: Ten Speed Press,1976, P86.

要向组织清楚地了解你所承担职业岗位的职能、责任、权利与义务。当接受每项具体工作时，要向组织问清楚：个人承担的是什么工作任务；任务的目标和要求；要求完成任务的时间等。这样可以避免出现新雇员常常因不知道该做什么而显得不知所措或工作不积极，也可避免因工作过于主动而显得越俎代庖。

(2)克服依赖性心理，学会自主地开展工作。新雇员进入组织并开始工作后，由于种种原因，总是希望能够得到上司或老雇员的指导或关照，不敢独自开展工作。依赖性强是新雇员常有的心理。有的新雇员还往往把在第一项工作中得不到指导看做上司不称职或者作为组织混乱和不友好的证据，从而充满抱怨、失望甚至委屈的情绪。其实，组织中每个人都有自己的工作，新雇员根本不要指望工作中处处事事得到上司或老雇员的关照与指导，应当学会自主地开展工作。当个人明确了其所承担的工作任务及要求之后，就应该主动做好工作进度计划，设计好完成工作任务的方法与手段等，并认真实践，这样才能有所收获、尽快成长。

(3)从小事做起，树立良好的职业工作形象。刚进入组织的新雇员的工作表现对其未来的发展影响极大，如果新雇员一开始就给人一个不好的印象，以后再想扭转就必须付出加倍的努力。有些刚毕业的大学生总认为自己有知识、有文化，只想干一番大事业，工作中一些零星的小事或体力活，认为不是自己的事，自己不应该干，从而给人以不踏实、不卖力的印象，从此失去发展机会。因此，要想获得职业的成功，从开始就给人留下良好印象，从小事着手，从小事做起。

2. 适应组织环境，学会与人相处

新雇员进入组织后要想尽快融入组织必然要经历一个适应组织环境的过程，这也是新雇员学会工作、做好工作、获得发展的必要条件。在适应组织环境的过程中，有三个方面的问题需要注意(吴国存，1999)。

(1)要接受组织现实的人际关系。任何一个已经存在的组织，都会有一定的人际关系和人际结构，甚至是存在诸多缺陷的复杂人际氛围。例如，有的人搞帮派、拉山头；有的人懒散、平庸、不思进取，却妨碍别人进步；有的人爱搬弄是非、制造事端等等。面对这种情况，新雇员应有正确的态度，那就是要正视客观现实，不要主动介入组织人际关系上的是是非非，而应很快学会将自己的分析能力和智慧用于完成组织的工作上，免得被那些不合逻辑、不合情理的人际纠葛浪费太多的时间和精力。

(2)要尊重上司，学会与上司融洽相处。一个刚刚结束了学校生活的新雇员，进入工作岗位后，要尽快完成由学生到雇员的角色转换。认清并接受有了直接管理自己的上司这一事实。同时，还必须肯于接受任何性格类型的上司。现实中，领导者的素质、能力、性格、人品差别很大：有的严厉苛刻，有的宽容大度；有的懦弱无能，有的精明强干；有的开朗随和，有的内秀拘谨。新雇员无论面对何种类型的上司，都要肯于接受，而不可表现出不满意、瞧不起、不在乎等情绪，而是要针对其性格特点，设法与其融洽相处。在处理与上司的关系时，还必须把握好依赖性和独立性之间的关系。作为刚刚进入组织的新雇员，一定要有虚心好学的态度，遇到困难或问题，多向上司学习和请教，这就是依赖性。但同时，还要有独立性，即积极热情、认真负责地开展工作，发挥自己的能动作用，主动解决工作中面临的问题，以展示出自己的实力和对上司工作的支持。

(3)寻找个人在组织中的位置，建立心理认同。新雇员进入组织后，恰当的心理定位对争取上司的认可和同事群体的接受具有重要作用。如果你被分配到一个工作团队，并明确承担本团队的任务，那么就必须学会使自己的需要和才干与该团队的要求相配合，学会与团队成员和睦相处、团结协作。但有些情况会使新雇员产生角色冲突。如新雇员被分派到一个参谋小组，负责分析研究企业各个生产线班组的情况，他便碰到了或者效忠于参谋部门，或者替正在完成项目的生产线班组讲好话的潜在冲突。这时候新雇员便处于一种两难境地，遇到了自己处在什么地位上的难题，此时的一个重要任务就是要译解地位系统，确立个人的成员资格和相应的认同意识，并据此确定自己的工作态度和方式。

3. 正确面对困难，学会如何进步

对于刚开始工作的新雇员来说，工作中经常遇到各种障碍或困难是正常的，也是难免的。对于新雇员来说，这时最重要的是要用正确的态度来对待工作中所产生的困难和障碍，并逐渐学会克服困难的技巧。首先，面对困难与障碍，千万不要心灰意冷，萎缩不前，而必须学会如何解决障碍和困难，因为这不仅表明你个人的能力、素质、进取精神，而且在很大程度上决定了你未来的职业发展道路。其次，要在困境中学会如何进步。职业生涯早期的个人组织化阶段，是组织与个人相互测试和相互考察的时期。组织希望通过对雇员进行一段时间的观察与了解，再尝试给特殊的人才安排特殊的职业通路。与此同时，个人从自己的角度出发也面临着同样的问题，即在决定到那里履行承诺以前，要看看组织为自己提供了什么样的选择和工种。所以，这一阶段，个人是什么样的才干、个性、动机和价值观以及由此会带来怎样的实绩并不清晰，进步标准也不明确。在双方相互考察过程中，个人学会如何进步并不断进步是非常重要的。而个人进步的关键则是为组织努力作贡献，出色工作，只有这样，个人才会有发展前途。在个人组织化阶段，新雇员往往会出现走两个极端的情况：一是只想表现自己，过于关心如何才能进步；二是不闻不问，安于现状，缺乏进取心。这两种情况都是应该避免的。这一阶段个人思想重心和行为重心应该是，如何在组织文化氛围中出色地工作，而不是过分地只想“晋升”。

12.2.2 组织与雇员的相互接纳

12.2.2.1 相互接纳的内涵

新雇员进入组织后，必然要经历一个个人组织化以及组织与雇员相互适应与接纳的过程。组织与雇员的相互接纳是新雇员在进入组织的职业生涯早期，经过个人组织化阶段之后，个人与组织间互相经过进一步的认识与了解，达到认同，雇员获得组织正式成员资格，希望贡献于组织，并在组织中获得发展的过程。

组织与雇员相互接纳包括以下几个方面的含义(吴国存，1999)。

(1)所谓相互接纳,是指组织与新雇员个人之间的相互关系。双方必须互相认同和接纳,只有单方的认同,并不是相互接纳。

(2)相互接纳使新雇员与组织之间的关系清晰化、明确化、确定化。组织确认了新雇员作为组织正式成员的资格,新雇员则获得了组织正式成员的身份。

(3)相互接纳是一种心理契约。新雇员与组织之间没有书面的接纳证明,只是在思想认识、情感上以及工作行为上互相承认、认同和接受。例如,新雇员以自己对组织价值观和组织纪律的服从以及努力工作和贡献,表示对组织的认可。而组织则以薪资报酬、挑战性工作、组织奖励与晋升等方式,表明对新雇员及其工作的承认。

(4)相互接纳可以用具体事物标明。尽管相互接纳是一种心理契约,但是仍有显著的标志。上述新雇员努力工作以及安心于组织,便是他向组织发出的认同信号。组织给新雇员增薪、晋升等,则象征组织对新雇员的接受。

(5)相互接纳是一个过程,因而是一个时间阶段。这一阶段无确定期限,期限的长短,受工作性质、部门类型、上司风格、组织文化、新雇员的实绩等诸多因素的影响。但是,一般是发生于受雇开始的几年。

12.2.2.2 相互接纳的标志

组织与新雇员相互接纳需要一定的时间和过程,在这一过程中雇员与组织是如何相互接纳的呢?相互间有哪些行为事件和信号可以表明相互接纳了对方呢?

1. 新雇员对组织的接纳

新雇员在组织中经过了一段时间的适应后,逐渐适应了组织生活,便会发出接纳组织的信号。这些信号包括以下内容。

(1)当新雇员决定留在组织中时,这是新雇员接纳组织和雇用条件的一个重要信号。因为在劳动力市场充分开放、新雇员具有有效竞争力的条件下,新雇员的流动率一般较高,如果组织环境不理想,新雇员会准备随时离开组织。而新雇员决定滞留暗示了其对组织和工作情境的真正接受。

(2)新雇员关注组织的发展,是其决定留于组织和接纳组织的又一明显信号。组织的发展与雇员的发展密切相关,具有团队意识和参与意识的新雇员不仅关心组织的发展,服从于组织,而且力求融入组织,注重发扬团队精神,具有积极参与组织团队各项事情的意识和要求,表明雇员个人在感情上接受了组织,而且接纳程度比较深。

(3)组织有时会向新雇员许诺在将来某一时间有富于挑战性的工作,增加工资或晋升,但目前需要接受枯燥的工作或低薪和低职业等级。如果雇员心甘情愿地接受不合意的工作、报酬或较低的职务等级,并认为这只是暂时情况,相信和期待组织的承诺一定可以兑现,这是新雇员接纳组织的又一信号。因为雇员愿意暂时承受这些压力,就表明他信任组织,对组织充满信心。

(4)新雇员发挥出高水平的内激励,是其接纳组织和工作情境的明显信号。高水平的内激励,主要表现为工作积极性、自觉性、创造性的充分发挥,具体体现为满腔热情地对待工作，具有高度责任心、事业心，愿意承担更多的工作任务，吃苦耐劳，积极参加创造性、挑战性的组织工作，等等。雇员的内激励水平以及工作积极性的高低与其对组织的归属感明显相关。内激励水平高是其归属感强烈的明显体现，也是雇员接纳组织的重要标志。

2. 组织对新雇员的接纳

相互接纳是组织与雇员双方的事情，但是，由于接纳的主动权多数掌握在组织手中，因而组织往往是相互接纳的主导方面。有时，新雇员可能对自己的工作感觉良好，希望能被组织接纳，然而，他并没有进入组织的决定权，同时也难以了解组织对自己的态度和是否决定接纳。但是，他可以通过组织的行为和具体事件，判明自己是否已被接纳。组织接纳新雇员的标志性事件主要有如下七种（吴国存，1999）。

（1）正面的实绩评定。在第一次正式或非正式的工作业绩评定中，组织对新雇员给予正面的肯定和表扬，是表明组织接纳的最常见的事情。但是，这种做法往往是虚名，并不确定。当上司说你“进步不小，表现不错”时，可能表明你仍处于试用、考察期，并未确定组织一定接纳你。尽管如此，这总还是一个准备接纳或有利于组织接纳的好信息。

（2）分享组织的“机密”。表明组织接纳一名新雇员最普通和有意义的办法是向新雇员提供特种信息。特种信息是有关组织内人和事的“内幕”、“真相”。分享组织的机密，大致有四方面的内容：①与工作有关的具体信息，如具体的技术、营销技能、生产方法等；②关于别人对新雇员的真实看法，或者关于新雇员与他人相比情况怎样、前途如何、预期出现晋升或进一步流动、工作调换时间等等议论；③有关事项怎样办才能成功的机密以及为办成事不得不遵循的非正式程序、要找的关键人物等等；④组织内关键事件的真相及其发生原因。上述这些信息显然只能由受到信任而不会利用它的人分享。当新雇员证明自己有工作能力，接受了组织核心价值观之时，他的上司或同事才有可能向其发布并共享特种信息，至此，他被组织接纳就显而易见了。

（3）流向组织内核。企业内各级组织都有一个核心，或称内核。这是组织重大事情的决策和执行指挥部门。对于有才干的、接受组织价值观的新雇员，组织很是信任，视其为骨干，向其直接通告组织意图，并听取他们的意见和建议。这种推动新雇员流向组织内核的过程，象征着组织在更大程度上接纳了雇员。

（4）获得晋升。这是显而易见的有形奖励，新雇员对此很重视，将之作为组织接纳的证据。晋升是一种垂直运动，意味着雇员职业生涯发展穿越了一种等级边界。需要指出，流向组织内核不同于晋升，没有发生职务等级向上的运动，只是反映新雇员同组织（核心人物或组织代表）关系的密切以及自己在组织中的地位和作用有所提高。当然，流向组织核心也不同于穿越一种职能边界、进行横向运动的职能变换。在现实生活中，流向组织内核、晋升和职能变换，有可能同时发生在一个人身上，但是，更多的情况则是只有流向组织核心的运动，而未必获得晋升或经过一次横向变动。

(5)增加薪资。若是常规的、大家都有的提薪,并不意味组织真的已经接纳了你,很可能是你恰好赶上增薪。在这种情况下,如果给你的增薪幅度比较大,表明组织有接纳你的意思。若是非例行的超常规增薪,增幅也较大,很可以说明组织充分肯定了你的工作实绩,并接纳了你。

(6)分配新工作。象征组织接纳的最重要的事件是,新雇员由暂时的、练练手的初次工作分配,转向第二次分配。当然,第二次分配的工作决不是初次分配的简单工作类型的重复,而是富有挑战性的工作,或者直接关系组织发展的重要工作。

(7)举行仪式活动。许多组织接纳新雇员以一种礼仪活动作为象征,例如,迎新仪式、宴会、茶话会等等。或者给新雇员授予某种具体的特权或符号,例如制服、会员资格、信用卡、私人办公室、停车泊位等等,表明组织正式予以接纳。举行仪式活动很有意义,它可以改善和密切新雇员与组织中其他成员的关系;新雇员也以此为标志,为成为组织的正式成员而自豪。

12.3 职业生涯中期危机与中期阶段管理

个人职业生涯在经过了职业生涯早期阶段,完成了雇员与组织的相互接纳后,必然步入职业生涯中期阶段。职业生涯的中期的开始,有两种表现形态:一是获得晋升进入更高一层的管理或技术职位;二是薪资福利增加,在选定的职业岗位上成为稳定的贡献者。职业生涯中期阶段是一个时间周期长(年龄跨度一般是从 25 岁至 50 岁,长达 20 多年)、富于变化,既有可能获得职业生涯成功(甚至达到顶峰)、又有可能出现职业生涯危机的一个很宽阔的职业生涯阶段。职业生涯中期作为人生最漫长、最重要的时期,其特殊的生理、心理和家庭特征也使其职业生涯发展面临着特定的问题与管理任务。

12.3.1 个人与职业生涯特征

职业生涯中期是个体总生命周期中最重要的阶段,也是个人职业生涯周期中最重要的时期。在这一时期,个人生命周期和个人心理特质都会发生明显变化,并呈现出明显的阶段性特征。

12.3.1.1 个人总体生命空间特征

人到了职业生涯的中期阶段,其总的生命空间发生新的变化,并显示出这一阶段特点。

1. 职业生涯中期处于三个生命周期的完全重叠时期

如果从 25 岁算起,至 50 岁为职业生涯中期,那么三者重叠的时间长达 20 多年。而在职业生涯的其他阶段,三者重叠的时间则相对较短。

2. 生命运行任务最为繁重

职业中期,三个生命周期的任务均是一生之中最繁重的时期。

(1)职业生涯中期时的生物社会周期运行任务繁重:面对工作世界的客观现实、

婚姻家庭状态及自己所负的财务、教育子女和其他方面的责任，需要重新审视、评估自己；重新确立目标，进行自我发展的（主要是职业）重新选择；管理家庭和职业要求之间的潜在冲突。

（2）家庭生命周期在这一阶段也发生显著变化，并产生相应的问题和任务。职业生涯中期阶段由单身变为有家庭和子女，且子女逐渐长大成人，上还有年迈的父母，此种情况下，家庭关系复杂、任务重：既要学会担当家庭责任，处理好同配偶、子女的关系；又要抚养、教育子女；还要为子女自立门户及随之而来的生活方式和角色变化作好准备；及时调整及建立与配偶的新关系；同时还要担当赡养父母的经济上和感情上的责任。

（3）职业中期阶段个人职业生涯运行和发展任务重。在职业生涯中期阶段，职业发展呈现复杂化和多元化的特征，既要想方设法在自己的专业领域保持领先地位，以自己的经验和广泛知识获取更高报酬和地位，又要面对职业生涯中期的危机，职业发展任务繁重。

3. 不同生命周期间的相互作用性最强

人的三个生命周期间存在着相互作用和影响，既有相互促进、互相推动的正向作用，又有相互制约、矛盾冲突的负向作用。在人生的职业中期阶段，三个生命周期运行过程中的互相推动和促进的作用也是很大。一般来讲，这一时期正是个人职业发展向上走并逐步达到顶峰的时期，同时也是家庭关系复杂、家庭任务和负担最沉重的时期，因此，三个生命周期间的矛盾冲突也最多。日常最易发生的是三个生命周期在时间分割上的矛盾。时间是一定的，投入自我发展和职业工作时间越多，相对地给予家庭的时间（用于关心照顾配偶，抚育子女，增进亲情等）必然少，甚至是为了工作和组织，不得不牺牲个人和家庭的利益。如果这种情况发生多了，牺牲家庭利益超过一定限度，家庭生命周期运行就会制约和阻碍个人生物社会周期及职业生涯周期的运行。

12.3.1.2 个人的心理特质

职业生涯中期由于客观的职业工作环境和家庭环境的变化，因此，个人心态也发生了不同于职业生涯早期的一系列变化。

1. 职业认同感受到冲击，青春期的心理冲突复活

进入职业生涯中期，特别是人到中年后，开始面临个人梦想和实际成就之间的不一致，青春期曾发生的选择职业和生活道路时的矛盾与冲突的情感，会复萌和再现。子女长大成人，子女的职业认同或角色定位尚不明朗，此情此景会引起自己对昔日的职业选择产生怀疑、不满和焦虑。此外，父母同子女间存在代沟，年轻的子女常常向父母亲的价值观、成就提出挑战，问及父母为何如此卖力地工作？工作再多再好又如何？谁认同你的工作成就？等等，这就会进一步影响和加重了他们对自己职业生涯的焦虑和怀疑。

这些感情和心理的变化会给中年人的职业发展带来一定影响：一部分人会看轻

工作和工作要求、组织的准则和政策,并依据个人的价值观和心愿,对其进行重新评估;然后以重新评估中产生出的新抱负、新成功标准,审视自己现在的工作,如果个人的认同要素和需要从未得到满足,他会毅然去寻找新的职业或某种业余爱好。

2. 家庭结构和内部关系改变

人到中年,孩子长大成人并逐个离开家庭,家庭角色结构出现如下明显的变化:①充当照顾和抚育子女任务的父母角色的消失;②"空巢"家庭下的夫妻二人,需要重新分配感情,重新学会处理彼此的关系;③饮食、娱乐、休闲等方面的全部日常活动安排都会有所改变;④子女的抚养和教育费用的停止,使家庭经济负担大幅度减轻,有财力可以自由地运用于其他活动,如旅游,或者重新评估职业目标,财力抱负可以降低。

进入中年期的雇员,还要注意处理同父母的关系。这时候,对父母长期压制的感情会再现出来,并想方设法满足父母的要求、解决父母的困难,如受到配偶的限制、干涉而无法满足父母的要求时会感到内疚、怜悯及怨恨,并易激起家庭关系和感情心理上的混乱。

3. 承认时间有限和生命有限的事实,从而产生心理变化

在职业生涯早期和职业生涯中期的初始阶段,人们往往尚未从感情上意识时间和生命的有限,总以为有充裕的时间来实现自己的抱负,做自己想做的事情。当步入中年遇到了朋友、同事、父母或者配偶甚至子女去世时,个人才从感情上真正认识到了死亡的可能性和生命的有限性,并会反思自己的过去,重估自己的抱负和建树,思考在自己的职业和一生中是否完成了预计要做的事情,还有多少时间可以做这些未竟之业。当意识到个人学习和能力正下降,感到力不从心,已没有精力、时间和机会去完成各种梦寐以求之事时,常常会出现抑郁、忧虑的心态,产生心理负担。

4. 意识到职业机会有限而产生焦虑

人到中年会逐渐意识到职业机会随年龄增长越来越受到限制,个人更加难以作出职业选择,由此产生焦虑不安的心情。一般有两种情况:一种情况发生在正在走向成功的道路上的人身上,如,正在向公司的某一高层位置攀升的人;或其专业技术水平已达到一定地位,欲达更高层次时,由于金字塔式职位结构的存在,越向上,路越窄,职位越来越少;同时由于年龄较大的人与年轻人相比竞争力越来越差,深感自己进一步发展的路可能被堵塞,不免产生焦急与忧虑。另一种情况发生在平日工作平稳但出于某种变化想调换职业工作的人身上,由于自身年龄较大,适合的职业岗位和机会越来越少,以至无法找到新的职业岗位实现职业转换愿望,而引起烦恼和焦虑。

12.3.1.3 个人能力和职业生涯特征

在职业生涯中期,每个人的职业发展情况和能力状况千差万别,各不相同,但也存在着一些共同特征,主要表现如下。

1. 职业能力稳步提高,并逐渐成熟

在职业生涯中期阶段,雇员的职业能力不断得到提高,各方面都逐渐趋于成熟。

首先,人到中年,已经有了相当的生活阅历,具有了处理人际交往和各种事情的技能经验;其次,四十而不惑,价值观成熟,世界观成型,绝大多数人的事业心、责任心增强,逐步形成了沉稳、踏实和一丝不苟的工作作风;第三,有较为稳定的长期贡献区,职业技能娴熟,积累了相当丰富的职业工作经验。

2. 创造力旺盛,工作业绩突出

在职业生涯中期,雇员一般都是作为组织的骨干和中流砥柱在发挥作用。此时,个人也具有创造一番辉煌业绩的潜在实力。这种潜力一方面源于工作能力的增强和经验的积累,另一方面,源于自身长期潜伏的个性和能力及由此激发的创造冲动或未曾施展过的才干。因而,职业生涯中期,正是个人创造力最强、工作卓有成效、不断创造辉煌业绩的时期。

3. 职业发展轨迹呈现倒"U"形变化

职业生涯中期是一个长达20多年的时间段,在其初始阶段,职业发展轨迹呈现由低到高逐步上升的趋势,职业顶峰多出现在职业生涯中期的中间段,跨过辉煌的职业高峰后,职业轨迹就会呈现下降的趋势,整个过程呈现为一条倒"U"形曲线。当然,由于个人的情况不同,其职业生涯轨迹的倒"U"形曲线的形状也各有差别。事业成功、大有作为的人,其曲线峰高,峰顶平而长;事业有过辉煌但昙花一现的人,其曲线形如山峰,峰高顶尖;事业发展平平的人,曲线低而平缓,无明显的突起。

12.3.2 职业生涯中期危机

职业生涯中期阶段,正值复杂人生的关键时期,由于个人三个生命周期的交叉运行,面临诸多问题和生命周期运行的变化,以及个人特质的急剧变化,导致某些雇员职业问题的存在,形成所谓的"职业生涯中期危机"。这些危机主要表现在三个大的方面(吴国存,1999)。

12.3.2.1 缺乏明确的组织认同和个人职业认同

一个人工作了十余年后,却发现还没找到自己的职业锚,尚没有明确的专长和贡献区,工作绩效平平。这种情况常发生在一些流水线上的工人、一般职员甚至某些中层经理身上。他们往往陷入既没有清晰可认同的工作、不被雇用组织所赏识,也没有显赫地位、处在不为人所知的默默无闻的境地,不仅难以向家人或朋友讲述自己的职业工作,而且在一个基本的水平上,很难认同自己的贡献区是什么,自己的突出成绩和作为是什么。

如果一个人在其职业范围内出现了这种问题,处于这种情境,往往会出现这样两种结果:一是放弃工作参与,转向更多地关注工作之外的自我发展和自己的家庭;二是对工作本身失去"反应",其积极性、兴奋点、注意力已不在工作上,而是放在了组织的福利奖酬上,例如对报酬、津贴、安全、工作条件等问题的计较等。

12.3.2.2 现实与职业理想不一致

许多人在职业中期陷入一种自我矛盾之中,因为其现实职业发展同其早期的职业目标、职业理想不相一致,一般有三种情况出现:①虽然从事自己理想的职业,然而并未取得所期望的成就;②自己的职业锚完全不同于最初的设想,现实的职业比最初设想的低,或者与早期的职业设想、抱负相比,更需要职业以外的其他东西;③实际获得的职业成就(如职位)比预期的高。中期危机主要是指前两种情况。如果发生第一种情况时,雇员往往产生失望、郁闷的情绪,感到心灰意冷,丧失信心和工作热情。如果发生第二种情况,雇员会感到无奈、被迫认可,决定平平庸庸走完自己的职业生命周期;或者重估预期,揭示自己在早期职业生涯阶段对职业、家庭和自我发展之间所作的交易,重新设计自己职业与生活。当他全力以赴地工作,不想在家庭和个性发展方面费时过多时,他会根据内在和外在因素的约束,重新设计职业方向或改变自己的抱负,中年期就可能成为个人发展的高成长阶段。或许他决定更少地参与工作,而更多地适应家庭,对待职业工作便多是平平淡淡予以应付了。

值得注意的是,现实与理想的矛盾结果常常会因雇员职业锚的不同而有所差异。管理型和安全型职业锚的雇员,其成功主要依赖于组织,取决于组织的奖酬和予以的机会,他们一般不会轻易减少工作参与或者重新设计职业方向和抱负,他们多数被锁住,即锁进了一种不能放弃的成功模式。创造型和自主型锚的人,遇到个人理想与现实的矛盾时,一般会重新定义自己的职业目标,容易转移到其他新的职业追求,受外部约束会少些。技术型职业锚的雇员,面对职业中期发生的问题,适应性较强,能够进行多样性选择。他可以继续在组织中干下去,也可以从事咨询、教育等其他工作。

12.3.2.3 职业工作发生急剧转折或下滑

在职业生涯中期,特别是人到中年以后,每个人都不可避免地要承担沉重的生命周期运行的繁重任务,发生中年期的各种矛盾和心理变化;不少人还面临工作不顺心、无成就感、现实与理想矛盾的情境。如果不能正确地对待和处理这些复杂的情况与变化,必然会发生职业工作的急剧转折与滑坡。常有的情况是:①由于工作对他们来讲不再富有挑战性,也就不能再使他们感到兴奋,而感到落入组织或职业陷阱。②对工作不再有进取心,平淡应付,得过且过,没有生气和活力,消沉抑郁。③如果经济收入不减少,其他条件允许的话,会突然地、戏剧性地转换职业。④发生“战略”转移,由原来以事业和工作为重心,转向以家庭和个性发展为重心,能量指向个人业余爱好、兴趣、社交关系,甚至冒险方面。

12.3.2.4 表现出明显的职业枯竭症状

职业枯竭一般呈现出如下六种症状(许燕,2005)。

(1)生理耗竭。主要表现为感到持续性的精力不充沛、极度疲劳和虚弱,对疾病的抵抗力下降,然后出现一些身心症状,比如说头疼、腰酸背疼、肠胃不适、失眠,饮食习惯改变等等,严重的会导致精神疾患。

(2)才智枯竭。它主要表现在,感觉到一种空虚感,有一种被掏空的感觉,会觉得自己的知识已经没有办法去满足工作的需要了,思维效率下降,注意力不集中,不能够很好地去适应当代的知识更新。

(3)情绪衰竭。它是职业枯竭非常显著的一个特征,主要表现在工作热情消失了，尔后表现出许多情绪上的特点，比如烦躁、易发脾气、易迁怒于人，对人冷漠无情、麻木不仁、没有爱心，甚至沮丧、抑郁、无助、无望，直至消沉。

(4)价值衰落。主要表现是，个人的成就感下降，同时自我效能感、自我评价也在降低，觉得自己没有能力去做好工作。对自己所从事工作的意义和评价也在下降，觉得工作没有意思，工作变得非常机械化，然后出现一系列工作的问题。这样一种挫败感会使职业人减少心理上的投入，不再去付出努力了，会出现消极怠工，甚至出现离职或者转行的倾向。

(5)“去人性化”。主要表现是很消极的、否定的一种态度，即以冷漠的态度去对待自己周围的人，甚至是对待自己非常亲近的人，包括家人或者一些好朋友。这些人表现出多疑、猜忌，同时对别人充满了一种批判性，从而影响了正常的人际关系。

(6)攻击行为。攻击行为一般有两个方向。一是对别人的攻击行为会增多，比如说人际摩擦增多，会在极端的情况下出现打骂无辜人的情况。比如，有的人在公司里面受了老板的气，回家可能就会拿老婆孩子“撒气”，去找“替罪羊”。另外一种，他的攻击并不是指向外人，而是指向自身，出现自残行为，甚至在极端的枯竭情况下出现自杀。

12.3.3 开发任务与职业角色

雇员的职业生涯中期，各种问题和矛盾集中，如若处置不当，雇员职业生涯发展会发生大的转折，乃至出现急剧下滑，对组织进步和雇员全面发展都十分不利。这一时期，个人要克服职业生涯中期所发生的职业问题，应付人到中年时面临的生命周期的变化，需要担负起该阶段个人职业生涯的特定管理与开发任务，承担新的职业角色。

12.3.3.1 保持积极进取的精神和乐观的心态

人到中年，面对诸多问题和生命周期运行的变化，这又成为人生的一个关键时刻和转折点。对于有信心和把握获得晋升和发展的人来讲，他们劲头十足，有充分的潜力进步，将来或进入高层领导职位，或成为职业中的稳定贡献者，增薪加资。但是，相当数量的中年期雇员，由于面临职业生涯中期危及各种家庭问题，减弱以至丧失了原有的工作热情、积极性和进取心，只求平平稳稳安度后期职业生涯，不想也不肯对工作投入太多、参与太多。少数人因为职业发展遇到的困难和问题较多，以至于失望、沉沦，滑向下坡路。后两种情况的出现对个人、家庭和组织都十分不利。诚然，职业生涯中期的诸多问题，会给个人造成巨大压力，但同时也提供了发展的新机遇。如果能够正确地控制自己的感情，正视客观现实，保持积极进取和乐观的心态，积极寻找解决矛盾和问题的新方案，那么，中期职业危机就可能成为新的机会，从头再来，还可以实现职业发展的新跨越。保持积极进取的精神和乐观的心态是职业生涯中期应完成的重要任务。

12.3.3.2 面临新的职业与职业角色选择决策

在职业生涯中期，每个人都经历了较长时间的职业工作，也面临着新的职业角色选择,这时个人必须查找自身的生活目标和价值观,以便取得一种更稳定的整合和生活结构,摆脱以往的角色模式或压力,选择新的角色:①继续留在原来的职业锚位上,使自己的知识和技术更加精深和熟练,成为骨干或专家;②通过一定的方式使自身的技能通用化,更多地充当项目带头人和良师角色;③离开原职业工作,寻求新的适宜的职业角色;④进入行政管理领域,成为主管,从根本上改变职业角色。每个人都需要在某个时点上作出选择和决定。这一决策受到内外两方面因素的影响。从内部因素来看,主要受个人职业锚约束和指导,所积累的经验和智慧会强化其潜在的贡献,影响其角色选择。从外部因素来看,主要是组织对个人才干和个人经验的价值的判别。当组织觉察不到或识别不清楚一个人具有成为技术专家或业务主管所需要的才能时,会限制其发展机会,他只能选择其他职业角色。

12.3.3.3 成为一名良师,担负起言传身教的责任

随着个人职业生涯的发展、职业锚的稳固,自己在工作和发展中的经验日益丰富,而这些对于正处在成长中的年轻雇员来说,则是十分宝贵的。因此,处于职业生涯中期的雇员,不论其是否具有一种正式的主管角色,都不可避免地要肩负起言传身教的良师责任,给年轻人以监督、教诲和支持。老雇员的言传身教角色有:①老师、辅导员或教练;②正面的榜样角色;③充当伯乐,作为人才的发现者;④指路人或开门者,给予年轻人承担挑战性和出成果的任务的机会;⑤保护人;⑥成功的带头人,在自己成功的同时,保证自己的支持者和年轻人一起受益,提携年轻人。

在现实中,有些处在职业生涯中期的雇员往往并未意识到自己应担负的良师益友的责任,不愿意对新雇员言传身教;或者不负责任地进行言传身教。例如:有的老雇员对年轻人有敌视或偏见,不愿意接触或故意压制年轻人;有的则仅向年轻人讲述组织的各种阴暗面,提供讹传或错误的指导;有的则利用言传身教的关系拉自己的帮派势力,或扮演附和者的角色,企图依赖年轻人。这些做法都有悖于良师的角色和责任。所以,处于职业生涯中期阶段的雇员,应当主动、自觉地承担好良师的责任和角色。

12.3.3.4 维护职业工作、家庭生活和自我发展三者间的均衡

在职业生涯中期,每个人都面临着来自工作、家庭和个人发展三个生命周期的问题及其相互影响、互相制约的矛盾,因此,解决职业生涯中期的问题,正确处理三个生命周期运作之间的关系,求得三者的适当均衡,是处于这一阶段的雇员必须完成的重要任务。

要完成这一任务,可以从两个方面入手:一是自我重估。包括重估自己的职业锚和贡献区,现实地看待自己的职业才干、表现和业绩,重新思考自己的成功标准和目标定位等等;二是对今后的人生进行重新定位,决策职业工作、家庭生活和自我发展三者的运作模式。以自我重估和再认识的结果为基础和前提,对今后如何参与工作,如何适应家庭生活,如何取向自我的活动作出决策。虽然,这种决策不一定是永久性的,然而它将代表对未来的一种主要承诺。

由于三个生命周期运行本身就存在着矛盾,因此作出决策、作好决策是十分困难的,往往会出现顾此失彼、捉襟见肘的情形。例如,如果决定在今后工作中全力以赴,力求取得更高层的领导职位,这就意味着给予家庭的时间和精力减少,家庭要付出更多的牺牲,但同时,也会因“高官厚禄”,给家庭带来物质利益和精神上的满足。相反,接受一种低水平的抱负,虽然会有更多精力和时间赋予家庭,但却意味着收入上的牺牲,随之,可能改变家庭生活方式,给家庭带来新的问题。第三种情况是,个人从原有的职业事务和家庭事务中解脱出来,沉湎于个人业余爱好,从事纯粹的个人活动,使个人发展虽获满足,但却是以职业工作和家庭生活的牺牲为代价的。

因此,在职业生涯中期进行职业生涯发展决策时,要懂得“鱼和熊掌不可兼得”的道理,根据自我重估和再认识后的需求,综合考虑各方面的因素,妥善处理工作、家庭和自我发展三者的关系,求得三个区间的适当均衡。

12.4 退休计划与职业生涯后期阶段管理

12.4.1 个人与职业生涯特征

从年龄上看,职业生涯后期阶段的雇员一般处在50岁至退休年龄之间。由于职业性质及个体特征的不同,个人职业生涯后期阶段开始与结束的时间也会有明显的差别。这一阶段,个人职业工作、生活和心理状态都发生了与以前不同的变化并呈现出某些明显的特征。

12.4.1.1 个人与心理特征

个人与心理特征概括为以下内容。

(1)雇员的家庭境况发生很大变化。雇员家庭出现空巢,夫妻相依为命,产生了对家庭的依赖感,温馨的家庭天伦之乐成为职业生涯后期阶段雇员的一大需求。

(2)自我意识上升,怀旧、念友心重。突出表现在三个方面:一是追求自我发展,觉得干了一辈子,现在应该是从事个人活动、实现个人兴趣爱好的时候了;二是从感情上意识到健康的重要性,自我保健意识极大增强,重心转移至自我生命及健康;三是人已近老年,怀旧念友之情油然而生,渴望与过去的社会关系交往,回到过去的岁月,以满足精神上的要求。

(3)进取心显著下降,开始安于现状,淡泊人生。随着年龄的增长,个人的体力、精力、生理机能的开始退化,学习能力下降,职业工作能力也明显衰退;深感力不从心,取胜心也逐渐削弱乃至泯灭。“五十而知天命”,人到了职业生涯后期阶段,已走完了人生的大半,酸甜苦辣、美丑善恶均已经历过,凡事看透,不再有奢望和追求,而是平静自若地面对人生,安于现状,淡泊坦然。

12.4.1.2 个人职业特征

处在职业生涯后期的雇员,由于其职业能力与身心条件的变化,其职业也呈现出完全不同于早、中期职业生涯阶段的特征,具体阐述如下。

(1)进取心、竞争力和职业能力明显下降。知识经济时代,科学技术迅猛发展,知识老化和技术更新的速度非常惊人。处在职业后期的雇员,由于其体能和精力不可避免地衰退,学习能力及整体职业能力呈下降趋势,其知识、技能明显老化和磨损,且已无力更新与恢复,职业工作能力和竞争能力逐渐减弱以至丧失。

(2)权力、责任和中心地位下降,角色发生明显变化。在职业中期,正值雇员年富力强、职业发展至顶峰的时期。有的雇员攀升至中、高层领导岗位,拥有相当权力,负有重要责任;就是一般雇员,也多是职业工作中的骨干,娴熟的技能和丰富的经验,使他们处于良师角色和工作中心的位置。但是,到达职业生涯后期,这一个个夺目的光环会渐渐消失。领导职务往往逐渐被年轻人所取代,权力与责任随之削弱,核心骨干、中心地位和作用逐步丧失。

(3)优势尚存,仍可发挥余热,尽职贡献。尽管进入职业生涯后期阶段的雇员在体能、智能方面已明显下降,在职业工作中愈益处于次要地位,但是,他们仍然有其优势存在。一些年老的雇员熟知企业及其发展过程,已深深融入企业文化之中,对企业颇有感情;在长年的职业工作中,练就了娴熟的技能,积累了丰富的生产、业务实践知识;他们有丰富的人生阅历,见识广,具有处理工作中各种复杂的人与事、人与人之间矛盾的能力和经验。因此,进入职业生涯后期的雇员,完全有条件凭借自身的经验、技能和智慧优势,担当良师的角色,继续在职业工作中发挥自己独有作用。

12.4.2 角色转变与心理调适

根据职业生涯后期阶段的个人身心特征及职业工作的变化情况,处在这一阶段的雇员要完成职业工作,仍面临着其特定的角色转变与心理调适等管理任务。

12.4.2.1 学会接受和发展新角色

处在职业生涯后期阶段的雇员,要勇敢地面对和欣然接受生理机能衰退及其所导致的竞争力、进取心下降的客观现实,另辟新径,寻求适合于自己的新职业角色,以发挥个人的专长与优势。在现实工作中,当师傅,带徒弟,培育新雇员;充任教练,对雇员进行技能培训;充当参谋、顾问等角色,或出谋划策,提供咨询;从事力所能及的事务性工作等等,均不失为适宜于职业生涯后期阶段的良好角色。

12.4.2.2 学会和接受权力、责任和中心地位的下降

首先,要从思想上认识和接受"长江后浪推前浪"的必然规律,心悦诚服地认可个人职业工作权力、责任的减小以及中心地位的下降,以求得心理上的平衡。

其次,将思想重心和生活重心逐渐从工作转移到个人活动和家庭生活方面,善于在业余爱好、家庭、社交、社区活动和非全日工作等方面,寻找新的满足源。例如,通过参加钓鱼、养花、收藏、旅游、老同学老朋友相聚畅谈以及参加社会治安和交通治理等活动,或者从事新职业等等,来充实自己的生活,满足自己的需求。

12.4.2.3 学会如何应付"空巢"问题

在职业生涯后期,"空巢"的出现是家庭生活的一大变化,也是人生的一大转折。应付好这一变动,对于雇员职业生涯后期的工作和个人发展都很重要。首先,雇员思

想重心应向家庭倾斜,多给配偶些时间,通过多种方式方法密切同配偶的关系。第二,随着生活重心有所转移,个人时间增多,可以有条件发展个人业余爱好和兴趣,满足以前难以实现的个人需求,也可以充实和丰富个人的"空巢"家庭生活。第三,注重社会人际交往,增进亲情和友情。第四,积极参加社会活动,寻找适宜的新职业。

12.4.2.4 回顾自己的整个职业生涯,着手退休准备

在职业生涯结束之时,雇员应当很好地回忆自己所走过的职业生涯道路。一方面可以总结和评价自己的职业生命周期,为自己的职业人生画上完满的句号;另一方面,通过总结自己职业生涯成功的经验和失败的教训,以现身说法对新雇员进行培训教育也是极好的案例。还要做好退休的准备工作,主要是要做好个人的退休计划。

12.4.3 做好个人退休计划

在职业生涯后期,组织会有针对性地开展退休计划,个人也应结合组织的退休计划,做好个人的退休计划,安排好晚年生活。个人退休计划的内容主要包括:①作好退休的充分思想准备;②培养个人兴趣,策划退休后的生活。

12.4.3.1 作好退休的思想准备,坦然面对退休

长江后浪推前浪是自然规律,雇员到了职业生涯后期,年老体衰,甚至丧失了劳动能力,结束职业生活是不可避免的。雇员应认识并心悦诚服地接受这一客观现实。雇员可以通过参加退休咨询、退休座谈会、退休研讨会等,讨论应如何认识和对待退休,交流退休后的打算以及如何过好退休生活的经验等,从而使即将退休的雇员个人有充分的思想准备,以减轻退休后所产生的迷茫和失落感。

12.4.3.2 培养个人兴趣,策划退休后的生活

1. 制订具体的个人退休计划,安排丰富多彩的退休生活

雇员退休后可进入老年大学,发展多种兴趣爱好,或参加社会公益活动和老年群体的集体活动等;也可通过参加社区服务活动来满足特殊情感需要和社会需要。通过这些活动,达到广交朋友、增进身心健康的目的。

2. 积极参加组织开展的各项活动,为组织献余热

退休雇员可通过经常参加组织召开的退休雇员座谈会、联谊会等多种形式,增进与企业的互动,对企业的发展提出意见和建议,进行多方面信息交流,以此来活跃退休生活,发挥个人余热。

3. 采取兼职、顾问等方式继续工作

如果退休雇员个人身体情况和家庭条件允许,尚可继续参加工作,通过兼职、顾问或其他某种方式发挥余热。这既是当前众多退休人员的需要,也是社会老年人力资源开发的一个重要趋势,对个人及社会的发展都具有重要意义。

测试

职业的自我评估

阅读下面的问题①,并将选择的答案a、b或c记在纸上。

1. 你工作时看表吗?

a. 不断地看。

b. 不忙的时候看。

c. 不看。

2. 到了星期一早晨,你觉得自己愿意回到工作中去吗?

a. 不愿意。

b. 一开始工作时觉得很勉强,但过了一会就置身于日常工作中了。

c. 非常愿意。

3. 到了一天工作快要结束时你感觉如何?

a. 疲惫不堪,全身不舒服。

b. 为能维持生活而感到高兴。

c. 有时感到累,但通常很满足。

4. 你对自己的工作感到忧虑吗?

a. 偶尔。

b. 从来没有。

c. 经常。

5. 你认为你的工作:

a. 对你来说是大材小用。

b. 使你很难胜任。

c. 使你做了你从来没想到你能做的事情。

6. 你属于哪钟情况?

a. 我不讨厌自己的工作。

b. 我通常对自己的工作感兴趣,但有一些困难。

c. 我工作时总觉得心烦。

7. 你用多少工作时间打电话或做些与工作无关的事?

a. 很少一点。

b. 一些,特别是在个人生活遇到麻烦时。

c. 很多。

---

① 罗伊:《人才设计室》,171~178页,北京,新华出版社,1998。

8. 你想换个职业吗？
a. 不太想。
b. 不是换职业，而是在本行找个好的位置。
c. 想换个职业。
9. 你觉得：
a. 自己总是很有能力。
b. 自己有时很有才能。
c. 自己总是没有能力。
10. 你认为你：
a. 喜欢并尊敬你的同事。
b. 不喜欢你的同事。
c. 比你的同事差得多。
11. 哪钟情况同你最相符？
a. 我不想就我的工作再学什么了。
b. 我一开始工作时，很喜欢学习。
c. 我愿就自己的工作尽力多学点东西。
12. 指出你认为你具有的特点：

a. 同情心	f. 好体力
b. 思维敏捷	g. 好创新
c. 镇定	h. 有专长
d. 记忆力好	i. 有魅力
e. 专心	j. 幽默

13. 指出你认为你现在的工作所需要的特点：

a. 同情心	f. 好体力
b. 思维敏捷	g. 好创新
c. 镇定	h. 有专长
d. 记忆力好	i. 有魅力
e. 专心	j. 幽默

14. 你最赞成哪种说法？
a. 工作就是赚钱谋生。
b. 工作主要是为了赚钱，但如果可能，应当有令人满意的工作。
c. 工作就是生活。
15. 你工作加班加点吗？
a. 如果付加班费，就加班。
b. 从不。
c. 经常超时工作，即使没有加班费也一样。

16. 你过去除了假日或病假外还缺过勤吗?
a. 一次也没有。
b. 仅仅几天。
c. 经常。
17. 你认为自己:
a. 工作劲头十足。
b. 工作没劲头。
c. 工作劲头居 a、b 之间。
18. 你认为你的同事们:
a. 喜欢你。
b. 不喜欢你。
c. 并非不喜欢,只是不特别友好。
19. 你:
a. 只跟同事们谈工作上的事。
b. 同家里人或朋友谈工作上的事。
c. 如果能避免的话,就不谈工作上的事。
20. 你患小病或解释不清的病吗?
a. 难得。
b. 不太经常。
c. 经常。
21. 对于目前的工作,你原来是怎样选择的?
a. 你的父母或老师帮你决定的。
b. 是你唯一能找到的。
c. 你当时就觉得很合适。
22. 在家庭与工作发生矛盾时(如家里有人患病)哪一方获胜?
a. 每次都是家庭一方。
b. 每次都是工作一方。
c. 如果家里真有紧急情况则是家庭一方,反之大概是工作一方。
23. 如果少付你三分之一的工资,你还愿意干这项工作吗?
a. 愿意。
b. 本来愿意,但负担不了家庭生活,只好做罢。
c. 不愿意。
24. 如果你被列为多余的工作人员得离开工作,你最想什么?
a. 钱。
b. 工作本身。
c. 你的公司。

25. 你会为了消遣一下请一天事假吗?
a. 会的。
b. 不会。
c. 如果工作不太忙,有可能。
26. 你觉得自己在工作中不受赏识吗?
a. 偶尔这样想。
b. 经常这样想。
c. 很少这样想。
27. 关于你的职业,你最不喜欢哪一点?
a. 时间总不是自己的。
b. 乏味。
c. 总是不能按自己的方法做事。
28. 你把个人生活与工作分开吗?
a. 严格地分开。
b. 时常分开,但也有一些分不开的地方。
c. 完全没有。
29. 你建议自己的一个孩子做你这种工作吗?
a. 是的,如果他有能力并且合适的话。
b. 不会的,而且警告他不要这样做。
c. 不劝他做,也不阻拦他。
30. 如果你赚了或继承了一大笔钱,你会:
a. 辞职,后半辈子不干工作。
b. 找一个你一直想要做的工作。
c. 继续做你现在的工作。
评分标准:
1. a:1　b:3　c:5
2. a:5　b:1　c:3
3. a:3　b:1　c:5
4. a:5　b:3　c:1
5. a:1　b:3　c:5
6. a:5　b:3　c:1
7. a:5　b:3　c:1
8. a:5　b:3　c:1
9. a:5　b:3　c:1
10. a:5　b:3　c:1
11. a:1　b:3　c:5

12、13两题的答案选择每重叠一项得5分

14. a:1　b:3　c:5

15. a:3　b:1　c:5

16. a:5　b:3　c:1

17. a:5　b:3　c:1

18. a:5　b:3　c:1

19. a:3　b:5　c:1

20. a:5　b:3　c:1

21. a:3　b:1　c:5

22. a:1　b:5　c:3

23. a:5　b:3　c:1

24. a:1　b:5　c:3

25. a:1　b:5　c:3

26. a:3　b:1　c:5

27. a:3　b:1　c:5

28. a:1　b:3　c:5

29. a:5　b:1　c:3

30. a:1　b:3　c:5

分析

你的得分越高,你对自己的工作就越满意。

30~50分:极低度工作满足。

这一范围的分数确实很低。毫无疑问,就你目前的工作来说,你实在不适宜再做下去了,如果你这时已经50多岁了,那就意味着你在工作上因没有取得原渴望取得的成绩或没有得到提升而泄了气。如果你还年轻,最好面对不满足这一现实,鼓起勇气去寻找能令你满意的工作。

51~84分:低度工作满足。

你好象对目前的工作不太满意,这可能是由于你选错了工作,也许是你对自己估价太高的结果。你总是对工作上的事情感到不满,这可能是你的才干未能在工作上得到发挥。你应就此仔细想想能否找到一些更适合你的工作。如果你讨厌目前的领导或同事,那你还是换个地方好。新的环境可能会有新的开端,并可消除那种觉得每天都像星期一的痛苦感觉。

85~144分:一般工作满足。

像现代社会中大多数人一样,你认为你的工作挺合适,尽管你觉得自己的工资不够高,或觉得你若做另一种工作肯定能干得更好些。另一方面,由于工作的交际性,因此单位里的人对你的喜欢与否,对你来说,同你的才能在那里能否得到发挥同等重要。如果要你对工作和个人生活加以比较,你可能两者都喜欢。你会在工作中做出

成绩。如果你确有才干,你会被迅速提升,但你可能不会喜欢做那种紧张、艰难的领导工作,而是等一等、看一看、试一试再说。

145~175分:高度工作满足。

工作对你十分重要,你显示出对工作的高度责任心和满足,实际上你的特点和你的工作取得完全的一致,很明显,你敢于响应各种复杂情况的挑战并取得成功,星期一早晨很可能是你最愉快的时候。

175分以上:变态工作满足。

坦率地讲,这个得分过高了。工作简直成了你的上帝,静心想一想,工作真对你有那么重要吗?你是否把工作看得过重,而忽视了其他一些事情呢?你非得如此深地沉浸在工作中,才能说明你的工作真正令你满足吗?

思考题

1. 分析不同职业生涯阶段,雇员个人与职业特征变化趋势与特点。
2. 什么是现实冲击,如何来应对现实冲击?
3. 为什么会产生职业生涯中期危机,如何克服职业生涯中期危机?
4. 在职业生涯后期,如何制订和落实退休计划?

参考资料

[1]吴国存. 企业职业管理与雇员发展[M]. 北京:经济管理出版社,1999.
[2]张再生. 职业生涯管理[M]. 北京:经济管理出版社,2002.
[3]程社明. 你的职业——职业生涯开发与管理[M]. 北京:改革出版社. 1999.
[4]里 · 德斯勒. 人力资源管理[M]. 第6版. 北京:中国人民大学出版社,1999.
[5]施恩. 职业的有效管理[M]. 仇海清,译. 北京:三联书店,1992.
[6]罗伊. 人才设计室[M]. 北京:新华出版社,1998.
[7]Richard Bolles, What Color Is Your Parachute?, Berkeley, CA: Ten Speed Press,1976: 86.

13

工作—家庭平衡计划

本章学习要点

- 了解工作—家庭关系理论中溢出理论与补偿理论的内涵。
- 理解工作—家庭边界理论的内涵与启示。
- 掌握组织工作—家庭计划的内涵与措施。
- 掌握工作—家庭平衡计划中的个人与家庭对策。

案例导入

“随迁配偶”危机①

社会经济生活的迅速变化,使工作调动时常发生。在这个夫妻双双上班拿薪的时代,工作调动也许意味着一方需要放弃原来的工作。如果需要作出牺牲的恰恰是丈夫,那么他们也许会发现自己陷入了一种文化禁区,从而使他们的婚姻遭受巨大压力。

尽管几十年来无数妇女辞去工作后默默地追随着到处调迁的丈夫,但随妻迁移的丈夫却一直满腹怨言、叫苦连天。因此,很少有夫妻试图冲出这片文化荆棘地。在接受工作调动的人中,只有很少部分是“妇唱夫随”。对如今大批已踏上中高层管理岗位并需要调迁的妇女来说,这种情形的确可悲。现在人们把随迁丈夫所面临的这种尴尬处境称为“随迁配偶”危机。

---

① 本案例根据 Anne Hendershott:《“随迁配偶”危机》,《世界职业经理人文摘》,1999(6)一文编写。

1. 并非为钱

有些经济学家认为，一些家庭决定因工作搬家，纯粹是为了尽力改善经济状况。他们宣称，妻子随迁问题有过分渲染之嫌，因为女人比男人赚钱少。但事实上，即使她们可能比其丈夫挣钱多得多，如果到其他地方工作会打断丈夫的工作，她们也会婉言拒绝。

调查表明，只有在女方收入比男方至少高出40%甚至2倍时，男方才会随妻相机而动。相比之下，即使收入比丈夫高，做妻子的仍可能忍痛放弃工作随夫迁移。

然而，这种工作迁移不平等的命运不只落在放弃调职的女性头上。许多女性根本得不到调迁的机会。安素姗（Susan Anderson）是一家保险公司的部门经理，她很渴望调到别处工作。但无人理会她的要求。为公司工作了七年后，她对自己没有调迁机会感到沮丧。她说："我错过了两次升职的好机会，都是因为工作调动问题。两次我都比他们选中的人更有经验，但这儿是男人的世界，只有男人可以调迁工作。"

的确，这种"男性让男性调动"的理论可以充分解释为什么国际企业中95%的外派机会都由男人获得。或许是因为大多数经理人都是男性，他们会提升或外派那些他们信任并最好相处的男性。

就算那些保持良好意愿的经理人，在外派时也会有意忽略女性，因为他们不愿给她们的婚姻造成麻烦。

2. 身份问题

工作调迁并不取决于夫妻双方工资和职位的高低或企业政策。它不过是社会性别角色意识的产物。夫妻在家庭中所扮演的角色是建立在双方对各自性别认识的基础上的。这些信念根深蒂固且在个人生活的早期就已开始成形。

研究夫妻工作调动动机的社会学家贝丹尼（Denise Bielby）和贝伟廉（William Bielby）认为，这些角色决定了夫妻双方均认可谁在家庭关系中具有行使权力的权威。持传统性别角色观念的男性视自己为家庭的中坚和决策者，他们可能不会让配偶的工作或孩子的生活干扰自己的工作发展。但是传统女性会把自己看做是家庭主妇和妻子，要是自己的工作调动需要丈夫离职或对孩子不利，她们可能会牺牲自己的事业发展。尽管越来越多的妇女已跻身管理层并担任高职，但她们仍信守传统思想，认为男性才是家庭中坚。

社会学家霍克莉（Alie Hochschild）在家庭劳动分工研究中发现，许多人虽然支持男女平等的观念，但实践起来却不尽如人意。许多随丈夫迁移的家庭都是"表面上的平等主义者"，但骨子里根本无法克服传统的性别角色思想。

同样，作为随迁配偶的男性也对他们的传统角色提出了挑战。原来的一家之主现在却要倒陪末座，放下传统角色赋予他的架子。这些作为随迁配偶的男性处境可能会比随迁女性更糟，因为他们失去了传统文化的支持，不得不在从未涉足的领域摸索前行。在这种违背传统的家庭中，不论他们的内心多么刚强，都要承受可怕的外部压力。他人的异议常常会使他们付出高昂的代价。

3. 扮演白脸角色

导致丈夫放弃事业的女性还要对付社会上的流言蜚语。尽管她们不过是在重复无数男性已做过的事情，但当她们这么做时，人们的看法会突然之间发生改变，认为因工作而搬家的女人“冷酷无情”和“专为自己打算”。

在不同地区工作的夫妻为了不耽误双方的工作，宁愿两地分开住。但他们也一样要付出代价。一位为工作而离开丈夫的女性说：“丈夫调离后，有人告诫我说，我的丈夫那边的就业行情并不好。但我还是跟着他去了，因为我感到不能拒绝。不幸的是，在那里我真的找不到工作。”“就这样失意了两年，我觉得自己一定要到外地工作。我这样做了，而且我真的喜欢这份工作。但现在每个人都觉得是我抛弃了丈夫。我们两边的家人不停地跟我唠叨，说他独自生活是多么惨。他们全都忘了我曾为他的工作随迁过八次，而现在我却感觉自己是我们分开住的罪魁。”

不要把她的遭遇归因于她或她丈夫的个性。调迁工作的不公平及那些敢于打破这种不公平所引起的社会反响，都源于文化而非个人心理。事实上，男性随迁者肯定会被视为文化的畸形儿，除非企业和家庭中的社会习俗得到改变。

一旦企业无视性别差异进行提薪、晋职和调动时，更多的夫妻起码不得不面临这样一种选择：他们是否把男女平等的信念付诸行动了。但无论如何，一场斗争都在所难免。首先是家庭内部挑战传统文化角色的战斗，然后对外则面临着一场与反对打破这种传统者的战争。这种工作随迁的不公平也许会影响一两代人，直到有足够多为人妻的女性能够有机会站出来挑战这一切时，才能消除这种不公平。

问题与讨论：

1. 阅读上述案例，你认为在中国随迁配偶危机产生的原因是什么？
2. 你愿意作为随迁配偶而迁移吗？为什么？

13.1 工作—家庭关系理论评介

13.1.1 职业生涯与家庭

职业生涯与家庭生活之间有着非常密切的关系。个人与家庭发展遵循着并行发展的逻辑关系，职业生涯的每一阶段都与家庭因素息息相关，或协调或冲突。职业生涯与家庭的责任之间的平衡，对于雇员特别是女性雇员尤为重要。家庭成员的意见对雇员的工作成效有重大影响，尽管个人在社会生命周期有多种选择甚至逆向选择的可能性，“但我们作为子女、父母的角色是不可逆的。我们能放弃一项职业，却不能放弃这些角色，相反，我们要设法完成这些角色”。(Edgar H. Schein，1992)许多人喊出了家庭第一的口号。因为家庭不仅是生活中的至要，可能也是经济成功和幸福美满的唯一保障。我们本能地知道，当我们陷入某种麻烦时，最宝贵的力量和支持是源自家人。对你来说，和家人保持亲密关系比起其他任何事情更为重要，更能展现你自己。研究表明(Harvey Mackay，1998)，拥有坚固家庭关系的人们，比那些没有这种家庭支持的人赚钱更多，生活更幸福、健康。现在，很多人更看重事业、金钱和享乐，而把家庭放在其后。具有讽刺意味的是，如果我们把家庭放在首位，其余一切就会随之而来。

人的全面发展包括自我事物（生理、心理发展，生活知识和技能，社会交际，休闲娱乐等）、职业生涯、家庭生活的发展和协调。既然职业生涯开发与管理的目的包括人的全面发展和社会的进步，那么职业生涯成功至少应对家庭生活的成功起积极作用。

职业生涯成功的含义与家庭生活成功有着怎样的联系，取决于企业和雇员的价值观念，施恩（Edgar H. Schein，1992）认为传统的雇员和管理开发系统存在一种弊病，它倾向于假设雇员开始工作时，将家庭和自我留在了家里，组织唯一需要考虑的是为工作导向的发展活动创造机会。随着成人发展研究的进步，工作、家庭和自我事务在人的生活中强烈的相互作用得以更清晰地展示出来，这种相互作用再也不能忽视了。

德尔（C. B. Derr）曾因这个专题访问过一些大企业的知名管理人员，当问及他们成功的代价是什么时，回答令人寻味：在获取成功后，他们在其他方面背上了沉重的包袱，或是忙于离婚，或是穷于对付来自家族内部的烦恼。可见，工作对家庭生活的影响是深刻而全面的：首先，职业的性质与家庭的功能紧密相关。有些职业允许家庭同职业同步发展，如种植、手工业等；而许多职业家庭对工作的参与很少，如实验室工作、管理工作等。采矿、远洋作业等工作和家庭则无法兼顾，家庭只能成为休养、恢复体力的场所。其次，工作的地理位置、行程以及工作时间配置，对夫妻何时相聚、如何参与孩子抚养或由此带来的迁居等具有明显影响，是工作—家庭紧张的一个重要潜在源。第三，职业声望、职业地位和收入的数量与种类等对家庭生活会形成直接的影响。第四，工作环境如工作压力、工作满意程度和工种的感情气氛等会直接影响家庭生活。

同时，家庭生活对职业发展也有着重要影响。组织中的雇员除了过职业生活外，同时还在经历家庭生活。家庭对雇员本人有重大意义，也会给职业生活带来许多影响。婚姻和父母身份施加于个人的压力远远超出一项工作或职业的压力。工作与家庭间的潜在冲突对职业生活的影响甚至超过个人发展目标对职业的影响。因此，弄清工作与家庭间的关系，构建工作—家庭平衡计划，对组织发展和个人发展都具有重要影响。

13.1.2 溢出理论与补偿理论

随着过去300年市场经济的发展，与分解的行为联系而产生的收入和对家庭成员的关注的趋势开始产生。在工业文明产生和市场经济发展之前，很多家庭生产大量产品用以满足他们的消费（Googins，1991）。然而，市场经济越工业化，越来越多出现在家庭之外的工作地点代替了家庭作坊。随着工业化的加速发展，“工作”这个词与“雇用”同义。雇用和家庭环境出现多样性（Coonta，1992），总起来说，工业革命以后的工作和家庭活动在不同的地点、不同的时间，不同阶层的人，以不同的标准开展工作。由此，先进的大部分工厂和家庭有自己独特的文化和展望(Morf,1989)。

由于工作和家庭被客观和暂时地分离，传统认为男主外女主内，两个系统各自运转，早期研究者把工作和家庭系统分别看待(Parsons-Bales,1955)。然而，到了20世纪70年代，开始用开放系统的方法研究(Katz-Kahn,1978)，研究人员认为工作和家庭行为相互影响，工作和家庭系统虽不同但互相作用，感情充溢于两个系统之间，一个人在一个系统中经受失望就会在另一个系统中促进其全力的行为。比如，“溢出理论”(spillover theory)(Staines,1980)，假定尽管存在工作和家庭之间身体上的暂时分界，在一个领域的感情和行为会带到另一个领域。比如，经过一天糟糕工作的雇员很可能在回家时带着坏心情而迁怒于家人。“补偿理论”是对“溢出理论”的补充，该理论认为，假定在工作和家庭之间存在相反的关系，在一个领域中有所丧失就会在另一领域中投入企图弥补。如，家庭生活不满意的人，就会在工作中追求工作上的满足，反之亦然(Staines,1980)。这些理论和研究证明了一个重要结论：工作和家庭生活相互影响，雇主、社会和雇员相互之间都不可忽视彼此的威胁。

社会的变迁，提高了个体在家庭和工作中的责任，引起工作和家庭生活之间依赖性的进一步研究。新的研究发现溢出和补偿在个体中同时发生，这就无法解释为什么个体选择一种反映而不是其他(Champoux,1978)。他们仅指出情感上的联系(如满意、表达、挫折)，给出一点或没有给出工作和家庭间空间性、暂时性、社会的和行为上的联系。另外，这些理论把个体看做反应性的，而不是能动的、可以塑造环境的。溢出和补偿理论错过了工作和家庭平衡的关键问题：雇员和家庭以及工作组织成员之间的关系，以及个体塑造变量、规范行为、创造个人途径的方法(Zedeck,1992)。

20世纪80年代末到90年代进行了附加可变量的研究，加深了对工作和家庭互相影响理解的复杂度的认识。比如有关个体在家庭和工作中角色确认的研究，提出了个体在工作中的地位影响家庭生活的重要性(Thompson & Bunderson,1997)。类似地，通过研究个体在雇员和家庭成员之间投入的价值，可以更好地理解工作与家庭之间的冲突(Carlson & Kacmar,1996)，以及关于工作规则对缓解工作和家庭影响的研究(Greenhaus,1988; Kline & Cowan,1988)等。尽管这些附加可变量增加了对工作和家庭相互作用的理解，但还没有一个全面的理论解释冲突和平衡出现的过程。

13.1.3 工作—家庭边界理论

美国学者克拉克(Sue Campbell Clark,2000)在对以往的工作—家庭关系理论进行了批判的基础上，提出了工作—家庭边界理论①。工作—家庭边界理论认为，人们每天在工作和家庭的边界中徘徊。范围继承和分解，边界创造和管理，边界跨越者的参与，影响工作/家庭边界跨越者和其他人之间的关系。工作与家庭系统之间的主要

---

① Sue Campbell Clark, Work/family border theory: A new theory of work/family balance, Human Relations; New York: 2000.

联系不是感情,而是人。人们每天在工作和家庭两个领域内转移。人们塑造两个领域和他们之间的边界,影响边界跨越者与这个领域以及与其中的成员之间的关系。虽然人们塑造环境,相反,也被环境塑造。在工作研究和家庭研究中最具挑战性的方面在于,决定与被工作和家庭决定之间的矛盾平衡。工作—家庭边界理论试图解释边界跨越者和他们的工作和家庭生活之间复杂的作用,解释冲突出现,给出保持平衡的结构。

工作—家庭边界理论修正了以前工作家庭理论的错误,填补了空白。理论解释了个体如何处理和协商工作和家庭两个领域和其间边界,使其达到平衡。理论核心是"工作"和"家庭"组成各自的领域或范围来彼此影响。正是这种工业革命后创造的分离,总体上,工作和家庭有不同的目的和文化。由于不同的目的和文化,工作和家庭可以在不同语言的国家,既可有不同的可接受行为,又可有不同的完成任务的方法。对于其他一些个体,这种变迁是微小的。比如,在两个有着共同语言、货币、文化的国家,对于其他一些个体,工作和家庭间的对比很大,这就需要更大的变迁。人们每天在这两个领域间穿行,调整焦点目标、个人内心风格,以适应每个独特需要。虽然,工作和家庭中很多方面难于调整,但个体还能为了创造出想要的平衡,在一定程度上塑造工作和家庭领域的类型、两领域间的边界和桥梁。把"平衡"定义为对工作和家庭的满意和良好职能,角度冲突的最小化。

13.1.3.1 工作—家庭边界理论的核心概念与命题

1. 工作和家庭范围

"工作"和"家庭"是两个不同的范围,人们在其中与不同规则相联系。工业革命后,工作与家庭分离开来,由于工作和家庭责任在不同的时间和地点被履行,发展为有差别的文化和目的。

工作与家庭间的差别可以分为两类:价值终端的不同和价值途径的不同。工作主要因为最终提供了收入和成就感而使个体满足,而家庭生活因为亲密的关系和个人快乐而使人满意。一个组织达到目标的途径创造了一定的激励性的行为和方式。如企业如何训练雇员抑制些情感,创造另一些情感的外表以营造出面向顾客的气氛。在这些组织中,一直愉悦和友善对完成目标是有价值的方式。雇员的家庭文化会有差别,比如对感情忠实度的更多的强调。个体确实在工作和家庭中希望的方式有所不同:"有责任的"和"有能力的"在工作中达到目标被授予最重要的手段,而"充满爱的"和"给予的"在家庭中被授予最重要的手段。

文化对参与者并不显而易见,但他们有很强能力创造期望、塑造行为。工作与家庭中的文化很多时候有差别。一项对150位个体工作和家庭责任的研究中,被访者表明,与家庭文化相比,他们工作地点的文化,由于更为正式、很少的个人决定、更不亲密、更多阶层,从而形成更强的、面向行动的(与面向存在的相反)、更多地把钱作为关系基础的特征(Clark & Farmer,1998)。

虽然工作和家庭领域内的文化、途径和终端不同,个体常谋略在一定程度上把二者集成起来。人们用“集成”和“分解”来处理不同领域内的问题,一个完全集成了家庭和工作的人将在什么属于家庭与什么属于工作上无任何差别:思想、智力和感情方式都相同,无论这项任务与工作还是家庭有关。相反地,分解包括了十分不同的智力和感情手段(Nippert-Eng,1996)。

虽然集成作为工作和家庭生活的最“平衡”的手段有直觉上的吸引力,但实际上,不可能达到想要的集成和分解。事实上,很多分解家庭和工作的人由于他们是不同和分离的,已经创造了一个两者之间的共同合作。在这种平衡模式下,每个领域提供了重要但不同的需求。比如,成就的需要在工作上得到满足,爱的需要在家庭中得到满足。不同活动的混合带来了多样性和兴奋,一个领域提供给另一领域的有规律的间隔使个体可以更新他们的能力。

个体如何分解和集成工作和家庭?是什么决定一个人分解或集成以达到平衡?通过研究领域间的边界及个体如何塑造和处理边界,我们可以找到答案。

2. 工作和家庭的边界

边界是范围的界定,定义了与范围相关的行为的起始点。在学术上,边界一般分为三种主要形式:物理的、世俗的和心理上的。一个物理的边界,如工厂或家庭的围墙,定义与范围相关的行为在哪里发生;世俗上的边界,如工作时间的设定,划分出什么时候工作结束,什么时候承担家庭责任;心理上的边界,是由个体创造的规则以指导他们思考模式、行为模式以及适于某一特定领域的情感。根据列文(Lewin)所说,心理上的边界在很大程度上是自身创造的(Rychlak,1981),而物理的和世俗的边界则被个体用于建立心理边界的规则。可以更精确地描述心理边界的词为“条款”(Weick,1979)——即个体把环境中的元素加以组织以使它们更为合理。

1)渗透性边界以渗透性为特征

渗透性是指在一定程度上,一个范围内的元素进入其他范围(Beahch,1989;Hall & Richter,1988;Piotrkowski,1978)。比如,一个个体可能在家里有办公室,物理上的门和墙创造了他们的工作边界。然而,因为他们的家庭成员习惯频繁地进入和与他们交谈,这就是边界具有渗透性。通常,物理的和世俗的渗透性被视为打扰,他们也能被相反地理解为是一个人,是另一个重要范围成员的提醒者。

渗透也是心理上的,对工作和家庭否定的感情和态度的满溢,通常被认为是心理上的渗透(Evans & Bartolome,1980)。然而并不是所有心理上的渗透都是否定的,当一种条件下的想法和观念被用于另一种条件下的想法和观念时,它们就成了创造的种子(Whetten & Cameron,1998),比如,当一个工厂的经理和他儿子所在的团队进行远足的时候,他可能在想着物流问题。这个经理的试验不同方法以使远足队伍集中并且行动迅速,他最后以行军团队的方式解决了问题,并把同样的原则用到了工厂,以减少时间缩短产品生产周期。虽然两个领域内的目标是不同的,但共享的方法却可以解决问题是实实在在的。其他个体也表明了相同的素材。有一个护士把团队精神用在她的工作中,并在家里改进这些技能,提高了她和家人共同工作的能力。另一个个体有意地对别人工作中的成就表示更为谦逊和愉悦(她的这一行为是在家中和兄弟对抗中所激励出来的),以提高她在高度竞争的工作团体里的和谐度。

2)灵活性边界以灵活性为重要特性

边界范围的扩张或收缩,依赖于一个领域或另一个领域的需求(Hall & Richter,1988),例如:如果一个个体可以自由选择工作时间,工作和家庭间的世俗边界就会非常灵活。如果一个个体可以选择工作地点,物理边界就会非常灵活;类似地,当一个心理上的边界很灵活,一个个体就会在工作的时间想着家里,或者在家里的时候想着工作。当心理上的边界更灵活时,范围间的想法、观念、情感的流动就更加容易。

3)混合

当渗透性和灵活性大量出现在边界周围的时候,混合便出现了。预料的边界区域不可能独立于范围之间,但可以在工作和家庭间混合,创造一种边界区域,但不能单独地称为范围。混合的一个例子是:一个被研究对象在家里卖保险,他有两个在中学读书的儿子,一个不能自理的学龄前儿童和一个婴儿,虽然他的妻子整天在家,但早晨的工作依然需要他们两个人做,混合发生在每天早晨他一边给顾客打电话、一边抱着孩子或喂孩子。自从有了家庭对工作以及工作对家庭的频繁影响,混合典型出现在家庭经营的商业活动里,心理上的混合出现在一个人把他的个人或家庭的经验应用在工作中,或把工作经验应用在家庭中,以使他的家庭生活更丰富。

正如一项关于混血儿的研究中指出的那样(Anzaldua,1987):当范围显著不同时,边界范围是危险的。在这样的环境中,边界范围存在于边界跨越者困难的处理冲突的需求或冲突的增多。它们存在于个体轻易滑入一种关于它们身份和目的的精神分裂症中,但是当范围相似时,一定程度的混合可以导致集成和整体的感觉。

4)边界力量

渗透力、灵活性和混合性决定边界的力量。渗透性和灵活性差的边界是不可能混合性强的。相反地,渗透性和灵活性强的边界也不可能有太弱的混合性。流行的学术声称弱边界是极端功能性和个人性的,而有责任感的工作地点增加了更多灵活性,许多雇员不停地表示挫折感。在很多例子中,公司极少认真规划雇员的职业生涯,在雇员选择灵活性工作之后,很少提供进一步的机会。当许多雇员得知他们的雇主提供灵活性工作并不是真正注重使他们有更好的家庭生活时,他们感到很惊奇(Flynn,1995)。另外,一些人强调,当工作和家庭边界更模糊时,雇员更难于处理家庭和雇主之间的关系,如什么时候在哪里工作,家庭责任如何履行(Hall & Richter,1988)。当对这些困难有所反应的雇主常常导致对现存规则的非重要的修改、对下面态度的审核以及处理不利于雇员充分利用灵活工作原则的公司规则,这些通常被忽视(Galinsky & Stein,1990)。然而,理想的边界力度的程度依赖于范围的不同,正如下面结论所示。

命题1a:当范围相似时,弱边界将会促进工作—家庭平衡。

命题1b:当范围不同时,强边界将会促进工作—家庭平衡。

边界不同程度的强度,决定于某个方向渗透力的流动阻力,或是一个方向的边界弯曲。例如,个人的工作条件可能要求他们的家庭生活保持灵活性,这时他们可能增加额外工作时间,但在家庭要求上升时不允许他们有同样的灵活度。相反,个体在接孩子回家时没有什么灵活性,但可能自由地按需求开始或离开工作。总的来说,边界在更强的范围内就更强,在较弱的范围内就更弱。这看起来好像范围兴趣是功能性的,而范围兴趣与个人兴趣不一致。在这些条件下,平衡比在下述命题下更难达到。

命题2:当边界足够强,可以保护一个范围,但是对另外一个范围来说弱时,个体将:当他们主要由强边界的范围识别时,有更多的工作—家庭平衡;当他们主要由弱边界的范围识别时,有更少的工作—家庭平衡。

3. 边界跨越者

由于范围和边界部分地是自我创造的产品(Rychlak,1981),描述那些频繁在工作和家庭之间转移的个体显得很重要。边界跨越者中最大的贡献者是那些有能力调整边界和范围以适应他们需要的人。

边界跨越者在一定程度上可以描述成:他们在一个范围内是周边的和中心的参与者。中心参与者被定义为:①使范围文化内在化,包括学习语言和公司内在价值;②证明某项责任有能力胜任;③与核心人员保持联系;④以范围责任个人识别。与其相对应,周边参与者被定义为:①忽略或轻蔑范围价值和文化基准;②尚未达到全面竞争;③缺乏与范围内核心公众成员间的联系;④很少或没有范围责任识别。成为中心参与者的四个方面可以通过影响和识别(Lave & Wegner,1991)两个主要因素对工作—家庭的关系进行判断。

1)影响

中心参与者由于竞争、与范围中心成员联盟、范围内文化和价值的内化而产生影响。作为一个中心参与者产生的影响为跨越者提供了协商的力量,以改变范围和边界。有研究表明,在可以自治和有选择能力(中心参与者的一些重要特性)的工作上工作的人表现出更多的满意和对工作和家庭的调节能力(Repetti,1987)。如果作为一个中心参与者,他给一个人更多的选择,那么工作和家庭之间的平衡就更容易达到。

2)认证

范围责任的识别是中心参与者的第二个层次。当个体内化范围价值,他们的识别与范围内的成员关系紧密联系时,他们掌握边界和范围的动机增加。以前的研究已经发现当个体被不仅一个职位高度认证,试图同时担任两个职位时,冲突产生,平衡受到威胁(Greenhaus & Beutell,1985;Hall,1972)。有时一个个体可能花费大量时间和精力在一个不被认证的范围内。对认证更准确的描述是个体是否在他们的责任中找到意义,找到与他们责任相联系的自我概念。因此,在工作和家庭中的认证和途径上,都可以加上而不是减去个人的努力来促进平衡。在家庭和工作中缺乏认证和对工作—家庭平衡的决定性影响的实例十分常见。下面是两个例子。

例1:“当你询问多数人他们是谁时,他们用自己的工作来定义他们:‘我是一个医生。’‘我是一个电台广播员。’‘我是一个木匠。’如果有人问我,我说:‘我是那拉·华盛顿’……工作不是人们的全部。对于生产线上的工人来说他的工作对于他的精神需求来说实在太渺小了,你知道吗?……你想让一份工作成为他本来就不是的一千万种事物,你想把你自己分成别人不想要的一千万份……所以,你从工作中找不到你的精神需求。”(Terkel,1974)。

例2:“我们结婚的时候,我们想将有孩子,生活得像我们的父母那样。但是,当我们认识到我们的贫困,我们不得不改变自己的梦想和目标。我的妻子和我从未在新生活是什么样的问题上达成共识。”

当认证没有出现,人们感到挫折感。最终,人们失去了平衡,在范围内结束他们和他人的关系。前一个例子中,那位女士努力找一份新工作以离开现在的职位。第二个例子中,婚姻以离婚告终。

对比起来,当边界跨越者被一个范围认证了,他们承担起这个范围的责任,想要塑造环境使他们有所贡献、做得出色。平衡作为人为边界和范围管理的结果,如果没有,在工作和家庭范围内相关成员对其角色和活动的认证几乎不可能达到。

有关范围和边界管理与平衡的命题,可以以对认证和影响的讨论为基础,并作为中心参与者的核心概念。

命题3:作为范围内中心参与者的边界跨越者(如被认证和影响的那些人),比那些周围的参与者对范围有更多的控制能力。

命题4:作为范围内中心参与者的边界跨越者(如被认证和影响的那些人),在两个领域内比那些不是中心参与者有更多的工作—家庭平衡。

4. 边界维持者和其他范围成员

由于工作和家庭活动通常与别人一起实施,边界、范围创造和管理就成为有一系列表演者——边界跨越者、边界维持者、其他范围成员——协商组成范围的因素以及存在他们之间边界在哪里。一些对定义范围和边界有特别影响的范围成员会被推荐为边界维持者。工作中的普通边界维持者是监督人;家庭中的普通边界维持者是夫妻。其他范围成员对定义范围和边界有影响力,但对边界跨越者没有权力。

边界维持者和其他范围成员在边界跨越者掌握边界和范围的能力上起到重要的作用。虽然前面关于边界跨越的研究(例如,Hall & Richiter,1988)已经预测到人们达成共识的边界了,但关于工作—家庭的访问资料和学术研究表明并不是这样的。不仅个体间关于边界没有达成共识(包括他们是或者应该是怎样的灵活和渗透)而且关于每个范围的构成也没有共识。事实上,在这些问题上的异议正是工作—家庭间冲突的主要来源。有关访问素材表明了一个人和他上司关于“家庭”组成问题的不一致。

1)访谈案例

我未婚,没有自己的孩子,但是家庭责任可能比任何从一般意义上讲有家的人都大。我的父母年老,父亲最近得了心脏病。我的一个姐姐患有偏执精神分裂症,需要我在她的家里照顾她。我的另一个姐姐有三个孩子,全都患有图雷特氏综合症(Tourette syndrome),我就像这些孩子的父母一样。所以,我的家庭义务占据了我的大部分空闲时间……第一次,我的一个侄子因为图雷特氏综合症住进了另一个镇子上的医院,我姐姐、姐夫在医院照顾他的时候,我要腾出时间照顾另外的两个孩子。我对我的上司说明情况,说我要时常照顾孩子,这是一个困难时期,其他的家庭成员没办法帮他们,但是我的上司不给我假期,理由是“那不是你的孩子”。仅仅几天之后,我的一个同事在工作中哭了起来。她说她在倒车的时候轧死了她的猫。由于上班已经迟到了,她就把猫拖到路边,没有掩埋就放在了那里。我的上司也哭了起来,跟我的同事说让她回家,可以给她足够的时间去埋葬那只猫和恢复情绪。我狂怒。在我的家庭困难的时候,她不让我请假,而别人却可以请假去掩埋一只死猫。

访问者:为什么上司这么做?

被访者:因为上司有几只猫,但没有孩子。

像这样的不满比较普遍。像上司和配偶这样的边界维持者用他们有限的经历来定义“工作”和“家庭”的组成,他们细心守卫着边界和范围到了这样一个程度:边界跨越者没有灵活度来处理发生冲突的需求。然而,边界维持者和跨越者之间的经常交流可以帮助双方互相理解。经常交流可以缓和角色冲突,因为如果他们不清楚边界跨越者在其他范围内的责任,这个范围内的成员就可能提出不切实际的要求(Merton,1957)。

2)对另一范围的熟知

范围内的一些成员趋于创造理解,倡导良好的交流。其中之一是“对另一范围的熟知”。一个知道自己家庭责任的边界跨越者,虽然是一个管理者,但他对家庭范围有高度的可知性。相比而言,一个 FBI 地下工作人员的家人对他的工作领域就知之甚少。当领域内的成员成为了共同跨越者,他们对这个领域的了解大大增加(Beach,1989;Kanter,1977)。家庭经营的商业活动会出现这样的情况,这时,工作伙伴同时是家庭成员,工作上的决策也是家庭的决定,工作时间也是和家人共同度过的(Marshack,1994)。浅一点程度说,如果跨越者和领域内的成员像配偶和上司一样能进行开放式的交流,或者偶尔地共同参与,比如邀请家庭成员参观厂房或工作组里的成员一起帮助一个同事修理家里的东西等,也会增加对另一领域的了解。

5. 边界跨越者的义务

范围成员的另一个主要特质在于他们对边界跨越者的义务。不只是关注满足边界跨越者的及时要求,而把他们作为一个完整的人来看待。范围成员支持边界跨越者在其他领域内的责任是义务。多项研究表明,领域内成员对边界跨越者的支持可以增加其福利。一项对 2 000 名生育后重新工作的女性的研究表明,在过渡期,上司和配偶所给予的支持对减轻其工作压力同样重要(Galinsky & Stein,1990)。对职业女性的研究表明,缺少丈夫的支持和她们雇主的赞成,会导致更高的家庭冲突

(Repetti,1987)。另外的一些研究表明,雇主(尤其是上司)的支持是福利的最有力的预言者,他们的高层次支持会使工作—家庭冲突减少(Galinsky & Stein,1990;Greenhaus etal.,1987)。不幸的是,雇员缺少上司的支持十分常见(Kossek et al,1994),可能是因为很多组织仍然存在雇主不应该介入雇员家庭生活的老观念。尽管这样的观念,大多数雇员实际上希望上司了解他们的家庭情况,以便使他们的要求得到满足。当问及夫妻都工作的家庭在生产力保持不变的情况下什么样的变化可以提高他们的家庭生活时,常见的建议(仅次于报酬的增加)是,组织培训管理者使雇员的家庭需要增加,这时可以得到管理者的关照(Galinsky & Hughes,1987)。

前面讨论的对另一领域的熟知以及对边界跨越者的义务引出了下面的命题。

命题5:边界跨越者所在范围内的成员对另一范围的高度了解,比那些范围内的成员对另一范围知之甚少,具有更高的工作—家庭平衡。

命题6:边界跨越者所在范围内的成员对其有高度义务,比那些范围内的成员对其有低度义务的,具有更高的工作—家庭平衡。

6. 范围的不同与交流

除了边界跨越者和范围成员的个人贡献,范围的特性也限制或增加交流。对具有不同工作和家庭情况的个体研究表明,这些雇员的工作和家庭文化十分不同,他们很少与上司谈及家庭生活(Clark & Farmer,1998),然而,当人们住在两个不同的世界里时,会感觉比在同一个世界里的人交流困难。与上司谈家庭、与家人谈工作都是减缓工作—家庭冲突的重要方法(Galinsky & Stein,1990;Merton,1957),这样的平衡虽然重要但很难达到,正如下面命题所示。

命题7:工作和家庭范围十分不同时,比起跨范围交流,边界跨越者更乐于进行同范围内的交流。

命题8:边界跨越者与边界维持者之间的、关于另一范围活动的经常的支持性沟通,会减轻导致不平衡的不良条件。

13.1.3.2 理论的启示

工作—家庭边界理论构建了工作—家庭平衡的理论框架,该理论既可以描述冲突存在的原因,又可以为组织和个人提供维持更好的工作家庭平衡的框架。该理论可以为组织和个人边界跨越者提供许多维持工作—家庭平衡的工具。

1. 组织的平衡工具

工作—家庭边界理论说明了组织可以调节范围和边界以增加工作—家庭平衡,但是,正如结论"1a(当范围相似时,弱边界将会促进工作—家庭平衡)和"1b(当范围不同时,强边界将会促进工作—家庭平衡)所说的,边界和范围必须紧密配合以达到平衡。许多组织已经对边界进行了相对简单的调整,如增加灵活时间、灵活地点、等级原则等。

但是,由于范围的文化和价值难于改变,而没有进行类似的调整,根据这一理论,更为灵活的工作地点就价值和目的而言更像雇员的家。不足为怪的是,很多组织创造了灵活的工作原则，最终引发了不切实际的期望和幻觉（Regan，1994），为了自己而不是雇员和家庭的利益，根据边界理论，如果一个组织不可能改变它的文化，那么要在两个方面上加强边界，以使雇员维持平衡，当随和的家人从各种渠道消失，组织该重新思考他们的整体文化了（Bailyn，1997；Galinsky & Stein，1990；Regan，1994），但只有少数的组织在思考。

边界理论命题5（边界跨越者所在范围内的成员对另一范围的高度了解，比那些范围内的成员对另一范围知之甚少，具有更高的工作—家庭平衡）、命题6（边界跨越者所在范围内的成员对其有高度义务，比那些范围内的成员对其有低度义务的，具有更高的工作—家庭平衡）以及命题8（边界跨越者与边界维持者之间的、关于另一范围活动的经常的支持性沟通，会减轻导致不平衡的不良条件）提供了帮助平衡的另一工具。与边界维持者之间的支持性关系，如上司和雇员之间的关系，对维持雇员的工作—家庭平衡具有重要影响。一项研究表明，美国家庭的安宁在很大程度上掌握在上一级上司手中（Rodgers & Rodgers，1989）。由于充分利用等级原则，大多数管理者用享有组织赋予的决断权来激励或打击雇员，他们可以修改规定并设法解释来改善个体的家庭条件或是限制选择灵活度。因为管理者对雇员保持平衡的能力有决定性作用。一些组织已经要求管理者参加培训，学习怎样对雇员的家庭支持（Galinsky & Stein，1990），但这样的培训太少了，然而，随着集成工作和生活资源的出现，这种培训也会越来越普及。

对于希望提高雇员的工作—家庭平衡的组织，最后的建议是命题2（当边界足够强，可以保护一个范围，但是对另外一个范围来说弱时，个体将：当他们主要由强边界的范围识别时，有更多的工作—家庭平衡；当他们主要由弱边界的范围识别时，有更少的工作—家庭平衡）以及命题3（作为范围内中心参与者的边界跨越者（如被认证和影响的那些人）比那些周围的参与者对范围有更多的控制能力）和命题4（作为范围内中心参与者的边界跨越者（如被认证和影响的那些人）在两个领域内比那些不是中心参与者有更多的工作—家庭平衡）。具体而言是使雇员成为中心参与者。当认证成为一种个人的过程，中心参与就成了雇员所作的一个选择，组织可以做许多事情来协助这个过程。当组织帮助雇员内化范围文化，接受工作专业训练，与那些具有中心成员关系的人联系，担负起雇员可以自己承担的责任时，雇员更可能成为中心参与者（Lave & Wegner，1991）。中心参与者是雇员所需的提高工作—家庭平衡的一种工具。

2. 个人的平衡工具

交流和中心参与也用做个体达到更高工作—家庭平衡的工具。边界跨越者可以通过经常交流加深范围内成员对另一范围的了解。比如，与家人共同承担任务，告诉同事和上司家里的事情，边界维持者的支持来自对另一范围内发生事情的了解。

个体可以通过提高在工作和家里的中心参与而达到更好的平衡，也就是说发展与他人的关系，熟知他们在工作和家庭中承担的责任，使他们成为工作和家庭完整的部分。据“命题4和“命题5的内容,中心参与可以提高个人对范围目标和边界的影响力,这样能够有助于达到更好的工作—家庭平衡。

13.2 工作—家庭平衡计划

工作—家庭平衡计划是组织帮助雇员认识和正确看待家庭同工作间的关系,调和职业和家庭之间的矛盾,缓解由于工作—家庭关系失衡而给雇员造成压力的计划。工作—家庭计划的目的在于帮助雇员找到工作和家庭需要中的平衡点。要达到这一目的,组织必须了解职业生涯各阶段的特点以及家庭各阶段的需要、工作情境对家庭生活的影响,然后给予雇员适当的帮助。

13.2.1 组织的工作—家庭平衡计划

组织只有在了解工作和家庭的相互作用后,才可能制订出有效的工作—家庭平衡计划。对家庭需要的了解可以参考家庭生命周期理论。一般来说,单身成人的主要问题是寻找配偶和决定是否结婚组建家庭。婚后初期,适应两人生活、决定是否生育,作出家庭形式和财务要求的长期承诺变为当务之急。子女出生后,担负起抚养和教育子女的责任成为首要任务。子女成人时他们不仅要适应空巢生活,而且又要开始为自己的父母提供衣食和财务上的照顾。这些需要形成的压力有的会影响雇员的工作情绪和精力分配,有的则形成强烈的职业方面的需要和工作动机,最终影响雇员对工作的参与程度。

目前,组织开展的工作—家庭平衡计划的主要措施包括以下内容。

(1)向雇员提供家庭问题和压力排解的咨询服务。

(2)创造参观或联谊等机会,促进家庭和工作的相互理解和认识。

(3)将部分福利扩展到雇员家庭范围,以分担雇员家庭压力,把家庭因素列入考虑晋升或工作转换的制约条件之中。

(4)设计适应家庭需要的弹性工作制以供选择。目前非全日制工作制是最易行、最普遍的措施。在西方国家,针对才能出众、又要承担养育子女任务的女性雇员采用弹性工作制越来越流行。装备电脑、传真等现代化设备使家庭办公成为现实,不过更加常见的是半日工作制或是每周三日工作制。女性雇员大多愿意以部分业绩和薪金为代价留出更多的时间给家庭和子女。非全职工作制使她们不必为此放弃工作的机会。

13.2.2 个人的工作—家庭平衡计划

对个人而言,要维持工作与家庭之间的平衡关系,不同的家庭有不同的方式,但关键是要适合自己。随着工作要求的不断提高,维持良好的夫妻关系和养育孩子的难度也在与日俱增。无数拥有雄心壮志、要成就一番事业的男男女女,不得不面对这样的一个问题:“你能够事业与家庭双丰收吗?”

答案往往是:"能,但是……"

那么如何才能维持工作与家庭之间的平衡呢?主要方法有如下几种①。

13.2.2.1 确定优先次序,弄清楚在孩子抚养与工作之间的重点

要确定优先次序,测验的唯一方法就是放长眼光,看看最近五年里最要紧的事情是什么。站在五年的长远角度来看,大部分危机似乎并不那么严重。这里有一些例子,是对家庭与事业难题的几种不同处理方法。

一位女律师是她所在公司的高级合伙人,嫁给了一位急救室技师。由于结婚较晚,她很想要孩子,但如何应付日益增加的法律事务和抚养孩子的重担,她还没有把握。

虽然她丈夫的工作不会做出什么大成绩,但是他喜欢他的职业胜过妻子对自己职业的喜爱。她很清楚,她热爱来自工作的智力挑战,但不喜欢自己公司里的人际关系和长时间出差。因此,这对夫妇最后作出决定,丈夫保留工作,而妻子辞去公司合伙人的职位,但仍留在公司指导年轻律师。

另一位经理人是一家领先会计事务所的合伙人,她嫁给了一位教师。她很有志向,知道自己在专业和开拓业务方面很优秀,于是志在成为执行合伙人。她的丈夫,挣钱不多,对成功的渴望也不强烈,因此决定做一个"家庭主夫"。

尽管如此,问题还是得不到解决。她强烈追求她的事业,日程安排得满满当当,又是晚上开会,又是出差,还投入企业外部社团工作,以利公司开展业务。但是她却并不幸福,婚姻关系开始有点紧张。于是,她对自己的工作安排和外面的社团活动大动手术,只专注于工作中的专业方面,而砍掉其他活动。她发誓一定要下午5:30准时回家,学会对朋友、公益活动等说"不"。她的丈夫继续留在家里。

另外一个例子是,夫妇双方都是MBA并且是他们所就读商学院的高才生,都有一份极好的工作,都很想要孩子。一番深思之后,他们决定丈夫专心于他的事业,而妻子在家呆十年,专心养育孩子。

13.2.2.2 更新观念,改变传统家庭观念和模式所带来的内疚因素

由于工作与家庭之间的失衡常常会给职业父母带来内疚感。

如果妈妈出差了,爸爸带着孩子去吃快餐,这个家庭是不是有点乱啦?也许不。很显然,现代职业家庭需要有与传统家庭不同的家庭与工作关系标准。如今的职业父母们总是有意无意地生出种种期盼,要在他们的孩子和事业这两件重大事情之间寻求达到平衡的方式。但是,他们必须打消由此而产生的内疚感。

有时内疚也具有正面影响,能预示某事打破了你工作与生活的平衡。如果你长期夜不成眠,或感到身心疲惫,或对手头的工作很难集中精力,那么明智的做法是自省一下你是否试图在太多的领域里做太多的事情。

如果内疚源于现实与期望不一致的话,则根本于事无补。一直萦绕在职业父母

① Anna Navarro:《走出事业与家庭的迷宫》,载《世界职业经理人文摘》,2000年8月。

心头的问题是“我能够同时拥有家庭和事业的成功吗?”现实的回答是,你也许会非常辉煌,但是不可能在一夜之间得到如此的成就。

要成为成功的职业父母,就要学习自我约束、从长计议。学会态度坚决地说“不”,是多数人都要解决的重要问题。孩子还没有学会照顾自己的时候,你也许就不想去读 MBA。

这些例子都重在说明,要想走出事业与家庭关系的迷宫,方式因人而异,不存在解决家庭和工作关系的通用方式,因此你必须放弃这种观念并牢记:允许自己试验及得到专业指导,找到符合自己家庭独特需求的解决方法。

13.2.2.3　夫妻工作—家庭平衡对策

关于工作和家庭如何相互统一和协调,除了上述两个方面的问题需要处理好外,还有一些具体的方式可以减少家庭对工作的影响(Bailyn,1978)。一对夫妇至少可以通过四种方式来减少这种影响:①采取延期生孩子,或者雇请保姆等方法来减少家庭对工作的影响;②夫妇之间恰当地分工,轮流将精力投入工作和家庭;③夫妇从事同样的职业或选择同一个单位,相互促进;④夫妇双方从事不相干的工作,各自追求自己的事业;⑤培养孩子的自理能力,减轻孩子带来的压力。不管怎么样,无论采取哪种方式,人们都有必要根据情况认真思考工作和家庭之间的关系。而且,随着工作挑战性的加强以及家庭结构的变化,有待于探索工作和家庭之间新的协调平衡方式。

阅读材料

职业女性怎样处理好家庭与工作的关系?①

有更多机会在工作舞台上崭露头角、施展才能的女性,却又有着传统价值观,认为“相夫教子”才是女人的天职,即使出外工作,也是为了“贴补家用”,偶尔,当职位或薪水高于先生时,又怕造成先生的压力,间接影响婚姻和谐,因此心中经常充满了矛盾和焦虑。这些负面情绪经常会影响女性在工作及家庭上的表现,形成一个恶性循环。因此,要在职场上充分发挥女性应有的潜力,认识现代女性的复杂情结乃是作好女性生涯规划的第一要务。

1. 充分发挥女性特质

现代职场中的女性大致可分为如下四类。

第一类是属于可爱的“好女孩”型。这类女性以上司、同事(尤其是男性同事)的好恶为标准,缺乏主见,重视人际关系,遇有意见不一致时,为避免冲突及别人的不悦,经常将自己的想法隐而不现。

第二类是“好妈妈”型。她们像母鸡呵护小鸡一样,处处为人着想,将别人的利

① 摘自人民网 2004 年 10 月 3 日。

益放在自己之前,但有时难免会被冠上琐碎、唠叨、见树不见林的负面评语。

第三类女性的代表是“男人婆”型的女性。她们总以男性的行为特质作为成功人士的标准,因此,不论在思想、言行及服装上,都刻意模仿男性,并有意将自己的女性特质加以压抑。

最后一类是属于“第三性”的女性。她们不刻意遮掩自己的女性特质,相反地能将女性温婉、包容和擅于沟通的特质充分加以发挥,必要时亦能表现出果断、坚决等男性特质。职场中常见的充满女人味的迷人女性便是这类女性的代表。

一般而言,在工作中表现较优秀的是最具有“第三性”特质的女性。因为资讯时代是个脑力竞争、讲求人际关系及团队精神的时代,也可以说是个重视女性特质的软性时代。因此女性工作者若能适时地发挥其女性特质,想要出类拔萃、有所成就,亦非难事。

2. 现代工作女性的矛盾情结

然而,纵观事业有成的女性,真可说是凤毛麟角。究其原因,是因为多数女性在还未充分尝试前,便已画地自限,让自己的焦虑和恐惧淹没了应有的表现。现代职业妇女的焦虑大致可分为如下三类。

冒牌现象。许多女性经常无法积极肯定自己的工作表现,认为自己的成就是由于“运气好”、“时机恰当”或“侥幸”,而非自己的努力、坚持和投入的产物。因此,潜意识中总是害怕有朝一日会被人发现自己并不如想象中的好,如此一来,她们所拥有的一切便会化为乌有。因此,成功所带来的并非喜悦,而是更多的恐惧。

社交边缘人。职场中的女性常会与男性同仁保持距离,以免遭受非议。若能抛开矜持,与男同事称兄道弟、打成一片,又会被冠上“不像女人”或“具攻击性”等字眼。女性主管,即使是为了公务而必须经常与某位男性部属同进同出,也容易遭人误会,引起蜚短流长。因此,许多女性要面对种种孤独、疏离和不安全的感觉。

鱼和熊掌。女性在结婚生子后,一方面要维持现有的工作水准,同时又要兼顾家庭,以免被冠上“女强人”之类明捧暗损的歧视字眼。这个现象,正凸现了现代妇女徘徊在工作与家庭间的矛盾情结。

因此,女性作生涯规划,首先便要克服上述焦虑,作好心理准备。

3. 克服焦虑,健全心理

以下几种方法,有助于克服焦虑。

找出成功之源。列出过去半年的成功事件,仔细回想自己为了促成这件事所投入的时间、精力和心血。回忆个人的付出,可使自己体悟到这些成果并非来自幸运或侥幸。

鼓励自己。当每完成一项任务时,不妨拍拍自己的胸脯,说声:“嘿!我成功了!”或是给自己一些实质奖励,如买一束自己喜欢的花、做一顿可口的晚餐或邀集三五好友一起看场电影等。

接受自己的不完美。人难免会有失败的时候,偶尔的不如意并不能表示自己一无是处,只要找出事情的关键所在,下次再多点努力即可。

走入社交天地。可多参与专业组织、会议及社团,结交意气相投的朋友。工作时,也可打破心理防线,大方、主动地邀请男同事共进午餐或讨论工作事宜等。

建立合理的生涯目标。已婚职业妇女,除了要扮起工作者、子女及公民等角色外,更加多了配偶甚或母亲的角色。但是由于时间和精力都相当有限,若要让每个角色都拿一百分,在精神上、体力上都会承受相当大的压力,造成力不从心的现象,久而久之,甚至会筋疲力竭、疲惫不堪。因此,在生活发展的过程中,必须有所取舍,建立合理的生活目标。

一项调查显示,妇女在选择工作场所的条件时:有60%的受访者将“离家近”视为第一要素;58%的人认为“上班时间可弹性调整”是重要因素;30%的人将“工作时间短”列为优先考虑;只有16%的人认为“薪资和能力相当”是重要的。由此可见,职业妇女对于家庭的重视,似乎更在工作之上。

这个现象,尤其是在家中有年幼的孩子时更为明显。将孩子的成长放在第一优先的女性必须认识到:此时工作和婚姻生活的重要性势必会相形降低,可能只能拿个六七十分。这时,必须与配偶进行沟通,以取得对方充分的支持。工作上,也必须认清:在这段时间内,升迁和加薪或许都与自己无缘,坦然处之,爱其所择。有些女性如仍会以工作为第一选择,此时便须找到可以托付的保姆,照顾子女,工作之余,更要珍惜每一刻相处的时间并加强心理建设,减低罪恶感和自责感。

总之,已婚职业妇女要建立一个模范家庭,必须与配偶沟通,取得对方的理解和支持,分担部分家务及子女教养的责任,才能使工作和家庭均衡发展。

问题与思考:

你认为职业女性如何才能处理好家庭与工作之间的关系?

思考题

1. 溢出理论与补偿理论从内涵上有哪些区别?
2. 工作—家庭边界理论的含义是什么,哪些有实际应用价值?
3. 组织工作—家庭计划的措施有哪些?
4. 个人工作—家庭平衡计划的对策和措施有哪些?

参考资料

[1]胡君辰,郑绍濂. 人力资源开发与管理[M]. 2版. 上海:复旦大学出版社,1999.

[2]程社明. 你的职业——职业生涯开发与管理[M]. 北京:改革出版社,1999.

[3]Sue Campbell Clark. Work/family border theory: A new theory of work/family

balance, Human Relations; New York: 2000.

[4] Bailyn L. The impact of corporate culture on work-family integration. //S Parasuraman and J H Greehaus (Eds), Integrating work and family: Challenges and choices for changing world, Westport,CT quorum Books,1997.

[5] Beach, B. Integrating work and family life. Albany, NY: State University of New York Press,1989.

[6] Champoux J E. Perceptions of work and nonwork: A reexamination of the compensatory and spillover models. Sociology of Work and Occupations, 1978, S: 402 -22.

[7] Clark S C & Farmer P M K. Living in two different world: Measuring cultural and value differences between work and home, and their effect on bordercrossing. Paper presented at the Institute of Behavioral and Applied Management Annual Conference, Orlando, FL, October, 1998.

14

个人职业生涯规划与组织生涯管理的整合

本章学习要点

- 掌握继任规划的内涵与制订方法。
- 理解组织职业生涯开发的内涵、特征,掌握组织职业生涯开发的方法与模式。
- 理解组织职业生涯开发的运作机制与保障措施。
- 掌握职业生涯规划落实的方法与制度。
- 掌握个人职业生涯目标与组织发展目标整合的原则。
- 理解个人职业生涯目标与组织发展目标整合的机制。
- 理解组织文化建设与雇员献身精神培养的方法。

案例导入

如何解决雇员追求经历而总干不长的现象?

我是IT媒体的一个主管,我的大多数雇员很年轻,也很优秀。几年来,为了长期发展,曾选择了有潜力的几个苗子重点培养。但大多相继离开公司,原因不是待遇不好或看不到发展,而是想趁年轻一定要多换几个单位,多做几个不同的工作,为的是增加所谓的经历。

作为管理人员,下属雇员追求个人职业发展非但无可厚非,而且应该鼓励和帮助。管理人员需要考虑的是怎样帮助雇员设计职业发展道路并实现职业发展目标。

大多数年轻雇员充满美好理想和干劲,但缺乏对自己职业发展目标的明确而且现实的设想，更别提如何不断地提高自己的能力、丰富个人经历以实现其目标了。他们不断地换工作，表面看是希望多做几个不同的工作，实际上往往是由于对自己的专业方向、发展道路不甚清楚而导致的。他们中幸运的能够在不断的“试错”中找到自己的定位，运气不好的在不断寻找中浪费光阴却一无所成。

问题与讨论：

你认为，这位主管及其所在公司应该怎样办呢？

14.1 组织职业生涯规划

14.1.1 组织职业生涯规划的内涵与功能

职业生涯规划（career planning）是近几年在工业发达国家兴起的一种新型人事管理技术，该项技术的问世很快就得到了雇员和各级人事部门的重视并得到了迅速发展，甚至引起整个社会的重视。在部分发达国家和地区，在电影院门口挂上了“职业生涯规划技术”讲座的牌子，每天几场，门票极贵。为什么工业发达国家对职业生涯规划如此重视呢，这主要是由其工作内涵与作用所决定的。

14.1.1.1 组织职业生涯规划的内涵

职业生涯发展是一个有机的、逐渐展开的过程，而不是一个机械的、预先设计好的固定不变的过程。个人的每一种经历、每一种职业体验，都会导致对自我进行重新认识，使雇员重新认识自己的潜力与局限，并校正自己的职业抱负。随着科学技术的进步、社会的发展、从业者素质的提高以及组织对“知识导向型”雇员需求的增加，熟练工人、技术专家以及管理人员越来越认识到自己的价值，希望成为自己所在领域的有成就的人，有强烈的意识来控制自己的职业生涯，希望得到提拔、受到重用。如果组织不能很好地发现雇员的才能与价值观，并据此为其制订职业生涯发展规划，就难免雇员流失现象的发生。因此，如何将雇员对自己职业发展的要求与企业的发展紧密地结合起来，通过开展雇员职业生涯规划，加强组织的职业管理，使雇员的生涯目标与组织发展目标一致，使雇员的发展与组织发展相协调，帮助雇员在实现自己的职业价值的同时，为企业创造出更高的效益并实现组织的目标，已成为现代人力资源管理探索的重要内容。

从组织的角度而言，职业生涯规划是组织根据自身的发展目标并结合雇员的发展需求，制订组织职业需求战略、职业变动规划与职业通道，并采取必要的措施加以实施，以实现组织目标与雇员职业发展目标相统一的过程。组织职业生涯规划的内容非常丰富，它不仅包含组织职业生涯规划的方法和程序，而且还包含组织人力资源招聘计划、职业生涯阶梯设置、组织继任规划、顾问计划、退休计划以及组织职业生涯规划落实措施等诸多内容。本节有关组织职业生涯规划的内容将主要介绍组织职业生涯阶梯设置、组织继任规划等内容。

14.1.1.2 组织职业生涯规划的功能

人生在世,都想成就一番事业,但职业生涯成功却是一个极为复杂的系统工程:它不仅需要全面认识自己、客观分析环境、树立正确目标,而且还需要组织的协助与管理。只有对此进行系统的分析、科学的规划,才能使自己的事业获得成功。可以说,组织的职业生涯规划为雇员的职业生涯成功提供了基本的载体和科学的指导,对雇员的职业生涯发展具有重要作用。从组织的角度,职业生涯规划也起着很关键的作用。成功的职业规划在招聘、吸引优秀雇员中必不可少,而且有助于维持他们的工作热情。从更广泛的意义上来说,组织进行职业生涯规划能提高雇员的工作质量,形成积极向上的工作态度并提高他们对企业的忠诚度。职业生涯规划的作用主要表现在以下四个方面。

(1)职业生涯规划可以使雇员掌握职业发展的方法,获得公平持续的发展。职业规划依据雇员个人的特点,考虑了不同雇员的特殊需要并据此设计不同的职业发展途径,以使雇员扬长避短,更好地发挥自身的优势。不同年龄、性别、学历的雇员按照不同的方向和途径发展,使其获得了更为平等的就业和发展机会,有利于全体雇员技能水平、创造性、主动性的发挥,从而使雇员在追求更高层次的自我价值实现的同时,获得持续稳定的发展。

(2)职业生涯规划可以使雇员获得适宜性发展。组织内的雇员各有所长,有的人善长设计,有的人善长工艺,有的人善长经营,有的人善长管理。兴趣在哪方面,就让其从事哪方面的工作,适合于干什么,就培养、开发其哪方面的才能,这样根据雇员的特点和兴趣进行人才配置和开发,就可以激发雇员的工作热情,挖掘雇员的工作潜力,做到人尽其才,才尽其用,从而能够促进雇员的发展。

(3)职业生涯规划可以实现雇员发展与组织发展的统一。职业生涯规划工作的开展,一方面为雇员指明了发展的方向,另一方面也为雇员发展提供了基础和条件。人力资源管理部门通过提供必要的信息,创造成才的机会,给予雇员必要的帮助与指导,使雇员个人成才;同时又能满足组织的需要,从而实现了雇员的职业生涯目标与组织发展目标的统一。职业生涯规划使组织与雇员实现了双赢:雇员赢了,成了人才;组织赢了,开发了人才,实现了组织目标。

(4)职业生涯规划是组织吸引和留住人才的重要措施。当前国有企业的最头疼的问题之一就是企业内的管理人才、技术人才以及熟练工人的“跳槽问题”。从现实来看,造成雇员“跳槽”的原因很多,但主要原因有三个:一是才能发挥问题,个人的才能得不到发挥,专长得不到利用,很显然是不会安心于本职工作的;二是职位与社会角色问题,一个有才能的人,在发展前途上如果无望担任一定的职务与角色,心理上就会不平衡,也就无法安心工作,这样的雇员迟早会走人;三是报酬待遇太低,比较收入差距过大,人才难留。职业生涯规划,就是通过适当的职业管理工作,发挥每个人的才能和专长,实现每个人的人生目标,使其担任一定的社会角色,提高个人的待遇和对未来职业发展的预期,从而淡化由于待遇偏低而产生的负面作用。这是因为当一个人对工作极感兴趣、能充分发挥自己的才能或担任一定的职务时，其成就感和身份地位就会提高，待遇问题就不会成为主要问题了，这是当今世界上许多著名公司的人才管理之道，这也正是职业生涯规划与管理能够吸引人才、留住人才的关键所在。

一项调查显示，在拥有职业生涯开发系统的新加坡公司里，有组织的职业生涯开发与规划被给予了积极与肯定的评价。应答者称其成果主要体现在：

①提高了雇员的积极性（因为公司正在为他们做一些事情）；

②使雇员的职业前景更加美好；

③留住更多好的雇员；

④公司的需要与雇员的前景更加协调；

⑤人员继任规划的努力更加有效。

总之，组织职业生涯规划能使人们获得一种控制自身职业发展的感觉，一个帮助其雇员进行职业生涯规划的组织更能留住优秀的雇员，这种规划能开阔人们的见解，有利于提高雇员的工作满意度，避免对工作的厌倦和其他不良情绪。

目前，在组织内部实行职业生涯管理已经变得越来越普遍，其中有些是传统的人力资源管理职能的衍生，包括一些复杂的人力资源计划工作、职业咨询、周期性技术评估以及培训等。还有一些是新近流行起来的，主要集中在职业生涯规划、职业信息系统的建立、职业道路的开发、弱势群体的职业开发计划、骨干雇员的职业开发计划、高层经理人员的职业开发计划等。过去的二十年，许多组织通过实施职业生涯规划，在劳动生产率、雇员流动率、决策认可度以及人力资源预测等方面都收到了很好的效果。未来的几年，以下四个问题将凸现出来，应该受到人力资源部门的特别重视①。

（1）期望值的上升。未来几年，组织职业生涯规划潜在的一个危机是人们对它的期望值不断提高，而这些期望不是一定就能实现的。不能让参与到职业规划的雇员形成一种错觉，即只要参与到职业生涯规划中，就能达到升迁的目的。

（2）对隐私权的侵犯。雇员的自我评估项目以及组织对管理者进行的职业生涯规划训练，都可能将雇员的一些私人信息透露给管理者，这将给他们带来一定程度的不安。因此，为避免这种不安，职业生涯规划应该采取自愿参加的原则。

（3）培训直线经理。虽然职业经理对职业生涯发展规划应该负有责任，但是，许多人不能胜任这种责任。必须给予他们足够的培训并对他们承担的责任给予相应的报酬，否则，他们将不能很好地发挥角色的作用。

（4）评估职业生涯管理规划。职业生涯管理规划最初是作为人力资源管理的一种尝试出现的，在当时，出现这样那样的失误在所难免。但是以后，人力资源管理专业人员必须更加认真和系统地评估他们在职业生涯开发方面的努力，分析哪些措施

---

① Daniel C. Feldman, Central Issues In Career Planning, The 1990 Annual: Development Human Resources by J. William Pfeiffer(Ed.), San Diego, CA: Pfeiffer & Company.

最易得到认可,哪些措施对吸引雇员、提高生产率更为有效。经过了这些年的实验性发展,组织有必要对以前实践中的得失作出总结和思考,并更加注意巩固组织职业生涯规划。

14.1.2 组织职业生涯发展阶梯管理

组织职业生涯发展阶梯规划与设计是现代企业人力资源管理与职业生涯管理的关键内容之一,对调动雇员的积极性和创造性,实现组织目标具有非常重要的作用。有关职业生涯发展阶梯的内涵与模式的内容已在前面章节中介绍过,这里仅就阶梯设置问题加以介绍。

组织职业生涯阶梯的设置,对促进雇员的发展、实现组织目标与雇员个人目标的整合具有重要意义。因此,如何进行组织职业生涯目标的设计就成为当前人力资源管理的一项重要工作。组织在进行职业生涯阶梯模式选择与设计时应注意如下几个方面的问题。

(1)并非所有组织都有必要或认为需要建立职业生涯阶梯。在决定建立职业生涯阶梯前,组织需要先考虑两个方面的问题:①组织是否需要一个从内部提拔人才的长久机制?②组织是否有必要建立一套培训发展方案,以便更多的后备人才被提拔选用?当组织可以随时自由从外部招聘到需要的各类人才,或者内部晋升只是偶然发生,或内部晋升只是涉及极少数雇员,那大可不必建立复杂的职业生涯阶梯。只有对上述两个问题的回答都是“是”时,才有必要构建职业生涯阶梯。

(2)职业生涯阶梯模式各有利弊。单阶梯模式发展道路单一,一定程度上影响了专业技术人员的发展。双阶梯模式在实践运用中也遇到许多困难。例如,同一等级的管理人员与技术人员,管理人员在人们心目中的地位要比技术人员高;另外,技术人员阶梯往往成为某些失败的管理人员隐退栖身之地。为了克服以上弊病,组织和企业对技术轨道上的晋升要实行严格的考核,同时在组织内要形成尊重知识、尊重人才的文化氛围。

双阶梯与多阶梯职业生涯发展模式将公司的发展目标和个人的发展目标有效地结合起来,极大地激发了雇员的积极性和创造性,这是目前企业人力资源管理的最佳模式。特别是我国的高技术企业,技术人员的激励严重缺乏且缺乏效率,一个非常重要和关键的原因是企业只聚焦在物质利益的设置,没有根据雇员特别是研究开发人员的特性,为其设置一条合理的、有依可循的职业发展途径。

(3)无论是实行双阶梯还是多阶梯职业生涯阶梯模式,其理论依据是美国麻省理工大学斯隆管理学院的施恩教授提出的“职业锚理论”。许多研究也都发现专业技术人员主要有两种职业锚:技术型职业锚和管理型职业锚。有很强管理定位的专业技术人员很希望能晋升到承担管理责任的职位上,并做出很大的组织成绩。有很强技术定位的专业技术人员追求的是所拥有的技术知识、技术成就获得本行同事的认同,他们关心的是获得更好的技术成就。技术型职业锚和管理型职业锚并不是截然分开的,一个科技人员可以同时有很强烈的技术定位和管理定位,他既可以承担很高的行政职务，又可以在本专业领域内成为一个优秀的科学家或工程师。

(4)在高技术企业，除应选择双阶梯或多阶梯职业生涯发展模式外，不同行业的职业生涯阶梯的长度可结合行业的特点进行确定。根据组织的特点，一般应选择长职业生涯阶梯，并建立多等级技术职称评定体系，越高等级的升迁应越难，这是高效激发科研人员的创造性、维系公司忠诚度、保持公司核心能力和核心人才的重要手段。例如，在通信行业，职业生涯阶梯可分10～12级，11级技术人员为副研究员，12级技术人员可定为技术研究员同时必须细分软件与硬件系统开发、系统测试、系统支持和维护三大类。

(5)职业生涯阶梯的设置应与组织的考评、晋升激励制度紧密结合。组织每年可考评1～2次，由高一层主管或技术委员会对雇员进行全面考评。在考评中，既要重视对技术水平的考核，又要重视雇员对公司的忠诚度、合作精神和沟通能力的考察。雇员的行政与技术级别都应能上能下，连续两次考评为中等以下应建议降级使用。技术等级应严格与薪酬挂钩，包括公司的内部股份和各项福利。

由于管理等级一般应高于技术等级，因此，应注意在优秀技术人员中挑选优秀人才进入管理层，以提高管理层的决策水平和实现技术人员的双轨或多轨发展。

14.1.3　继任规划管理

组织职业生涯规划的建立是保障组织永续发展的基础，但组织职业生涯规划的落实才是关键。组织职业生涯规划的落实方式有多种，不同的组织可以采取不同的方式。在组织职业生涯规划的落实过程中，最常用的落实制度与措施就是继任规划、导师计划与退休计划等方法。由于导师计划常常与继任规划配合使用，这里主要介绍继任规划。

14.1.3.1　继任规划的意义与功能

继任规划(succession planning)是组织为保障其内部重要岗位有一批优秀的人才能够继任而采取的相应的人力资源开发培训、晋升与管理等方面的制度与措施。对于一个健康发展的组织而言，不要等到组织内部出现了职位空缺才考虑该提升谁，而应该有计划地建立一项继任规划，以确保一批高素质的人才能够及时补充到组织重要的岗位上。

如果一个成功企业的行政总裁仍没有选好并培养自己的接班人，那这个公司在战略思维上的弱点就暴露无遗。很多企业已把继任规划摆在很重要的战略地位，但是并非所有企业都是如此。很多人认为，继任规划只适合于家族企业或大型集团。其实，继任规划应该成为每个企业的战略组成部分并融入企业发展的远景规划。原因很简单，对于一个组织而言，如果没有继任规划，公司将不知道该如何去开发、培养人力资源；在现任领导人和其他担任重要职务的人退休或离职后，公司也不知道如何保证有一批高素质的人才及时填补这些空缺；如果不能确保会有优秀的人才去胜任那些重要职位，公司又如何去计划未来的发展呢？继任规划的意义远不只现在那些施行这一项目的公司所意识到的那样。

简言之,组织继任规划建设的功能主要体现在五个方面:①继任规划可以确保在企业内有一批训练有素、经验丰富、善于自我激励的优秀人才接任未来的重要岗位;②继任规划可以有效地调整公司的未来之需以及现有的资源;③继任规划可以为组织的关键雇员订立更高的目标,把他们留住,以确保重要岗位都有称职的人可以继任;④继任规划可以帮助雇员设定职业生涯发展道路,有助于公司吸引、留住更好的人才;⑤继任规划可以改进公司内部程序,优化公司的产品和服务①。

14.1.3.2 继任规划的实施

继任规划是公司未来发展计划的重要组成部分。事实上,公司里的每个重要人员都应是潜在的继任人选。关键在于,在成功提拔一个人之前,一定要给予这个人足够的培训机会,使其能成功接任拟上任的职位。

要想有效地实施继任规划,必须考虑以下几个方面的问题:公司的长期发展方向是什么?在哪些主要领域和环节需要不断补充和发展高素质的人力资源?哪些人是你想重点培养以备未来之需的?这些人应走怎样的职业生涯发展道路?这些职业发展道路是否适合这些人的具体情况?

需要指出的是,继任规划不能机械地施行。一般说来,机械笼统地去做这件事不如针对每个候选人的具体情况去做收到的效果好。因此,组织在实施继任规划时应注意:一是组织要采取积极主动的态度;二是要意识到这一问题的长期性与复杂性。

1. 组织应积极主动地实施继任规划

组织应提前主动地制订和实施继任规划,不要等到组织出现了职位空缺后才临时抱佛脚,急急忙忙地找人接替,而要在需要填补重要职位之前就开始进行培训或轮岗,以便使继任者获取更多的经验和知识。接班人和有潜力的候补人员都应在继任规划实施的早期选定,这样不但对当事人有帮助,而且还有助于避免其他主要候选人因失望或提升的不够快而离开。

在继任规划的实施过程中,要根据公司的具体情况采用不同的方式,切忌千篇一律,所有的职位都采取同样的方式。有些时候,组织可能需要让候选人较快地在很多不同岗位上轮换,以获取更广泛的经验和知识。另一些情况下,组织可能让候选人更深入地参与到某些选定的部门会更适合。因此,不同的职位应采取不同的继任方式和路线。

继任规划不需要普及到每一个职位,但一定要考虑到那些重要职位。具体情况还需根据不同行业和不同公司、不同组织的特点而定。作为组织战略思考的一个组成部分,每个组织都需要针对一些重要职位采取有计划的继任方案。且每年都应至少重新审视一次继任规划,如果有需要还应更频繁些。

无论是对于整个继任规划,还是当中的继任人选作个人职业生涯规划,组织都不必只按照一个模式去做。要分析组织和个人的具体需要,并据此拟定并优化这一规

① M. Dana Baldwin:《世界职业经理人文摘》,2000 年 9 月。

划。另外,组织要留出足够的时间去培养接班人,不要期望他们一夜之间学会所有东西。足够时间可以使继任规划进行得更顺利、更有效。

2. 要意识到继任规划的复杂性与长期性

跟其他许多人力资源管理流程一样,在建立继任规划的过程中也容易犯很多的错误。主要有以下几种:对每个重要的个人或职位没有一个正规的书面发展规划;规划过于笼统,缺乏弹性,没有考虑到个人的能力和需要;正式提升等待时间过长;把一些不合格或没有进取心的人放进了继任名单中。

在部署和利用任何战略资源时,必须考虑培养关键人才以备未来之需,因此值得花大量时间和精力去讨论公司的需要和目前的能力,并把这些放到战略位置上。

如果组织目前还没有一套正规的继任流程,也可以建立一个继任规划的目标去满足组织发展的需要。这些目标包括:组织怎样才能让雇员发挥最大的潜能?怎样去定位他们、教育他们,使他们为组织的发展和他们自己的长远利益作出最大贡献?怎样才能确保公司的未来会有一批高素质、受过良好教育、富有实践经验的精英?

实际上,继任规划的建设是一个永无止境的过程。需要定期审视组织的资源,确定哪些位置需要接班人或者需要有人开始学习必要的知识,弄清楚需要多长时间培养候选人,定出每个人为达到既定目标该走的职业生涯路线,这条路线也许会因需要而改变。因此,组织的监控和更新是每一个继任规划的重要组成部分。

14.1.3.3 摩托罗拉的继任规划

在摩托罗拉(Motorola),雇员的职业生涯规划和发展与公司的业务发展密切挂钩,两者做到有机协调地向前推进。该公司正是推行了一套公司采取主动、雇员积极参与、旨在发挥每位雇员所长的职业生涯规划和发展机制,才使雇员的职业生涯得到了良好的发展,公司的人力资源得到了很好利用。

在摩托罗拉,雇员的职业生涯规划与发展,被纳入公司的业务长远规划(business long-reach plan)中考虑。也就是,公司为了指导自身的长期发展,制订了业务长远规划,其中包括业务的长远发展目标以及实现目标所需要的战略等。为了支持公司战略的实施,设计了相应的组织结构,制订了相应的人员需求计划,其中决定了需要哪些类别的人员、各需要多少,需要多少年的工作经验,职位有多复杂,有多大的职责。在此基础上,形成相应雇员数量的年度财务预算。公司设计的组织结构如果提供了职业生涯发展机会,公司就会首先考虑给予内部雇员,而且还可以考虑从外部招聘人员加盟公司①。

摩托罗拉公司每年还举行一次组织发展和管理评审会(Organization Development and Management Review,ODMR),对雇员的职业规划和发展进行动态管理。届时,公司的每一个事业部都会对各自的长远业务计划和组织结构进行审查和评估,评估内容主要包括:目前的组织结构是什么样的?五年之后的组织将会是什么样的?要分

---

① Stephen Chen:《摩托罗拉如何培养接班人》,载《世界职业经理人文摘》,2000 年 7 月。

成多少个部门还是多少个小的营业单位？与此同时，也要了解上一年的发展遇到了什么样的问题，例如，培训够不够？发展机会够不够？有没有不断的工作轮换？在内部的导师制（mentorship program）执行过程中，各个导师对新雇员进行帮助的成效如何？同时，还要考虑怎样才能实现今年的组织发展目标，例如有没有足够的人员去填补组织空缺？

如果组织结构发生新的变化，那么每个雇员就有潜在机会开始岗位轮换，其中的关键就是接班人问题。在摩托罗拉，每一个职位一般有三个接班人，第一个（A）是直接接班的；第二个（B）计划在 3～5 年内接班；第三个（C）要么是少数民族，要么是女性。第三个接班人涉及摩托罗拉公司目前实施的雇员多样性发展计划，也就是需要形成多民族、多种族和性别平衡的人员发展结构（参见表 14-1）。根据其工作表现和发展潜力，公司将所有的接班人进行排名，然后针对不同排名给予相应的培训，以满足其未来发展的需要。以上是摩托罗拉公司主动采取的主要措施。

表 14-1　人员配置与继任模型

<table>
<tr><th colspan="7">雇员</th><th colspan="9">继任人员</th></tr>
<tr><th rowspan="2">职务</th><th rowspan="2">任职者姓名</th><th rowspan="2">任职时间</th><th rowspan="2">级别</th><th rowspan="2">业绩表现</th><th rowspan="2">潜能</th><th rowspan="2">特殊群体</th><th rowspan="2">姓名</th><th rowspan="2">职务</th><th rowspan="2">任职时间</th><th colspan="2">目前情况</th><th rowspan="2">潜能</th><th rowspan="2">特殊群体</th><th rowspan="2">处所或单位</th></tr>
<tr><th>业绩</th><th>级别</th></tr>
<tr><td rowspan="3"></td><td rowspan="3"></td><td rowspan="3"></td><td rowspan="3"></td><td rowspan="3"></td><td rowspan="3"></td><td rowspan="3"></td><td>A</td><td></td><td></td><td></td><td></td><td></td><td></td><td></td></tr>
<tr><td>B</td><td></td><td></td><td></td><td></td><td></td><td></td><td></td></tr>
<tr><td>C</td><td></td><td></td><td></td><td></td><td></td><td></td><td></td></tr>
<tr><td rowspan="3"></td><td rowspan="3"></td><td rowspan="3"></td><td rowspan="3"></td><td rowspan="3"></td><td rowspan="3"></td><td rowspan="3"></td><td></td><td></td><td></td><td></td><td></td><td></td><td></td><td></td></tr>
<tr><td></td><td></td><td></td><td></td><td></td><td></td><td></td><td></td></tr>
<tr><td></td><td></td><td></td><td></td><td></td><td></td><td></td><td></td></tr>
<tr><td rowspan="3"></td><td rowspan="3"></td><td rowspan="3"></td><td rowspan="3"></td><td rowspan="3"></td><td rowspan="3"></td><td rowspan="3"></td><td></td><td></td><td></td><td></td><td></td><td></td><td></td><td></td></tr>
<tr><td></td><td></td><td></td><td></td><td></td><td></td><td></td><td></td></tr>
<tr><td></td><td></td><td></td><td></td><td></td><td></td><td></td><td></td></tr>
<tr><td rowspan="3"></td><td rowspan="3"></td><td rowspan="3"></td><td rowspan="3"></td><td rowspan="3"></td><td rowspan="3"></td><td rowspan="3"></td><td></td><td></td><td></td><td></td><td></td><td></td><td></td><td></td></tr>
<tr><td></td><td></td><td></td><td></td><td></td><td></td><td></td><td></td></tr>
<tr><td></td><td></td><td></td><td></td><td></td><td></td><td></td><td></td></tr>
</table>

资料来源：摩托罗拉公司人力资源管理培训材料。

对于继任规划中继任人选的选拔一般采用业绩—潜能分析法进行分析。根据雇员的工作业绩和潜能，将雇员分为 9 类（如图 14-1），然后根据雇员的业绩与潜能的综合情况决定继任人选，并对不同情况的雇员采取不同的激励与培训开发措施。

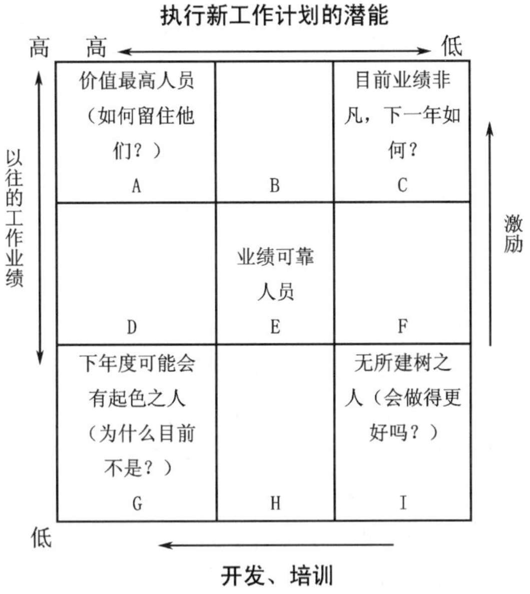

图 14-1 雇员业绩—潜能分析图

从雇员的角度而言，每个雇员在每个季度都可以同各自的主管就“你在公司是否有明确的个人发展前途?”“你是否因性别和文化传统等因素受到歧视?”等问题进行沟通，或者是在公司的计算机系统上对这些问题进行回答。

同时，雇员个人在每季度同主管进行绩效评估的时候，也可以谈到自己的职业生涯发展机会，每次绩效评估的最终结果都会包括雇员及其主管达成共识的雇员个人职业生涯发展规划的内容，这些信息都会汇总上报，供公司对雇员的职业生涯规划和继任规划进行必要的调整。此外，雇员还可以通过公司的内部职业机会系统查询各个部门的人员招聘信息，一旦发现有新的机会，如果觉得自己也符合条件，那么随时可以提出申请，而且在申请的时候，不需要经过自己主管的同意。

14.1.4 组织职业生涯发展规划的落实

组织职业生涯规划的落实需要一定的制度和措施加以保障，组织职业生涯规划落实的措施有多种，不同的组织可以采取不同的措施，最常用的落实制度和措施主要有建立职业记录及职业公告制度、建立组织职业信息系统、开展职业生涯年度评审等方法。

14.1.4.1 建立职业记录及职业公告制度和组织职业信息系统

为落实组织职业生涯规划目标，大多数比较先进的企业都建立了职业记录及工作公告制度。这种制度的基本目的在于确保内部候选人的职业目标和技能与各种晋升机会公开、公正有效地匹配起来。

古德曼·萨奇公司的内部工作配置中心(Internal Placement Center, IPC)就是这种制度的一个很好实例。萨奇公司这一机构设置的目的在于:唤起古德曼·萨奇公司的雇员对追求在公司不同领域中谋求职业发展的机会的兴趣。内部工作配置中心还简化了公司在填补职位空缺时考虑内部合格候选人的任务,因为它可以向管理人员提供关于能够为他们的雇员提供职业发展机会的空缺职位的信息。

古德曼·萨奇公司的内部工作配置中心的工作过程共分为五个步骤:①当某一职位出现空缺时,雇员管理人员可以首先进行一项内部、外部或综合性——既包括内部又包括外部——的调查,但是公司"鼓励进行内部调查或综合性调查";②管理人员和招募人员为此空缺职位填写一份工作描述表,这张表包括工作名称、部分与直接管理人员、对职位职责的描述以及该职位对从业者的总体资格要求;③将空缺职位机会在内部工作配置中心以及在每一楼层的接待处公布出来;④对空缺职位感兴趣的雇员向公司的内部工作配置中心递交申请报告以及最新的履历介绍;⑤由内部工作配置中心的协调员和招募人员对每一位雇员的申请书进行资格审查。一般情况下,雇员在递交申请报告的两周以内就会得到内部工作配置中心协调员寄到家里来的通知,告之他们申请报告的处理结果。这仅仅是决定雇员能否被邀请参与求职面谈的步骤。那些被挑选上的雇员将接着进入下一步的面谈阶段。

联邦速递公司也有自己的工作公告及职业协调体系,该公司将这种体系称为工作调换申请人跟踪体系(Job Change Applicant Tracking System, JCATS)。公司的职位空缺一般都是在每周五通过这一电子信息系统发布出来的。申请空缺职位的所有雇员都将被根据各自的工作绩效以及服务时间的长短赋予一个量化的分数,同时,系统还会提出建议,认为他们是否适合被作为空缺职位的候选人。

在彭尼公司,地区管理人员(他们负责管理几个商店)和地区人事管理人员通常从各商店管理人员那里获得一张可提升人员的名单。而地区和大区也同样保存有自己下属主管人员的有关职业资料。在彭尼公司总部还有另外4 000份左右的档案资料。此外,在公司的贸易部门、经营部门、人事部门以及综合管理部门四种功能部门中也同样有所属人员的职业信息档案。

关于由哪个机构来保存档案的问题,在很大程度上取决于每一种相关的、既定的每年通过工作绩效评价决定的职业发展路径是怎样的。比如说,如果某人准备从贸易管理员职位向助理采购员职位发展,那么综合管理部门的办公室应当保存此人的一份档案。

许多公司还建立了职业信息系统,以便更好地落实组织的职业生涯规划。如彭尼公司建有一个关于18 000位管理人员的雇员信息资料库——他们在哪里工作,他们的工作绩效评价代码,他们既定的职业发展道路,等等①。公司有一位资深的行政管理人员来审查所有跨地区或跨部门的工作申请等,公司总部的经营主管则负责对自上而下的整个公司经营系统的所有人员的工作绩效评价和职业发展规划进行评

① 加里·德斯勒:《人力资源管理》,393页,北京,中国人民大学出版社,1999。

价。正如公司的一位高层人事管理人员所说的，其结果是在管理人员与他们的下属雇员之间存在一种动态的对话过程。他们经常讨论（至少每年一次，通常更为频繁一些）某当事人在今后 12 个月内将做些什么、他的职业选择是什么等等。反过来，商店管理人员又会同他的地区管理人员讨论同样的事情。这种讨论所强调的重点总是如何帮助下属人员不断成长。

14.1.4.2 组织职业生涯年度评审

职业生涯年度评审是落实组织职业生涯开发与管理规划的重要环节和措施。1992 年，法国《回声报》对 185 家平均雇员人数在 5 000 人以上的企业进行的调查表明，83% 被调查的企业表示采用了职业生涯年度评审的形式，而其中 37% 的企业还真正建立了专门负责职业生涯年度评审的管理层①。

1. 目的和意义

职业生涯年度评审是职业生涯管理工作中的一个非常重要的因素，也是落实组织职业生涯规划的重要措施，通过这种方式可以使组织预计的职业生涯整体管理与根据雇员潜力和愿望确定的职业生涯前景相联系。评审并不是一件简单的事情，评审中和谐愉快的气氛对于是否能够达到预期的评审目标至关重要。一方对另一方的“赏析”应该在语言、手势、表情等一切评审时使用的手段中加以表达并确实让对方感受到。另一方面，谈话者都希望对方表露出他所感受到的愉快和满意。在整个评审中，雇员需要知道他的上级是如何认识他的，并希望能够将他所感受到的与他的上级进行交流。

实际上，职业评价年度评审的优势和价值在于信息的直接交流：雇员获得了调整自己的职业生涯规划所必需的信息（别人的评价、职务变动的可能性、教育培训安排等）；上级获得工作计划与人力资源相适应所必需的信息（雇员的愿望、反馈等）。

许多有关雇员职业生涯发展的决定就是通过这种评审所得出的结论作出的。除了有关个人可能的培训、晋升计划的决定外，实际上，年度会谈最常用于发现雇员的潜力。年度评审可以对分配给一名雇员一个工作岗位时所做的假设是否成立作出判定。

组织通过职业生涯年度评审可达到以下目的：①使雇员发现自己的缺点并促使其愿意改正；②满足雇员想要知道别人怎样看待他的工作的正常愿望；③使雇员能够无拘无束地讲述自己的才干、自己所遇到的困难及愿望；④消除组织内可能存在的误解。

2. 组织职业生涯年度评审的方式

通常，职业生涯年度评审的方式是在两个人、三个人乃至更多的人之间进行的，各种方式都有不同的特点。

---

① Cf. Les Echos; Paris, Mardi 16 juin 1992.

1）在两个人之间进行

一位雇员与其直线经理进行直接对话是最通常的做法。他们面对面进行谈话，互通信息、商议讨论，发表自己的看法和观点，对工作结果进行评定，交换对实现企业目标的看法和个人愿望。在这种谈话中，双方可以建立起一种相互理解、相互信任的关系，并可能形成新的心理合同。

2）在三个人之间进行

这种做法有时是雇员和其上级管理人员共同期望的形式。雇员希望他的直接上级和更上级同时在场，因为有两位上级在场，雇员好像觉得更公正一些。这种形式的评审，可以促使上级采取行动并信守他们的许诺。有时管理人员也喜欢这种做法，这样可以避免独身一人面对一个雇员，以便于利用自己上级的支持来平衡和解决可能出现的问题。但是采用这种方式也是有一定风险的，即可能会使人产生面对“法庭”的感觉。

3）在多个人之间进行

这是在集体评价工作程序中进行此项工作的方式。这是以小组形式进行评审，这样做可以使组内的每一位成员都能重视各自为团体合作所作出的贡献，也能使被评审的雇员获得更全面、更广泛的信息。

3. 年度评审的方法

职业生涯年度评审过程决定了谈话的方式。法国学者贝松（Beson）总结了谈话方式的发展，其研究表明：评价的方法由不进行谈话的打分法，发展到雇员参与式谈话的评价方法，进而又发展到注重平等地谈话的发展式的评价方法；在总结和评价谈话中，雇员个人受尊重的程度在不断增加。

新的评价方法不仅仅是对雇员进行评价，还特别有利于从雇员职业生涯发展的角度来考虑问题。采取这种方式的重要性，是可以帮助雇员进步与提高。这种方式尤其可以帮助雇员解决日后可能遇到的问题并提高雇员的专业才干，同时，还可以改善雇员与周围同事和上级的关系。

这里有一个新的组成部分，即进取合同或称之为心理契约（都是心理合同的表现形式）。这个合同已超越了企业确定的目标，是一个在确定的范围和期限内，以具体的方法真正激励雇员取得进步的合同。

在实践中，雇员都以很高的积极性参加年度职业生涯评审，这表明他们需要这一评价方法。但他们的上级对此评价方法却往往持保留态度，主要原因是因为这些上级缺乏相应的培训（例如：主动倾听的培训，知道如何表示否定，等等），这导致他们不能有效地进行交谈。为了保证职业生涯年度评审的质量，对各位上级进行有关职业生涯年度评审方法的培训是管理技能培训的重要内容之一。

年度评审的准备方式、选择主题、希望达到的结果，都是由职业生涯委员会讨论决定并解释给主持会谈的各级管理人员。年度评审的准备工作决定本年度评审的质量，评审双方都应事先就会谈内容做一定的准备。表14-2、表14-3所示的就是由双方填写的准备表。

表 14-2　职业生涯年度评审会谈准备表(A)

职业生涯年度评审会谈(由雇员填写)	年　　月　　日
姓名________	
职务(岗位)__________	
本年度主要成就	
本年度最大的进步	
成就及进步原因分析	
对未来工作内容及培训的需求	
个人职业生涯的中长期计划	

资料来源:程社明:《你的职业——职业生涯开发与管理》,281 页,北京,改革出版社,1999。

表 14-3　职业生涯年度评审会谈准备表(B)

职业生涯年度评审会谈(由上级填写)	年　　月　　日
姓名________	
职务(岗位)__________	
对工作绩效的评价	
对工作能力的评价	
需要改进的方面及改进的形式	
对未来发展的建议	
——对目前担任的职务的建议	
——对目前担任的职务以外的发展建议	
针对职业生涯中长期目标的建议	

资料来源:程社明:《你的职业——职业生涯开发与管理》,281 页,北京,改革出版社,1999。

4. 职业生涯年度评审会谈的内容

下面是为职业生涯年度评审会谈准备的模拟提纲:①本年度的工作成绩与失误;②本年度中观念的转变与能力的变化;③成绩、失误的原因分析;④本年度中教育培训的效果;⑤有关家庭和个人身体健康信息;⑥本人对下年度工作的希望;⑦本人对教育培训的需求。

直接上级对以上内容给予评价,特别是帮助分析原因及明确下一年的安排并传来一些确实的来自组织高层的信息。评审会谈结束后直接上级应将会谈内容及时向上级汇报,对未能解答的问题寻求答案并及时反馈信息。

职业生涯年度评审会谈中有如下两个问题容易被忽略或有所顾忌,需要特别指出:①谈失败需要勇气,能够从失败中吸取教训与能从成功中总结经验有同等意义。

②工作方面与品行方面需要平衡发展。有的管理人员担任更高职务时,其最大的缺陷不是知识和能力,而是这一更高职务所要求的人格和品德。组织可以通过伦理教育特别是成功者的典范示例积极影响管理人员品德的发展,而在年度评审会谈中也可以通过评价和鼓励达到积极的效果(程社明,1999)。

5. 应用

在职业生涯年度评审以后,组织可以通过各种方式获得各种角色(上级、平级、下级等)对雇员职业生涯发展的反馈意见。如通过上级的反馈,得到如下信息:①下一年有希望获得的职务;②组织内部可能发生的变化;③上级对雇员职业生涯发展的指导性意见;④直接上级对其工作的评价。

通过对不同角色意见的反馈与整理,组织应结合雇员自身的情况,对其职业生涯规划与组织继任规划进行调整。调整的重点在于根据修正后的职业生涯中期、短期和近期目标重新评价雇员在观念、知识和能力上的差距,调整与选择缩短差距的方法。

如果已经明确将要发生职务变动,组织或个人应根据这一既定的目标安排相应的教育培训内容。相反,如果近期内没有职务变动的可能,组织应认真考虑为雇员建立新的工作能力目标,根据这一目标安排相应的开发计划。

14.2 组织职业生涯开发管理

14.2.1 组织职业生涯开发的内涵与特征

14.2.1.1 内涵

职业生涯开发是一个内涵非常广泛的概念。它包括一切有利于提高雇员的知识、技能,激励和帮助雇员发挥积极性和创造性,在其自身的物质和精神需要得到满足的同时,为企业、社会作出更多贡献的一切活动的管理机制。除了通常所知的制订企业人才发展战略,形成有利于人才脱颖而出的培训、考核、报酬、晋升制度及企业文化外,对组织进行变革,对日常的工作加以反思,使之更有利于发挥人的能力,提高组织绩效,也属于职业生涯开发的范畴。

具体而言,组织职业生涯开发是指组织为提高雇员的职业知识、技能、态度和水平,以提高雇员的工作绩效、促进职业生涯发展而开展的各类有计划、有系统的教育训练活动。组织职业生涯开发是人力资源开发管理的一个手段,是组织发展战略的重要组成部分,对组织的未来发展以及雇员个人的发展前景都有着特殊的重要影响。

职业生涯开发有两重目标:向雇员指明个人职业发展的目标和方向,同时保证组织获得现在和将来所需的人力资源(William J. Rothwell,1992)。也有人强调个人与组织的发展目标应该是一致的和相互配合的,“职业生涯开发首先要明确个人在一个组织中所处的地位和工作中的角色,其最终目的是达到人与工作的完美结合,从而提高个人的能力和组织的绩效”(Mclagan,1992)。

要深入理解职业生涯开发的目的,还必须深入了解企业与人的发展之间的关系。在处理个人和企业关系上有三种基本观点。

(1)企业利用雇员为其生存、发展服务。持这种观点的企业为数众多,这些企业也能为社会创造就业机会,为社会提供产品和服务。但由于没有考虑企业雇员的利益,在企业遇到困难时,雇员很难有同甘共苦的精神,当受到其他企业优越条件吸引时会迅速辞职。

(2)企业和雇员共同发展。比较优秀的企业才能做到这一层次,将企业和企业雇员看做命运共同体。但社会的发展要求企业决策者进一步看到问题的本质。

(3)企业为雇员生活、发展服务。最优秀的企业才能认识到以人的发展为中心是企业发展、社会发展的需要。人的发展是社会发展和企业发展的前提。只有雇员发展才能保证企业长存不衰,才是企业和社会的根本发展。

企业之所以要将人的全面发展作为其宗旨,主要由于以下原因。

(1)这是由职业生涯开发的目的、手段和结果之间的关系所决定的。回顾人的需求理论和人生各发展阶段的任务,虽然职业生涯在人生中占有重要时段并对人的物质需求和精神需求的满足至关重要,但决不是人生的全部或根本目的,它只能作为一个手段。企业发展是企业雇员发展的结果。在一定情况下个人服从企业的利益,使企业发展得更快更好,从而使企业能为更多人的发展提供条件和机会。目的、手段和结果三者之间的关系如图 14-2 所示。

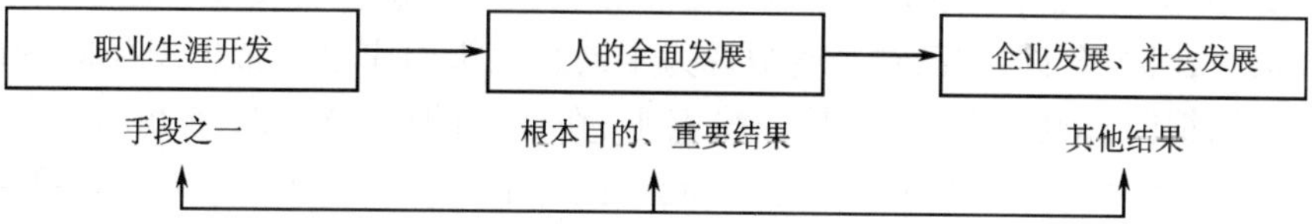

图 14-2　目的、手段与结果的关系

其次,还必须从企业发展的目的角度进行分析。企业的决策者应将人的发展范围从自己扩大到企业全体雇员。企业的决策者往往宣扬一种以企业发展为本、企业的发展会随之带来企业中人的发展的观点。但事实是,如果企业决策者根本未曾想到以企业的发展为人的发展服务,而只是一味要求人为企业发展服务,企业的发展绝不会自然地带来人的发展。

一般来讲,企业的发展首先能为企业的决策者全面发展提供条件:不仅使他们的业绩更加辉煌,经济收入进一步提高,更主要的是使他们的权力更加巩固,社会地位更加显赫。可以说,企业发展今后对企业决策者在物质需求和精神需求方面都能提供很大保障,企业决策者内心深处也很清楚自己是企业发展的直接受益者。因此,问题的实质不在于职业生涯开发是为了企业的发展还是为了人的发展,而在于企业决策者是否愿意把这种由于企业的发展而带来的人的发展,从他们自己扩大到更多的、以至企业的全体人员。

企业管理学权威彼得·杜拉克(Peter F. Drucker)指出:企业的最终目标不应当是利润。利润并不是目标而是生存的必需条件。目标应当是人民的发展①。杜拉克的观点使我们更加确信企业的发展尤其是企业的利润不是目标,企业要为人的发展服务,并将"人"扩大到"人民"。

14.2.1.2 特征

职业生涯开发的战略目标是人的全面发展,开发的对象是组织的全体雇员集合,职业生涯开发要求在董事会和管理人员双重高度参与下,充分利用资金、时间、技术、人才以及组织外部力量,实现组织雇员的职业生涯发展目标。由此可见,组织职业生涯开发具有典型的长期性、全局性和战略性的特征。

(1)长期性。就雇员个人而言,组织职业生涯开发战略涉及其从进入组织第一天到在组织工作的最后一天的全部职业历程,并对其离开该企业后的职业生涯继续起到重大影响和作用;而对组织而言,该战略从组织创建之日起至组织未来都与其有着非常密切的关系。

(2)全局性和战略性。就雇员个人而言,组织职业生涯开发将影响到人一生的各个方面;而对组织而言,由于涉及各层、各类所有人员的发展,所以必将对组织的各项工作产生直接或间接的影响,同时也对组织的未来发展产生战略性影响。

组织职业生涯开发,有意识地将个人的职业生涯规划与组织的人力资源需求相联系。作为提高劳动效率的策略,已在最近的几十年里取得了巨大成就。在20世纪60年代末,职业生涯开发策略还主要被看做是帮助个人就业者实现自己理想的适当途径。然而,时至今日,它已越来越被视为帮助组织机构应对经常出现新问题(如全球化和机构精简)的实用商业手段。事实上,在过去的近40年时间里,组织职业生涯开发,在整体上发生了迅速的变化,引起了执著于人力资源开发的人们对更深入了解组织职业生涯开发实践状况的浓厚兴趣。

在过去的10多年中,组织的职业生涯开发系统整体面貌又发生了戏剧性的变化,呈现出如下趋势和特征。

(1)"人力资源开发"前所未有地与组织或公司的战略性商业需求紧密结合在一起。由于技术进步是可持续的和无所不在的,组织要获取最大限度的成功只有通过人力资源方面的优势来取得。简单地说,这意味着在一切都自动化之后,就不再有人拥有成功地利用自动化带来的优势的技巧和经验。此外,工作场所的胜任度越来越取决于与技术无关的技巧,比如说有效的沟通技巧、团队协作、判断思维、对变化的反应能力,而这一切都只能来自于经过充分开发的人力资源。

于是,人力资源的开发已成为许多企业文化的组成部分。在今天这种"利少益微"的商业气候下,开发是必不可少的求生之道。它帮助公司自我定位,以便在它们所处的环境中适应迅速发生的变化。例如生产线上的突然调整很可能带来再培训的

---

① 约翰,塔兰特,杜拉克:《开创企业社会的人》,61页,北京,美国驻华大使馆新闻文化处出版,1985。

问题,耽搁的时间正好用来开展工作丰富化活动。对人力资源的开发程序能使公司迅速而有效地应付这类挑战。

(2)组织职业生涯开发越来越多地采取一种系统的方式。以前的做法多是分散性的培训活动,像职业和生活规划的专题讨论就是这样。实践证明,这种一次性活动的效果显然是有限的。由于职业生涯开发对人和工作的作用是长久的和可变的,许多从事人力资源开发的人士认识到,一种适合组织机构变化的系统方式是必要的。同时,职业生涯开发活动与其他人力资源开发的创新实践之间出现了一种天然的联系。

像其他任何人类行为方式一样,某个系统的局部变化都会产生牵一发而动全身的效应。比如说,提供职业信息会使雇员更经常地使用已有的岗位需求信息发布方式,如果雇员与管理者定期碰头讨论工作中的问题,那么绩效评估讨论会的效果就好得多。这种增效作用越来越成为职业生涯开发活动的特点。

(3)职业生涯开发的重点已经从个人发展到公司。在20世纪60年代末,就业咨询和职业生涯规划的讨论焦点一直围绕着雇员个人的理想和目标。到了20世纪80年代,重心发生了变化,有组织的职业生涯开发在整体改善公司外部条件的商业要求中成为一种手段。在20世纪90年代,重心在个人与公司两者之间达到了平衡。这种局面的出现意味着应把组织职业生涯开发看做是一种战略性步骤,将个人的职业潜力最大化是扩大公司全面成功的途径之一。

(4)职业生涯开发的概念已经扩展,目的是促使组织机构出现新局面。今天的许多雇员是在经济空前增长和充满机会的时代中成长起来的,他们倾向于把向上流动等同于成功,在他们眼里,不提升就是职业生涯的失败或受挫。而当经济状况发生变化时,组织机构的对策就是削减管理层,使组织机构呈现出扁平化,结果是上层的空间越来越小。为留用大量有才干的中层工作人员,组织机构不得不对成长和成功的真正含义作出建设性的思考。日益成为共识的是这样一种看法:职业生涯的成功可以以横向调整的形式实现,通过工作丰富化在“原地成长”。

(5)经济已经全球化,需要我们把职业生涯开发放在全球的环境中来看待。职业生涯开发的观念和实用方法已实现了跨国界的交流,这其中,一部分是跨国公司增多的缘故,另一部分是由于信息技术的爆炸。当全球经济的参与者更加相互依赖时,职业生涯开发的创新模式也将国际化。

14.2.2 组织职业生涯开发的方法和模式

组织职业生涯开发的方法有多种,通常,开发的方法随职业种类和岗位的不同而有所不同,而每种开发方法也各有自己独特的优点。在某一职业生涯开发计划中,采用何种方法最好由职业生涯管理专家和心理学家来决定。一般而言,组织职业生涯开发方法和模式有两类:一类是各种人员通用的一般开发方法;另一类是专门针对管理人员的特殊开发方法(赵西萍,1999)。下面分别加以介绍。

14.2.2.1 一般开发方法

这类开发方法既可以用于中低层次的雇员,也可以用于对较高级的官员进行开发,具有一定的普遍适应性。这类方法又可以分为两种类型:一种为现场培训;另一种为脱产培训。

1. 现场培训法

现场培训是在原来工作场所和原工作过程中所进行的培训。现场培训法主要有以下几种。

1)在职培训法

在职培训是历史最悠久、采用最普遍的职业生涯开发方式。是在实际工作职务和工作场地所进行的职业训练和学习,这种方法,雇员可以通过观察教员和熟练工人的作业过程中模仿他们的动作和行为来进行。在职培训特别适用于许多技术性和半技术性职业的新招工作人员的培训,其中最典型的方法是艺徒培训。

在职培训具有很多优点。首先是经济实惠,公司不必去为建造一个专门培训机构或为培训新雇员专门复制一套工作中所使用的机器设备而花费一笔数目可观的资金。如果用领班或熟练工人作为指导者,公司还可以节省雇用专职教师的费用。其次是在职培训为学员提供了"正迁移训练"。因学员学习时所用的设备与他们以后在实际工作中所使用的设备相同,这样在训练情景中所学的东西就可以迁移到实际工作情景中。而其他培训方法中,有时用于培训的设备与实际工作中的设备差别相当大,以至于使学员在培训时所学到的东西都不能具体被迁移到工作情境中,从而降低了培训的效果。

当然,在职培训方法也有许多缺点。首先,在职培训存在着一些不易被觉察的花费。如指导者不得不丢开正常的工作,这会降低劳动生产效率;同时新雇来的没有经验的雇员也会使生产的产量降低并有可能损坏机器设备。其次,对于有些工作而言,让学员操纵机器是很危险的。因为学员出事故的概率要比有经验的工人高得多。

尽管在职培训存在一些缺点,但它仍是许多技术性和半技术性职业所常用的一种培训方法。如果能辅以适当的安全和预防措施,它会成为一种非常有效的新雇员的职业生涯开发方法。它对于培训办事员、生产经营人员和零售推销员尤为有效。

2)见习培训法

见习培训是在实际生产线的附近安排适当的培训任务,培训并不影响正常的生产活动。这种培训方法比较适合于那些技术要求比较高的职业岗位。见习培训方法比较灵活,易于安排和设计,很受人力资源管理部门欢迎。但这种方法的训练效率比较低,不可能同时培训很多人。

3)工作轮换法

工作轮换法是让雇员通过轮换从事各种工作职务而接受训练的方法。这种方法既适合于普通工人也适用于管理人员,比较适宜于组织的职业生涯开发培训。采用工作轮换法进行培训,使雇员有机会熟悉各种职务的特点及其相互关系;培训内容丰富多样，能够提高学员的学习兴趣，有利于雇员掌握多种技能，从而大大提高雇员对工作任务的适应性；使雇员树立全局的观念，能从不同部门的实际考虑问题。当然，工作轮换法也有一些不足之处。由于雇员的能力各有差异，并非所有人都适宜于以工作轮换法来培训，有的雇员能力有限，只宜从事比较单一的工作任务。在运用工作轮换法时，有的雇员可能会混淆各种任务的不同要求，影响培训效果。

2. 脱产培训法

为使雇员获得更好的职业生涯开发，在许多情况下，组织需要让雇员离开原来的工作岗位进行专门培训，这就是脱产培训。脱产培训既可以在组织内进行，也可以在学校和专门的培训中心进行。脱产培训的方法很多，可以根据不同学习对象和开发需要提供不同的培训内容。

1）演讲授课法

请教员上课和作演讲是学校常用的方法，也是组织职业生涯开发的基本途径。演讲授课法主要由培训者或教员讲授知识，受训者记忆知识，中间会穿插一些提问，由受训者来回答。它可以同时对一大批学员进行培训，成本比较低。但是，演讲的内容往往比较概括和一般化，学员听了以后常常觉得听起来很有道理，可就是不知道怎样实行。因此，在采用演讲法时，培训对象应该比较同质，文化程度和工作要求都很相似，以便使教师有可能讲得更为具体和实用。这种方法的效果完全取决于培训师的演讲水平。有时培训师的水平很高，但培训效果仍不理想，主要原因是这种方法不符合成人学习原则。由于演讲法是单向沟通的方式，很少有对话、提问和讨论的机会，缺乏反馈、练习和迁移，所以这种方法不太适合于工作技能训练。

2）计划性指导法

计划性指导法是一种以书面教材和电脑屏幕提供阶段性培训信息的培训方法。学员在学习了每一阶段的教材后，首先必须回答这一阶段的有关问题，每一问题回答后，电脑会提供正确答案作为反馈。受训者只有通过前一阶段的所有问题后，才能进入下一阶段学习。

计划性指导法的优点是：学员可以根据自己的速度进行学习，反馈程度高而又及时，对答对问题的学员能提供激励，有很多机会做练习，不受时间地点的限制等。计划性指导法的缺点是：教材或课件的开发成本较高，学到的知识较难转移到实际工作情境中去。

3）视听材料法

这是使用电影、幻灯、录像等视听材料进行培训的方法。使用这种方法能够提高学员的学习兴趣，使学员有机会同时运用视觉和听觉，信息加工效率高。视听材料可以重播，比较直观地观察到许多过程细节，活动的物体容易记忆，容易引起视觉想象，因而特别适合于有关工作过程和生产流通等方面的培训，对于各种装配作业线操作程序和技能培训有较好的培训效果。在视听材料中，录像方法对记录工作行为特别有用，可以直接向学员提供有关他们工作情况的反馈，给人以深刻的印象，在技术培训中可以发挥很大作用。

这种方法的缺点是：受训者处在消极的地位，受训者无机会反馈或强化或实际操作，制作成本大，一次性投资比较多，有时不符合受训者的实际情况，且材料的内容不容易更新和修改。

4）培训部培训法

由于在职训练可能会影响正常的生产过程，所以许多公司喜欢采用培训部培训法。培训部的设备和程序与实际工作环境中的相同，学员在这里接受训练和指导，训练的时间可以大为缩短，学员的工作性能水平提高很快。

培训部培训有很多优点：①由于培训部的目的是训练雇员，因此没有生产指标的压力；②指导训练的是专职训练员，可以根据需要对于不同情况的雇员进行个别指导；③学员不必担心因损坏设备而感到在未来的同事或领导面前出丑，学员可以专心致志地学习职业技能。

培训部训练的最大缺点是投资较大。公司必须为培训部提供设备和雇用训练员。尤其是那些不必要经常训练雇员的单位，更感到另设一个训练部不合算。培训部训练的另一个缺点是学习的迁移问题。由于训练环境与实际工作环境不十分相符，常常会造成学习的负迁移，从而影响培训的效果。

14.2.2.2 管理人员的开发

一般而言，与普通雇员相比，管理人员的工作具有以下特征。

(1)工作范围广且难以明确界定。管理人员不仅要执行上级交待的任务，而且还需要收集资料、分析资料，然后将所获得的信息根据自己经验转为决策，拟定具体的工作计划并指导雇员推行组织目标。

(2)工作复杂多变，需要有随机应变的能力。管理人员不像一般工人那样只做稳定的程序化的工作，他们不但需要有丰富的知识，同时也必须具有很强的随机应变能力，以便处理很多随机性事件，解决许多突发性问题。例如他需要在信息不完全的情况下迅速地作出合理的决策等。

(3)需要良好的协调能力和组织管理能力。在正式的组织环境内管理人员上有上级主管，下有下属，因此，既要满足上级主管的要求，同时也要考虑下属的需要，要能善解人意、体谅别人并能很好地协调上下级之间的关系。而在完成既定任务，收集和分析资料中，都需组织内各层次人员的帮助与合作，因此必须懂得如何获得他人的合作，如何激励他人，如何影响他人改变行为。

正是由于上述管理人员的特殊性，因此要完成工作就需要一些特殊的技能，因而需要一些特殊的方法对其进行开发和培训，常用的方法有以下几种。

1. 研讨会法

研讨会法一般在宾馆和会议中心举行，对人数有一定的控制，强调双向信息沟通，适宜小群体范围的培训。研讨会法，学员通过对有关工作特点和任务要求的讨论学习来掌握工作内容和方法。研讨会的效果与培训师的个性特点和技巧有关，较差的研讨会效果只相当于授课,但较成功的研讨会由于结合其他方法的长处,因此效果十分理想。这种方法比较适宜于加深对所学知识的理解和改善工作态度,因此,学员的积极性对于培训是否取得成功是很重要的。组织的许多开发活动都可以采用讲课和研讨会相结合的方法。

研讨会法对于培养管理人员解决问题的能力和作决策的能力尤为适宜。在管理人员的开发培训中,最具代表性的研讨会方法是案例研究法。

案例研究法是哈佛商学院创造的一种开发雇员决策和解决问题能力的古老方法之一。此方法在行政人员日常训练计划中很常用。这种方法的步骤是:教员在学员小组讨论之前,把一个经理和行政人员日常遇到的复杂的经营问题或组织问题提出来给学员思考,要求学员熟悉这些问题并去找一些有关资料,然后要求学员找出一个适当的解决方法并就此进行讨论。在学员进行小组讨论时,每个学员都要发表自己如何解决这个问题的意见并讨论其他人提出的解决方法。通过交换不同的看法,使学员认识到可以从不同的角度看问题,用不同的方法解决问题。一般说来,被选择研究的案例仍然没有一个标准答案,解决方法的好坏,不是由小组领导作出决定,而是由小组集体讨论决定。

案例研究法的目的是培训学员如何来分析信息、如何来产生一些方法以及如何来评价方法,训练学员通过小组讨论解决问题和作出决策的能力,提高学员分析和批评自己的假设和观点的能力,以及改进接受他人正确的看法、态度的能力。案例研究使学员通过口头讨论和书面作业来进行反馈和强化,通过案例分析,学习如何把一些原则转移到现实的问题中去。由于费用较低,因此在组织职业生涯开发中得到了广泛应用。

案例研究法的一种变式叫事件过程研究法。这是由美国麻省理工学院的保罗·皮哥斯教授首创的一种培训方法。事件过程研究法不是给学员一个复杂的问题,而是向学员提供某一管理情境中的一件事情“起源”的材料,在讨论问题解决方法的过程中,学员如果想知道与问题起源有关的细节,可以随时向教员提问。在教学过程中,教员也积极参加讨论。首先由学员就材料向教员提问,教员予以回答,学员做记录,然后讨论解决这个问题的方法。最后,教员再告诉学员在实际工作中是如何处理这一事件的,结果如何,并对讨论的结果进行总结,使之上升为理论。这种方法与解决实际问题的过程很接近,很适合工作繁忙的管理人员和企业高级领导人员的培训。

2. 工作模拟法

工作模拟法采用一组模拟情境和模拟工作任务来对管理人员进行培训,以提高其认知能力、解决问题的能力、决策能力和处理人际关系的能力。这种方法常常用于需要从事大量信息加工的高层管理人员的培训。

工作模拟既可以运用适当的技术设备,也可以采取十几个人的群体模拟活动,还可以采取对策的方式让学员在对策规则的范围内设法达到练习任务的目标。具体方法是:由学员组成小组,每个学员代表一家公司,相互竞争。关于每家公司的详细情况，如财政、销售、广告、生产、人事和库存等的材料，都告诉各个小组。然后由每个小组自己活动，决定每个组员的责任和任务，通过大家讨论研究解决公司面临的问题。在小组作出决定后，教员再使用计算机评价小组所作的决定。小组还可根据评价作必要的补充。由于给学员提出的问题非常实际，所以大多数学员很关心本小组所代表的公司面临的问题并着手进行解决。通过这种学习，学员学会了在规定的时间内和在与别的公司（小组）竞争的情况下如何解决各种问题。在各个小组都作出决定以后，教员对已经作出的决定进行讲评，鼓励学员讨论，提出其他可能的决策。模拟的业务问题往往有几百个。这些问题有难有易，大体可分为两类：一类是高层管理问题，是公司高层领导者遇到的需要作出决定的问题；另一类是功能问题，是公司某一部门遇到的问题，如生产控制和销售问题（赵西萍等，1999）。

工作模拟与实际工作按情境及任务越是相似，训练的效果就越好。国外很多企业在培训管理人员时，都经常运用工作模拟方法，让受训者完成一组模拟任务，以模拟工作的成效作为培训效果的检验。此外，在对一般管理人员及白领雇员的培训中，也越来越多地采用工作模拟法。工作模拟法还可以与案例研究和角色扮演等方法相结合，使学员感到更真实。

3. 角色扮演法

管理人员不仅需要掌握具体的管理技能，包括作决策、解决问题和支配下属的能力，而且还需要处理人际关系的技能。角色扮演法比较适用于培训人际关系技能。这种方法往往在一个模拟的真实情境中，由两个以上的学员相互作用，通过学员扮演不同的角色并作出他们认为适合于某一角色的行为和情感，使其掌握必要的技能。学员要扮演的角色是工作中经常碰到的人，例如上司、下属、客户、其他职能部门经理、同事等等。可以要求学员扮演一个要解雇某个工作不得力的下属的管理者，让另一个人来扮演那个下属，然后相互交换一下他们所扮演的角色，重复一次上面的情境。

学员初次在教员和其他学员面前扮演这些角色时，有点感到难为情。但是，不久他们就会对自己所扮演的角色产生强烈的感情。通过各种角色的扮演练习，可以使学员有机会练习并得到他们以后作为一个管理者所不得不扮演的角色的情感。通过讨论以及教员和其他学员的反馈，使他们学会如何在这种情境中改进他们的行为。更有价值的是，角色的扮演提供了学员对他人情感的感受性，特别是对下属情感的感受性。通过扮演下属的角色，学员学会了理解下属的情感和看法以及做人的道理。如果角色扮演能在工作中产生正迁移，那么它可以在很大程度上增进管理者的同情心、洞察力和理解力。

角色扮演法的效果主要取决于培训师的水平，如果培训师能作及时、适当的反馈和强化，则效果相当理想，而且学习效果转移到工作情境中去的程度也高。但是角色扮演的培训费用较高，主要原因是这种培训只能以小组进行，人均费用会提高。

4. 敏感性训练法

敏感性训练法,也称T小组法,是提高管理人员的意识水平和改善人际关系的一种很流行的培训方法。敏感性训练的目的是通过向管理者表明其他人是如何看待他们的,从而使他们对自己有一个更清晰、更精确的看法,它也使管理者有机会了解他们的行为对其他人将产生什么影响。

敏感性训练法通常是把学员带到远离工作场所的地方进行几天训练。培训时没有固定的日程安排,每个小组配一位积极观察组员行为的培训师,每小组人数一般在12人以下。训练开始时,培训师极其简略地介绍一下会议讨论的程序,然后完全以观察员的身份出现。培训师有时指定讨论题目,有时连题目都不指定,一切由小组自由决定,一般是小组形成中"现时、现地"的问题。

当小组自行组织活动并尽力解决问题时,小组成员间的互动就开始了,他们对成功、挫折、失败、个人差异、激怒及嫉妒等的反应表露无遗。经过这一番散乱而无目的的挣扎之后,小组成员开始了解他人的行为,同时感受到他们的态度,因此称此方法为敏感性训练法。

敏感性训练法可以明显地提高人际关系技能,促进受训者成长和发展。许多接受过敏感性训练的人说,他们比以前更富于忍耐,更容易接纳别人,自我意识有所增强,更善于自控,更容易与别人合作,在与其他人打交道时态度和善。这一技术已成为发达国家整个管理者开发规划中的一个重要部分。敏感性训练法的效果很大程度上依赖培训师的水平,否则很难把培训效果转移到实际工作情境中去。

14.2.3 组织职业生涯开发的资源保障和运作机制

14.2.3.1 开发的资源保障体系

组织职业生涯开发活动是一种人力资本投资项目,需要组织进行相应规模的投资才能获得相应的收益。因此,要保证组织职业生涯开发工作的开展,必须建立相应的资源保障体系。公司应从制度上建立资金投入制度和职业生涯开发会计制度,保证资金的到位,对职业生涯开发的投资、成本、价值、收益作定量的分析。公司常用的组织职业生涯开发的资源保障制度有以下内容。

(1)公司规定将其利润的一定比例(如2.5%)用于公司人力资源的开发和职业生涯开发。

(2)公司为雇员提供每年不少于一定时间(如40小时)的带薪培训。

(3)公司提供有关职业生涯发展的公开研讨班、专题培训、咨询及其他资源。

(4)公司学费报销计划,报销学费和与雇员当前岗位相关的学习费用,以及与某一工作或个人职业生涯相关的学位项目的全部学费和费用。

(5)特定职业岗位的培训与开发项目,如特别针对销售职位、系统工程师和现场工程师的培训等。

(6)建立组织岗位信息系统,面向所有雇员一视同仁地提供关于职业生涯开发及雇员职责、职位空缺的信息等。

(7)管理人员对其直接下属的职业生涯发展负责,并与管理人员个人的业绩相联系。

14.2.3.2 与企业战略及其他人力资源工作相结合

组织职业生涯开发工作是组织发展战略的重要组成部分,也是组织人力资源管理工作的重要内容。因此,职业生涯开发工作的落实和实施必须与组织的整体发展战略和其他人力资源管理工作相结合,这样才不至于使职业生涯开发成为无源之水、无本之木。职业生涯开发与企业发展战略以及其他人力资源管理工作相结合的途径和方式有以下几种。

(1)与其他人力资源工作相结合,提供多种雇员职业生涯开发工具和活动。

(2)与其他内部资源相结合,如基本技能项目、教学中心和学习辅导。

(3)与其他人力资源过程相结合,如培训与开发、信息与规划、任命与选择以及期待标准、绩效评估等。

(4)将公司的职业生涯开发规划与组织发展战略对人才的不同需求相结合(如专业、职位、学历、资历等)。

上述工作与资源结合在一起,可以使雇员树立现实的目标并制订切实可行的行动计划。

柯达公司雇员职业生涯开发的整体工作已经从一套分立的项目发展成为一种较为系统化的方法。公司将雇员职业生涯开发与其他雇员发展问题及业务问题结合起来。例如,通过柯达公司的岗位需求信息发布系统和选拔标准,人才的选拔与任命被联系在一起。公司还刻意将雇员的事业发展与公司的质量及持续改进的工作结合在一起。公司所要传达的理念是,雇员职业生涯的发展不仅包括当前工作的晋升,同时还包括着眼于个人及公司未来前途的举措。

波音公司的多方位雇员职业生涯开发项目,由公司的人力资源部发起,并与其他人力资源创意相结合(如绩效管理),也非常具有特点。其主要内容如下。

(1)职工参加“职业生涯”计划的入门教育,可以自愿选择业余时间参加为期三小时的“生涯概况”学习班。

(2)在开展”职业生涯”计划的部门中,公司通过对管理层的开发培训来支持“职业生涯”计划的实施。具体的实施责任由一线部门负责。

(3)“职业生涯”计划所提供的工具旨在帮助雇员对自己的技能、兴趣和价值观进行评估。

(4)“职业生涯”计划还帮助雇员在自己目前的岗位上发现并追求使工作更加丰富和有意义的机会,或是帮助他们发现其他在波音公司进行内部调动的可能性,以帮助人们为实现自己的个人职业生涯目标而制订并执行现实的计划。

(5)“职业生涯”系统包括多样化的工具和技术,可以满足各种雇员的需要及学习风格。各教学中心提供与岗位、薪金、业绩系统和培训有关的信息。

(6)绩效管理系统、部门性的操作计划和雇员职业生涯开发运作程序综合在一起,支持具体行动计划的创意和所有权。雇员可以有多种选择,例如一些人安排自己的工作倒班,另一些人在自己的专业领域之外选修一些课程,但仍旧与公司的使命保持一致。

波音公司的“职业生涯”开发计划与其他人力资源创意相结合并由公司的总体战略目标所推动。这些公司的目标不仅通过对“职业生涯”计划的内部宣传得以阐述,同时也通过公司的雇员简报及管理人员杂志得到明确。公司反复提醒每一个雇员和管理人员自己所处的工作大环境,鼓励他们思考如何将自己的能力应用在这一大环境中,或是否需要开发自己的能力。因此,波音公司的这些做法不仅保证了组织职业生涯开发计划的实施,而且取得了良好的效果。波音公司也因此荣膺了1990年美国培训与发展学会(ASTD)颁发的“有组织的职业生涯开发培训与开发大奖”。

14.2.3.3 赋予管理人员以培养人才的责任

要使组织职业生涯开发计划得以顺利实施,组织还必须赋予管理人员以培养人才的责任,使各级管理人员对其下属的职业生涯发展负责,并将其成效纳入对管理人员的考核机制中,以此增强管理人员的责任心,促进职业生涯开发活动的开展。许多公司在这方面都取得了一定的经验。在波音公司,对雇员职业生涯开发工作过程中,管理人员担负着很大的责任。所有管理人员,其中包括总裁和各位总监,按需要均应有能力培养自己手下的人员。许多管理人员已经接受过雇员职业生涯开发、雇员辅导和咨询方面的培训。大部分人对这一培训持积极态度,因为它为自己提供了各种技巧和一个框架,使他们有能力帮助人们去处理与个人职业生涯有关的问题,同时也提高了他们的信心。公司内部有这样一种感觉,即如果以一种适用的企业文化为基础,那么公司的各级管理人员就会用掌握的多种技巧和资源去培养一支灵活而多才多艺的职工队伍。

康宁公司建立其“全世界一流的职工培养计划过程”的基础,也在于要求各级管理人员都要担负主要责任,每一个主管都要了解雇员要求掌握的技能、他们的兴趣和价值观、他们如何与公司的需求保持一致。管理人员与其团队之间的畅通的交流是这一发展过程的核心。通过对话和反馈,管理人员找出自己需要了解的雇员的能力情况以及如何去做才能提高每一个人的贡献和对工作的满意程度。

康宁公司的一些业务单位正在开始将雇员培养工作与对管理业绩的奖励结合起来,这种做法得到了总公司人力资源部的鼓励。要使管理队伍正常发挥作用,对奖励系统的需要是显而易见的。在实施之初,许多具有资深技术背景的管理人员不愿意在无任何奖励的情况下改变自己的行为方式,日常的救急式工作占据了大多数管理人员的精力。除此之外,公司向一个百分之百部门结算体系的转型,意味着各业务单位在完成内部工作时,要越来越多地与外部服务提供者竞争,因为他们发现自己处于不利地位。

康宁公司目前正在大力提倡进行一次公司改革的思想,督促管理人员将雇员的培养当做一整套具有长远好处的措施和思路去考虑。公司目前在例行的通报中,将一份“成功之十大条件”的声明用做观念上的指南。这些成功的标志如下所示。①管理层制订期待值;②主管们学习新的技能;③雇员们使用职业生涯开发工具;④主管对雇员的开发工作负责;⑤提供个人职业生涯方面的信息;⑥领导层以身作则培养雇员;⑦追踪效果的有效措施;⑧雇员的培养与其他人力资源系统结合起来;⑨有切实可行的方法可以保持雇员开发工作的持续开展;⑩对雇员和主管进行不断的知识更新。上述内容开始被用做对雇员开发的衡量工具并据此对公司进行评估。人力资源部门已经向一些管理人员和主管推行这一衡量工具。

康宁公司的人力资源部将自己的作用定位在促进全公司的改革。设想的方式是在雇员培养问题上推广无可妥协的角色和榜样,把人员培养与管理人员奖励结合在一起,然后退后一步,让具体的个人和业务单位去发现自己成功地开展这一工作的途径与手段。人力资源管理人员认为这一变革过程可能要持续若干年,而且他们正在努力工作,争取一线管理人员不懈的支持。总公司人力资源部定期分析业务计划,检查业务需求与技能要求之间的匹配情况,同时让每一个人都了解雇员开发工作的选择内容和各项计划。到目前为止,雇员们满意地发现,管理层已关心他们的个人发展问题并听取他们的意见。从总体上看,工作效率已经得到提高,人才流失率降低了。康宁公司只要持续不懈地重视这样一个过程,即雇员与主管同时承担理性地规划雇员发展的责任并共享收益,则公司就可以实现它的理想:成为一家“获得新生”的公司。

14.2.3.4 不懈的监督、评估和修正

要保证组织职业生涯开发计划的实施,组织还必须建立相应的制度,对其工作进行不懈的监督、评估与修正。具体的工作方式有以下几种。

(1)每年一次的绩效管理与雇员职业生涯开发评审。

(2)每两年一次开展雇员发展评审。

(3)管理人员与雇员之间就职业生涯开发问题的对话制度,一般每月一次或每季度一次。

(4)建立一套内部雇员职业生涯开发网络,雇员职业生涯开发工作单位的代表每月举行一次会议,相互交换意见。

(5)向开展职业生涯开发计划部门的全体雇员通报情况,面向部门管理人员及其下属人员对职业生涯开发计划执行情况进行通报,得到人力资源部门管理人员或外部顾问的支持。这样做使人们可以全面掌握雇员开发工作的概况。

(6)通过小册子、幻灯片和录像片宣传职业生涯开发项目,进行持续不懈的需求分析和宣传并介绍其中的成功经验和事迹。

(7)认真追踪职业生涯开发的效果,重视反馈,提高参与,通过有效措施将反馈信息与未来发展紧密相联。

(8)建立促进管理人员参与和进行评价的制度或计划。

不同的公司可以根据自身的具体情况以及职业生涯开发计划的不同,采取不同

的制度和措施对职业生涯开发情况进行监督、评估和修正，以保证开发计划的科学性、合理性和可操作性，真正达到开发的目的，实现职业生涯发展目标。

14.2.4　组织职业生涯开发系统

组织职业生涯开发是一个复杂的系统工程，它将不再限于管理、控制和引导，而更重视培养、训练、组合、信息和激励，从而对雇员做到：①提出对其有吸引力的目标；②设法安排其最适合、最能发挥才干的职业工作岗位；③设法保持其旺盛的工作精力和热情；④给予培训，提高其素质，发展其能力；⑤给予激励，以坚定其积极工作的态度；⑥实行能上能下的进退分离制度。因此，职业生涯开发作为企业管理的重要部分，也必然受到企业中各种因素的影响，而企业又是处在社会环境中的，企业职业生涯开发又是整个社会人力资源开发系统的一部分，所以要建立组织职业生涯开发系统必须综合考虑国家政治、经济、教育发展状况和个人选择与价值等因素的影响和制约。

要完成组织的职业生涯开发任务，企业的每一项职业生涯开发活动都应从权责划分的层次上、开发的步骤上、思想组织制度的保障上展开，即应建立由层次系统、过程系统、保障系统构成的立体结构的职业生涯开发系统（如图 14-3 所示）。

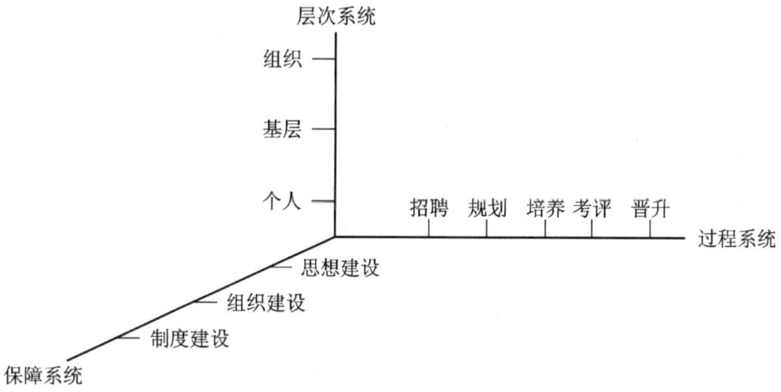

图 14-3　立体结构的组织职业生涯开发系统

14.2.4.1　*层次系统*

组织制订与其发展相配套的职业发展战略，以指导全公司职业生涯的开发，负责全公司职工职业素质的培训和带有普遍性项目的基本技能的训练，并负责公司组织结构的调整；分公司、分厂、车间等基层组织根据整体规划，结合各自的人员情况、专业生产特点，负责所辖范围内的职业生涯开发计划的制订、相关制度的建立、效果的评价、资源的筹措等；个人编制自己的职业生涯规划，目的在于设想自己理想的工作，充分了解自己所掌握的技能并将此最大限度地应用到工作中去，以此消除工作中的不愉快因素，实现自己的目标。不同层次上的职业生涯开发工作都应尽可能使组织需求与个人需求相协调，在企业总战略的指导下进行。

14.2.4.2 过程系统

组织职业生涯开发是一个集雇员的招聘、培养、考评、晋升与提高于一体的过程系统,各个环节应紧密联系,依据其重要程度,按计划进行,从弥补人才需求与供给之间的缺口和为企业的发展储备力量两个角度出发,安排恰当的培养方式、培训内容、考核办法,根据考核情况,将雇员配置到合适的岗位。同时随着雇员水平的提高,提供他们新的学习、培训和晋升的机会,使雇员与企业一同成长。从组织职业生涯开发的管理过程来看,这一过程系统又包括开发需求与规划系统、投入与产出系统、评估与反馈系统等内容。同时,针对不同层次的雇员,其开发的过程和方式也会存在很大的差别。

14.2.4.3 保障系统

在整个职业生涯立体开发系统中,保障系统是最重要的部分,层次系统和过程系统只有在保障系统完善的情况下才能顺利运转。保障系统涉及如下三个方面的重要内容。

1. 思想建设

将职业生涯开发作为企业发展战略之一,使职业发展的概念深入人心,将企业对人力资源的需求与个人培养和发展的愿望相结合,在日常工作中遵循全员参与原则和挖掘潜力的原则,从更广泛的意义上理解职业生涯开发,不断寻找组织职业生涯开发中存在的问题,广开思路,提出对策、建议,使其不断完善和发展。

2. 组织建设

加强职业生涯开发队伍的建设,安排懂现代管理、有责任感、有创新意识的人进入各级人力资源开发和职业生涯开发部门,提供一定学习、提高的机会,使其掌握人力资源经济活动分析、心理学、组织行为学等科学的职业生涯开发思想和方法,并鼓励其在实际工作中加以应用和发展。

3. 制度建设

遵循职业生涯开发的制度化原则,建立健全有关规章制度(杜雪红等,1998)。具体内容介绍如下。

(1)给企业职业生涯开发提供信息资料,保证其科学进行,同时建立职业生涯开发会计制度,对人力资源的投资、成本、价值、收益作定量的分析。

(2)对职业生涯状况作客观评价,制订岗位标准及业绩考核制度。把对下属能力的培养、潜力的开发作为对领导干部的考核内容之一。

(3)为使开发、培训工作更有成效,建立培训工作的计划、审核、实施、评估、修改、完善制度。

(4)激发各部门和个人,特别是个人主动提高自身技能的积极性,制订与岗位知识技能及对企业贡献挂钩的收入分配制度。

(5)为对人才进行科学的、有根据的选拔、跟踪、培养及优化配置而必备的人才档案制度。

(6)发掘企业职业生涯开发的潜力,调动雇员主动参与的积极性,充分提供各类人才展示自己能力的机会,促进人员合理流动,建立领导、人力资源开发部门、雇员三者之间的对话制度。

上述层次、过程、保障三个子系统纵横交叉的、立体的企业职业生涯开发系统,可以将企业职业生涯开发的责、权、利落实到各相关层次,并且每个层次上的职业生涯开发工作都在制度的保障下按一定的程序进行,只有这样才能保证企业人力资源开发工作具有较高的合理性和效率性,使企业充分发挥其资源优化组合的绝对优势和相对优势。

14.3　个人职业生涯与组织发展目标的整合

14.3.1　个人职业生涯与组织发展目标的整合原则

雇员职业生涯发展既是企业发展的重要目标,也是雇员个人发展的重要目标。但要达到职业生涯发展的目的,雇员个人的生涯目标与组织对雇员的生涯管理要求之间往往存在着一定的距离,因此,整合个人职业生涯目标与组织发展目标,是组织职业生涯管理的重要任务。要达到整合目标,组织的职业生涯管理工作应遵循如下五个原则。

14.3.1.1　双赢原则

这是既利于组织又利于雇员个人的管理原则。在职业工作岗位上,雇员同组织是休戚与共、息息相关的,二者的利益具有明显的一致性。雇员个人职业发展辉煌,必然极大地促进组织的兴旺发达;相反,个人发生职业危机,必然制约组织劳动生产率和经济效益的提高。同时,二者的利益也有矛盾的一面,特别是在雇员职业生涯中期容易发生。例如:雇员个人的晋升愿望与组织有限的职位空缺之间的矛盾,雇员的培训需求与组织的培训机会之间的矛盾,工作和家庭之间的矛盾,等等,如果这些矛盾得不到很好的协调与解决,雇员的职业生涯发展将会受阻,这样不仅影响雇员的个人利益和工作积极性,使雇员丧失信心,同时也会由此影响组织的利益。所以,在职业生涯管理的目标整合中,必须兼顾组织与个人双方利益,尤其注意不要忽视雇员个人的利益,应想方设法协调双方的需要。

14.3.1.2　相互沟通的原则

管理沟通非常重要。通过沟通,详尽地了解雇员的实际情况,根据雇员的需要设置可行的职业生涯通道,防治管理的盲目性;通过沟通,了解雇员个人在职业发展中的心理变化、新的需要与目标,以及未来的打算,才能提高组织职业生涯管理的科学性、针对性和有效性;通过沟通,组织不仅接收到来自雇员个人的信息,而且可将组织的信息传递给雇员,互通信息可帮助雇员更客观地估价自己并根据组织的未来职业需求来审视自己的职业需求及其实现的可能性,从而有助于雇员作出实事求是的、具有可行性的决策;与雇员沟通,体现了组织对雇员的关心,这样可增进雇员对组织的信任感和归属感,有利于雇员作积极性的保持和发挥,对促进雇员职业生涯发展、克服和预防雇员职业生涯危机具有重要作用。

14.3.1.3　因地制宜的原则

雇员的职业生涯任务复杂而又多变,每个雇员的生物社会生命周期、职业生命周期和家庭生命周期不同,具体运行情况也千差万别,各生命周期相互影响、互相作用情况也存在着很大的差异,因此,每个雇员所面临的各个生命周期运行任务和所负责任大小、轻重程度、繁杂程度等也各不相同,由此决定了每个雇员职业生涯的不同,使其心态、理念、价值取向等也必然有别,因此,对雇员职业生涯的开发管理必须因地制宜、因人而异,细致入微,针对不同情况对症下药。这样才能找到个人与组织目标间的结合点。

14.3.1.4　重点管理的原则

在组织职业生涯管理中,加强对全体雇员的管理十分必要,但在坚持普遍性的同时,组织应当突出其管理的重点。管理的重点应是处于职业生涯危机中的雇员,而不仅是在职业生涯中能获得晋升或进一步发展的雇员。一般而言,在雇员总体中,有相当数量的人因其职业生涯发展不顺利而变得不关心组织,失去了工作兴趣、热情和信心,无进取心,得过且过,安于应付,这些人应是组织职业生涯管理的重点。因此,组织必须对雇员职业动力不足的情况及其原因进行深入分析,并有针对性地采取措施,激发雇员的工作活力、热情和积极性,预防和补救职业生涯危机。

14.3.1.5　动态管理的原则

无论是雇员还是组织都是处在动态变化之中的。雇员在职业生涯早期,对组织及其文化采取服从和接纳态度,尽量将自己融入组织之中,尽心尽力地工作。到职业生涯中期,雇员已处而立、不惑之年,职业工作已立足,个人能够独当一面,谙熟组织及其中的人与事,有了一定的人生阅历,面对复杂多变的客观世界,有个人的独立思考和见解。此时他们的人生态度、价值观、心理、理念已发生了很大变化。在职业工作上,雇员队伍也发生了明显的分化和转折,有的如日中天、走向顶峰,有的平平稳稳、尽职尽责,有的则不闻不问、重心由工作转向个人与家庭。组织对雇员职业切不可停留在早期认识的基础上依此进行职业管理,而必须依据组织和个人变化了的情况实施动态管理,这样才能取得最佳的效果。

开展雇员职业生涯目标与组织发展目标的整合工作,除了要遵循上述原则之外,具体的工作机制和环节主要包括三个方面:一是要加强组织文化建设和雇员献身精神的培养;二是要建立以职业发展为导向的绩效评估体系;三是要加强雇员的晋升和流动管理。下面将对这三个问题进行具体阐述。

14.3.2　组织文化建设和雇员献身精神的培养

在雇员职业生涯发展过程中,组织承担着非常重要的职业生涯管理任务,这些任务的完成情况将对组织和雇员的发展及目标整合产生重要影响。特别是在雇员进入组织的最初阶段,加强组织文化建设和雇员献身精神的培养具有重要作用。培养的方法与内容主要包括以下几个方面。①

14.3.2.1 对新雇员进行上岗引导和岗位配置

新雇员进入组织,其最初的上岗引导和岗位配置非常重要。新雇员上岗引导(new employee orientation)是指给新雇员提供有关组织的基本背景情况,包括工资如何发放和增加、怎样获得工作证、工作时间为每周多少小时、新雇员将与谁一起工作等等,这种信息对雇员做好本职工作是必需的。事实上,上岗引导是新雇员组织化的一个重要组成部分。新雇员的组织化是一个不断发展的过程,它包括向所有雇员灌输组织及其所在部门所期望的主要态度、规范、价值观和行为模式等。如果处理得当,对雇员最初的上岗引导有助于减少新雇员上岗初期的紧张不安以及可能感受的现实冲击。

组织开展的上岗引导计划是多种多样的,从简短的介绍到较长的正式计划,不一而足。就长期正式计划而言,新雇员在接受上岗引导时,一般会得到一本工作手册或一些印刷资料,其中说明像工作小时数、工作绩效评审、工资发放和增资、休假以及设施参观等问题。其他信息主要包括雇员福利、人事政策、雇员日常工作、公司组织及运营情况、安全措施和规章制度等。

在多数组织中,上岗引导活动的第一部分由人力资源专家来完成,具体内容包括:介绍组织的基本情况,组织发展的历史、现状、宗旨、任务及目标等;解释工作小时数和休假一类问题;进行遵守劳动纪律和遵纪守法的教育;明确组织对雇员的要求;进行敬业和发扬组织优良传统教育,培养雇员对组织的归属意识。然后将新雇员分配到一定岗位并介绍给他的新主管,由这些主管来继续进行上岗引导,包括准确讲解新工作的性质,将新雇员介绍给他的新同事,让新雇员熟悉工作场所,对新雇员灌输组织文化,帮助新雇员理解组织文化,接受组织正确的价值观等。

有些公司还举办减轻新雇员焦虑感特别讨论会。例如,美国得克萨斯设备公司发现其新雇员有很强的焦虑感时,便举办了一天的特殊讨论会。这些活动将重点放在提供有关企业和工作的信息上,使新雇员有许多问答机会。上岗引导活动还告诉新雇员相信来自老雇员的谣传和恶作剧会导致什么样的情况,告诉新雇员在自己的工作中很可能获得成功。事实证明这些特殊讨论会是十分有效的。在进入企业第一个月的月底,那些参加了讨论会的新雇员比那些没有参加讨论会的表现要好得多。上岗引导是对新雇员进入组织并成功地完成个人组织化过程的一项重要活动。

目前,在许多公司里,"上岗引导"活动已远远超出向新雇员提供如工作小时数之类基本信息的范围,越来越多的公司发现,可以将上岗引导期用于其他目的,包括使新雇员熟悉企业的目标和价值观。因此,上岗引导便成为雇员目标与企业目标一体化过程的开端,而这个过程则是赢得雇员对公司及其价值观、目标的信仰的一个步骤。通过这些内容的融入,使参加活动的雇员潜移默化地接受了组织的使命、团队价

---

① 加里·德斯勒:《人力资源管理》,234页,382~385页,北京,清华大学出版社,1999。

值观、改进和解决问题的方式等组织文化的内容。这是赢得新雇员对公司及其目标和价值观信仰的重大步骤。

14.3.2.2 加强企业文化建设,增强雇员的归属感和向心力

在上岗过程中,加强企业文化的宣传和建设,对整合雇员职业生涯发展目标与企业发展目标具有持久的作用力。以价值观为核心的企业文化,是实现企业管理和职业生涯管理中不可或缺的重要组成部分,是组织发展的一种内在推动力。国内外成功的企业如IMB公司、摩托罗拉公司、松下公司、海尔集团等等,无不对企业文化的神奇力量深有感触。"海尔文化激活休克鱼"的成功经验道出了企业文化在激发人的潜能,充分发挥企业雇员的积极性和创造性,增强企业凝聚力、向心力和归属感等方面具有的重要作用。

在雇员职业生涯发展与管理方面,企业文化建设对整合个人目标与企业目标之间的距离也具有同样重要而又神奇的力量。企业文化通过其价值观和崇高目标,对雇员的思想和行为起到教育培训和规范作用,通过企业文化的作用,可以使雇员形成共识,为实现企业的大目标作出贡献。同时,雇员会以企业价值观和崇高目标为具体行动的依据和准绳,随时参照并据此对自己进行自我控制,使自己在企业的生产活动中不致脱离企业的大目标,从而可以规范和整合个人目标与企业目标,更好地促进组织发展和个人职业生涯发展。

14.3.2.3 提供一个富有挑战性的最初工作

分配给新雇员一项富有挑战性的工作,帮助新雇员学会如何工作,并对其潜能进行考察和测评,根据新雇员的工作表现、潜能,对其职业生涯发展做到心中有数,这对组织的发展和雇员未来的发展都会产生重要影响。同时,富有挑战性的最初工作可以培养雇员对组织的归属感和献身精神,对目标整合具有重要作用。

大多数专家都认为,组织能够做的最重要的事情之一就是争取为新雇员提供一份富有挑战性的最初工作。比如,在一项以美国电报电话公司(AT&T)的年轻管理人员为对象的研究中,研究者们发现,这些人在公司的第一年中所承担的工作越富有挑战性,他们的工作也就显得越有效率、越成功,即使是到了五六年之后,这种情况依然存在。霍尔根据自己的研究指出,提供富有挑战性的起步性工作是帮助新雇员取得职业发展的最有力然而却并不复杂的途径之一。然而在大多数组织中,提供富有挑战性的工作似乎并不是一种普遍的事实,反倒更像是一种例外情况。比如,在以研究开发性公司为对象的一项调查发现,在22个公司中,只有1家公司有正式的向新雇员提供富有挑战性工作的政策。而这正如一位专家所指出的,如果考虑到在招募、雇用和培训新雇员过程中所花费的大量精力和金钱,将不难看出这是一个多么"巨大的管理失误"。

另外一些企业则完全不同,他们通过赋予新雇员以较多的责任而"在一开始就增加"工作的挑战性。在萨顿公司和丰田公司,即使是流水线上的工人也会被立即分配到由具有高技能和强大工作动力的同事所组成的自我管理工作小组之中,在这

些自我管理小组中,他们必须快速地学会变成一位具有高生产率的小组成员。在古德曼·萨奇斯公司(Goldman Sachs),管理者们总期望公司的年轻专业人员能够比较快地作出贡献,并希望他们能够通过在承担富有挑战性项目的工作小组中工作而迅速地找到自己的位置。正如该公司的一位管理者所说:当某个项目小组与客户会谈时,即使该小组负责人手下全是一帮新进公司的雇员,他也往往不充当第一个发言的人——第一个发言的往往是最新进公司的雇员;新雇员担负这种责任,整个小组则全力支持。这正是许多人被吸引到古德曼·萨奇斯公司来的重要原因,因为你可以在工作初期就能够获得决策能力。

J.C.彭尼公司(J.C. Penney)的见习商品交易管理员职位(该公司的一个初级管理职位)是另外一个很好的例子(加里·德斯勒,1999)。一位几乎是刚刚从大学毕业的见习生就很可能会被安排到男式服装部去监督牛仔服装组的销售工作。换言之,他刚从大学毕业就要(在其管理者的监督指导之下)负责一个分部的产品展示、库存管理、顾客服务以及人事工作。正如彭尼公司的一位管理人员所说:"从我成为见习商品交易管理员的第一天起(那时我也不过是刚刚大学毕业)我就经营着一个"店中店"。当你自己往前走的时候,彭尼公司会给你指路,但它不会拉着你的手往前走。在你所能够做的事情范围之内,你都会受到积极的'支托',但你基本上是自己在经营自己的小店。"

一位新的见习商品交易管理员在12个月之内仍然会是一位受训者。在此期间,他们负责进行自我培训。公司为了便于他们完成这一过程,发给他们各种各样的培训手册,其中包括"一线主管人员的作用"等等。这种手册描述了见习生应当负责管理的与以下诸方面有关的各种活动:顾客服务、销售额、毛利、商品交易、观察交易、销售额促进、人事以及工作时间等等。他们的指导老师负责向这些见习者提供指导并就他们的工作情况每周作出一次评价。然而,总起来说,这些培训科目都是由见习生自己进行管理的:他们负责教会他自己关于商品交易工作的全部内容。

根据一张时间安排表,这些见习生的指导老师每周要对他们的工作作出一次评价。比如,在第二周的周末,对他们的个人销售技巧加以评价;在第三周周末,对他们的直观销售技巧进行评价;在第四周周末,对他们的销售领导能力进行评价,如此等等。到了第八周的周末,这些见习生将获得一个综合性的评价。这时,他要与三个人见面——商店管理人员、商品交易管理人员以及资深的商品交易管理人员,并且还要展开一场如一位管理人员所说的那种"非常坦率而直接的讨论"。一种比较典型的评语可能是:"如果你希望在这里取得成功,那么你还需要付出更多的努力。"正如彭尼的一位管理人员所说,他们会"把问题摆在桌面上",告诉见习生,他们目前的工作水平如何,取得了哪些进步,还需要在哪些方面有所改善等等。

在六个月之后,这些见习生通常会被安排新的工作,这些新的工作将赋予他们以更多的责任,一般情况下,他们会被派到更大一些的商店中去,一年之后,他们通常就已经做好了被提升为商品交易管理员的所有准备。

14.3.2.4 在招募时提供较为现实的未来工作展望

最大限度地降低雇员进入组织后的现实冲击和失望并提高新雇员的长期工作绩效的有效途径之一是，在招募时就向被招募者提供较为现实的关于未来工作的描述，使他们明白，如果自己到企业中来工作，估计能够得到哪些方面的利益。施恩指出，新雇员在初进企业阶段，雇员与企业双方所面临的一个最大问题就是在一种“双向买卖关系”中获得（关于对方的）精确信息（施恩，1992）。在面试阶段由于都急于将自己优秀的一面表现给对方，很自然地，在发出不真实信息的同时，他们也都会接收到对方所提供的不真实信息，其结果是，面试主考人员对求职者的职业目标可能难以形成较真实的印象，而求职者对企业也形成了一种较好的但也许是不现实的印象。

对未来的工作进行较为现实的展示所能起到的重要作用表现在，它能够显著地提高那些被雇用来从事相对较为复杂工作的雇员（比如见习管理人员、销售人员、人寿保险代理人员等等）长期留在企业中的比率。这种做法已经被丰田公司和萨顿公司等一些企业成功地加以使用，这些企业坚持向被招募来在装配公司任职的新雇员展示他们未来的工作是什么样子以及在企业中工作所接触的环境条件是怎样的。

14.3.2.5 对新雇员严格要求并开展职业生涯规划活动

在新雇员与其上级之间往往存在一种“皮格马利翁效应”（Pygmalion effect）。也就是说，上司的期望越高，对自己的新雇员越信任、越支持，那么新雇员干的就越好。因此，“不要将一位新雇员安排到一位陈腐的、要求不高的或不愿提供支持的主管人员那里”。相反，在一位新雇员开始探索性工作的第一年中，应当为他找到一位受过特殊训练、具有较高工作绩效并且能够通过建立较高工作标准而对自己的新雇员提供必要支持的主管人员。

组织还应当采取步骤，加强新雇员对他们自己的职业生涯规划和开发活动的参与。比如，有些企业正在尝试开展一些活动来使雇员意识到对自己的职业加以规划以及改善自己的职业决策的必要性。在这些活动中，雇员可以学到职业生涯规划的基本知识、一个人的职业生涯可以划分为哪几个基本阶段，并有机会参与各种以明确自己的职业锚为目的的活动以及形成较为现实的职业目标等等。类似地，企业还越来越多地举行一些职业咨询会议（有时有可能是作为工作绩效评价面谈会的一个组成部分），在这种会上，雇员和他们的主管人员（或者是人力资源管理负责人）将根据每一位雇员的职业目标来分别评价他们的职业生涯发展与进步情况，同时确认他们还需要在哪些方面开展职业生涯开发活动，以此来整合雇员个人目标与组织发展目标，据此来促进雇员发展。

14.3.3 建立以职业生涯发展为导向的绩效评估体系

组织要实现自身的发展目标，就必须强化其职业管理任务，引导雇员沿着组织设定的目标方向发展，而建立以雇员职业发展为导向的绩效评估体系，则是其重要的管理手段和措施。下面将结合一些公司的实例（加里·德斯勒，1999）来说明组织应如何来开展这方面的职业生涯管理工作。

14.3.3.1 帮助雇员自我实现

在雇员的职业生涯中,很少有哪种需要能够比实现自己的理想、充分发挥自己的才能、取得与其能力相称的成就这种需求更为强烈的。那些未能满足雇员这方面需要的组织,往往会失去它们最优秀的雇员或者是导致雇员越来越愤懑,献身精神越来越差。心理学家马斯洛(Abraham Maslow)提出,人的最终需要就是“越来越接近自己希望的那种样子,越来越变成自己能够成为的那种人”。马斯洛所说的自我实现的意思是指“人能够做到的,他就一定要做到……它是指一种自我满足的愿望,即变成他具有潜在能力去做的那种人”。组织赢得雇员献身精神的一个关键就是帮助他们完成自我实现——使他们都充分发挥自己的潜能并获得职业生涯成功。

许多优秀的企业都在努力帮助雇员满足他们的这种需要,像德尔塔航空公司、萨顿公司以及联邦快递公司等所实行的管理实践都是以确保所有雇员有机会完成自我实现、发挥他们的潜能并获得成功为出发点的。当然,“实现”并不一定意味着得到晋升或者是获得职业上的成功。虽然这些方面确实十分重要,但更为关键的是雇员们是不是有机会充分发挥他们的技能以及在工作中解决问题的能力、丰富他们的工作内容、授权他们自己进行工作的计划和监督、帮助他们进行继续教育和不断成长,因为这些都是帮助雇员自我实现这一目标的重要方法。

14.3.3.2 开展以职业生涯发展为导向的工作绩效评价

美国麻省理工学院教授施恩认为,主管人员必须明白,从长期来看,向上级提供关于自己所属雇员的工作绩效评价的有效信息是十分重要的,不能因为保护直接下属的短期利益而提供不实的信息。因此,他指出,主管人员需要将有关被评价者的潜在职业通路的信息加以具体化——换句话说,主管人员需要弄清楚自己正在依据何种未来工作性质来对下属的工作绩效进行评价以及下属雇员的需要是什么。

以职业生涯发展为导向的企业往往也注重以职业生涯发展为导向的工作绩效评价。换言之,他们不仅仅评价雇员过去的工作绩效。相反,主管人员和被评价者将负责把后者过去的工作绩效、职业偏好与他们的发展需要以一种正式职业生涯规划的形式联系起来。

在这方面,彭尼公司是一个很好的例子。他们的管理评价表要求既要说明“晋升可能性建议”,还要说明“相关的开发计划设想”。

彭尼公司的这种评价系统的运行方式是,在每年一度的工作绩效评价开始之前,相关人员及其上级管理人员都需要审查彭尼公司的管理职业表(the management career grid)。表中列出了彭尼公司的所有主管职位(划分为经营工作、贸易工作、人事工作和综合管理工作)的名称,还包括像“地区目录式销售管理员”等这样一些特殊的工作名称。此外,公司还提供了一份“工作描述清单”。这张单子包含了对职业表中的所有工作的简短描述。

萨顿公司的管理职业表还确定了典型的提升路线。正如其工作指南中所说的:“当为一位相关的管理人员安排晋升计划时,你不仅要考虑贸易职位,还应当考虑经营职位、人事职位以及综合管理职位。”

晋升计划可以是跨四种功能工作群的,同时可以晋升一至两个工作等级。这样,资深的贸易管理员既可能被规划晋升到助理采购管理员职位,也可以被考虑晋升到综合贸易管理员职位(“助理采购员”职位在彭尼公司被划分为一般性管理工作,因为在彭尼公司,采购是一项中心工作。而潜在的综合贸易管理员则是贸易功能群中的一项工作,它比资深贸易管理员职位高两个工作等级)。

14.3.3.3 安排富有挑战性、探索性的职业工作

新雇员进行自我测试以及使自己的职业锚更加具体化的一个最好办法是去尝试各种具有挑战性的工作。通过在不同的专业领域中进行工作轮换(比如,从财务分析到生产管理再到人力资源管理等等),雇员们获得了一个评价自己的资质和偏好的良好机会。同时,企业也得到了一位对企业事务具有更宽的多种功能视野的管理者。工作轮换的一种扩展情形被称为“职业生涯通道”,它是指认真地针对每一位雇员制订他们的后续工作安排计划,促进雇员的职业生涯发展。

处于职业生涯早期和中期的雇员,进取心旺盛,年富力强,组织要大胆地将富有挑战性和探索性的新工作任务交予他们。通过委派雇员担负挑战性工作,或者承担以至负责某项新的或特别的任务。一方面表明组织看重他们的才能,对其很好完成任务充满信任;另一方面也给予雇员表现自己才干、实现自我价值的机会,以增强其成就感。对于圆满、出色地完成任务的雇员,组织应予以各种形式的表扬和奖励,这样必然起到增进雇员工作的自信心、上进心,鼓励他们创造更好的业绩,调动其积极性的作用。

14.3.3.4 赋予雇员以良师角色,提供适宜职业生涯发展机会

现实中,对于处于职业中期且年龄较大的雇员,由于其进取心和工作参与感的降低,组织应当安排其适当的角色并提供相应的发展机会,以获得最佳组织效益。一是让年长的雇员充任良师的角色。对于工程技术领域已达到顶峰或失去进取心的雇员,组织正可以更多地利用其经验与智慧,让其担任年轻人的师傅、辅导员或教练,以便进一步发挥其作用。二是为中年期的雇员提供适宜的职业发展机会,担当临时性组织者角色。如让雇员在做好本职工作的同时,到另一领域尝试其想法,或发挥其长处。有些雇员虽无强烈上进心,但尚有较强的工作欲,组织不妨通过提供职业机会,对其工作需要作出反应。例如:让一名资深的工程师去负责制订一项针对初级工程师的培训方案;请年老些的工程师担负作业组负责人的临时任务等等。这样做,能够调动雇员的积极性,保持雇员的工作参与欲,充分利用雇员之所长为组织服务,达到促进组织发展的目的。

14.3.4 加强雇员的晋升与流动管理

要实现雇员个人职业生涯与组织发展目标的整合,对加强雇员的晋升与流动管理、建立内部晋升计划与轮岗制度具有促进作用。

14.3.4.1 落实内部晋升计划，促进雇员职业生涯发展

对于许多雇员来说，“发挥潜能并获得成功”就是其在组织中实现了职业生涯发展。为此，许多组织也确实已经制订了具有综合性的职业生涯管理以及内部晋升计划。然而，虽然许多企业都制订了内部晋升计划，但在不同企业之间，内部晋升计划和内部晋升政策之间的差别却是很大的。在彭尼公司，“当公司的某一部门内部出现了职位空缺而又有一个相关的内部候选人符合填补职位空缺的条件的话，就愿意搞内部晋升”。在联邦速递公司，“只要有可能，我们就从企业现有的雇员队伍中寻找合适的人选来填补职位空缺”。在IBM公司，“晋升者都是从内部提拔上来的——当然同样要看他们的业绩”。在德尔塔航空公司，“德尔塔航空公司只雇用初级雇员，然后通过对他们进行培训和开发，将他们提升到更高责任的工作等级上来”。在丰田公司，工作小组组长职位以及工作群体班长职位是工厂中所有担任管理职位的人都必须经过的一个阶梯。“当工作小组组长职位和工作群体班长职位出现空缺时，应当考虑从公司当前雇员中挑选合适人选来填补它们，这是丰田汽车制造公司的管理哲学。不仅如此，丰田公司还坚持做到，如果办公室中的某一职位出现了空缺，也尽可能地从内部提升雇员来填补。只有在虽然努力从公司内部选拔人员但仍找不到的情况下，才从公司外部雇用新的人员来承担空缺职位的工作”。

对内部晋升政策的强调和解释，距离成功地执行这一计划还有很远的路要走。因此，在一些比较先进的企业中，内部晋升计划是由以下五个部分组成的：内部晋升政策；以价值观为基础的雇用；职业生涯开发活动；以职业发展为导向的工作绩效评价；职业记录与工作公告的协调制度等。这五种策略计划的综合实施是保证雇员发展的关键。由于后两个方面的内容前文已经讲到，这里只强调三点，具体内容如下。

1. 多种途径提拔晋升，敞开职业生涯通道

对于有培养前途、有作为、能获得晋升的雇员来说，其晋升主要有三种路径。①行政职务的提拔晋升。如：根据雇员的具体情况，由行政管理科员提升为副科长、科长、副处长、处长等；由业务员提升为业务主管、部门经理，直至总经理等。②转变职业，由操作工提拔为管理者，对于有思想、有才干、业绩突出的处于职业生涯中期的普通操作工人，要为其铺设发展通路，适时地将其由生产操作者转变为管理者。这对于雇员积极性的调动、才干的发挥和工作的开展是极有益处的。③技术职务的提拔晋升。通过承担重要的技术工程项目和任务，督促雇员成为技术专才。对于许多组织由于受金字塔型职务结构的限制而不能获得行政晋升的雇员来讲，其由助理工程师提升为工程师、高级工程师。这是一条很好途径，虽然不一定伴随有行政职务的上升，但随着技术能力走向顶峰，仍然会创造职业生涯的辉煌。

2. 实施以“价值观为基础的雇用”

内部晋升计划的实施应得到以“价值观为基础的雇用”制度的支持。正如一位德尔塔航空公司的管理人员所说的：“首先，我们是为未来而雇用的……雇用过程有利于那些因某种优势而具有晋升潜力的人。德尔塔航空公司同意应当几乎完全实行

内部晋升政策。除了少数具有特殊技能的人之外,所有的人都应当从初级岗位干起。”在其他一些比较先进的企业中,这方面的做法也大体如此。当然,如果企业所雇用的雇员已经不具备进一步晋升的潜力,那么企业是不可能真正坚持实行内部晋升制度的。因此,雇用有晋升潜力并且具有与企业同步的价值观的人是任何内部晋升政策的先决条件。

3. 积极落实雇员职业生涯开发计划

组织职业生涯开发计划是保证雇员职业生涯发展的重要措施。因此,组织必须明确:①要加强和扩大对处于职业生涯中期阶段雇员的人力资本投资;②准确掌握每个雇员的具体情况和培训需求;③根据不同雇员的情况和需求,采取不同的对策和教育培训方式与内容。总之,在教育培训上,不可以歧视职业生涯中期的雇员,而是要想方设法启发、培养他们的学习意识,给予他们更多的受教育和培训机会。

许多比较先进的公司为落实内部晋升计划、促进雇员发展,都通过提供必要的教育培训资源来帮助雇员确认并开发自己的晋升潜力。在本 & 杰瑞公司(Ben & Jerry),晋升开发是受到职业规划计划、公司实习期计划以及学费资助计划鼓励的。本 & 杰瑞公司的职员被指定参加一个前后共8 小时的职业规划研讨会。这一研讨会的目的是帮助雇员思考和规划自己的职业。参加过这一研讨会的雇员如果希望学习公司其他工作岗位上的知识,那么他们还可以花2 ~3 天时间去见习这些工作,这几天时间公司同样是付报酬的。公司每年还对三种以上的课程提供90% 以上的学费资助,还提供许多课堂教学、学术研讨会及咨询指导会等等,这些都是由企业预定并支付费用的。其中包括:社区和大学的教学课程;由沃蒙特(Vermont)社区大学讲授的商业写作课程;计算机课程(通过这一课程的人可以从本 & 杰瑞公司的信息服务部获得一个证书);成人基础教育指导课程;提供引导和要求而开展的一对一管理开发咨询;专业技术开发课程和学术研讨会;财务计划研讨会以及个人咨询等等。

其他一些公司在开发雇员潜力上也进行了大量投资。比如,IBM 公司制订出了一项在本行业中属于最具综合性的培训和教育计划。IBM 公司资助雇员到公司外部的大学或学院参加脱产或业余的高等教育课程学习。“这与 IBM 管理个人职业生涯开发的目标是相一致的。”IBM 的雇员们还可以在从事两年令公司满意的全日工作之后得到一种不带薪的教育假待遇,这是 IBM 公司教育假计划的一个组成部分。

IBM 公司所实行的广泛的雇员开发计划是以所有的雇员为对象的自愿参与计划。IBM 公司强调,根据自己的工作兴趣和未来目标决定是否参与开发计划是每一位雇员的责任。这样,管理人员就负责确认他们的雇员是否有兴趣参与这些计划以及弄清楚自己下属雇员的开发需要。尽管 IBM 公司的雇员们通常都是根据自己的时间和精力状况来确定自己参与何种开发活动,但他们在进行自我开发的过程中都得到公司的鼓励:“尽管参加这些雇员开发项目本身并不能保证你一定会得到提升、调动或变换工作,但却肯定能够帮助你确定自己的工作目标、提高自己的能力。”IBM 公司还制订了学费返还计划,当雇员参与公司批准的由信誉较高的大学、学院、商业学校或技术学校开设的课程或学习计划时，公司将全额返还雇员所交纳的学费成本以及其他各种合理的教育收费。

萨顿公司也有一个职业生涯开发计划。该公司的职业成长研讨会运用各种职业指导工具（包括技能评价盘以及其他的“职业差距分析工具”等等）来帮助雇员确认自己与工作有关的技能以及他们所要求的开发需要。按照一位萨顿公司雇员的说法，职业成长研讨会“帮助你用 4～6 小时的时间进行自我评价。然后，你再运用这些资料来开发自己的职业潜力。职业盘帮助你确认自己的长处和短处：先是由你自己评价自己，然后是你的小组成员来评价你。”萨顿公司也有学费返还计划和其他一些对雇员开发活动的资助，这些计划帮助萨顿公司的雇员们努力提高为使自己进一步达到职业目标而必需的一些技能。

当然，没有任何一种职业评价、培训或教育计划能够保证雇员一定得到提升。尤其是在这样一个强调合并的时代，许多雇员都将只能处在平台上，不能在企业中得到更高的提升。然而这些企业中的教育资助计划和人力开发计划确实帮助了它们的所有雇员，使得他们有机会对自己的职业能力、兴趣以及职业偏好形成一个比较现实的整体印象。它们还确保所有的雇员都能够使自己在企业中获得平等的提升机会。这些计划还使得雇员在今后更容易作出职业选择以及进行工作变动决策，同时有利于他们开阔自己的眼界并向自己提出更大的挑战。这些计划还通过使每一位雇员学习新的东西以及面临新的学术挑战，为他们提供了一个继续成长的机会。

萨顿公司的一位装配工对此进行了很好的总结：“我现在是一位装配工，同时担任一个工作小组的组长达两年半。我的目标是进入我们的人员管理系统（人事部门）。我知道事情现在已经很紧迫了，但我也知道这里的哲学是：公司会为我做长期打算——它希望自己的雇员成为自己能够成为的那种人。我知道在这里我能够竭尽所能去做自己能够做的事情；这也正是我忠于萨顿公司的一个重要原因。”①

14.3.4.2 实施工作轮换，丰富工作内容，减少疲顿倾向

美国学者卡茨等人的研究发现，雇员的工作满足源会随着一个人从事一项给定工作的实际时间的长度，发生系统的变化。在雇员从事某项职业的最初几年，工作的丰富化、工作再设计以及涉及作业本身的其他方案，都会对雇员产生很大的吸引力、刺激力，雇员对工作的任何变化和改进，都会感到兴奋，也会不遗余力地作出自己的贡献。这就是被卡茨称为的“反应期”。特别是在就职于一项工作的最初半年里，个人充满了新鲜感，有检验自身知识和能力的愿望与需求以及渴望获取成效的激情。在持续工作的 5 年中，个人的追求与满足集中于尽快了解、熟悉工作和适应于工作需要。然而，当个人工作资历达到 5 年以上的长久时间，他对工作再设计便可能失去反应，对工作本身产生了“疲顿倾向”，出现失去进取心和创新精神的潜在危险。这时其工作满足源转向了工作的外因素，如监督的性质、工作场所的人际关系、作业环境

---

① 加里·德斯勒：《人力资源管理》，392 页，北京，中国人民大学出版社，1999。

与条件、报酬和福利、退休方案及其待遇等等，尽管在整个职业生涯中，这些外因素均是重要的，然而，现在对其而言相对格外重要。

为了防止雇员的“疲顿倾向”，从组织角度，一个重要的预防措施就是制订明确的工作轮换计划，如规定在同一岗位上工作超过5年的雇员必须轮岗。为此，要做三项工作：①检查在同一职业岗位上连续干了5年及以上的所有雇员（包括经理在内）的人事文件；②评价这些雇员的工作情况，认清其工作专长，了解其个人特征、才干等；③调查这些雇员的变化，包括心理、价值取向、需求及未来打算等。在这些工作基础上，制订具体轮岗的实施方案，征求雇员意见后，进行工作轮换。这样可以使雇员获得发展新技能的机会，重新刺激起他的新鲜感和兴趣，激发其工作的活力和干劲，以便为组织作出更大贡献。

阅读材料

美国丰田公司的雇员同化计划①

美国丰田汽车制造公司的同化计划是个人组织化方面的一个典型案例。这个计划包括像公司福利一类传统的内容，但更主要的目的是潜移默化地使丰田的新雇员接受该公司的质量意识、团队意识、个人发展意识、开放沟通意识以及相互尊重意识。这个计划为期四天，其主要内容如下。

第一天：上午6: 30开始，由公司主管人力资源的副总裁介绍本计划梗概、致欢迎词、详细讲述公司组织结构和人力资源部门情况。用一个半小时介绍丰田公司的历史和文化，用将近两个小时介绍雇员福利。然后再用两小时介绍丰田公司质量和团队精神的重要性。

第二天：开始用两个小时进行“TMM倾听方法——沟通技能训练”。在此过程中主要强调相互尊重、团队精神和开放交流的重要性。然后，将这天其余的时间都用于讲解上岗引导的一般性内容，包括安全、环境事务、丰田的生产体系以及公司的图书馆。

第三天：开始又用两个半至三个小时进行沟通训练，内容是“TMM提问与反馈方法”。其余时间用于介绍丰田公司解决问题的方法、质量保证、事故通报与安全。

第四天：上午召开团队精神研讨会，主题包括团队训练、丰田的提案制度以及丰田的团队成员活动协会。还要介绍一些作为团队成员的基本知识和技巧，如工作小组负责些什么，作为一个小组怎样共同工作。下午专门进行防火及灭火训练。

如期完成四天的同化组织化活动后，参加活动的雇员便潜移默化地接受了丰田的意识，尤其是它的质量使命、团队价值观、不断改进和解决问题的方式。这是赢得

---

① 加里·德斯勒:《人力资源管理》,236页,北京,中国人民大学出版社,1999。

新雇员对丰田公司及其目标和价值观的信仰的重大步骤。

问题与思考:

阅读上述案例,联系实际谈谈组织应如何培养新雇员的献身精神?

思考题

1. 组织应如何设置组织职业生涯阶梯?
2. 试联系实际,分析如何制订组织的继任规划。
3. 组织职业生涯规划落实的方法与制度有哪些?
4. 组织职业生涯开发的内涵是什么? 有哪些特征?
5. 组织职业生涯开发的方法有哪些? 如何运用?
6. 组织职业生涯开发的运作机制与保障措施有哪些?
7. 个人职业生涯目标与组织发展目标整合的原则有哪些?
8. 个人职业生涯目标与组织发展目标整合的机制是什么?
9. 你认为组织应如何开展文化建设与雇员献身精神培养?

参考资料

[1]吴国存. 企业职业管理与雇员发展[M]. 北京:经济管理出版社,1999.

[2]张再生. 职业生涯管理[M]. 北京:经济管理出版社,2002.

[3]施恩著. 职业的有效管理[M]. 仇海清,译. 北京:三联书店,1992.

[4]Douglas Hall and Francine Hall. What's New in Career Management? Organizational Dynamics, 1976.

[5]Terris Scandurg. Mentorship and Career Mobility: An Empirical Investigation. Journal of Organizational Behavior, 1992,13(2): 169-174.

[6]Daniel C Feldman. Central Issues In Career Planning, The 1990 Annual: Development Human Resources // J William Pfeiffer ed.. San Diego, CA: Pfeiffer & Company.

[7]H G Kaufman. Obsolescence and Professional Career Development. New York: AMACOM, 1974.

[8]Thomas G Gutteridge, Zandy B. Leibowitz & Jane E, Shore. ORGANIZATIONAL CAREER DEVELOPMENT. San Francisico: Jossey-Bass Publishers, 1994.

[9]Robert N Anthony, John Deardon & Vijay Govindarajan. Management Control System. IRWIN, 1992.